广东省财政科学研究所
广东省立中山图书馆
广东省档案馆　编

民国时期广东财政史料

第三册

财政概况

全国优秀出版社
全国百佳图书出版单位
广东省出版集团
广东教育出版社
·广州·

图书在版编目（CIP）数据

民国时期广东财政史料. 第3册，财政概况/广东省财政科学研究所，广东省立中山图书馆，广东省档案馆编. —广州：广东教育出版社，2011.9

ISBN 978-7-5406-8541-6

Ⅰ. ①民… Ⅱ. ①广… ②广… ③广… Ⅲ. ①地方财政—财政史—广东省—民国 Ⅳ. ①F812.96

中国版本图书馆CIP数据核字（2011）第189011号

责任编辑	杨向群
责任技编	杨启承
出版发行	广东教育出版社
	（广州市环市东路472号 12-15 楼 邮政编码：510075）
网　　址	http://www.gjs.cn
经　　销	广东新华发行集团股份有限公司
印　　刷	广州伟龙印刷制版有限公司
	（广州市沙河沙太路银利工业大厦1栋）
开　　本	787 毫米 × 1092 毫米　1/16　37.25 印张　745000 字
版　　次	2011 年 9 月第 1 版
	2011 年 9 月第 1 次印刷
书　　号	ISBN 978-7-5406-8541-6
定　　价	2500 元（全 6 册）

质量监督电话：020 - 87613102　　购书咨询电话：020 - 87621848

目录

广东财政部自旧历九月十九日起至十月二十九日止收入报告册

广东财政部　编

廣東財政部自舊曆九月十九日起至十月二十九日止收入報告册

廣東財政部自舊曆九月十九日起至十月二十九日止收入報告冊

收入款別	項別	目別	月日	銀數	摘要
捐款	外埠	八打威埠	十月十五日	三萬五千圓	港紙
		舊金山埠	同上	二萬三千圓	同上
		小呂宋工商團	十月二十五日	一萬七千二百圓	港紙羅瑞交來
		小呂宋	十月二十六日	一萬圓	港紙胡都督交來
		星洲救濟會	十月二十九日	五萬圓	港紙陳元英交來
	總商會		九月二十七日	三千七百二十二圓四毫	
			九月二十八日	三百四十三圓	
			九月二十九日	二百零三圓	
			九月三十日	四百六十六圓	
			十月初二日	七千三百一十八圓五毫	
			同上	一千六百八十六圓	
			十月初三日	七百零五圓	
			十月初四日	二千二百八十七圓三毫三仙	
			十月初五日	一千九百五十四圓六毫	
			十月初六日	九十七圓四毫	
			十月初七日	五百九十九圓七毫	
			十月初九日	二千一百六十六圓二毫五仙	內港紙伍百元
			十月初十日	五百六十圓零零七仙	內港紙壹百元

廣東財政部收入報告冊 壹

地點	商號	日期	金額	附記
		同上	四千五百圓	國民租捐
		十月十一日	一萬二千一百零三圓	
		十月十二日	四千五百八十圓零九毫七仙	
		同上	四千五百八十圓零五毫八仙	國民租捐
		十月十三日	一千七百八十一圓一毫	
		同上	五千四百六十二圓二毫六仙	國民租捐
		十月十四日	一千八百四十五圓	內港紙壹百元
		同上	四千四百零一圓	
		十月十五日	二千一百八十五圓九毫	內港紙貳拾元
		十月十六日	二千三百八十四圓三毫八仙	

地點	商號	日期	金額	附記
		同上	四千七百八十八圓二毫三仙	國民租捐
		十月十七日	二千八百五十五圓五毫	
		同上	一萬五千零八十二圓四毫七仙	國民租捐
		十月二十四日	四萬四千四百八十二圓九毫	
		十月二十五日	一十三萬五千一百一十圓	內港紙五百元欠平壹拾七元六毫
		十月二十八日	二千六百二十圓零三毫九仙	
		同上	二千九百六十八圓六毫六仙	國民租捐
		十月二十九日	一千四百九十六圓一毫	
		同上	三千八百七十七圓一毫四仙	國民租捐
香港	京果海味雜貨各號	十月初八日	四千八百五十五圓	港紙

		同上	六百三十九圓五毫	
		同上	三十一圓	廣紙
	南北行	十月十四日	一百一十一圓	港紙
	聯益保險公司	十月十五日	二千圓	同上
	金山庄華安公司	十月十八日	一萬二千零四十五圓	內港紙壹萬壹千柒百伍拾元
	鹹魚欄	十月二十一日	二千圓	港紙
	猪肉行	十月二十三日	一萬圓	
本部		九月二十一日	四百七十六圓八毫	
		九月二十二日	一千四百八十七圓五毫	
		九月二十三日	一千二百八十一圓	

財政部收入報告册 叁

		九月二十五日	一百四十五圓	
	劉麗樵	同上	一百二十五圓	
		九月二十六日	四十五圓	
		九月二十七日	七百五十圓零五毫	
		九月二十八日	三十一圓	
	夏芝石	同上	五十圓	
		九月三十日	一百五十圓	
		同上	一百一十五圓	
		十月初一日	四百三十圓	
		十月初二日	四十圓	

廣東財政部收入報告冊　肆

十月初三日	六百二十三圓	
十月初四日	五千二百八十圓	
十月初五日	四百零五圓	
十月初六日	一萬圓	
十月初七日	三圓	
十月初八日	四百零五圓	
十月初九日	二千三百三十三圓一毫五仙	
十月初十日	八千零九十四圓八毫	
十月十一日	一千零一十五圓	
十月十二日	六百七十九圓	
十月十三日	一千零一十圓	
十月十四日	四千一百六十五圓五毫二仙	內港紙壹千元
十月十五日	一萬六千一百六十圓零三毫	
同　上	一萬一千五百一十六圓	參桂行寶藹堂交來
十月十六日	二萬一千九百零六圓一毫	內港紙壹千捌百肆拾叁元
十月十七日	四千八百一十八圓九毫	
十月十八日	一萬八千二百七十二圓	
十月十九日	四千六百零七圓八毫五仙	內港紙四百元
十月二十日	二千八百二十五圓八毫	
十月二十一日	一萬二千六百五十八圓零四仙	

類別	名稱	日期	金額	備考
		十月二十二日	四千八百七十四圓六毫五仙	
		十月二十三日	四千九百零五圓五毫	內港紙壹百元
		十月二十四日	五千一百零九圓一毫六仙	內港紙捌百肆拾元
		十月二十五日	七千九百二十四圓二毫四仙	
		十月二十六日	五萬一千八百十二圓七毫八仙	內港紙肆萬叁千八百壹拾八元
		十月二十七日	六千四百三十五圓一毫	
		十月二十八日	八千零九十六圓七毫	
		十月二十九日	五千六百六十五圓四毫五仙	內港紙五元
借款	愛育堂	九月二十一日	一萬三千八百八十八圓八毫八仙	
	方便醫院	同上	一千三百八十八圓九毫	

廣東財政部收入報告册 伍

類別	名稱	日期	金額	備考
	總商會	九月二十七日	三千六百圓	
		九月二十八日	一百圓	
		九月二十九日	一萬五千零一十圓	
		九月三十日	六千八百圓	
		十月初二日	九千四百圓	
		同上	六千五百三十五圓	
		十月初三日	三千九百八十五圓	
		十月初四日	六千四百四十圓	
		十月初五日	一萬九千一百九十二圓七毫七仙	
		十月初六日	一萬八千九百二十圓	

廣東財政部收入報告册 陸

			十月初七日	一千五百七十五圓	
			十月初九日	五千九百一十圓	
			十月初十日	六千三百四十圓	
			同上	一萬六千一百五十圓	
			十月十一日	二萬八千九百二十圓	
			十月十二日	一萬四千一百三十五圓	
			十月十三日	一萬八千九百二十五圓	
			十月十四日	六千四百四十五圓	
			十月十五日	五千六百圓	內港紙貳千元
			十月十六日	四千二百八十圓	
			十月十七日	一萬一千零三十圓	
			十月二十七日	一萬九千九百二十九圓五毫八仙	內港紙陸百捌拾捌元
			十月二十八日	四千零六十圓	
			十月二十九日	六千七百六十五圓	
	香港	李自重	九月二十三日	六千圓	
		李星衢	同上	二萬圓	
		李自重	同上	三千圓	
		同上	九月二十四日	三千圓	
		同上	九月二十六日	一萬圓	
		同上	十月初一日	三千圓	

名稱	日期	數目	備考
港商籌款部	十月初三日	五千一百一十七圓	
工商公所	同上	三萬九千六百零七圓	
	同上	一十九圓三毫九仙	港紙補紙水
	同上	三千一百九十三圓	
酒樓西家行慎餘堂	十月初九日	五百圓	
九八行商業公所	十月十二日	一十萬零五千八百圓	港紙
金銀業行	十月十三日	二萬零二百圓	同上
南北行	同上	六萬零七百零二圓	內港紙陸萬零零陸拾叁元
小呂宋庄東福公司	十月十四日	一萬圓	
上海庄	十月十五日	一萬圓	港紙
廣東財政部收入報告册 柒			
聯益保險公司	十月十五日	八千圓	港紙
疋頭行	同上	四萬一千圓	
綢緞行錦綸堂	同上	一萬圓	港紙
南海九江商務局	十月十六日	二萬零二百圓	同上
八邑公所	同上	四萬圓	此款交官錢局收已入來往數計
鹹魚鹹蛋店	十月十七日	一千二百圓	廣紙
中華酒店	十月十八日	五百圓	
金山庄華安公司	同上	六萬八千二百五十圓	港紙
綢緞庄	十月十九日	一萬圓	同上
鄧仲澤	十月二十一日	三萬九千五百一十二圓	內港紙叁萬捌千八百七拾六元

廣東財政部收入報告册　捌

鹹魚行聯益社	同上	一萬圓	港紙
魚翅行	同上	四千零五十圓	
銅鐵行	十月二十六日	二萬九千九百一十五圓	內港紙貳萬玖千伍百壹拾元
公白行	十月二十七日	七千圓	
港商許遠均	十月二十八日	二百圓	港紙
鄧仲澤等	九月二十一日	二十二萬二千一百九十五圓	同上
各商團	同上	四百四十二圓	
港商團	同上	二十二萬九千一百五十圓	港紙
香港商團李煜堂	九月二十五日	一萬五千圓	
寶璧	同上	二萬圓	
寶璧	九月二十六日	三萬圓	
同上	同上	一百一十一圓一毫一仙	
同上	九月二十七日	一千圓	
	九月二十八日	六萬圓	
	同上	一萬五千圓	
先施新廣合聯益萬益生	同上	三萬三千一百七十九圓六毫	
李煜堂	十月初一日	一千圓	港紙
李星衢	同上	三萬圓	同上
港團	十月初九日	一萬七千圓	同上
港商團銀業聯安堂	十月十二日	五萬零五百圓	同上

	本部	梁國	十月十二日	一百圓	
		璿源街德記	十月十五日	一百圓	廣紙
		參桂各行寶壽堂	同上	一萬一千五百五十圓	
		黃祥華	十月十八日	四百九十圓	
		佛山黃祥華	十月二十二日	一萬圓	
		河南五鳳鄉	十月二十三日	八百二十圓	
		公醫學堂達醫生	十月二十四日	一千圓	港紙
	外埠	石勒庇能埠合益公司	十月十五日	三萬二千五百圓	同上
		南洋勸捐員鄒海濱	十月十八日	一圓	
		舊金山中華會館	十月二十三日	五萬圓	銀單壹張
		入打威埠保安會	十月二十三日	六百圓	銀單壹張
		梁鏡清交來澳門汕頭各商	十月二十六日	三百圓	
各項收欵	提	欵藩庫	九月二十七日	五萬圓	
			九月二十八日	二十圓	廣紙
			同上	一萬八千七百八十圓零三毫二仙	黎景山手
			同上	一千零九十一圓八毫四仙	
			同上	一十萬零九千七百零三圓三毫三仙	
			十月初一日	七萬圓	
			同上	九十三萬圓	
			十月初四日	二百七十九圓六毫五仙	

廣東財政部收入報告册

			同上	四百三十八圓	
			十月二十五日	二百圓	由前財政公所洋夾萬內搜出
			十月二十八日	一百萬圓	紙幣
		官銀錢局	九月二十二日	八十一萬六千零五十七圓	
		大清銀行	九月二十二日	一萬一千五百二十七圓八毫	陳惠普等點交
			同上	二千三百六十一圓一毫一仙	同上
			同上	一千二百三十二圓五毫五仙	同上
			同上	一萬一千二百八十圓	同上此款係紙幣
			九月二十五日	八百八十一圓六毫六仙	零用項收回銀
		旗民府	九月二十二日	二萬九千一百六十六圓六毫五仙	
	繳還款	番禺樓流所	十月初六日	一十一圓一毫一仙	
		黃恩	十月十一日	五圓二毫一仙	
		潘習養鹿夫	十月十九日	四圓三毫五仙	
	雜餉	橫水渡	十月十五日	三圓	
		荻海永濟輪拖	九月三十日	一百五十圓	九月二十七起十二月二十六止
		香山石岐輪拖	十月初四日	一百五十圓	本年十月初四起至[illegible]年正月初三止
		太平同益輪拖	十月初十日	八百二十五圓	十月初十至正月初十日止
		前山恒泰輪拖	十月十八日	一百五十圓	十月十八至正月十七日止
		陳村前山輪拖	十月二十日	一百五十圓	十月二十至正月十九止
		東莞太平輪拖	十月二十一日	一百五十圓	八月三十一起十一月二十九止

拾

	東莞石龍輪拖	十月二十一日	一百五十圓	九月二十七日起十二月二十六日止
	高要東安輪拖	同上	一百五十圓	八月三十起十一月二十九止
	香山石岐新利輪拖	十月二十三日	一百五十圓	十月十六起正月十五止
	石岐龍江輪拖	同上	一百五十圓	十月初四起正月初三止
	香山新會輪渡	十月二十六日	一百五十圓	十月初四起正月初三止
	陽江江門輪拖	同上	一百九十圓	十一月初一起二月三十止
	汕尾三門輪拖	十月二十八日	七百五十圓	十月十三起正月十二止
	新昌北街輪拖	十月二十九日	一百五十圓	
	佛山戲捐	十月初二日	三百八十八圓八毫九仙	八月初三起十二月初二止
	新安縣泰盛押	十月十一日	四百二十圓零八毫三仙	
	硝磺局	十月二十六日	七千七百七十七圓八毫	
解款	關務處	十月十六日	四千六百三十六圓四毫五仙	補存關平大元伸毫洋
		同上	三十八圓零二仙	同上
		十月十八日	五千五百五十圓	存官銀錢局單壹紙
息款	自來水官股	十月初二日	五千圓	第三批第四期官股息
	寶通銀行	十月十九日	三十九圓七毫四仙	
台砲經費坐厘	佛山南北棧紙行	九月二十八日	八百五十八圓七毫九仙	玖月份
		十月二十八日	八百五十八圓八毫	十月份
	南番染布行	十月初二日	一百圓	九月份
	北江棧紙行	十月初七日	九十二圓六毫	同上

廣東財政部收入報告冊 拾貳

款別	機關	日期	數目	備考
税款	磁器行	同上	四百九十六圓五毫五仙	八月份
		十月二十七日	四百九十六圓五毫五仙	九月份
	省城金行	十月初九日	一百二十二圓三毫八仙	同上
	省城鹹魚行	十月十四日	三百五十六圓五毫	同上
		十月二十七日	三百五十六圓五毫	十月份
	生熟藥材行	十月二十日	一千二百一十五圓三毫	同上
	京果海味行	十月二十三日	六百六十八圓四毫	同上
	廣府西稅廠	九月	一千零八十四圓三毫	二十日至月底止
		十月	四千九百三十八圓六毫五仙	初一至月底止
	佛山汾水稅廠	十月	五百二十圓	
	關務處	十月十二日	三千一百五十七圓七毫七仙	
		十月二十日	三千五百七十四圓零二仙	移解九月分相頭稅
釐款	省河補抽廠	九月	一萬二千五百一十一圓零一仙	二十日至月底止
		十月	五萬四千八百六十六圓零二毫一仙	初一日至月底止
	河口釐廠	十月	二千六百三十八圓八毫九仙	同上
	陳村釐廠	十月	三千三百八十二圓五毫二仙	同上
	佛山釐廠	十月	二千七百圓	同上
	新塘釐廠	十月	六百圓	同上
	四會釐廠	十月	四百二十九圓四毫五仙	同上
	石龍釐廠	十月	二百七十二圓九毫	同上

	後瀝簏廠	十月	一千八百一十三圓六毫八仙	同上
	蕭苞簏廠	十月	一千九百三十圓	同上
	磨刀口簏廠	十月	三百圓	同上
新幣	造幣廠	九月	三十一萬九千四百四十七圓零五仙	二十日至十月底止
		十月	五十四萬四千九百六十一圓四毫一仙	初一日至十月底止
雜款	沽大元紙水紋水	九月	一千二百五十一圓四毫六仙	二十日至十月底止
		十月	一千八百二十九圓零一仙	初一日至十月底止
	惠與銀條	九月二十四日	一千二百五十圓	
	鎗馬變價	十月十九日	一十三圓七毫	
	黎景山截獲賍物	九月二十一日	一百零二圓二毫	
	楊瑞波交來電白鹽銀	九月二十六日	三千圓	
	滙上海款	十月二十八日	一十六圓	

廣東財政部收入報告冊 拾叁

通計收入共洋陸百肆拾壹萬貳千陸百陸拾[illegible]圓貳毫柒仙

中華民國元年元月十三日

广东财政部自旧历九月十九日起至十月二十九日止支出报告册

广东省财政厅会记室　编

廣東財政部自舊曆九月十九日起至十月二十九日止支出報告册

廣東財政部自舊曆九月十九日起至十月二十九日止支出報告冊

支出					
款別	項別	目別	月日	銀數	摘要
各部行政費	都督府	餉銀	九月二十一日	一百圓	庶務部陳[illegible]惜領
			九月二十二日	四百圓	庶務部領
		廚男	同上	一千圓	庶務部部長馮[illegible]宸領
		雜用	同上	五百圓	庶務部領
		雜用	九月二十三日	五百圓	同上
		雜用	同上	五百圓	同上
			同上	三百圓	都督府領
			九月二十四日	一千圓	庶務部長鄧慕韓領
			九月二十五日	一百圓	庶務部領
			同上	三千圓	庶務部長鄧慕韓領
			九月二十六日	二百圓	庶務部領
			九月二十七日	三千圓	庶務部長鄧慕韓領
			同上	五百圓	庶務部朱籌領
			九月三十日	二千五百圓	庶務部長鄧慕韓領
		差役工食	十月初一日	二百圓	庶務員領
			同上	二千圓	庶務部長鄧慕韓領
			十月初二日	五百圓	同上
		督署各科員薪水	十月初四日	九百四十七圓一毫五仙	都督來條

		同上	一千圓	庶務陳義華領
	搭棚及伙食	十月初七日	一千圓	同上
		十月初八日	五萬圓	都督米條（港紙）
	購港紙水	同上	二百零四圓六毫	補前項
	補平	同上	四毫五仙	同上
	棚價	十月初九日	一千二百圓	庶務陳義華領
		十月十二日	一千圓	庶務部領
	黃參督公費	十月十三日	五百圓	都督飭發
	統計處經費	同上	一百圓	同上
		十月十四日	二千圓	庶務領

		十月十六日	二千圓	同上
		十月二十日	三千圓	同上
		十月二十七日	三千圓	同上
	函借	同上	一萬圓	李海雲奉都督函
參謀部	車費	九月二十二日	五毫	
	雜費	同上	一十二圓七毫	
	同上	九月二十三日	三十圓	
	費用	十月二十伍日	一百圓	
	餉銀	十月初一日	二千四百四十三圓五毫三仙	支九月分十一天餉
軍務部		九月二十日	一千三百八十八圓八毫八仙	軍務部薄領

		十月二十日	八千圓	同上
		同上	三千圓	軍需課莫杜領
民政部警察部		九月二十一日	六千九百四十四圓四毫四仙	陳景華領
		九月二十二日	九千七百二十二圓一毫	同上
		九月二十三日	二萬五千圓	都督處飭發陳景華
		同上	五千圓	飭發陳景華
	餉銀	九月二十五日	四萬圓	陳景華領
	警費	十月十一日	二萬圓	同上
	警費軍衣等費	十月十六日	二萬圓	同上
	警費	十月二十七日	一萬圓	同上
司法部	衛隊口糧	九月二十三日	二百八十圓	司法部領
	公費	九月二十五日	五百圓	同上
	薪餉	十月初四日	四千圓	同上
	薪費	十月十二日	五百九十五圓八毫	司法部領十月分
	公費	十月十七日	四百八十圓	司法部領
	裁判經費	十月二十一日	一千四百圓	同上
	開辦囚糧等費	十月二十九日	二千一百三十圓	檢事裁判所領
實業部	費用	九月二十五日	五百圓	部長毛文明領
	化學器用	十月十八日	七千五百圓	都督飭發實業學堂
教育部	經費	十月初五日	六千九百四十四圓四毫五仙	教育部長丘領

廣東財政部支出報告冊 肆

部別	款目	日期	數目	備考
衛生部	開辦費	十月十八日	五千圓	衛生部領
	川費	十月二十九日	一千五百圓	部員李樹芬領
財政部	公費	九月二十一日	四圓	部長領
	買裝銀箱	同上	一十[illegible]圓四毫	計箱一十二個
	裝銀草包	同上	二圓一毫	計包六十個
	公費	同上	十圓	部長領
	雜用	同上	五圓	楊啓康等領
	雜費	九月二十二日	十圓	本部長飭領
	雜用	同上	二十圓	同上
	雜用	九月二十三日	四圓	本部領
	公費	同上	五圓	本部羅澤波領
	雜費	同上	八毫	本部領
		同上	一百圓	部長李飭領
		九月二十四日	六圓	毛文明領
		九月二十八日	五百圓	本部庶務簿領
		同上	五百圓	同上
		十月初四日	五百圓	本部庶務梁蔚廷領
		十月初七日	五百圓	本部庶務領
		十月初九日	五百圓	同上
	購洋夾萬	十月十三日	三百一十五圓	本部交先施公司港紙

廣東財政部支出報告册 伍

類別	名目	事由	日期	金額	備考
			十月十四日	五百圓	本部庶務梁尉廷濤領
			十月十九日	五百圓	本部庶務領
			十月二十二日	五百圓	同上
			十月二十三日	五百圓	同上
			十月二十四日	五百圓	同上
			十月二十五日	五百圓	同上
			十月二十六日	五百圓	同上
			十月二十八日	五百圓	同上
各屬縣行政費	南海縣	公費	九月二十二日	三百圓	縣長邱伯民領
			十月初三日	三百圓	縣長邱伯民借領
	番禺縣		九月二十六日	六百圓	
	三水縣		十月初三日	一千圓	
	西甯縣		十月初四日	八百二十圓	
	順德縣		十月二十五日	五千圓	都督飭發劉兆侶領
	前山同知		十月二十九日	八百一十圓零八毫	都督飭發十月分
各軍薪餉	順德樂從民軍	茶金	九月二十日	一百圓	
	香港油蔴地民團	伙食	同上	五百圓	黃麟瑞石錦泉領
	民團領袖黎菴		同上	一千五百圓	
	花縣民團	旅費	九月二十一日	一百九十圓	代表李恩祿領
		民團軍需	同上	一百圓	莫擎宇領

樂從民軍	三天伙食	同上	二千四百圓	
	餉銀	同上	五百圓	龔擎宇領
	餉銀	同上	六千圓	蘇少樓領
	十天伙食	同上	一千四百四十圓	趙應龍領
西關民團	十天伙食	同上	一千零四十圓	姚立廷領
	伙食	同上	二百圓	中興公司領
志成公司民軍		同上	三十圓	
		同上	五十圓	同上
		同上	四百八十圓	楊光山領
民團領袖黎等	餉銀	同上	五百圓	
河南大觀園新招部	餉銀	同上	三十圓	
佛山民軍	伙食	同上	二百圓	周康領
石井民軍	餉銀	同上	一千五百圓	李恩翰領
		同上	三百圓	老翼豪領
香山全屬民軍	餉銀	九月二十二日	一萬圓	李得銘等領
游擊隊		同上	五百圓	程子儀領
大良部民軍	伙食	同上	三十圓	
新編軍隊	伙食	同上	二千圓	熊長卿領
	雜費	同上	一百圓	民團總稽查員潘耀焜
新編軍第一二兩營	找數	同上	三千二百九十七圓四毫九仙	熊長卿領

	民軍餉銀	同上	五千圓	楊萬夫館交王世仲
新軍	餉銀	同上	四萬圓	梁文中領
三府前民團	伙食	同上	五十圓	堯漢審等
	棚價	同上	一百五十圓	民團總稽查潘耀堃領
陸蘭清部	軍餉	同上	五百圓	參謀部領
	備發民團伙食	同上	二千圓	都督處領
振華社民軍	伙食	同上	三百圓	殿經一領
貢院民軍	伙食	同上	三百圓	參謀部領
南關戒煙所民軍	伙食	同上	五百圓	同上
鹽務公所民軍	伙食	同上	一千圓	

惠州民團	餉銀	同上	一千圓	
李承標		同上	一十五圓六毫	
河南民軍		九月二十三日	三百圓	
大瀝民軍		同上	八十圓	參謀部領
新軍		同上	二萬圓	梁文中領
	借發民團費用	同上	五千圓	都督領
陳村鎮民軍	餉銀	同上	一千五百圓	參謀部領給梁鵬展
民團總司理稽部	雜用	同上	二百圓	
三府前民軍	餉銀	同上	五十圓	堯漢審領
周康民軍		同上	二千七百圓	參謀部領

民團黎蕚		同上	一千五百圓	同上
民團		同上	一萬圓	都督府領
蔡文韶		同上	三千圓	
東莞屬民團	軍餉	同上	一千圓	
防守南岸安憮黎慶民團	餉銀	同上	四千二百圓	都督府領
范光桃	口糧	同上	二十六圓	
龍輯文等	餉銀	同上	二百圓	源如來領
惠州民軍		九月二十四日	四萬五千圓	周惺男領
南洋民軍	費用	同上	五百圓	陳鐵五領
	餉銀	同上	二千圓	秦焯廷領

南洋民軍		同上	一百五十九圓二毫	李勝標領
新會民軍		同上	二千圓	龍輯文領
九江民軍		九月二十五日	二百圓	參謀部領
新軍		同上	一萬五千圓	梁文中領
九江葉部統帶		同上	一百圓	
永豐公司民軍		同上	四百圓	吳伯州領
		同上	一百圓	王銳和領
陸蘭清		同上	三千圓	
		同上	一萬圓	程子儀等領
開平民軍		同上	四千圓	鄧仲澤領

		同上	三百圓	李就領
		同上	三圓	麥錫領
志成公司民軍		同上	二百圓	楊光山領
		同上	二百圓	王興中領
		同上	二十圓	李少朋領
		同上	五十圓	鄧柳公領
		同上	五千圓	楊萬夫等領
開平黄衍堂等	借餉	同上	四千圓	
新軍		同上	三萬三千三百八十八圓八毫	梁文中領
陸軍		九月二十六日	四萬圓	莫擎宇領

廣東財政部支出報告册 玖

石龍軍隊		同上	一萬圓	王和順領
石井民軍		同上	一萬圓	
楊光山民軍		同上	二百四十圓	參謀部領
		同上	三百五十圓	王興中領
石井民軍		同上	五千圓	
河南民團		同上	二百圓	嚴經一領
第一路新編軍		同上	五千圓	熊長卿領
新軍		同上	一萬圓	梁文中領
建字營民軍		同上	四千一百六十六圓六毫六仙	王和順領
		九月二十七日	三千圓	黎慕領

劉康字營民軍		同上	一萬圓	
石龍民軍	船價伙食	同上	四百圓	營務處領
麥錫赴順德	餉銀	同上	一千圓	參謀處領
		同上	一千圓	龍輯文領
		同上	四百圓	石錦泉領
志成公司民軍		同上	二百四十圓	參謀部領
惠州民軍		同上	五百圓	保多領數
蓑墟民軍		同上	二十圓	李少朋領
大瀝墟民軍		同上	八十圓	參謀部領
鍾偉生赴東莞安撫		同上	二千圓	
惠州民軍		同上	六萬圓	陳炯明領
志成公司民軍		同上	八十圓	參謀部領
車尾砲台民軍		同上	三百圓	領給邵漢星
廣舞台民軍		同上	二百圓	領給楊仁山
陸蘭清民軍		同上	一萬圓	
東山外民軍		同上	二十圓	參謀部領給練達成
楊萬夫民軍	口糧	同上	一千圓	
志成公司民軍	餉銀	同上	二百圓	
南韶連屬民團		同上	一萬圓	
趙熙龍等		同上	二百八十圓	

志成公司民軍	同上	四百圓	
姚立廷民軍	同上	五百圓	
石錦泉民軍	同上	一千二百圓	
吳伯州民軍	同上	四百圓	
駱福余民軍	同上	一百五十圓	
西橫街民軍	同上	一百圓	領給王銳和
梁鵬展民軍	同上	五百圓	
順德駱福元	同上	十圓	
東莞李元偉	同上	十圓	
義字營民軍	九月二十九日	一萬圓	

廣東財政部支出報告册 拾壹

鄧敬川民軍	同上	一千圓	都督來條發
梁起民軍	同上	五千圓	
志成公司民軍	同上	五百三十六圓	參謀部領
周康等民軍	同上	二千七百圓	
順德鶴山民軍	同上	三百圓	李祝多領
嚴耀一民軍	同上	二百六十八圓	
楊萬夫民軍	同上	一千圓	都督來條發
劉滕槐等民軍	同上	一千一百零三圓	參謀部領
練達成民軍	同上	五十圓	
何福初等民軍	同上	三百圓	

名目	款項	日期		金額	備考
楊仁山等民軍		同	上	二百四十圓	參謀部領給李
永和墟民軍		九月三十日	上	一百圓	海濱
肇羅軍政分府		同	上	二萬七千七百七十七圓七毫七仙	
諮議局民團		同	上	一百零六圓	
惠軍	冬衣	同	上	五百圓	鍾鼎基領
民團總長劉永福		同	上	二萬圓	領給各民團餉
建字營黎蕚		同	上	三千圓	都督來條發
甄祝三	借支	同	上	一千圓	
民團總局		同	上	八萬圓	
統領王和順	軍衣費	十月初一日	上	四千圓	

廣東財政部支出報告册 拾貳

名目	款項	日期		金額	備考
香軍	餉銀	同	上	四千圓	
肇羅軍政分府	餉銀	十月初二日	上	一萬圓	都督來條發楧民領
鄭鏡川		同	上	六千圓	都督來條發
粵城軍務分部		同	上	四萬圓	部長劉釗支領十一月分餉
統領黎蕚	遷移費	十月初三日	上	五百圓	
王興中赴增城安撫	公費	同	上	三百圓	都督來條發
粵城軍務分部	餉銀	同	上	四萬零零一十六圓	部長劉釗領十一月分餉
徐維揚	民團費	同	上	四千圓	
鄧三伯聯新安民團		十月初四日	上	二千圓	都督飭發
惠州陳兢存	先遣隊伙食	同	上	一千圓	

游擊隊右營	借支伙食	十月初五日	上	一千圓	管帶何國標領
何炳領三營	餉銀	同	上	五千圓	
游擊隊左營	借支伙食	同	上	一千圓	管帶朱定邦領
民團總局	薪餉	同	上	一十萬圓	
陽江民軍	餉銀	十月初六日		三千六百九十四圓四毫五仙	雷燦領
李夢生	費用	同	上	二百圓	開導民軍
新甯調停軍務	川資	同	上	三十圓	雷燦領
周康	餉銀	同	上	四千五百圓	都督飭發
羅翼羣		同	上	二千圓	
民團總局		同	上	一十萬圓	

廣東財政部支出報告册 拾叁

歐陽仲部下	勇糧	十月初七日		二千圓	鄺鋭川領
赴新甯安撫	借用	同	上	八百圓	袁玉魂領
譚義民軍	餉銀	同	上	一萬圓	都督飭發
陸領民軍		同	上	五千圓	
康字營	購辦冬衣	同	上	一萬圓	
黎字營	餉銀	同	上	三千圓	
關字營		同	上	五千圓	
黃惠全		同	上	二千圓	
林希俠	回南澳費用	十月初九日		二百圓	
香軍	餉銀	同	上	二千圓	

款目	用途	日期	數目	備考
看守舊藩署	致死隊置辦軍衣用	十月初十日	二千圓	梁廣廷領交錦隆號
陽江	餉銀	同上	四千圓	
花縣	安撫民軍	同上	一千圓	徐維揚領
東江宣撫軍	用費	同上	一千五百圓	都督飭發司令長鄧子瑜
民團總局	餉銀	同上	六千圓	
北江宣撫		十月十一日	一萬圓	毛漢魂領
英德陽山連州	宣撫公費	十月十二日	二百圓	
香軍隊伍	伙食	同上	一十二圓八毫	第一營第四隊麥田等
會字等營	餉銀	同上	五千圓	陸領領
康字營		同上	四千五百圓	

廣東財政部支出報告冊　拾肆

款目	用途	日期	數目	備考
啓字營		十月十三日	二千圓	都督飭發顏啓漢
福字營	郵款	同上	三百圓	都督飭發
惠州軍	餉銀	十月十四日	一萬圓	都督飭發
民團總局		同上	四萬四千圓	領給民軍
惠州民軍		十月十五日	四萬圓	陳炯明領
張祿民軍		同上	一萬圓	都督飭發
看守藩庫會字營	雪衣打燈	同上	四十一圓七毫五仙	庶務領
福字營		十月十六日	三千圓	
香港支部	借支	同上	三千五百圓	鄒海濱領還前借惠州商款備支餉數
培字營		同上	六千九百三十圓	吳培領

順德黃麻冲吳家祠	還款	同上	一千二百七十圓	吳培領還
協字營	船價	同上	四千圓	都督飭發黃濟川領
	軍衣價	同上	四千圓	
惠州第一協	餉銀	同上	五萬圓	都督飭發鍾樹榕領
王穎中赴增城	軍費	同上	五千圓	朱詔平領
黎字營		同上	一千五百圓	往紫洞彈壓黎炳球領
領字營	餉銀	十月十七日	二千五百圓	
何字營		同上	七百圓	都督飭發何夢領
康字營		同上	六萬四千零七十圓	都督飭發
秉字營第一標	軍衣	同上	三百七十五圓	
王和順	餉銀	同上	一萬圓	
唐統領	借用伙食	同上	五千圓	
福字營	餉銀	同上	二萬一千七百零三圓	
看守前潘軍敢死隊	燒灰毡軍衣帽	同上	二千一百二十五圓	梁壽廷領付錦隆找數
駐三水蘭字營	餉銀	十月十八日	一千圓	都督飭發
安緝散勇	借用	同上	五百圓	都督飭發曾其光領
程字營	公費	同上	三百圓	何江領
南韶連軍政分府	經費	同上	二千圓	
民團總局	餉銀	同上	五萬圓	
義字江字錫字林字四營		十月十九日	一萬圓	都督飭發

陽江司令長李祺祁		同	上	一千圓	福泰輪船領寄
雷燦	購物	同	上	三十圓	
協字營	鞋帽	同	上	一萬圓	都督飭發黃濟川領
康字營	軍衣	同	上	一千圓	周康領交定銀
鄧子瑜往東江	安撫併解散民團	同	上	二萬圓	都督飭發
程字營	餉銀	十月二十日		三百六十圓	
義字營	郵欵	同	上	六百圓	
何義方	薪糧	同	上	一千二百九十圓零零四仙	
何義方	伙食	同	上	五百圓	
南橋宣撫	費用	同	上	三千四百四十圓	都督飭發李康侯領

廣東財政部支出報告冊 拾陸

陽江司令長李祺祁	餉銀	十月二十一日		一千二百七十五圓五毫五仙	合記輪船領
祿字全軍	餉銀	同	上	五萬六千四百五十五圓	都督飭發
康字營第二標	軍衣	同	上	四百八十五圓	張樂棠領
南韶連軍政分府		十月二十二日		一萬圓	都督飭發何審元領
何字營	賞給	同	上	一百圓	看守大清銀行
遣散順軍	費用	同	上	六萬圓	都督飭發余斌臣單華封林竹芩
建字營	移營費	同	上	五百三十七圓七毫	何子湘領
開平	安民軍事宜	同	上	六百五十六圓	找數
民團總局	餉銀	同	上	五萬圓	
炳會餉三營		同	上	一萬圓	都督飭發

支出對象	項目	日期	金額	備考
夢字營	薪餉	十月二十三日	三千二百六十圓	何紱領領
楊字營	餉銀	同上	五千圓	都督飭發徐維揚領
協字營		同上	六萬圓	黃濟川領往廉
程字營		同上	五百圓	都督飭發何江領
民團總局		同上	五萬圓	鄧㠭舫領
惠州軍		十月二十四日	五萬圓	都督飭發嚴德明領
李則禹	還款	同上	五百圓	都督飭還墊支各軍口糧(港紙)
	補紙水	同上	二十七圓五毫	
祿字營		同上	一萬五千九百八十四圓	都督飭發謝錫恩領
福字營		十月二十五日	五千圓	都督飭發

支出對象	項目	日期	金額	備考
偏船	公費	同上	一百八十圓	
第一軍司令部併第一協	餉銀	同上	六萬圓	都督飭發鍾瑞榕領
南韶連軍政分府	開辦費	十月二十六日	一萬圓	都督飭發
康字營	軍衣	同上	七千二百九十五圓	都督飭發周芳樓領
就字營		十月二十七日	九百三十圓	都督飭發伍順添領
李滋	還款	同上	二萬三千六百四十圓	九月二十至二十三墊過各路民軍伙食
啓字營	薪餉	同上	八千零五十五圓五毫五仙	借支顏啓藻領
程字營	餉銀	同上	五千五百一十五圓	何江領
	口糧	同上	四百圓	
蘭字營	軍衣	十月二十八日	四千五百圓	陸蘭清領

民團總局	薪餉	同上	二萬圓	劉軍門領
赴新寗安撫	公費	同上	二百九十九圓四毫	黃隆生領
北江宣撫	餉銀	同上	三萬圓	都督飭發黃耀光領
民團總局	薪餉	同上	八萬圓	
南韶連軍政分府	開辦費	十月二十九日	一萬圓	
增字營	醫傷費	同上	六百圓	
	公費	同上	六百圓	十月分
水陸各營				
惠州中路巡防	伙食	九月二十日	五十圓	第三十四營
旗營	餉銀	同上	一萬零八百圓	九十八標二營劉超領
新軍		九月二十一日	一萬零四百圓	蔣司令長領

廣東財政部支出報告冊 給撥

旗營		同上	四千二百圓	劉超領
高州鎮	船價	同上	一千圓	吳祥達
旗營	新軍巡警	九月二十二日	二萬一千三百七十二圓八毫	軍務部領
桂軍第五六八營	伙食	同上	一千八百圓	王冠英等領
保安隊		同上	二十八圓二毫	
中路巡防		九月二十三日	五百五十五圓九毫	都督飭發第三十一營九月分
巡防隊	餉銀	同上	一千三百八十八圓九毫	都督飭發李國治
中路巡防	伙食	同上	三百圓	都督飭發第三十五營
陸軍警察	經費	同上	一千五百圓	吳江左領
南韶連鎮	餉銀	同上	一萬三千八百八十八圓九毫一仙	九十兩月分吳祥達領

廣東財政部支出報告册 拾九

李水提		九月二十五日	上	一萬二千圓	
西關安勇	餉銀	同	上	三千九百四十五圓六毫	蔣航領
廣協左右營		同	上	三百九十一圓五毫五仙	九月分
保安隊	伙食	同	上	二十八圓二毫	黎英領
韶安水軍	薪餉	九月二十六日	上	三千五百一十四圓	趙紹斌領
陸軍	餉銀	同	上	三萬圓	龍統制領
遣散廣西勇	費用	九月二十七日	上	二千七百七十七圓七毫七仙	管帶邵淩剛領
李水提	墊欵	同	上	一百九十九圓一毫八仙	墊過不敷餉銀
中路巡防	餉銀	同	上	五百圓	第三十五營管帶李大泉領
中路巡防		同	上	一千九百八十六圓五毫五仙	第三營九月分管帶李觀德領
	津貼	同	上	一百三十圓零五毫五仙	
水提稿書	工食	同	上	一百五十圓	九月分
隨營文案	薪水	同	上	二百三十六圓八毫二仙	
	伙食點心	同	上	四十三圓三毫三仙	
隨營員弁	薪夫	同	上	九百一十三圓一毫六仙	
	伙食公費	同	上	壹千六百五十二圓二毫三仙	
海心岡定洋台	薪粮	同	上	六十六圓五毫八仙	九月分
中路巡防	餉銀	同	上	六千零零五圓六毫五仙	第四五二十八等營九月分麥椿榮領
船價	租銀	同	上	七百五十二圓	船十六號
中路巡防	薪粮	同	上	四千二百二十三圓七毫七仙	第十二三兩營九月分

廣東財政部支出報告册　貳拾

機關	款目	日期	金額	備考
船	價租銀	同上	二百二十五圓	第十十一等營九月分
文案	薪水	同上	四十六圓零五仙	第十十一十二十三等營九月分
拖船	餉銀	同上	一百九十四圓九毫三仙	吳榮安領船二號
龍統制新舊軍		同上	三萬零六百圓	九月分找數
官弁書記	薪水公費	同上	七千五百四十四圓	
中路巡防	餉銀	九月二十八日	三百八十三圓六毫四仙	第二十四營王錫堯領
中路巡防		同上	二千零三十二圓七毫八仙	第三十營領
中路巡防		同上	二千三百二十九圓三毫三仙	
李水提	支餉	同上	六萬圓	李提領由港匯處支給
龍統領	薪餉	同上	二千三百八十五圓毫六六仙	九月分扣找銀兩伸數
新安巡警第二區	墊款	同上	一千零五十四圓零一毫五仙	都督批准飭發
深圳投順各勇	口糧	同上	三百圓	營務處領給王興中
韶安水軍四營	餉銀	同上	一萬五千六百六十三圓二毫八仙	統領楊發貴領計前後左右四營九月分
新募營	薪糧	同上	四千二百零八圓八毫九仙	九月第十十一兩營
桂軍	川資	九月二十九日	八萬二千二百二十二圓二毫二仙	龍統制領
中路巡防	餉銀	同上	八千三百三十三圓三毫三仙	九月分第十三十四十五等營潘斯愷領
司書牛郎家路	薪水	同上	一十六圓六毫六仙	
中路巡防	尾餉	同上	二千二百五十七圓一毫五仙	第二十九三十一等營統帶李靄振領九月分
西江緝捕	薪水	同上	二百二十九圓七毫八仙	十月分王作霖領
招集舊兵	口糧	九月三十日	二百八十四圓	管帶黃榮領

惠安水軍	餉銀	同	上	三千六百六十四圓零四毫	李光顯領九月分
中路巡防		同	上	二千零五十五圓	九月分第六營劉雄才領
中路第三十五營	換欵	同	上	二百七十七圓七毫七仙	李次梁前領滿銀票二百両今到本部換銀
水提各營	伙食	十月初一日	上	五千圓	十月分親軍唐維炯領
新軍游擊隊	餉銀	同	上	七百六十七圓三毫	九月分
中路巡防	統費	同	上	一百七十八圓三毫三仙	九月分第一六兩營夏文熙領
廣安水軍	薪糧	十月初三日	上	二千七百七十七圓七毫七仙	十月分劉兆寬領
中路巡防	餉銀	同	上	一千圓	十月分第三十四營鍾子才領
中路巡防		同	上	一千圓	十月分第八營林鴻勳領
舊藩署香軍	伙食	同	上	二百圓	

廣東財政部支出報告册 貳拾壹

高州黃士龍軍	餉銀	十月初四日		一萬圓	都督飭發
西江稽查	薪費	同	上	二百三十圓零五毫五仙	十月分梁錦棟領
中路巡防	借餉	十月初九日	上	一千圓	十月分第七營陶鈞借
保安隊	借餉	同	上	五千五百五十五圓五毫五仙	李世桂領十月分
巡防清字七營	餉銀	同	上	二萬五千七百六十七圓	十月分龍統制領
巡防第六營	伙食	同	上	一千圓	十月分劉雄才領
桂軍各營	薪糧	十月初六日		三萬七千三百九十八圓	營務處張其林領
巡防第六營	餉銀	十月初七日		三百七十五圓	雷協笙領給劉雄才
中路巡防	伙食	十月初八日		三千圓	十月分第二十九至三十三等營李聲振領
陸軍醫院	薪糧	同	上	一千五百圓	十月分吳江左領

巡防第六營	長夫	同上	四十三圓三毫三仙	十月初一至初六止劉雄才領
龍統制書記	薪水	同上	一百三十三圓三毫三仙	書記馮譽驥九月分
中軍蕭皋歲	薪水	同上	一百二十一圓一毫一仙	連上書記二款在該統制二千合領款扣出現補支
招撫巡防散勇	經費	十月初十日	二千圓	都督飭發付其光領
巡防第三十五營	薪糧	同上	八百四十四圓零三毫七仙	管帶李次皋領九月分
高軍九十九標	餉銀	十月十一日	三萬圓	都督飭發饒景華領
陸軍警察	薪糧	同上	一千五百圓	十月分吳江左領
惠安右營	伙食	十月十二日	一千五百圓	李登振領
招新軍頭目	費用	十月十三日	二百四十圓	都督飭發羅允領
黃士龍	薪水	同上	四百四十四圓四毫四仙	八九兩月分
黃鉞	薪水	同上	二十六圓三毫三仙	九月二十四至十月三十日止
粵城新軍	餉銀	十月十四日	二萬一千三百七十二圓八毫八仙	十月分第二次都督飭發
新軍各標營	經費	十月十六日	一十二萬九千八百八十七圓七毫	十月分莫擎宇領找數
大鵬營	薪餉	十月十九日	一千圓	九十月分都督飭發
督標中營		同上	六百八十一圓五毫	秋季分
鄭之寶	薪水	十月二十二日	六百二十六圓六毫七仙	都督飭發
濟字營桂軍	餉銀	十月二十三日	六萬圓	龍統制部下往連州支數
臨時陸軍警察	薪餉	同上	一千零八十七圓零六仙	九月二十三至月底止
西江稽查	薪水	同上	一百七十五圓	蔡柏椐領
中路巡防	薪糧	十月二十四日	二千四百三十九圓七毫五仙	十月分第三十五營找數

款目	類別	日期	金額	備考
濟字營桂軍	餉銀	同上	五萬圓	往連州支數
中路巡防	伙食	同上	三千圓	十月分第二十九三十三十一營借數李聲振領
東莞水師中路巡防	餉銀	十月二十五日	一千零九十五圓一毫四仙	水師右營巡防第一營十月分都督飭發
香山巡防	薪餉	同上	一萬零四百四十圓	第二二十七兩營十月分
濟字營桂軍	餉銀	十月二十六日	九萬圓	龍濟光領赴連州
瓊防五營廣玉兵輪	薪糧統費	同上	四萬一千一百七十六圓四毫三仙	
肇防五營		十月二十七日	一萬七千四百五十八圓五毫六仙	李耀漢領
水師親軍	餉銀	同上	八千六百零六圓	唐維炯領
中路巡防	薪糧	十月二十八日	二千三百一十五圓五毫九仙	第八營十月分林鴻勳找數
中路巡防		同上	二千四百四十八圓	第七營十月分找數陶鈞領
廣安水軍		十月二十九日	七千九百三十九圓四毫七仙	十月分前後兩營找數劉義寬領
中路巡防	餉銀	同上	一萬二千六百六十八圓	第十六三十二十九三十三等營十月分都督飭發
中路巡防	統費	同上	二百七十七圓七毫七仙	十月分
文案五仙樓委員	薪水	同上	八十三圓三毫三仙	十月分
都督守衛兵	餉銀	同上	二百五十圓	薛潤田領
海軍練兵營	薪糧公費	同上	二千二百零八圓	十月分水師公所鄭步波領
安緝散勇	費用	同上	二千圓	都督飭發丘復華領
安緝散勇		同上	二百圓	
新軍標營	餉銀	同上	一十三萬五千一百七十八圓三毫	十月分第二期軍務部莫擎宇領
廣九鐵路	餉銀	九月二十一日	一千三百八十八圓八毫八仙	孫樹榕領

廣九鐵路	經費	九月二十六日	五百零六圓七毫一仙	孫樹榕領
鐵路兵船	伙食	十月初一日	二百圓	徐裕麟李明學領
護路彈兵	餉銀	十月初二日	二千圓	十月分支數孫樹榕領
駐防鐵路	薪公	十月初六日	一百三十六圓	徐裕麟領
保護鐵路	公費	同上	五百圓	鄧彥士領
鐵路警兵	餉銀	十月十七日	二千七百八十八圓八毫五仙	十月分找數孫樹榕領
鐵路游擊隊	伙食	十月二十三日	五百圓	
第一二號巡船	薪餉	十月二十四日	一百九十圓	十月分車站頭水軍領
沙角大角蒲洲等	餉銀	十月初七日	一千一百一十九圓九毫六仙	九月二十一至三十止謝桂秋領
	伙食	同上	一千五百圓	
	砲費	同上	一百一十六圓六毫六仙	
威遠上下橫檔等	餉銀	同上	一千零一十三圓八毫二仙	江永清領
	伙食	同上	一千五百圓	
	砲費	同上	一百二十五圓	
長洲等四台	餉銀	同上	一千三百六十五圓一毫九仙	九月二十至三十止夏玉春領
	伙食	同上	二千圓	
	砲費	同上	一百五十二圓七毫八仙	十月分
沙角大角等砲台	薪餉伙食	十月二十一日	四千一百九十五圓三毫	謝桂秋領
長洲等砲台		同上	五千零五十八圓九毫四仙	夏玉春領十月分
威遠橫檔等砲台		同上	三千九百五十圓零零四仙	江永清領

陽江兵輪	薪糧	九月二十七日	三百五十八圓七毫五仙	九月分
成効輪船	薪糧	同上	一百零六圓六毫七仙	九月分
水師分統各輪	餉銀	九月二十八日	一萬圓	水提李準領
廣海兵輪	夫價	同上	三十七圓一毫四仙	在北海落煤
鎮遠輪船	薪糧船價	同上	二百八十八圓二毫一仙	
善昌輪船	薪糧	十月初二日	二百五十八圓二毫三仙	潘炳鎏領
雷龍雷艇		十月初四日	一千一百八十一圓二毫五仙	
利濟輪船		同上	三百一十一圓五毫三仙	彭樹棠領
善豐輪船		同上	二百六十二圓六毫四仙	王得貴領
各船	伙食	十月初五日	二千圓	分統李田吳永深領借支
宏濟輪船	薪糧	十月十一日	一百六十六圓四毫	九月分
各兵輪		十月十三日	三萬五千圓	十月分分統李田等領
分統李田等	餉銀	十月十八日	叁千圓	十月分找數
廣庚輪船		十月二十五日	一千三百圓	支借十一月分
雷龍雷艇	薪糧	同上	四百六十五圓零九仙	十月分
善富輪船		十月二十六日	二百七十圓零零三仙	十月分
敢死隊	費用	十月二十三日	四百圓	
鹽務緝私	薪餉	十月十七日	一千三百四十六圓三毫九仙	都督飭發黃鎮南領
北伐軍	開辦費	九月二十七日	五千圓	營務處馬錦春領
	資助	十月初一日	一萬圓	程子儀領

廣東財政部支出報告册 貳拾伍

		餉銀	十月初四日	三千圓	司令長馬錦春姚雨平領
			同上	七千圓	找數
		公費	十月初五日	二百圓	李壯吾領
		餉銀	十月初七日	三萬圓	姚雨平領
		伙食	十月初九日	三百圓	朱詔廷領
		軍費	十月十二日	一十萬圓	司令長馬錦春姚雨平領
		衛生衣	同上	一萬圓	都督飭發黃超知領
		軍費	十月十九日	二萬六千圓	飭發北伐第一營馬錦春領（港紙）
			同上	一萬圓	
		水脚飯食	同上	二萬一千圓	招商局安平四輪載軍赴上海
		軍衣	十月二十一日	一萬七千二百圓	司令部領
		餉銀	十月二十二日	二萬四千圓	姚雨平領（港紙）
		衣餉	十月二十三日	五千六百八十四圓五毫	都督飭發講武堂軍
		餉銀	十月二十四日	一十九萬圓	都督飭發姚雨平領
		軍用品	十月二十五日	二千三百六十四圓九毫	
		大褸絨價	同上	七千五百九十八圓一毫	港紙
		軍餉	十月二十六日	四萬圓	陳炯明領（港紙）
		經費	十月二十七日	一萬圓	駐粵局蘇德煌領
	肇羅北伐軍	餉銀	十月二十八日	二萬五千圓	都督飭發陳子忠領
各處局經費	水陸營務處	開辦經費	十月初十日	三千圓	李寶書領

統制處	薪餉	十月十八日	三千三百零八圓	盧濟東領
教練處	薪水	九月二十九日	一千一百三十三圓三毫三仙	發文案司事
營務處	雜用	九月二十一日	一百圓	馬錦春領
		九月二十四日	二十圓	
		九月二十七日	一百圓	
	薪費	十月初三日	一千六百六十二圓	十月分
發審局		十月初一日	二百圓	袁寶璐領
團體會	公費	同上	二百圓	陳惠普領
鹽政公所	薪餉	九月三十日	五千圓	沈頤清領
上海官銀錢分局	川資費用	十月十七日	六百圓	林植民 李澧源領

廣東財政部支出報告冊 貳拾柒

石龍蔴廠	開辦公費	十月初七日	一百圓	翟昆北領
巡警習藝所	伙食	九月二十二日	三百圓	甯國璋領
	經費	十月初二日	三百圓	同上
	工料	十月初五日	一百五十圓	
南番習藝所	添置物料舊欠柴米	十月十四日	四百七十七圓二毫	司法部領
水魚雷局	薪費	十月初四日	七百八十四圓零三仙	九月分
		十月二十五日	七百四十二圓七毫三仙	十月分
			七百五十六圓二毫五仙	十月分
黃埔各堂局	餉銀	九月二十八日	五千圓	九月分
船廠	薪水工料	同上	五千圓	九月分

項目	日期	數目	備考
講武學堂經費	十月初一日	五千二百九十圓零六毫	
船局	十月初四日	二千二百六十三圓八毫九仙	九月分
	十月十二日	二千七百七十七圓七毫七仙	九月分
	十月二十四日	二千圓	九月分
	十月二十五日	二千五百四十一圓六毫六仙	十月分
水師學堂薪費	十月初四日	五千四百零八圓五毫五仙	九月分
	十月二十五日	五千四百零八圓五毫六仙	十月分
廣府工藝學堂經費	九月三十日	五百圓	
	十月初九日	九百圓	
製造軍械廠經費	十月初一日	三萬圓	蘇煥圖領
軍械局餉銀	九月二十四日	三千圓	香蓀遠領
	九月二十九日	五千圓	
公費	十月初八日	四百圓	蕭望歲領借十月分
電報局洋綫費	十月初一日	二萬三千五百八十五圓九毫四仙	
水綫費	十月初九日	一萬六千八百八十三圓三毫二仙	十一月一號至二十五號
無綫電及馬口等分局薪工	十月十五日	一千五百零九圓	李耀南領
士敏土廠經費	九月二十四日	三百圓	譚子剛領
	十月初二日	四千圓	
	十月初四日	二千圓	
官煤局經費	九月二十三日	一千三百八十八圓九毫	總辦領

	安平倉	經費	九月二十八日	一百四十圓	杜宗唐領
各省協餉	滬軍	軍餉	十月十二日	三千一百六十七圓六毫	滙黃興收港紙
			同上	三萬圓	同上
		補水	同上	二千零四十圓	
		補平	同上	三十二圓零四仙	
			十月十三日	六萬二千一百四十八圓七毫六仙	滙黃興收港紙
		軍餉	十月十六日	一十萬零一千九百八十六圓七毫五仙	同上
			十月十八日	一萬三千八百八十八圓八毫九仙	協助滬督陳專員趙光部下
		補單價	十月十九日	八十四圓五毫	寶通銀行滙單
		軍餉	十月二十日	二萬圓	滬督派員趙光借領
			十月二十一日	八萬八千八百圓	滙上海徐乃燊收
			十月二十五日	二萬圓	趙光部下
			十月二十八日	一萬九千二百圓	上海徐乃燊收
	柳州	軍餉	十月十九日	三萬圓	軍政分府收
慈善費	紅十字會	藥費	九月二十五日	一十三圓	
	南海棲流所	薪費	同上	一百五十二圓七毫七仙	陳贊襄領
		棉衣	九月初六日	二百零八圓三毫三仙	陳少熙領給流民
	番禺棲流所	薪費	十月初五日	一百六十六圓六毫六仙	蘇臨領
	舊瞽目院	口糧	九月二十七日	一百六十五圓	伍棉勳領
			十月初一日	二百四十圓	九月二十至三十日止

廣東財政部支出報告冊 貳拾玖

廣東財政部支出報告冊　叁拾

		十月初六日	一百六十五圓	十月初一至初十日止
	員薪	同上	九十八圓一毫五仙	十月分
		十月十六日	一百六十五圓	十月十一至二十日止
		十月二十八日	一百四十七圓九毫六仙	十月二十一至二十九日止
新瞽目院	員薪	十月初六日	一百三十一圓六毫一仙	謝香圃領
	口糧	同上	二百四十圓	十月初一至初十日止
		十月十六日	二百四十圓	十月十一至二十日止
		十月二十八日	二百一十六圓	十月二十一至二十九日止
痲瘋院	口糧	九月二十七日	二百九十九圓五毫	龍椿領
		十月初六日	三百六十七圓二毫二仙	十月初一至初十日止
	員薪	同上	一百零八圓四毫八仙	十月分
	口糧	十月十六日	二百九十三圓	十月十一至二十日止
		十月二十八日	二百六十七圓七毫五仙	十月二十一至二十九日止
	棺木	同上	六十七圓二毫二仙	
普濟堂	口糧	九月二十七日	三百零九圓三毫	吳錡生領
		十月初三日	三百零九圓九毫	十月初一至初十日止
	棺木等費	同上	四十圓零八毫三仙	
	口糧	十月十六日	五百八十七圓六毫七仙	十月十一至二十日止
	員薪	同上	九十二圓三毫二仙	
普濟院	口糧	九月二十七日	三百四十七圓一毫	裘應銓領

員薪	十月初六日	九十六圓三毫二仙	醫院十月分
口糧	同上	三百四十七圓四毫	十月初一至初十日止
	十月十六日	三百四十七圓四毫	十月十一至二十日止
	十月二十八日	三百一十圓零二毫三仙	十月二十一至二十九日止
棺木	同上	四十圓零八毫三仙	
派員赴各屬東莞公費	九月二十一日	十圓	梁楚三領
安撫湘勇	同上	四圓六毫	沈孝川領
惠州代表	九月二十二日	二十圓	石揚勝旅費
順德	九月二十三日	一千圓	都督飭發梁孝標領
惠州	同上	五十圓	李達源領
赴石井查軍械	同上	一十圓	本部派謝錫恩
香港	同上	二十圓	鄒振武領
公幹車費	九月二十四日	三圓九毫	李星渠領
接辦厘差公費	九月二十五日	二百圓	麥秋田領
訂牛銀價		二十圓	九月二十四五六日李星渠領
陽江	九月二十五日	四十圓	張家彬領
各處轎金		一圓八毫	九月二十四九六日李星渠領
南洋同志旅費	九月二十六日	一百圓	
調查車費	九月二十五日	三圓四毫	李樹芬領
大鵬營費用	九月二十七日	一百圓	參謀部領給管帶趙海東等

廣東財政部支出報告册 叁拾貳

款目	日期	數目	備考
看守督署	同上	一百圓	羅偉中領
香港公費	同上	一百圓	譚沃之李道明領
潮州關務處	九月二十八日	一百圓	余和濟等領（港紙）
佛山	九月二十九日	三十圓	都督飭發陳鐵軍領
	十月初二日	三十圓	同上
潮州關務處	九月三十日	一百圓	余和濟領
新甯	十月初九日	一十圓	黃英領
余和濟借支	十月初十日	三百圓	部長飭發
新甯公費	十月十六日	一百圓	黃龍生領
上海旅費	同上	一千圓	邱逢甲代表
南洋川費	十月十七日	三百圓	都督飭發郭應璋
惠州等處費用	十月十八日	五十圓	都督飭發鄭崑崙
克强專員公費	同上	三百五十圓	都督飭發李渭川領
東洋費用	十月二十四日	一千圓	港紙
肇慶船價	十月二十五日	一百一十圓	都督飭發陳鐵軍
澳門汕頭等處費用	十月二十六日	一十七圓	梁鏡清領
待招費 南洋同志會費用	九月二十八日	五百圓	
同盟會費用	十月初四日	五百圓	軍政部庶務鄧慕韓領
南洋同志會	十月初八日	一千圓	
同盟會	同上	三百圓	鄧慕韓領

款目	對象	事由	日期	數目	備考
			十月初九日	三百圓	都督飭發郭應
			十月十一日	一千圓	璋領
		費用	十月十四日	三百圓	鄧慕韓領
			十月十七日	五百圓	
		費用	十月二十五日	三百二十五圓	都督飭發
薪川費	南洋華僑	伙食	十月二十九日	一百八十圓	
	何顧問官	俸金	十月三十日	一千圓	港紙
		川資	同上	五十圓	
	黃子蔭等	旅費	十月十二日	四百圓	
	湖北特派員	同上	十月二十日	一百圓	

廣東財政部支出報告冊 叁拾叁

款目	對象	事由	日期	數目	備考
補發公費薪俸	水提中營	公費	九月二十七日	八百九十七圓二毫七仙	秋季分
	水提左營		同上	六百六十九圓三毫九仙	
	順德協營		同上	四千二百四十四圓二毫四仙	
	新會營		同上	一千七百二十三圓三毫四仙	
	雷州營		同上	四百三十九圓一毫四仙	自三月起
			同上	二百六十三圓四毫九仙	七月至九月
	吳川營		同上	一百零八圓四毫六仙	自三月起至六月止
			同上	六十五圓零八仙	七月至九月
	吳川縣典史	津貼	同上	四十三圓二毫六仙	秋季分
	陽江州吏目		同上	六十八圓零五仙	四月至九月止

營別	款目	日期		數目	備考
瓊山營	公費	同	上	三千一百四十三圓零六仙	三月至九月
水提中左右三營	養廉	九月二十八日		五百九十圓零四毫九仙	秋季分
	俸薪	同	上	四百二十三圓四毫	
	米折	同	上	三百五十七圓五毫四仙	全年
	料折	同	上	九十一圓零三仙	
	草折	同	上	四十圓零二毫二仙	
水提李準	養廉	同	上	五百四十二圓三毫	秋季分
	俸薪	同	上	一百九十五圓四毫九仙	
雷州營	養廉	同	上	二百七十四圓七毫八仙	秋季分
陽江營	兵餉舵工	同	上	四百八十七圓九毫九仙	

廣東財政部支出報告冊　叁拾肆

營別	款目	日期		數目	備考
	養廉	同	上	二百二十八圓零七仙	
	俸薪	同	上	一百二十四圓九毫七仙	
	料折	同	上	二十二圓七毫七仙	
	草價	同	上	一十一圓三毫八仙	
	米折	同	上	二十九圓一毫一仙	六月分
吳川營	養廉	同	上	六十七圓三毫三仙	秋季分
	兵餉舵工	同	上	三百零四圓三毫九仙	
	俸薪	同	上	七十圓零四毫	
	草價	同	上	五圓六毫二仙	
新會營	米折	同	上	三十六圓四毫四仙	六月分

		俸薪	同上	一百九十四圓零五毫一仙	秋季分
		料折	同上	一百八十一圓五毫五仙	全年
		草價	同上	七十圓零五毫四仙	全年
		公費	十月初二日	一千四百三十二圓七毫三仙	秋季分夏文熙領
	舊督標中軍	俸薪	同上	四百二十八圓九毫四仙	十月分都司馬現章領
		公費	十月十九日	一百四十二圓四毫	秋季分都司馬領
	廣協左右營永靖三營	各官馬匹糧	十月二十一日	一百零五圓二毫一仙	都督飭發
		俸薪養廉	同上	八百七十八圓八毫七仙	秋季分
支還款	重收各款	大清銀行	九月二十二日	一千二百三十二圓五毫九仙	存款未提
		國民捐	九月二十八日	一十圓	多列收款

廣東財政部支出報告冊 叁拾伍

各項雜用	雜項	費用	九月二十日	一圓	
	截獲賍物	轎費	九月二十一日	一圓八毫	黎景山領
	更夫	盤費	同上	一圓	
	牛王廟看守炸彈	伙食	同上	三十圓	
	雜項	費用	九月二十二日	二圓	
	邱應芝等	雜用	九月二十三日	二十圓	都督飭支
	林直勉	伙食	九月二十四日	一十五圓	
	買筆墨	雜用	同上	五圓三毫	劉勵朝領
	舊大清銀行各件	工食	九月二十五日	三百五十圓零九毫	
	牛王廟看守炸彈	伙食	九月二十六日	五十圓	

事由	款目	日期	金額	備考
新豐街民房	租費	九月二十七日	五十四圓	水提李準領
牛王廟看守炸彈	伙食	九月三十日	六十六圓	營務處領
水師公所遺失各物	郵款	十月初三日	一千二百四十圓	都督飭發孫孝和領
財政公所看守內外庫衛兵六名	薪糧	十月初六日	六十圓	
美教士	賠償	十月初七日	二百七十七圓	挐嘅奴領（港紙）
英教士	同上	同上	七百二十圓	谿文燮領（港紙）
藩庫看守各兵	工食	十月初八日	三十圓	都長飭發
李逢春	賞銀	同上	五十圓	
史古如方殺夫		同上	四十圓	各二十圓
財政公所看守衛兵	伙食	同上	一百五十圓	
損失各物	賠償	十月十三日	九百一十四圓五毫	都督飭發李樹芬領 港紙
看守芳村大涌口貨倉	工食	十月十五日	一十二圓	吳慶雲領
駐藩署敢死隊搬遷及添置傢私等	費用	十月十六日	四百圓	曾伯植領
駐藩署敢死隊	遷費	十月十八日	四十圓	係找尾數
原日藩署養鹿夫	工食草價	同上	二十圓	
士担	費用	十月二十一日	三圓零九仙	鄧仲澤手在借款內代支（港紙）
金利源	滙水	十月二十三日	五十圓	
總商會交來借款	欠平	十月二十四日	四圓九毫	
同上	同上	十月二十五日	一十七圓六毫	
總商會交來捐款	同上	十月二十七日	二圓七毫	

類別	事由	日期	金額	備考
本部發刊論前告白三十款	費用	十月二十九日	二千五百二十七圓六毫	報界公會領
本部發刊捐款人名	刊費	同上	六百圓	
犒賞	官兵	九月二十二日	三千圓	
	蔡軍振	同上	二千三百六十一圓一毫一仙	提回旅民府日昇昌憑摺一本提三成給官
		九月二十三日	五百圓	都督府領發
	搬運軍火	九月二十六日	三千圓	
	提電白縣解款	同上	五十圓	劉榮昌領
	南海潮勇	九月二十九日	二百五十圓	都督飭發
	番禺潮勇	十月初一日	二百五十圓	
	林翊鵬	十月初三日	二十四圓	部長飭發
	搜獲炸彈	十月十一日	一千四圓	外交部支給官員
	製造局工價	十月十四日	一萬圓	都督飭發謝錫恩領
	看守廣府阜庫	同上	五十圓	
	張文成	十月二十二日	一千二百圓	提回協成乾號單提二成充賞
	緝獲軍火	十月二十四日	五十二圓五毫	送粵海關
		十月二十七日	二十六圓四毫	送粵海關稅務司
花紅	鹽政公所	十月十九日	四千一百六十六圓六毫六仙	都督飭發
郵欵	巡防勇	九月二十七日	九十七圓二毫二仙	莫照領
	傷藥費	十月初九日	五十圓	鄧崑崙領
	劉歧山	同上	三千圓	都督飭發

港商借欵				林字營兵	十月二十八日	三百圓	陣上斃命請卹領
	扣回公用			番禺工商公所	十月初三日	三百九十六圓零七仙	
					同上	三十一圓九毫三仙	
				酒樓西家行	十月初九日	五圓	
				九八行商業公所	十月十二日	一千零五十八圓	
				銀業行聯安堂	十月十三日	五百零五圓	
				金銀業行	十月十四日	二百零二圓	
				南北行	同上	六百零七圓零二仙	
				小呂宋庄東福公所	同上	一百圓	
				靖遠街隆記	十月十五日	一圓	
				上海庄行	同上	一百圓	
				寶壽堂	同上	二百一十五圓	港紙
					同上	一百一十五圓	此係捐欵港紙
				綢業綺綸堂	同上	一百圓	港紙
				疋頭行	同上	四百一十圓	同上
				聯益公司	同上	八十圓	同上
					同上	二十圓	此係捐欵港紙
				南海九江鎮商務局	同上	二百零二圓	港紙
				石叻庇能合益公司	同上	三百二十五圓	同上
				鹹魚鹹蛋店	十月十六日	一十二圓	

		中華酒店	十月十八日	五圓	
		金山庄華安公所	同上	六百八十二圓五毫	港紙
		綢緞新衣行	十月十九日	一百圓	同上
		鄧仲澤	十月二十一日	三百九十五圓一毫二仙	同上
		鹹魚行聯益社	同上	一百圓	同上
		魚翅行	同上	四十圓零五毫	
		佛山黄祥華	十月二十二日	一百圓	
		河南五鳳鄉	十月二十三日	八圓二毫	
		達醫生	十月二十四日	一十圓	港紙
		銅鐵行	十月二十六日	二百九十九圓一毫九仙	同上
		梁鏡清	同上	三圓	
		公白行	十月二十七日	七十圓	
		許遠均	十月二十八日	二圓	
各處賑欵	賑災	漢口	十月十八日	一萬三千二百七十八圓	滙上海伍廷芳
各處電費			十月二十一日	一百四十七圓	鄧仲澤手在借欵内代支
			同上	五十七圓九毫	同上
			十月二十九日	二百六十四圓一毫二仙	香港金利源代支
			同上	八千三百零九圓一毫五仙	黎鳳翔領
存欵	發存商號		十月二十一日	三萬圓	支鉅隆號滙港金利源
借出欵	從化縣	商會	十月二十四日	八千圓	都督飭發

廣東財政部支出報告册 肆拾

科目	對象	事由	日期	金額	備考
暫付欠發各款	廣東皮革公司	安記洋行	十月初七日	三千圓	港紙
		雜用	十月二十一日	三百圓	
		醃皮技師費	十月二十二日	五百圓	
			十月二十九日	一千三百圓	外交部陳少白領付
	台灣銀行	前按物業單據	十月十三日	六萬圓	伍千管領（港紙）
補水款	借款	港紙	十月十三日	三百一十三圓五毫	伍耀廷交來原收賣紙申收港紙
	捐款	港紙	十月十四日	一十三圓二毫	大石街軍需女士交來原收賣紙現收港紙
	買款	港紙	十月十九日	一千二百二十九圓五毫	官銀錢局代買
			同上	三百一十圓	同上
	滙款	港紙	十月二十一日	一千零二十圓	鉅隆號滙交金利源
	買款	港紙	十月二十三日	一千零二十圓	以大元購港紙叁萬元照市價補水
			同上	五百九十圓	以毫子購港紙壹萬元照市價補水
			十月二十六日	二千九百五十二圓	官銀錢局代買
	滙款	港紙	同上	四千六百四十六圓五毫	官銀錢局代交金利源叁萬元
	借款	港紙	同上	三百一十七圓二毫三仙	港商銅鐵行原收毫子申收港紙
	買款	港紙	十月二十八日	一千九百九十五圓	官銀錢局代買港紙四萬四千元
			十月二十九日	三百四十五圓	同上代買港紙壹萬元
夫價	軍械管理部	槍彈	九月二十日	一十六圓九毫	
	本部	挑力	九月二十一日	六毫	
	都督府電報	專差	九月二十二日	一圓	

	本部	挑力	九月二十四日	一十一圓	
	送各處餉兩	護勇	同上	三圓	
	鐵夾萬	抬力	同上	四圓八毫	
購生銀價	造幣廠	啓昌銀條	十月初七日	一十四萬九千一百四十一圓九毫四仙	港紙李星渠購
		啓昌銀條	十月初九日	五萬圓	同上
		啓昌銀條	十月十一日	二萬一千五百三十一圓一毫七仙	李星渠購
		啓昌銀條	同上	五萬一千五百圓	港紙李星渠購
			同上	一萬圓	廣紙同上
			十月十四日	六萬圓	港紙李星渠購
			十月十五日	一萬五千圓	廣紙

			同上	五千圓	廣紙
			十月十六日	三千三百五十八圓二毫八仙	
			十月十七日	三萬三千三百九十五圓九毫	港紙
			同上	一十一萬五千一百三十六圓	
			十月十九日	二萬九千四百零六圓一毫七仙	
			十月二十一日	一千五百一十二圓七毫五仙	
			同上	一萬五千圓	廣紙
			十月二十二日	一萬五千圓	廣紙
			十月二十三日	二萬圓	廣紙
			同上	五萬圓	港紙

項目	處所	日期	金額	備註
		十月二十四日	五萬五千圓	港紙
		同上	三千七百九十四圓零九毫	滙港滙水
		十月二十六日	四萬三千六百二十圓零五毫八仙	港紙
		同上	一萬圓	港紙
		同上	四千三百七十九圓四毫二仙	港紙
		十月二十八日	六萬圓	港紙
		同上	二萬圓	
新毫虧平	造幣廠	九月二十日	四圓九毫四仙	解來新毫以兩伸元虧平
		九月二十一日	二十圓零五毫五仙	
		九月二十八日	一百零四圓九毫八仙	
		九月三十日	一百一十八圓二毫一仙	
		十月初二日	三十九圓一毫八仙	
		十月初四日	一十四圓九毫九仙	
		十月初七日	四十六圓五毫四仙	
		十月初十日	三圓五毫九仙	
		十月十一日	一圓七毫	
		十月十二日	六圓二毫一仙	
		十月十四日	八圓四毫三仙	
		十月十五日	四圓零八仙	
		十月二十一日	六圓零七仙	

類別	項目	收款	日期	金額	備考
			同上	二圓三毫九仙	
			同上	三圓三毫五仙	
			十月二十三日	二圓九毫六仙	
			十月二十六日	一十六圓一毫七仙	
			十月二十八日	五圓七毫九仙	
添置各項	購買物料	都督府	九月二十一日	一圓二毫	
	收給軍火	司法部吳玉堂	九月二十五日	四百圓	
		車文	九月二十六日	三百圓	
		陸汝成	十月十二日	一千四百圓	
			十月十九日	一千圓	

類別	項目	收款	日期	金額	備考
	海軍物料	教練處	十月初三日	八百圓	
			十月十四日	一百一十圓	
			十月十九日	一千一百二十五圓	
	軍衣價	藩庫守隊	十月十二日	三百四十二圓一毫六仙	
		警察部	十月十五日	一萬圓	
		廣九鐵路四營	十月十八日	一千二百二十五圓	
		潘煜	十月二十一日	二百三十七圓六毫	
	洋煤價	煤局	九月二十七日	四千九百圓	
		安南輪船	十月十四日	九十一圓	
			同上	一圓二毫	運煤艇脚

	鄧仲澤	十月二十一日	四千九百八十九圓六毫五仙	
	三井洋行	十月二十三日	六千三百零四圓七毫四仙	
		同上	九十六圓零二仙	進口稅水脚
電機價	水提李準	九月二十七日	二千四百零七圓五毫	
工程	輜重營	九月二十九日	五千一百一十四圓九毫二仙	
開辦費	交通部	十月二十二日	一千圓	
	軍團協會	十月二十三日	五百圓	
	工務部	十月二十四日	一千圓	
	臨時會	十月二十六日	二百五十圓	
租價	捷成輪船	十月二十九日	一萬四千四百五十圓	港紙

通計支出共洋伍百柒拾叁萬壹千叁百捌拾貳圓柒毫陸仙

中華民國元年元月十三日

广东省库六年度六年七月一日起至七年六月底止国家实收各款数目报告书

广东财政厅　编

廣東省庫六年度六年七月一日起至七年六月底止國家實收各欵數目報告書

廣東省庫民國六年度（六年七月一日起 七年六月末日止）國家實收各款數目報告書

款別	實收數	備考
歲入經常門		
田賦	九四四•三七〇〇五〇	
地丁	五五一•二六三九六〇	
地丁正銀	四七六•九三二一七〇	計六年七月分大元一萬七千二百二十一元三毫毫銀五萬七千六百九十九元一毫七仙八月分大員一萬八千六百九十二員七毫六仙毫銀一萬一千三百二十四元九毫六仙九月分大元九千八百五十二元三毫一仙毫銀三萬二千一百七十元零五毫八仙十月分大元二萬九千零二十五員三毫四仙毫銀一萬三千一百三十五元六毫四仙十一月分大元七千六百三十三元一毫一仙毫銀七千零一十五元二毫五仙十二月分大員一萬八千六百零七元九毫五仙毫銀六百七十六元六毫七年一月分大元四萬五千七百七十一元五毫七仙毫銀一萬六千一百一十六元五毫一仙二月分大元四萬七千四百九十七員八毫五仙毫銀一萬八千七百六十九元一毫九仙三月分大元五萬八千三百七十四元一毫三仙毫銀五千九百零八元八毫一仙四月分大員二萬八千五百六十五元五毫七仙毫銀二千零六十六元五毫九仙五月分大元一萬九千五百四十一元九毫七仙毫銀三千八百二十一元零七毫

元

一

路觀蓮街奇文 務局承印

三仙六月分大員一萬七千六百二十四元五毫一仙毫銀五千四百九十六元八毫六仙以上共收大元三十一萬八千四百零八元三毫六仙毫銀一十七萬四千二百員零零八毫九仙九一合大員一十五萬八千五百二十二元八毫一仙共大元四十七萬六千九百三十一元一毫七仙共如上數

地丁耗銀　七四・三三二七九〇

計六年七月分大元二千四百三十五元五毫六仙毫銀一萬零九百一十一元八月分大元三千六百八十一元五毫二仙毫銀一千一百三十七元五毫四仙九月分大元一千零八十七元九毫七仙毫銀五千九百一十元零五毫一仙十月分大元三千一百四十三員三毫五仙毫銀二千零七十員零

元　二　資州直隸中路觀運術奇、印務局承印

二毫八仙十一月分大員一千三百六十元零七毫八仙毫銀五百二十一員八毫四仙十二月分大元二千六百二十三元四毫八仙毫銀一百一十四員一毫二仙七年一月分大元九千零七十二元三毫二仙毫銀一千三百二十三元三毫六仙二月分大員八千零一十四元八毫八仙毫銀二千一百五十三元四毫九仙三月分大員九千零四十三員五毫四仙毫銀八百六十四員五毫九仙四月分大元三千九百九十六元七毫毫銀三百四十三零九分五月分大員四千七百五十四元二毫毫銀二百五十元零四毫三仙六月分大元二千一百二十八元四毫三仙毫銀七白六十二元五毫六仙以上共收大元五萬零三百四十三元六毫三仙毫銀

米	折	三七四・一九六〇〇〇
各米正價		三三二・五〇七〇四〇

二萬六千三百六十二員八毫一仙九一合大元二萬三千九百九十元零一毫六仙共合大員七萬四千三百三十二元七毫九仙如上列數

計六年七月分大員一萬零一百四十三元二毫三仙毫銀三萬零五百一十五元一毫七仙八月分大元四千四百四十六元四毫六仙毫銀五千三百六十二元三毫九月分大員五千二百九十九元七毫八仙毫銀三萬二千一百五十員零五毫七仙十月分大元一萬七千四百四十七員二毫四仙毫銀四千七百零三員九毫九仙十一月分大員一萬一千六百一十九元元六毫六仙毫銀三千一百二十二元七毫一仙十二月分大元一萬二千零二十七元二毫五仙毫銀九十三員二毫五仙七年一月分大員三萬五千六百三十一元九毫六仙毫銀四千一百八十九員三毫二月分大員二萬八千七百七十二元二毫三仙毫銀六千八百八十三元二毫四仙三月分大員三萬三千七百一十三元五毫九仙毫銀四百零三元零五仙四月分大元三萬一千三百零一元三毫三仙毫銀三千四百六十六元一毫七仙五月分大元二萬一千零七十六員三毫九仙毫銀三千一百四十九員四毫八仙六月分大員一萬八千六百八十九員五毫四仙毫銀七千四百三十一元五毫二仙以上共收大元二十三萬零一百六十八元六毫六仙毫銀一十萬零一千四百七十員

元

三

廣州惠愛中路觀蓮街奇文印務局承印

		零七毫五仙九一合大元九萬二千二百三十八元三毫八仙共合大員三十二萬二千五百零七元零四仙如上列數
各米耗價	五一•六八八九六〇	計六年七月分大員二千八百五十九員七毫毫銀五千四百八十七元八毫八月分大員七百一十四元零七仙毫銀八百零八員三毫九月分大員八百四十五員九毫五仙毫銀四千八百九十五員四毫二仙十月分大員二千二百零九員二毫四仙毫銀六百八十四員二毫二仙十一月分大員一千六百五十四元零六仙毫銀五百六十四員一毫七仙十二月分大元一千七百四十九員七毫四仙七年一月分大員五千五百三十五員四毫八仙毫銀四百二十四元七毫四仙二月分大元四千六百四十元零九毫六仙毫銀六百九十八元七毫三仙三月分大員五千四百員零零零一仙毫銀一毫五仙四月分大員四千八百四十一元二毫一仙毫銀五百二十元零六毫九仙五月分大元四千八百二十二元六毫三仙毫銀四百二十六員零八仙六月分大元二千二百二十五員二毫一仙毫銀一千零八十三元八毫八仙以上共收大員三萬七千四百九十八元二毫六仙毫銀一萬五千五百九十四元一毫八仙九一合大元一萬四千一百九十元零七毫共收大元五萬一千六百八十八員九毫六仙如上列數
租課	一八•九一〇〇九〇	計六年七月分大元六百三十九元九毫六仙毫銀二千零三十七員五

元　四

廣州惠愛中路觀蓮街奇文[illegible]務局承印

元 五

匯金 二·八六八·〇四三·三八〇

各局廠收解匯費 一·六九〇·六四二·九八〇

毫五仙八月分大元八百五十九元六毫五仙毫銀一千四百八十一員六毫二仙九月分大元二百二十二元二毫九仙毫銀二百九十元零七毫十月分大員二千六百零一員七毫三仙毫銀二千三百九十四元七毫七仙十一月分大元四百二十六元零一仙港紙二百七十五元毫銀三百七十五元零三仙十二月分大員七十五元零三仙毫銀六十六元六毫八仙七年一月分大元四百九十三元七毫六仙港紙二十四元六毫五仙毫銀八百一十元零五毫六仙二月分大員五十五員四毫九仙毫銀四千七百一十員零五毫六仙三月分大員二百八十九元五毫七仙毫銀二百二十三元一毫六仙四月分大元五十六員一毫五月分大

廣州惠愛中路觀瀾街奇文印務局承印

元一千三百三十二元八毫八仙六月分大員二百零四元三毫五仙毫銀六十五元七毫九仙以上共收大員七千二百五十六元八毫二仙港紙二百九十九元六毫五仙加零六一算合大員三百一十七元九毫三仙毫銀一萬二千四百五十六元四毫二仙九一合大元一萬一千三百三十五元三毫四仙共合大元一萬八千九百一十員零零九仙如上列數

計六年七月分大元一十七萬四千三百六十五元五毫五仙港紙二百四十九員三毫八仙毫銀七萬七千六百七十一元一毫四仙八月分大

元一十二萬五千八百八十五元二毫三仙毫銀一千八百三十一員六毫八仙九月分大元七萬七千八百四十一員二毫二仙毫銀九萬一千零七十三員四毫三仙十月分大元一十一萬二千八百八十二元零六仙港紙二百七十九元二毫四仙毫銀五萬七千八百二十三元九毫九仙十一月分大元一十三萬八千五百二十四元二毫七仙毫銀三千零零四員七毫三仙十二月分大元一十萬零零六百一十六元零八仙毫銀一千二百四十元零八毫七仙七年一月分大元一十一萬八千二百六十一元零一仙毫銀一十萬零三千八百二十六員一毫七仙二月分大元五萬八千四百三十八元五毫三仙毫銀六千九百六十二元三毫

元

六

廣州惠愛中路觀速街寄

二仙三月分大元九萬九千四百二十一元六毫毫銀一萬四千四百一十四元四毫九仙四月分大元八萬零七百二十七元九毫六仙毫銀一十萬零二千五百八十四元一毫七仙五月分大員五萬七千三百零六元二毫四仙毫銀二萬七千四百九十二元五毫八仙六月分大元七萬一千九百四十九元二毫二仙毫銀三萬二千八百零三元一毫五仙以上共大員一百二十一萬六千二百一十八員九毫七仙港紙五百二十八元六毫二仙加零六一算合大元五百六十元零八毫七仙毫銀五十二萬零七百二十八員七毫二仙九一合大員四十七萬三千八百六十三員二毫四仙共如上數

各行商認繳坐厘	三四二一•九一〇五四〇	計六年七月分大員三萬三千九百六十三員八毫八仙八月分大元七千三百六十六元二毫九仙九月分大員四千六百二十七員零九仙毫銀一十七萬四千六百七十一元九毫五仙十月分大元三百三十五元四毫二仙毫銀五萬一千七百四十元十一月分大員六百五十七員二毫五仙毫銀一萬六千一百零一員三毫五仙十二月分大員二千零七十六員一毫六仙七年一月分大員三千五百五十七員八毫七仙二月分大員一千六百三十四元三毫一仙毫銀一萬三千零九十九元零二仙三月分大員三千三百五十四員九毫毫銀二萬六千零五十二元二毫三仙四月分大元八百六十員零七毫五仙毫銀一萬八千一百一十三元八毫
元	七	廣州惠愛中路觀運街奇文
九拱兩關代抽厘費	二一七•三二〇八六〇	三仙五月分大元四千一[illegible]元二毫二仙毫銀七千零八十七員零一仙六月分大員一千一百二十二元九毫以上共收大元六萬三千六百六十三元零四仙毫銀三十萬零六千一百六十五元三毫九仙九一合大員三十七萬九千二百四十七員五毫合共大元三十四萬二千九百二十元零五毫四仙如上列數 計六年七月分港紙二萬六千二百七十七員三毫二仙八月分港紙五萬元十月分港紙三萬元七年二月分毫銀三萬九千六百零六員三月分港紙四萬元五月分港紙二萬四千五百七十元零三毫七仙以上共收港紙一十七萬零八百四十七元六毫九仙加零六一算合大員一十八萬一千二百六十九元四毫毫銀三萬九千六百零六元九一

合大員三萬六千零四十一元四毫六仙共合大元二十一萬七千三百一十員零八毫六仙列如上數

各局厰帶抽台炮經費　一四•〇三四一八〇

計六年七月分大員二千四百八十四元三毫四仙毫銀三百一十一員三毫六仙八月分大元四千零七十五員八毫四仙九月分大元五百九十六元四毫六仙十月分大員一千二百二十五元一毫五仙十一月分大員七百六十一員九毫九仙十二月分大員六百九十八元九毫二仙七年一月分大員一千二百二十七元七毫四仙二月分大員五百六十三元零六仙三月分大員八百四十九員七毫七仙四月分大元伍百九十一元八毫三仙五月分大元[illegible]六十八元七毫四仙六月分大元二[illegible]

元　八

廣州[illegible]路 [illegible]承印

白零七元以上共收大元一萬七百五十元零八毫四仙毫銀[illegible]一十一元三毫六仙九一合大員二百八十三員三毫四仙共合大員一萬四千零三十四元一毫八仙列如上數

各行商認繳台炮經費　六〇三•一四四八二〇

計六年七月分大元三萬六千零六十八元五毫九仙八月分大元三萬四千三百三十二員二毫三仙毫銀一百五十元九月分大元三千五百一十七元零四仙毫銀九萬三千八白八十員零八毫二仙十月分大員七千七百一十三元七毫七仙毫銀五萬三千零二十五元六毫六仙十一月分大員二千一百二十六元八毫五仙毫銀三萬一千四百四十六員二毫一仙十二月分大員四千四百七十七元一毫五仙毫銀四萬五千七百三十三

元		九
正雜各稅	三•〇一一•四六一八八〇	
契稅	五一九•〇六四九三〇	

元三毫三仙七年一月分大元一萬四千九百六十九員一毫三仙毫銀一百一十五元二月分大員二萬二千七百三十二元五毫九仙毫銀二萬八千六百五十一元五毫三月分大元九千二百一十一元四毫一仙毫銀一十七萬四千二百二十二員二毫三仙四月分大元一萬九千八百九十七員七毫八仙毫銀三萬八千八百四十三元三毫六仙五月分大員一萬一千零六十一元一毫八仙毫銀九千二百二十員零七毫六月分大元四千五百二十四員二毫六仙以上共收大元一十七萬零六百三十一元九毫八仙毫銀四十七萬五千二百八十八元八毫三仙九一合大元四十三萬二千五百一十元八毫四仙共合共大元六十萬

廣州惠愛中路觀文街寄文印務

三千一百四十四員八毫二仙加列數

計六年七月分大員七萬七千三百二十九元一毫五仙毫銀一萬零五百員零零四毫八月分大元四萬四十四百九十九元七毫一仙毫銀二千零七十三元八毫八仙九月分大元五萬五千二百九十五元五毫七仙毫銀一萬四九百四十一元一毫四仙十月分大員三萬二千一百五十四元五毫一仙毫銀三千六百零一元九毫四仙十一月分大元八萬零九百七十二元三毫毫銀七百四十員零八毫二仙十二月分大元一萬四千九百七十三元二毫四仙毫銀二千一百七十一元六毫五仙七年一月分大

元

富税

四〇五・三二一五八八〇

十

元一萬九千一百三十二元七毫五仙毫銀七千一百三十四元三毫五仙二月分大元二萬三千七百六十五元七毫八仙毫銀一萬五千六百四十二元七毫二仙三月分大元九千七百三十三元四毫五仙毫銀一千八百八十八元五毫三仙四月分大元二萬九千八百四十八元一毫四仙毫銀二千零九十一元四毫一仙五月分大元二萬四千五百一十三員二毫一仙六月分大員五萬一千零一十四元九毫一仙毫銀五百六十七員二毫四仙以上共收大員四十六萬三千二百三十二元七毫二仙毫銀六萬一千三百五十四員零八仙九一合大員五萬五千八百三十二元二毫一仙共合大元五一萬九千零六十四元九毫三仙如上列

廣州惠愛中路觀蓮街奇文印務

計六年七月分大元二萬七千零六元八毫三仙毫銀一萬二千零十一員七毫四仙八月分大員七千零四十七元八毫四仙毫銀三百四十五員九月分大員一萬三千一百六十三元六毫七仙毫銀三萬六千九百五十二元八毫五仙十月分大元一萬七千九百五十一元七毫九仙毫銀八萬三千五百四十八元五毫一仙十一月分大元八千七百七十五元毫銀六萬九千五百一十一元八毫一仙十二月分大員九千七百七十八元三毫九仙毫銀五百一十七元五毫七年一月支大元一萬零四百零六元九毫五仙毫銀一萬三千五百零六員六毫七仙 二月分大員一萬一千七百五十一員六毫 毫銀六千八百五十三元九毫

税目	金額	備考
		三月分大元六千八百一十九元四毫五仙毫銀五千七百零一元四毫九仙四月分大員八千六百一十九元六毫一仙毫銀一萬零九百四十七員六毫九仙五月分大員六千九百六十九元四毫五仙毫銀五萬五千零四十七元六毫五仙六月分大元一萬零六百四十員零五毫四仙毫銀二千一百零一元三毫以上共收大元一十三萬四千九百三十一元一毫二仙毫銀二十九萬七千一百二十六員一毫一仙九一合大元二十七萬零三百八十四元七毫六仙共合大員四十萬零五千三百一十伍元八毫八仙列如上數
菸税	二六七•七三七四〇〇	計六年七月分大元三千六百[illegible]四元三毫八仙八月分大元上千員九月分大元四萬元十月元三萬二千元十一月分大員一萬員毫銀八千一百七十二元九毫十二月分大元一萬五千元七年一月分毫銀五萬一千零九十六員八毫二月分大員二萬元毫銀六百元三月分大員六千二百一十員零二毫六仙毫銀八十員零一毫四月分大員一千零六十元零三毫八仙五月分大員五千零三十七員零五仙六月分大元五千二百零一元零一仙以上共收大元二十一萬三千一百八十三元零八仙毫銀五萬九千九百四十九元八毫九一合大員五萬四千五百五十四員三毫二仙共合大員二十六萬七千七百三十七員四毫列如上數
酒税	八一六•八九九七九〇	計六年七月分　大員三萬九千三百一十七員九毫三仙　毫銀四千

元　十一

九百三十九元四毫六仙八月分大員一十七萬八千三百三十員零八毫三仙毫銀五萬二千八百四十四元零二仙九月分大元一十二萬九千四百六十五元二毫一仙毫銀九千八百五十九員九毫二仙十月分大員一十三萬二千三百一十八員二毫六仙十一月分大元七萬零八百一十五元零九仙十二月分大員九萬二千三百七十六員八毫六仙七年一月分大員四萬八千五百三十二員七毫四仙二月分大元三萬四千二百一十七元八毫八仙三月分大員八千五百八十元零四毫八仙毫銀五千四百三十三員九毫四仙四月分大元六千七百六十九元二毫九仙　五月分大元六千九百六十二元八毫四仙　毫銀三千

廣州惠愛中路鐵逕可子文印務局承印

二百元以上共收大元七十四萬七千四百八十七員四毫一仙　毫銀七萬六千二百七十七員三毫四仙九一合大員六萬九千四百一十二元三毫八仙　共合大員八十一萬六千八百九十九元七毫九仙列如上數

菸酒稅	七四三•七八七七三〇	計六年十一月分收福隆公司繳預餉大元二十一萬二千一百六十八員六毫七年二月分大元一十二萬元三月分大元七萬五千一百五十員四月分大元八萬六千八百一十一元二毫二仙五月分大元五萬員六月分大元一十九萬九千六百五十七員九毫一仙以上共收大元七十四萬三千七百八十七員七毫三仙列如上數

漁業税	四•八〇六二七〇	計六年七月分大員四百零三元五毫五仙毫銀七百四十員零七毫八仙八月分大元二百七十二元三毫七仙毫銀三十三元四毫二仙九月分大元一千六百五十九元八毫十月分大元六百零四元四毫五仙毫銀三十四元十一月分毫銀六百五十元零二毫七仙七年一月分毫銀五百一十一元八毫四仙三月分大元二十八員六毫七仙五月分大員四十四元四毫五仙以上共收大元三千零一十三元二毫九仙毫銀一千九百七十元零二毫一仙九一合大元一千七百九十二元九毫八仙共合大元四千八百零六員二毫七仙列如上數

廣州惠愛中路氣庵街奇文印務局印

礦税	七〇•一五九三九〇	計六年七月分大元二千三百零三元七毫八月分大元一千六百三十三元七毫一先九月分大元一千三百四十二元九毫十月分大元三百三十四元十一月分大員二百八十元十二月分大元五百零三元七年一月分大元九百一十九元一毫六仙二月分大員七百一十五元三月分大元二千一百四十一員二毫七仙四月分大員一萬零九百九十三元二毫二仙五月分大元二萬零六百六十七元八毫二仙毫銀二萬四千八百一十員零二毫一仙六月分毫銀六千三百一十七員九毫三仙以上共收大元四萬一千八百三十二元七毫八仙毫銀三萬一千一百二十八元一毫四仙九一合大員二萬八

稅目	數目	說明
		千三百二十六員六毫一仙共合大元七萬零一百五十九元三毫九仙如上列數
印花稅	三•二〇九一四〇	計六年七月分大元一百六十六元六毫八仙毫銀一千七百一十五元一毫九仙八月分毫銀一百七十三員三毫三仙九月分大員三十三員八毫七仙毫銀二百六十二元二毫四仙十月分大員九十元零一毫[illegible]銀三百六十五員五毫五仙十一月分毫銀一百零八元零八仙七年一月月分毫銀九員零六仙二月分毫銀九十八元六毫七仙六月分大員三百六十四元零一仙毫銀七十五元以上共收大元六百五十四員六毫六仙毫銀二千八百零七元一毫[illegible]仙九一合大員二千五百五十四

十四

廣州惠愛中路觀蓮街文明印務局

稅目	數目	說明
		四毫八仙共合大元三千二百零元一毫四仙列如上數
粵關常稅	一八〇•四八一三五〇	計六年八月分大元二萬一千二百九十六元四毫八仙港紙六百零七元六毫三仙毫銀一萬一千二百六十四員九毫四仙十月分大元一萬五千二百元毫銀五千七百五十元十一月分大元二萬零四百三十九元九毫六仙港紙一千五百零四元六毫九仙毫銀四千五百五十九元零一仙十二月分大員一萬五千二百八十五元七毫七仙毫銀一萬六千五百員七年一月分大元一萬五千四百六十員零八毫九仙二月分大元六千四百員三月分大元一萬二千九百八十六元九毫六仙

正	雜各捐	一三三•四五五六三〇
丁	米糧捐	一三三•四五五六三〇

四月分大元九千六百四十員零八
毫七仙五月分大元二萬零八百八
十一元九毫六仙六月分大員六千
元以上共收大元一十四萬三千五
百九十二元八毫九仙港紙二千一
百一十二元三毫二仙加零六一算
台大元二千二百四十一元一毫七
仙毫銀三萬八千零七十三元九毫
五仙九一合大元三萬四千六百四
十七元二毫九仙共合大元一十八
萬零四百八十一元三毫五仙列如
上數

計六年七月分大元六千二百一十
九元七毫七仙毫銀一萬六千四百
六十七元八月分大元四千零八十
四員零七分毫銀三千二百四十

十五

廣州惠愛中[illegible]連街奇文印務局

員一毫八仙九月分大員二千
八十四員五毫三仙毫銀九千
百二十三員六毫八仙十月分大員
七千零九十六員七毫六仙毫銀
二千九百零九員七毫六仙十一
月分大員三千四百三十四員三毫
六先毫銀一千四百二十六員八毫
二仙十二月分大元四千一百九十
九員一毫二仙七年一月分大元一
萬三千七百一十六員零二先毫
銀一千二百二十二員三毫五先
二月分大員一萬二千九百三十
四員零七先毫銀三千二百八十
七元二毫二先三月分大元一萬
二千九百二十員零零三先毫銀
二千九百六十員零四毫四月分
大元七千八百七十一員七毫九先
毫銀一千零七十二員三毫七先

項目	數額
雜收入	九六•七九七八三〇
契紙價	二七•四六二七一〇

元

十六

五月分大員一萬零一百一十九元九毫毫銀一千五百二十二元三毫五仙六月分大元四千九百八十六元七毫五仙毫銀一千九百八十一元一毫六仙以上共收大元九萬零六百六十七元一毫七仙毫銀四萬七千零二十元零二毫九仙九一合大元四萬二千七百八十八元四毫六仙共合大元一十三萬三千四百五十五元六毫三仙列如上數

計六年七月分大元一百四十五元九毫六仙毫銀九千四百四十三員八月分大員一十一員七毫九仙毫銀二千二百六十一員零五仙九月分大員一千五百七十四員七毫四仙毫銀一千一百員零三毫五仙十月分大員九百一十五員八毫先毫銀一千八百七十四員五毫十一月分大員四十四員四毫二先毫銀一千二百四十七員八毫十二月分大員六十二員七毫一先毫銀一千一百零九員四毫七年一月分毫銀九百七十五員三毫二月分毫銀一千八百九十六員六毫三月分毫銀一千八百五十九員八毫五先四月分大員二十六員一毫三先毫銀二千一百九十七員一毫五仙五月分大員一十七員八毫三先毫銀一千七百五十三員九毫九先六月分毫銀一千三百八十三員五毫以上共收大員二千七百九十九員四毫四先毫銀二萬七千一百零二員四毫九仙九一合大元三萬四千六百六十三員二毫七仙共合大元三萬七千四百六十二員七毫一仙列如上數

廣州街奇文印務局

推收過割費	一〇·一六六二八〇	計六年七月分大員八百三十四元七毫三仙毫銀二千一百七十元零二毫三仙八月分大員一百七十四員四毫毫銀一千一百八十四元二毫八仙九月分大元八百二十八元九毫八仙毫銀一百八十五元六毫三仙十月分大元一百八十三元零四仙毫銀九百八十五元五毫一仙十一月分大元五百九十一元二毫五仙毫銀九十九員五毫四仙十二月分大元五十元零七毫三仙毫銀八十三員九毫七年一月分大員一百一十四元四毫毫銀二百九十五員七毫一仙二月分大元五十六元七毫一仙毫銀六百三十八員零二仙三月分大員三百三十九元三毫五仙毫銀七百零一元五毫七仙四月分大元一百三十三員九毫四仙共
礦税	七〇·一五九三九〇	銀三百零一員九毫一仙五月分大元一百一十三員零九仙毫銀二百二十六元八毫七仙六月分大元五十三元三毫三仙毫銀二百七十一員零四先以上共收大元三千四百七十三員九毫五仙毫銀七千三百五十四元二毫一仙九一合大員六千六百九十二員三毫三仙共合大員一萬零一百六十六元二毫八仙列如上數
出洋照費	六·九八〇九九〇	計六年七月分大元一千七百零六元毫銀三千一百一十七元四毫六仙八月分大元六百九十元九月分大元七百八十二元十月分大元九百六十六員以上共收大元四千一百四十四員毫銀三千一百一十七元四毫六仙九一合大員二千八百三十六員八毫九仙共如上數

元　十七

廣州　奇文印務局承

款別	實收數	備考
		如上數
鹽課	四•一九〇九六〇	計六年七月分毫銀六百二十三元七毫三仙八月分大元二百一十六員一毫毫銀六十九元三毫八仙九月分大員一百三十二員二毫六仙十月分大元一百三十七元九毫十一月分大元二百五十一元七毫九仙毫銀一百一十一元一毫七年一月分大員三百五十三元二毫六仙二月分大元四百二十四元零八仙四月分大元五百一十七元五毫五月分大員六百五十二員四毫七仙毫銀三百員二十員零九毫一仙六月分大元四百八十一元七毫四仙以上共收大元三千一百六十七元一毫毫銀一千一百二十五元一毫二仙九一合大元一千零三十三員
元	十八	（廣州……規遞街奇文印務局承）
		毫六仙共合大元四千一百九十二零九毫六仙列如上數
司法收入	四七•九七四七七〇	計六年十一月分大員二萬一千五百四十四元二毫九仙十二月分大員二萬六千四百三十員零四毫八仙共收大員四萬七千九百七十四員七毫七仙列如上數
經常收入合計	七•〇五四•一二八七七〇	
	二二三〇	計六年八月分收大元二十二元二毫列如上數
歲入臨時門		
款別	實收數	備考
田賦	三〇〇•七〇六二三〇	

清佃花息	三四•〇八〇九三〇	計六年七月分大元三千八百一十五員三毫四仙八月分大元九百一十元零五毫六仙九月分大員一百三十五元零七仙十月分大元二千八百八十元零六毫四仙十一月分大員七百一十一元七毫五仙十二月分大員五百一十三元九毫三仙七年一月分大員三千零一十五元九毫六仙二月分大元一萬零二百五十三元五毫四仙三月分大員五千一百三十二元九毫二仙四月分大員五千一百一十七元零七仙五月分大員四百九十五員八毫五仙六月分大元一千零九十八員三毫共收大員三萬四千零八十員零九毫三仙列如上數
元	十九	廣州惠愛中路觀述街奇文印務局承印
沙捐	二六六•六二五二九〇	計六年七月分大員一萬三千二百二十員零七毫毫銀八千零八十九員五毫八仙八月分大元二萬五千五百七十九員六毫八仙九月分大員三萬四千七百三十六員零三先十月分大元三萬二千六百一十七元八毫八仙毫銀六千四百五十九元十一月分大元一萬四千五百二十員零零七先十二月分大元一萬九千零五十三元七毫七年一月分大員三萬三千四百三十八員七毫二先毫銀五元零二仙二月分大員四萬五千二百六十七員零八先毫銀一千八百七十一員零一先三月分大員五千六百五十元四月分大元九千五百七十一員二毫五月分大員一萬二千五百五十三元九毫九先六月分大元五千四百六十九

項目	金額	備考
		員八毫四仙以上共收大員二十五萬一千六百七十八員八毫九仙毫銀一萬六千四百二十四員六毫一仙九一合大員一萬四千九百四十六元四毫共合大員二十六萬六千六百二十五元二毫九仙列如上數
釐金	一・三七〇九六〇	
各釐廠罰款	一・三七〇九六〇	計六年七月分大元一百一十七元三毫五仙毫銀一百一十六元六毫八仙八月分大員六十七元八毫銀一百八十七元零五仙九月分大員四十元零八毫十月分大元三十二元八毫八仙十一月分大員五十六元二毫六仙十二月分大元四十四元六毫二仙毫票三十六元七年
元	二十	廣州惠愛中路觀蓮街奇文印務局承印
		一月分大員一百零九元五毫四仙二月分大元六員四毫三月分大員二百九十四元四毫九仙四月分大元九元九毫五月分大元二百二十八元六毫二仙六月分大元一元二毫又緝獲私貨充公欵大元紙五十一員九毫五仙以上共收大元一千零六十一元八毫一仙毫銀三百三十九元七毫三仙九一合大員三百零九元一毫五仙共合大員一千三白七十元零九毫六仙列如上數
正雜各稅	二九七・八八五・八四〇	
驗契費	二六七・五七八・五一〇	計六年七月分大元五萬三千四百六十七員五毫四仙毫銀八千七百八十五員四毫五仙八月分大元七萬一千八百一十二元五毫七

		仙港紙二百七十四員三毫六仙毫銀一千七百六十六員四毫九先九月分大員三萬四千零四十員零七毫毫銀五千五百七十六員九毫八分十月分大元四萬零九百六十三員零五分毫銀一萬八千六百二十七元七毫六先十一月分大元二千五百六十二員八毫三仙毫銀二百零三員五毫五仙十二月分大員七千八百三十員毫銀一千零零七員五毫二先七年一月分大員六千七百五十七員一毫七先毫銀四千零九十五員六毫九先二月分大員二千一百三十七元三毫五先毫票四千八百一十七元零七先三月分大員一千四百七十四員八毫八仙毫銀二百一十三員四月分大員六百四十員毫銀二千四百九十員零二
	二十一	廣州[illegible]局承印
		毫八先五月分大員四百零七員六月分大員一千八百二十六員毫銀七十三員七毫以上共收大員二十二萬三千九百一十九元零九仙港紙二百七十四元三毫六仙加零六一算合大元二百九十一元一毫毫銀四萬七千六百五十七元四毫九仙九一合大元四萬三千三百六十八元三毫二仙共合大元二十六萬七千五百七十八元五毫一仙列如上數
鑛區附加及鑛商報効軍餉	三〇•三〇七三三〇	計七年六月分毫銀三萬三千三百零四元七毫六仙九一合大元三萬零三百零七員三毫三仙列如上數
正雜各捐	一•二六二•一八七二一〇	

項目	金額	備考
善後有獎義會餉	一•二六二•一八七二一〇	計六年七月分銀毫一十七萬二千一百四十六元三毫七仙八月分毫銀八萬一千五百九十九元零一仙九月分毫銀三萬二千三百一十五元二毫六仙十月分毫銀一十萬零七千三百三十七元二毫九仙十一月分毫銀一萬六千一百七十五元零七仙十二月分毫銀一十三萬四千一百四十九員七年一月分毫銀一十七萬六千零零八元二月分毫銀九萬七千四百九十四元六毫三月分毫銀一十三萬二千四百九十四員三毫四月分毫銀一十七萬九千四百六十六元六毫七仙六毫七仙五月分毫銀一十六萬七千員六月分毫銀九萬零八百三十三元三毫四仙以上共收毫銀一百三十八萬七千零一十八員九毫一仙九一合大元一百二十六萬二千一百八十七員二毫一仙列如上數
雜收入	一•四七九•五三八六六〇	
官產變價	一•一五九•五六五二〇〇	計六年八月分大元一十一萬員九月分大員一十二萬九千元毫銀一百八十五元七毫五仙十月分大元一十七萬七千五百元十一月分大員二十五萬八千四百二十一員九毫四仙十二月分毫銀二萬元七年一月分大元紙四萬四千一百四十五元八毫八仙毫銀一十五萬八千五百五十七元三毫二月分大元六萬二千元三月分大員一萬四千六百元四月分大員三萬八千元五月分大元四萬零二百一十八員七毫

廣州惠愛中路觀蓮街寄文印務局承印

		三仙毫銀四萬元六月分大員二萬二千三百零一元二毫一仙毫銀七
		萬零六百八十二員七毫一仙以上共收大元八十九萬六千一百八十
		七元七毫六仙毫銀二十八萬九千四百二十五元七毫六仙九一合大
		元二十六萬三千三百七十七元四毫四仙共合大元一百一十五萬九
		千五百六十五員二毫列如上數
官物變價	二二七・五〇〇〇〇	計六年十一月分毫銀四萬元七年五月分毫銀二十一萬元以上共收
		毫銀二十五萬員九一合大元二十二萬七千五百元列如上數
元	二十三	廣州惠愛中路觀遠街奇文印務局承印
各縣收罰款	五七・〇九五五〇〇	計六年七月分大員七百八十二元八毫三仙毫銀七百一十八元
		八毫一仙八月分大元三千九百五十二元九毫七仙毫票四百二
		十四員一毫六仙九月分大元九百零七元九毫八仙毫票一千七百一
		十五員一毫十月分大元三千零三十二員八毫五仙毫票六百三十三
		員零八仙十一月分大元五千七百五十四元五毫八仙毫銀七百
		六十八元零三仙十二月分大員一千九百三十九元四毫六仙毫銀
		一元一毫五仙七年一月分大元二千九百六十六元九毫六仙毫
		銀二百五十九員九毫二月分大元五千二百七十四元毫銀一千
		一百九十七元三毫三仙三月分大元五千五百一十五員九毫毫

		銀一千二百四十五員八毫五先四月分大元六千七百零九元八毫一先毫銀一千七百七十一元五月分大元五千二百一十七員五毫七先毫銀一百三十四員八毫九先六月分大元六千三百四十七元一毫一仙毫銀六百八十三元九毫七先以上共收大元四萬八千四百零二員零二先毫銀九千五百五十三元二毫七仙九一合大員八千六百九十三員四毫八仙共合大元五萬七千零九十五員五毫列如上數
兩廣硝磺官局溢利	三〇•六一九八〇〇	計七年三月分毫銀三萬三千六百四十八員一毫三仙九一合大員三萬零六百一十九元八毫列如上數
富稅逾期息	四•七五八一六〇	計六年七月分大元一百七十五員毫銀一十元零三毫五仙八月分大員四百一十六員三毫七仙九月分大元一百七十員零六毫毫銀一百八十九員七毫七仙十月分大元一千六百一十元零七毫毫銀五百零七員六毫八仙十一月分大員一百八十三元一毫毫銀二百四十二員三毫六仙十二月分大元二百五十二員二毫七年一月分大元二百二十六元二月分大元一百七十七員六毫三月分大元五十九元六毫毫銀六十九員二毫三仙四月分大員二百三十四員八毫五月分大員五十四元毫銀二百二十一元四毫八仙六月分大元六十九員以上共收大元三千六百二十八元九毫七仙毫銀一千二百四十元零八毫七仙九一合大員一千一百二十九元一毫九仙共合大元四千七百五十八

元

二十四

廣州惠愛中路觀[illegible]奇文印務局承印

員一毫六仙列如上數

臨時收入合計	三•三四一•六八八八九〇
歲入總計	一〇•三九五•八一七六六〇

元

二十五

廣州惠愛中路觀蓮街奇〻印務局承印

中華民國八年十一月

日廣東財政廳彙編

广东省库七年度七年七月一日起至八年六月底止省地方实支各款数目报告书

广东财政厅　汇编

廣東省庫七年度（七年七月一日起至八年六月底止）省地方實支各欵數目報告書

天字勘誤表

篇	行	欄	勘誤
第一篇	第五行	備考欄	第十九字二仙誤刊三仙
又	第九行	仝	第十八字二千誤刊三千
又	第十五行	第二格	第二字七五七誤刊七七七
第三篇	第十五行	備考欄	第二字一毫誤刊一毫
第五篇	第十行	仝	第二十二字二千誤刊三千
第十篇	第十三行	仝	第一字三千誤刊二千
第十二篇	第十四行	仝	第二十一字三千誤刊二千
第十三篇	第十一行	第二三兩格係空白	
第十五篇	第十八行	備考欄	第一字三十誤刊二十
第十八篇	第三行	欵別欄	第七字提支誤刊稅支

廣東省庫七年度（七年七月一日起至八年六月底止）省地方實支各款數目報告書

歲出經常門

款別	實支數	備考
內務費	一〇六七·六三八〇六〇	
省議會經費	六七·三五九四二〇	內七年七月分支銀三千七百八十七元八毫三仙八月分支銀三千六百九十二元二毫二仙九月分支銀一千四百元十月分支銀四萬四千六百元十一月分支銀一千元十二月分支銀五千六百七十一元二毫五仙八年一月分支銀二千二百七十元零五仙二月分支銀一千二白元三月分支銀三千二百元四月分支銀三千一百元五月分支銀三千元六月分支銀二千一百元共支毫銀七萬四千零二十一元三毫四仙九一合大元如上數
補助省長公署不敷經費	八四·九三三二八〇	內八年一月分支銀六萬四千六百一十五元三毫二仙六月分支銀二萬八千七百一十七元九毫六仙共支毫銀九萬三千三百三十三元二毫八仙九一合大元如上數
省會警察廳主管各費	七七七·一二六七一〇	內七年七月分支銀五千一百元八月分支銀九萬八千零九十一元八毫三仙九月分支銀二萬六千八百元十月分支銀六萬六千八百零四元零八仙十一月分支銀一十萬零六千二百八十三元二毫十二月分支銀二萬五千二百二十二元五毫二仙八年一月分支銀二十七萬八

項目	金額	備考
		千零四十七元五毫二仙二月分支銀三千一百六十三元零九仙三月分支銀二萬三千一百三十九元四毫一仙四月分支銀四萬六千二百七十七元二毫五月分支銀一十三萬三千四百二十八元五毫二仙六月分支銀一萬九千六百五十元共支毫銀八十三萬二千零零七元三毫七仙九一合大元如上數
修志局經費	五四・六五三四三〇	內七年七月分支銀二千八百零四元九毫八仙八月分支銀五千一百二十一元九月分支銀四千六百一十二元二毫五仙十月分支銀八千一三百零五元七毫十一月分支銀三千七百元十二月分支銀七千六百六十三元零五仙八年一月分支銀九千四百二十六元二毫五仙二月

天 二

廣州惠愛中路觀蓮街奇文印務局承印

項目	金額	備考
		分支銀一千元三月分支銀一千一百元四月分支銀四千八百四十九元八毫五仙五月分支銀三千九百二十六元八毫二仙六月分支銀七千五百四十八元八毫一仙共支毫銀六萬零零五十八元七毫一仙九一合大元如上數
課吏館經費	九・一〇〇〇〇	內七年七月分支銀一千元八月分支銀一千元九月分支銀九百元十月分支銀一千一百元十二月分支銀一千七百零九元八毫九仙二月分支銀一千二百九十元零一毫一仙六月分支銀三千元共支毫銀一萬元九一合大元如上數
廣東醫院經費	二〇・九七五五〇〇	內七年七月分支銀一千六百八十七元五毫八月分支銀二千四百八十

項目	數目	說明
		十七元五毫九月分支銀二千二百八十七元五毫十月分支銀一千五百八十七元五毫十一月分支銀一千二百八十七元五毫十二月分支銀一千八百八十七元五毫八年一月分支銀三千一百八十七元五毫二月分支銀七百元三月分支銀一千二百元四月分支銀一千零七十五元五月分支銀二千零八十七元五毫六月分支銀三千五百七十五元共支毫銀二萬三千零五十元九一合大元如上數
普濟男女院及瞽目院經費	三九·二九四六二〇	內七年七月分支銀三千六百八十二元八月分支銀三千七百三十二元九月分支銀一千一百四十八元十月分支銀六千二百一十六元八年一月分支銀一萬一千一百一十九元二月分支銀五千二百六十一元二月分支銀二千三百二十七元四月分支銀四千七百三十二元五月分支銀四千零三十七元六月分支銀九百二十六元九毫共支毫銀四萬三千一百八十元合九毫九一合大元如上數
公立孤兒教育院經費	一七·二〇二八〇	內七年七月分支銀二千五百二十元零五毫八月分支銀一千九百一十元零二毫五仙九月分支銀一千九百元十月分支銀一千零一十元零一毫五仙十一月分支銀一千元十二月分支銀一千七百一十元零一毫五仙八年一月分支銀一千六百一十元零二毫五仙二月分支銀七百元三月分支銀一千六百一十元零二毫五仙四月分支銀一千五百一十元零二毫五仙五月分支銀二千一百一十元零二毫五仙六月

天 三 廣州惠愛中路觀蓮街奇文印務局承印

分支銀一千七百一十元零二毫五仙共支毫銀一萬八千九百零二元五毫九一合大元如上數

項目	數目	說明
墳山公所帑息	一•八一九九三〇	內七年七月分支銀三百三十三元三毫二仙九月分支銀一百六十六元六毫六仙十月分支銀一百六十六元六毫六仙十一月分支銀一百六十六元六毫六仙十二月分支銀一百六十六元六毫六仙八年一月分支銀三百三十三元三毫二仙三月分支銀一百六十六元六毫六仙四月分支銀一百六十六元六毫六仙五月分支銀一百六十六元六毫六仙六月分支銀一百六十六元六毫六仙共支毫銀一千九百九十九九元九毫二仙九一合大元如上數

天　四　廣州惠愛中路觀蓮街奇文印務局承印

項目	數目	說明
郵鑒局經費	七•三五〇六二〇	內七年七月分支銀二千零一十九元四毫十二月分支銀二千零一十九元四毫五月分支銀四千零三十八元八毫共支毫銀八千零七十七元六毫九一合大元如上數
連山縣猺務經費	二•五二三四三〇	內七年七月分支銀三百六十六元八月分支銀六百二十五元二月分支銀三百元三月分支銀一千一百一十六元四月分支銀二百六十六元六月分支銀一百元共支毫銀二千七百七十三元九一合大元如上數
汕頭警察局經費	三•八六三三〇〇	內八年三月分支銀三千九百六十七元三毫七仙五月分支銀二百七十八元零二仙共支毫銀四千二百四十五元三毫九仙九一合大元如上數

天

嶺門南豐閩安各局撫黎經費	一•四三六五四〇	內七年九月分支銀四百元二月分支銀一千一百七十八元六毫二仙共支毫銀一千五百七十八元六毫二仙九一合大元如上數
財政費	一四五•〇二七一二〇	
財政廳署不敷經費	五三•二七六七八〇	內七年七月分支銀八千六百五十五元八毫八月分支銀五千元九月分支銀五千元十月分支銀五千元十二月分支銀九千零九十二元九毫七仙八年一月分支銀五千九百零七元零三仙二月分支銀四千六百二十五元三月分支銀五千三百七十五元四月分支銀三千五百八十六元四毫四仙五月分支銀六千四百一十三元五毫六仙共支毫銀五萬八千六百五十五元八毫九一合大元如上數
財政廳衛兵伕薪餉	二六•二一九三七〇	內七年七月分支銀四千五百七十三元八月分支銀三千二百八十六元五毫九月分支銀二千二百八十六元五毫十月分支銀二千二百八十六元五毫十一月分支銀二千二百八十六元五毫八年一月分支銀四千三百三十七元六毫二仙二月分支銀二百三十五元二毫八仙三月分支銀二千二百八十六元五毫四月分支銀二千二百八十六元五毫五月分支毫二千二百八十六元五毫六月分支銀三千六百六十元零九毫九仙共支毫銀二萬八千八百一十二元四毫九仙九一合大元如上數
各稅廠經費	二三•七〇五二五〇	內七年七月分支銀一千二百三十六元九毫四仙八月分支銀一千二

五

廣州惠愛中路觀蓮街奇文印務局承印

項目	金額	說明
		百三十六元九毫四仙九月分支銀一千九百元零零八毫五仙十月分支銀三千零六十五元二毫八仙十一月分支銀一千二百三十六元九毫四仙十二月分支銀一千二百三十六元九毫四仙八年一月分支銀一千二百三十六元九毫四仙二月分支銀一千二百三十六元九毫四仙三月分支銀一千二百三十六元九毫四仙四月分支銀一千二百三十六元九毫四仙五月分支銀九百八十二元六毫八仙六月分支銀九千一百零六元四毫九仙共支毫銀二萬四千九百五十元零八毫二仙九一合大元如上數
警捐處經費	二五•二四九八五〇	內七年七月分支銀二千零八十一元八毫六仙十月分支銀八千七百四十八元五毫八仙八年一月分支銀五千三百七十元零九毫二月分支銀五千七百八十三元一毫二仙三月分支銀二千八百三十二元零一仙五月分支銀二千九百三十元零六毫二仙共支毫銀二萬七千七百四十七元零九仙九一合大元如上數
航政局經費	一六•三九三二〇〇	內七年七月分支銀一千六百四十八元八月分支銀一千六百四十八元九月分支銀一千六百四十八元十月分支銀一千六百四十八元十二月分支銀一千六百四十八元八年一月分支銀一千六百四十八元二月分支銀一千六百四十八元三月分支銀一千六百四十八元四月分支銀一千六百四十八元五月分支銀一千六百四十八元六月分支

天 六

廣州惠愛中路觀逆街奇文印務局承印

款項	金額	說明
		銀一千五百三十四元五毫共支毫銀一萬八千零一十四元五毫九一
		合大元如上數
各縣徵糧經費	一・〇八二六七〇	內七年九月分支銀六百五十元零二毫五仙八年六月分支銀五百三
		十九元五毫共支毫銀一千一百八十九元七毫五仙九一合大元如上
		數查各縣徵糧經費照案與行政及監獄費均准就徵存款項下坐支詳
		列解批紙解現列之數係省庫補入收支者因各縣多未報齊姑以數目
		較照支總額所短甚鉅合註明
教育費	二六三・九〇五七六〇	
各師範講習所經費	一一・二六九四四〇	內七年七月分支銀一千零三十二元八月分支銀一千零三十二元九
天	七	廣州惠愛中路觀蓮街奇文印務局承印
		月分支銀一千零三十二元十月分支銀一千零三十二元十一月分支
		銀一千零三十二元十二月分支銀一千零三十二元八年一月分支銀
		一千零三十二元二月分支銀一千零三十二元三月分支銀一千零三
		十二元四月分支銀九百六十二元五月分支銀一千一百零二元六月
		分支銀一千零三十二元共支毫銀一萬二千三百八十四元九一合大
		元如上數
省立第一中學校經費	二四・六七三二四〇	內七年七月分支銀一千七百元八月分支銀二千一百七十五元五毫
		九月分支銀二千二百零四元八毫十月分支銀一千九百元十一月分
		支銀一千七百元十二月分支銀二千三百一十四元八年一月分支銀

		四千四百五十元二月分支銀一千二百元三月分支銀一千五百元四月分支銀一千九百六十四元八毫五月分支銀三千九百四十五元六月分支銀二千零五十九元三毫五仙共支毫銀二萬七千一百一十三元四毫五仙九一合大元如上數
省立各高等小學校經費	三一•〇三六六七〇	內七年七月分支銀二千六百二十一元五毫三仙八月分支銀一千八百一十五元九月分支銀三千四百三十五元九毫十月分支銀二千六百五十七元二毫十一月分支銀二千九百六十二元七毫十二月分支銀九百三十元八年一月分支銀七千零零三元六毫二月分支銀一千八百二十九元五毫三月分支銀二千五百二十五元九毫四月分支銀

天

八

廣州惠愛中路觀蓮街奇文印務局承印

		二千一百二十九元五毫五月分支銀三千三百九十五元九毫六月分支銀一千七百九十九元五毫共支毫銀三萬四千一百零六元二毫三仙九一合大元如上數
省立各國民學校經費	四八•三八五二五〇	內七年七月分支銀三千五百三十七元二毫八月分支銀四千一百六十四元二毫九月分支銀四千一百九十元零二毫十月分支銀四千一百六十二元二毫十一月分支銀四千二百四十二元二毫十二月分支銀三千七百二十三元二毫八年一月分支銀八千五百九十八元四毫二月分支銀三千四百八十四元二毫三月分支銀四千二百四十二元二毫四月分支銀四千二百四十二元二毫五月分支銀四千二百四十

		二元二毫六月分支銀四千二百四十二元二毫共支毫銀五萬三千一百七十元零六毫九一合大元如上數
公立法政專門學校經費	二三•四九七〇六〇	內七年七月分支銀一千九百元八月分支銀二千四百二十二元九毫九月分支銀二千零一十一元四毫五仙十月分支銀一千八百三十一元一毫十一月分支銀一千元十二月分支銀一千六百元八年一月分支銀四千三百元二月分支銀一千元三月分支銀一千五百元四月分支銀一千一百九十三元三毫五月分支銀五千五百九十九元二毫六月分支銀一千四百六十三元共支毫銀二萬九千八百二十元零九毫五仙九一合大元如上數
公立醫藥專門學校經費	一〇•二六四七六〇	內七年七月分支銀一千一百四十六元六毫六仙十月分支銀一千一百元十一月分支銀八百四十六元六毫六仙十二月分支銀九百一十二元五毫八年一月分支銀二千二百六十元零八毫三仙二月分支銀一千零一十九元九毫九仙三月分支銀一千三百七十三元三毫三仙四月分支銀一千二百四十六元六毫六仙五月分支銀四百元六月分支銀九百七十三元三毫三仙共支毫銀一萬一千二百七十九元九毫六仙九一合大元如上數
公立農業專門學校經費	一一•八六〇九四〇	內七年七月分支銀六百九十四元九月分支銀二千一百四十四元十月分支銀八百四十四元十一月分支銀一千四百四十四元十二月分

		支銀五百四十四元八年一月分支銀一千一百元二月分支銀一千一百三十二元三月分支銀一千三百元四月分支銀一千二百四十四元五月分支銀一千六百八十八元六月分支銀九百元共支毫銀一萬三千零三十四元九一合大元如上數
第一乙種商業學校經費	三•〇九四〇〇〇	內七年七月分支銀二百七十五元八月分支銀三百元九月分支銀三百元十月分支銀三百元十一月分支銀三百元十二月分支銀一百元八年一月分支銀七百七十五元三月分支銀三百元四月分支銀三百元五月分支銀三百元六月分支銀一百五十元共支毫銀三千四百元九一合大元如上數

天

十

廣州惠愛中路觀運街奇文印務局承印

女子師範學校經費	一八•九一八九〇〇	內七年七月分支銀一千八百二十二元八月分支銀一千三百元九月分支銀一千九百五十二元十月分支銀一千八百五十二元十一月分支銀一千四百五十二元十二月分支銀一千七百元八年一月分支銀三千一百元二月分支銀一千二百元三月分支銀一千六百元四月分支銀一千三百零八元五月分支銀二千元六月分支銀一千五百零四元共支毫銀二萬零七百九十元九一合大元如上數
省立各女子高等小學校經費	五•二七七九六〇	內七年八月分支銀四百八十三元三毫三仙九月分支銀五百七十三元三毫三仙十月分支銀五百七十三元三毫三仙十一月分支銀四百八十三元三毫三仙十二月分支銀二百六十元八年一月分支銀九百

項目	金額		備考
			九元九毫九仙二月分支銀四百八十三元三毫三仙三月分支銀四百八十三元三毫三仙四月分支銀四百八十三元三毫三仙五月分支銀四百八十三元三毫三仙六月分支銀四百八十三元三毫三仙共支毫銀五千七百九十九元九毫六仙九一合大元如上數
女子職業傳習所經費	五・一二三七	九六〇	內七年七月分支銀四百九十六元八月分支銀四百九十六元九月分支銀四百九十六元十月分支銀四百九十六元十一月分支銀四百九十六元十二月分支銀四百九十六元八年一月分支銀四百九十六元二月分支銀四百九十六元三月分支銀四百九十六元四月分支銀四百九十六元五月分支銀四百九十六元六月分支銀三百元共支毫銀五千七百五十六元九一合大元如上數
圖書館經費	三・六九五	五一〇	內七年七月分支銀五百九十四元八月分支銀二百九十七元九月分支銀二百九十七元十月分支銀二百九十七元十一月分支銀一百元十二月分支銀五百九十四元八年一月分支銀三百四十七元二月分支銀三百四十七元三月分支銀三百四十七元四月分支銀三百四十七元五月分支銀一百元六月分支銀三百九十四元共支毫銀四千零六十一元九一合大元如上數
各學校補助費	一〇・九四七	二〇〇	內七年七月分支銀九百元八月分支銀三百元九月分支銀九百四十八元十月分支銀二千零五十二元十一月分支銀九百九十元十二月

天 十一 廣州惠愛中路觀蓮街奇文印務局承印

項目	數目	備考
		分支銀六百五十元八年一月分支銀一千一百四十元二月分支銀一千零四十元三月分支銀二千五百九十元四月分支銀八百四十元五月分支銀一百九十元六月分支銀三百九十元共支毫銀一萬二千零三十元九一合大元如上數
小學成績陳列所經費	三四〇二七〇	內七年七月分支銀三十一元一毫六仙八月分支銀三十一元一毫六仙九月分支銀三十一元一毫六仙十月分支銀三十一元一毫六仙十一月分支銀三十一元一毫六仙十二月分支銀三十一元一毫六仙八年一月分支銀三十一元一毫六仙二月分支銀三十一元一毫六仙三月分支銀三十一元一毫六仙四月分支銀三十一元一毫六仙五月分支銀三十一元一毫六仙六月分支銀三十一元一毫六仙共支毫銀三百七十三元九毫二仙九一合大元如上數
留學各國學生學費	三四•六九四九四〇	內七年八月分支港紙一萬九千五百四十二元三毫四仙以加零六一合大元二萬零七百三十四元四毫二仙八年一月分支紙港一萬三千一百五十七元八毫九仙以加零六一合大元一萬二千九白六十元零五毫二仙合共大元三萬四千六百九十四元九毫四仙如上列數
改良私塾委員經費	四三六八〇〇	內七年八月分支銀八十元八年一月分支銀八十元六月分支銀三百二十元共支毫銀四白八十元九一合大元如上數
廣州中學校帑息	四三九四九〇	內七年九月分支銀四百八十二元九毫六仙九一合大元如上數

天　十二　廣州惠愛中路觀迷街奇文印務局承印

項目	金額	說明
省視學員經費	九·八二八〇〇	內八年一月分支銀七千二百元六月分支銀三千六百元共支毫銀一萬零八百元九一合大元如上數
上海工業學校學生學費及津貼	四一四〇五〇	內七年十一月分支銀四百五十五元九一合大元如上數
檢定教員會經費	七·九一七〇〇〇	內八年一月分支銀八千七百元九一合大元如上數
通俗教育演講員經費	一·六七六二二〇	內八年七月分支銀一千三百六十二元六月分支銀四百八十元共支毫銀一千八百四十二元九一合大元如上數
農商費	五二·六九〇七〇〇	
農林試驗場兼講習所經費	二〇·七四八〇〇〇	內七年七月分支銀一千五百元八月分支銀二千九百元九月分支銀一千四百元十月分支銀二千七百元十一月分支銀一千一百元十二月分支銀二千元八年一月分支銀三千三百元二月分支銀一千一百元三月分支銀一千五百元四月分支銀一千二百元五月分支銀二千六百元六月分支銀一千五百元共支毫銀二萬二千八百元九一合大元如上數
	三·六九五五一〇	
工藝局暨陳列所經費	二六·八八三二二〇	內七年七月分支銀二千七百元八月分支銀四千八百零七元九月分支銀三千六百零七元十月分支銀三千四百元十一月分支銀二千五百零七元十二月分支銀二千三百元八年一月分支銀二千九百零七元二月分支銀一千元三月分支銀一千四百零七元四月分支銀一千三百元五月分支銀二千元六月分支銀一千六百零七元共支毫銀二

天　十三

廣州惠愛中路觀逵街奇文印務局承印

款別	實支數	備考
		萬九千五百四十二元九一合大元如上數
大林區辦事處經費	四•一六八二三〇	内七年七月分支銀二百元十月分支銀四百八十九元三毫二仙十一月分支銀三百元十二月分支銀八百三十三元九毫八仙八年一月分支銀七百八十九元三毫二仙三月分支銀一百元四月分支銀四百八十九元三毫二仙五月分支銀九百三十三元九毫八仙六月分支銀四百四十四元六毫六仙共支毫銀四千五百八十元零五毫八仙九一合大元如上數
化分礦質局經費	五一五•九七〇	内七年七月分支銀三百七十八元八月分支銀一百八十九元共支毫銀五百六十七元九一合大元如上數
天	十四	廣州惠愛中路觀蓮街奇文印務局承印
歲節化分局撥補鑛務科經費	三七五•一八〇	内七年九月分支銀四百一十二元二毫九仙九一合大元如上數
經常合計	一•五二九•二六一六四〇	
歲出臨時門		
款別	實支數	備考
內務費	二五•七九二•六六〇	
省議會經費	一•〇四六•五〇〇	内七年八月分支銀七百元十月分支銀二百元十一月分支銀二百五十元共支毫銀一千一百五十元九一合大元如上數
各區複選監督經費	六•七三四•〇〇〇	内七年十一月分支銀四千五百五十元十二月分支銀八百元八年一月分支銀一千四百五十元四月分支銀六百元共支毫銀七千四百元

		九一合大元如上數
印刷局修繕費	一八二〇〇〇	內七年八月分支銀二百元九一合大元如上數
捐助籌辦救火輪船費	一八二〇〇〇	內七年十一月分支銀二百元九一合大元如上數
捐助外國義學經費	五九一五〇〇	內七年十一月分支銀六百五十元九一合大元如上數
普濟男女院及瞽目院各項臨時經費	二•九八九九七〇	內七年十一月分支銀二千八百七十四元一毫六仙八年二月分支銀四
		百一十一元五毫共支毫銀三千二百八十五元六毫八仙九一合大元如上數
護送華僑回籍費	一•二五一二五〇	內八年一月分支銀一千三百七十五元九一合大元如上數
平糶補助費	四•五五〇〇〇〇	內八年二月分支銀五千元九一合大元如上數
各縣初選監督補助費	一•一三七五〇〇	內八年三月分支銀二百元六月分支銀一千零五十元共支毫銀一千
天	十五	廣州惠愛中路觀蓮街奇文印務局承印
		二百五十元九一合大元如上數
各戲院特務警察費	四〇四〇四〇	內八年五月分支銀四百四十四元九一合大元如上數
郵　款	六•七二三九〇〇	內七年七月分支銀二百元十二月分支銀三百二十元八年一月分支銀五千六百九十三元九毫二月分支銀七十五元三月分支銀四百四十元四月分支銀四百二十元六月分支銀二百四十元共支毫銀七千三百八十八元九毫九一合大元如上數
財政費	九•一六九九六〇	
財政廳衛兵營經費	一•五四六九三〇	內七年十一月分支銀七百五十五元六毫八仙八年二月分支銀二百
		二十五元二毫六仙五月分支銀七百零八元五毫四仙共支毫銀一千

款目	金額	備考
		六百九十九元四毫八仙九一合大元如上數
各稅廠臨時經費	九一四〇七〇	內七年七月分支銀一百、一十四元九月分支銀一百一十四元十月分支銀一百八十元十一月分支銀一百三十七元七毫十二月分支銀七十九元四毫二仙八年一月分支銀七十八元零五仙二月分支銀二百八十九元三毫五月分支銀一十二元共支毫銀一千零零四元四毫七仙九一合大元如上數
航政局臨時經費	三•二七四六八〇	內七年七月分支銀二百二十七元八毫九月分支銀三百六十元十月分支銀一百五十元八年一月分支銀三百元二月分支銀三百一十元零七毫五仙四月分支銀四百五十元五月分支銀一千八百元共支毫銀三千五百九十八元五毫五仙九一合大元如上數
醫捐處獎勵金及津貼臨時各項經費	一•三八六〇〇〇	內八年五月分支銀一千五百二十三元零八仙九一合大元如上數
潮梅鹺餉局催餉員公費	七二八〇〇	內八年三月分支銀八十元九一合大元如上數
財政雜支	一•八六六六八〇	內七年七月分支銀六十五元八月分支銀四百八十二元七毫六仙九月分支銀八百四十三元八毫八仙八年三月分支銀四百八十二元七毫三仙四月分支銀一百七十六元九毫三仙共支毫銀二千零五十一元三毫九一合大元如上數
郵欵	一〇九二〇〇	內七年十月分支財政廳收支股錄事陸煥禧郵欵銀一百二十元九一合大元如上數

天　十六　廣州惠愛中路觀速街奇文印務局承印

項目	數	備考
教育費	二〇・四〇七二六〇	
各學校修繕及購置費	七・六七八七八〇	內七年八月分支銀一千一百六十五元六毫七仙九月分支銀一千九百三十一元四毫十月分支銀一千六百八十八元九毫十一月分支銀一千三百三十六元三毫五仙十二月分支銀一千一百九十三元零五仙八年一月分支銀三百五十七元六毫五仙三月分支銀一百八十四元七毫四月分支銀七十元五月分支銀三百四十四元一毫六月分支銀一百七十六元四毫共支毫銀八千四百三十八元二毫二仙九一合大元如上數
捐助嶺南學校經費	四・一八六〇〇〇	內八年二月分支銀一千元三月分支銀九百元四月分支銀一千一百元五月分支銀一千元六月分支銀六百元共支毫銀四千六百元九一合大元如上數
各學校臨時補助費	二・三六六〇〇〇	內七年八月分支銀一百元九月分支銀五百元二月分支百一千元五月分支銀一千元共支毫銀二千六百元九一合大元如上數
派員赴京會議及清華學校學生赴京川資	三六四〇〇〇	內七年八月分支銀二百元九月分支銀二百元共支毫銀四百元九一合大元如上數
各學校開游費	九一〇〇〇	內七年九月分支銀一百元九一合大元如上數
通俗演講員修繕購置費	三三二一四〇	內七年九月分支銀三百五十四元九一合大元如上數
省立國民學校招夜班生費	九四六四〇	內七年十月分支銀一百零四元九一合大元如上數

天 十七 廣州惠愛中路觀蓮街奇文印務局承印

項目	金額	備考
圖書館修葺費	二一八三三〇	內八年二月分支銀二百三十九元八毫九一合大元如上數
南京師範生赴日參觀費	四二八〇〇	內八年三月分支銀四十七元零三仙九一合大元如上數
收存契稅附加稅支番禺縣學費	六八二五〇	內八年四月分支銀七十五元九一合大元如上數
郵款	九一〇〇〇	內八年五月分支第十九國民學校潘故校長郵款銀一百元九一合大元如上數
遠東運動會補助費	四•八八四四三〇	內八年六月分支銀五千三百六十七元五毫九一合大元如上數
臨時合計	五五•三六九八八〇	
總計	一•五八四•六三二五二〇	
天	十八	廣州惠愛中路觀蓮街奇文印務局承印

中華民國八年十一月　日廣東財政廳編纂

天　十九　廣州惠愛中路觀蓮街奇文印務局承印

民国廿五年度广东财政纪要

广东财政厅秘书室　编

广东省立中山图书馆　藏

民國二十五年度

廣東財政紀要

曾養甫

序言

本年四月，宋廳長子良因病請假，養甫奉 命兼綰財筴。值政局聿新，百度更張之會，財務行政，諸待整理，因革損益之間，昕夕籌維，差有緒端。茲屆會計年度終結，例有報告，爰飭主管員司，將期年來施政計劃，改革方案，會計制度，收支統計，釐分項目，彙輯成篇。藉副月要歲會之義，且資同寮參證，以檢討過去，策勵將來，俾行政效率，與時俱進云。

中華民國二十六年八月一日　曾養甫

凡例

一、本編係就本廳於二十五年度中重要設施事項，記述其大概，定名廣東財政紀要。計廿一章，每章間附重要法規或統計，以資參証。

二、本編內容，著重事實叙述，及數字記載；凡空泛理論，及批評文字，概不闌入。

三、本編所用材料，係徵諸各主管人員起草，送交秘書室彙編，間有取捨增删，擇其確實重要者編入。

四、本編內容，間有一事而分見於他篇者，因有連帶關係，不能删畧，僅於叙述上詳簡有差。

五、本省國稅事項，係由財政特派員公署主管，茲為明瞭國省整個財政狀況起見，特將國稅狀況，與國庫收支，附載本編，以明概要。

六、本編以辦理統計，勾稽需時，延期付印，間有掛漏，俟編下年度紀要時，補正之。

廣東財政紀要目錄民國二十五年度

附　載

廣東財政紀要 民國二十五年度

第一章 總述

迴溯上年七月，粵省歸政　中央，國家統一，於焉告成，全省政令，亦納正軌，而財政百端，尤待整理。惟以本省地濱海嵎，交通暢達，一般經濟現象，以地域關係，與歷史推演，皆隨時代而有長足進展，因之財政源泉，租稅對象，受之於天然畀賦，與地理滋養者，較他省為優越。惟以中外溝通，現代科學物質之侵蝕，與世界經濟恐慌之波動，其影響於國民經濟者，亦較他省為緊迫。加之過去數年間，政治偏安，法令軼軌，軍政所需，悉取給于地方，財政收入，恣意增加，以致民衆資力，社會蓋藏，日銷而月朘；縱不乏物質建設，然財殫力痡，所裨於國民經濟者，是猶揠苗助長，收效者幾希！故整理本省今後財政，不在膨脹稅量，而在疏濬財源，不在厚聚庫儲，而在培植民力；本此方針，施于有政。故本廳一年來之工作，大抵分兩方面以進行：一則重在于除弊，澈底改善財政環境，俾障碍盡除，新制度推行無阻，以穩固財政基礎；一則謀所以興利，確立租稅系統，疏濬財源，力求平均負担，使百業平流併進，以發展國民經濟，時屆期年，雖成效未宏，而端緒已啓。適値年度終結，爰將施政情形，編成紀要，附載統計各表，佈之社會，亦財政公開之意也。茲將整理計劃，與實施綱領，先於編首摘要分述，以見大凡。

（一）劃分國省縣財政界限

本省從前財政，國地既未明分，省縣尤多牽混，互相附益，統系紛然；以國稅應支之軍費，而取給於省稅；以縣屬應收之稅捐，而囊括於省庫；界限不分，收支紊亂。現在軍費悉仰給于國庫，不支省款，儘可以地方之財力，供省政之設施，更出其餘力，補助縣府行政；而縣庫固有之財源，則返諸縣民所共有；既符中央劃分之成規，兼減民衆負担之重累。

（二）停收賭捐維持風化

藉賭博爲財源，是猶飲鴆而止渴；在財政觀點上，實爲不道德之收益；而敗壞社會風紀，與消耗國民之經濟，其害尤不可勝言。粵局統一，政治更新，爰以最大決心，禁絕賭博，不惜每歲一千餘萬之收入，以除數十年之秕政；縱庫帑短納，亦義無反顧。

（三）裁廢苛雜培養民力

晚近財政政策，日趨於民本化，往往以租稅制度，調和社會，平均各階級利益。然按之目前財力，既不能積極補助，促進農工商業，則惟有掃除生產上種種障碍，裁減稅捐，減輕其負累，使百業自爲營養，以調暢其生機。爰設立裁廢苛雜審議委員會，將省縣稅捐中之涉于苛細，與妨碍民生者，審查裁廢；使從前人民日徬徨于供應輸將者，得以稍紓喘息，有自力更生之機會，進而圖一般生產力之發展。

（四） 節約經費平衡預算

本省一般財力，原較各省為優，而糜費之量，亦視他省為甚。泛濫之水，重在節流，因先將本廳冗濫員司，及駢枝機關，量為裁併，總計年可省支經費一百二十餘萬元。而本年度舊編預算，收支不敷達一千一百萬元，編制既不合軌則，支配亦失于平均，經加改編，力求簡縮。但經費屬於促進文化經濟者，固不稍有吝惜，即推動政治，安定秩序，最少限度之經費，亦必如其量以應付。現計收支之數，各達三千八百餘萬元，（另省會公安局約六百萬元未計）歲入則減一千六百餘萬，歲出則省二千七百萬有餘。公家少一分開支，即民衆多一分資力；編續二十六年度預算，仍本此旨以貫澈之。

（五） 安定金融發展經濟

本省密邇港澳，營殖南洋，經濟力原佔優勢；顧以頻年政局多故，支用浩繁，視銀行為外府，以紙幣作財源，鈔票濫發，影響金融。欲謀發展經濟，首在安定金融。一年來對于流通省鈔，規定換算比率，充足發行準備，因之信用大彰，流行日廣，雖中經陝變，而安堵如恆。并充實省銀行資金，調節貨幣數量，俾與社會經濟，發生循環補助作用，期次第推廣分行，以貫通金融脈胳；並辦理農村貸欵，以扶助特種產物之發展；使直接裨益國民經濟，亦間接培植政府財源。

（六）推行新稅平均負擔

本省大都一農業社會也，人民生活程度，生產方式，泰半留滞于土地耕作，家庭工藝階段之中；政府所需，取給民衆。顧以租稅制度之未善，財源之負擔者，十之八九爲終歲勞苦胼手胝足之農民；而都市居民，與貿遷商賈，往往享優良生活，獲特殊利益。租稅課征，在在有逃避轉嫁之機會，以致農民獨困于捐輸，其弊流於不均，自應補偏救敝，以躋於平。因查營業稅，係課之工商業，爲稅制中最良者，從前格於成案，礙于强豪，計稅敷衍，徵無起色。現在各省均已推行，本省自不能除外。因改善章制，普及全省，使合法稅捐，工商各業，與農村大衆，共同負担。其他凡有脗合現代財政政策，鞏固地方財源者，一秉　中央法令，次第改進，以完成善良租稅制度。

（七）豁免舊粮實惠及民

本省積欠舊粮，民十二以前，早經豁免，十三年至廿三年欠數，仍繼續催收。此種舊粮，積欠達一千六百餘萬元之鉅，其中多係逃亡絕戶，貧苦農民；且征收舊粮，僅以六成解庫，經征官吏，以利之所在，催科急于星火，政府叢怨，吏胥轉以中飽；故呈請一律豁免。無碍庫收，嘉惠貧民。

（八）澈底整理本省沙田

本省財政收入中，歷史最久，積弊最深，民衆最受苦痛者，爲沙田一項；而環境最雜，障碍最多，整理最感困難者，亦惟沙田一端；歷來整理，不止一次；政府藉之以闢財源，官吏復據之以爲利藪，而豪强痞棍，更互相要結，貪緣爲奸。特擬具方案，期爲澈底改革，將沙田改爲民田，雜捐釐爲正賦。于本廳設整理沙田總處，並于中山新會東莞順德南海番禺寶安等沙區，分別設立整理分處，現已次第成立，開始工作，預計兩年可以整理完竣。將來所收升科登記各費，仍全數用之于沙民、農村、水利建設，掃除從前藉沙歛欵之弊。

（九）整理各縣地方財政

各縣地方財政，向來聽其自由處理，監督之法未施，紛亂之弊日甚；且機關團體，各自收支，豪强土劣，恣意侵蝕；民衆困于繁苛，制用尤感竭蹶；長此放任，必致農村崩潰，財源枯竭，公私交困，挽救益難！經擬具方案，呈准實施。大致：在收入方面，以集中徵權，統一庫收；在支出方面，規定支用標準，嚴定預算，而以稅捐徵收處，縣金庫，財務委員會，分掌縣財政事務；立法之意，在省縣均權，行法之效，在互相維繫。財廳爲主管機關，更厘訂監督縣地方財政章程，以爲實施監督之準繩；並派縣財政指導專員，分區赴縣，實地攷察，就近與各縣縣長妥商整理之法；期于最短期間，納各縣財政于法軌之中。凡此設施，皆屬根本工作，所以奠定基礎，培植稅源；而年來號召解除人民苦痛，復興農村經濟者，亦畧于此實施有效工作。

（十）推行會計制度

會計制度不立，無以言整理財政。本省各機關會計，皆沿舊習，自立規模；即本廳總會計，亦僅應事實需要，紀載數目，無一定組織，與確定制度；陳規相倘，憚于改革；甚有利用不規律會計，以謀不當之利益者。現在會計制度、　中央敦促推行甚急，本廳特增設會計室，延攬專材，從事規劃，業經擬具規章，先後呈准施行。幷於二十六年六月一日，召集各直屬機關會計人員來廳訓練，期于下年度開始實行新章，以樹立全省新會計之基礎。

（十一）調整徵收機構

從前徵收機關，以稅爲主體，各別徵收，以致一隅之內，機關林立，催科頻仍，民衆滑於視聽，官廳遂爲怨府；且機關重叠，統系紛歧，既耗財力，復疏稽核。現劃全省爲九個稅務區，每區設一稅務局，由原有之營業稅局，農品稅局，煤油特稅處，合併改設；即將營業稅，煤油特稅，舶來農產品專稅，綜合征收。依此組織，廳下設局，局下分設處所，系統一貫，正如指臂相使。蓋現代稽征制度，區域宜擴大，以便通籌，機關務減少，以節糜費；本省此次分區併征，亦本此意。

（十二）編製廿六年度預算

本省財政，自禁賭禁烟以後，收入頓絀，同時，省庫不担負軍費，支出亦減。廿五年度省地方收支，各計四千四百五十九萬餘元。廿六年度初編概算收入，增爲四千九百五十餘萬，支出超過收入，則達二千三百餘萬元之多；迭經省府開會審查核減，而收支不敷之數，仍達一千四百餘萬元之鉅。政局統一以後，財政必循軌道，爲休養民力，曾免除苛雜二千餘萬元，舊粮一千餘萬元。目前元氣未復，加稅既爲民力所難勝；宿逋未清，舉債更爲環境所不許；惟有採取減縮政策，量入爲出；經五六次審核，預算始告完成，收支差可平衡，以穩定財政基礎。其各縣市局地方下年度概算，亦經次第核定。

綜上所述，本廳財務行政，一年來之趨勢，有因有革，撮要敷陳。其有應爲具體詳析說明者，則別立標題，分章紀載，全部情形，畧可考見。下年度本此基礎，再謀改進，使本省財政，日新月異而歲不同，斯則預懸鵠的，努力以赴之者也。

第二章　施政綱要與中心工作

第一節　概說

本省政治，自二十五年度開始，全部更新，關於財政，尤待一一調整，納諸正軌。而理財之道，頭緒紛繁，平流共進，勢有未能；故不得不因地制宜，權其輕重，定其後先；此施政綱要所宜明白規定，中心工作必須如限完成；庶幾綱舉目張，緩急適當。盖財政爲全般政治之母，措施果能適宜，則當前一切問題，俱可迎刃而解也。其施政綱要與中心工作要目，兹分別編列於下：

第二節 施政綱要

（一）預决算事項

確定本年度預算：查預算不特爲財務行政之準繩，亦爲全般政策所表見。本省原編二十五年度概算，收不敷支，幾達一千餘萬元，已與收支平衡原則不符；現當政局統一，亟應從新改編，以期確定。經規定原則數項如下：（一）審查不合法之收入，如賭餉及其他苛捐雜税等，先行删除。（二）緊縮各機關支出，增加事業經費。（三）根據以上原則，重編收支平衡之概算案。（四）審核各機關之收支計算，并於年度終了後，彙編年度决算。本年九月八日以前，由各機關將重編本年概算，送本廳彙編；九月三十日，由本廳彙齊，呈送　省政府彙核。

編製下年度概算：查各機關編送下年度概算，原有法定期限。從前編送，多不依期，殊碍計政，現嚴定日期，依限編送。爰爲下列各項規定：(一)限各機關依照法定期間，編送下年度第一級概算。(二)彙編下年度第二級概算，依法送審，於年度開始前公佈。本年十一月三十日以前，送達本廳彙編；下年一月十五日以前，呈送　省政府彙核轉呈；六月十五日以前公佈。

(二)　收支事項

統一收支：查省欵收支，原由本廳主管，出納之責，應由金庫負之。本省各機關提撥欵項，及直接收欵之事，尚未盡革除，特規定辦法，以收統一之效：(一)一切收支欵項，統由金庫掌管。(二)設立分金庫，以謀各縣收支欵項之便利。(三)取銷抵欵撥欵辦法。新預算開始時，已設金庫地方，先行實施，其餘俟分金庫成立時實行。均自本年度開始，下年度繼續，務達完成。

(三)　賦稅事項

整理正當稅收：查省地方收入，以田賦、契稅、沙田、菸酒牌照稅、營業稅、典稅等爲大宗。田賦改徵地稅，亟應加以整理，以期改善，并應釐定徵收方法，以期手續簡單，人民稱便；因規定下列各項辦法：(一)合併徵收機關，就已辦理就緒之各種賦稅，合併爲一機關徵收，各縣分別設立稅捐徵收處。(章程另訂)(二)釐定稅率，將以前各種附加，分別删除，或歸併，以期徵收手續簡單。(三)重行修訂名稱複雜、糾紛最多之沙田清理辦法。(四)清理舊糧之實欠在民者，限期繳納；其逃亡絕戶，無田虛糧者，報明核免。(五)營業稅爲善良稅收，應照部頒章則，切實舉辦申報調查，務求循序推行，以期普遍。均自本年度開始，下年度繼續辦理，以底於成。

裁廢苛捐雜稅：查本省苛雜捐稅，名目繁多，人民負擔，實屬繁重，特於本年度開始實行裁廢，以除弊政；并規定原則如下：(一)第一步，將爲害最烈之賭餉，及有碍國民生計之農產品稅，分別裁撤或減徵。(二)第二步，將未廢除之各項捐稅，一律減輕百分之二十，暫行保留；按照規定之原則，交裁廢苛雜委員會審議，决定存廢標準，俟議復過廳，酌核執行。(三)第三步，正當稅收整理就緒，抵補有着，即當盡量廢除。

(四) 會計事項

厲行會計制度：財政之能否整理，視會計制度能否實行爲斷，因自本年度始，恪遵會計法之規定，使財務機關，循序漸上會計制度之軌道；并規定原則如下：(一)先行成立者，財政之單位會計及其分會計，爲成立省地方總會計之準備。(二)財務分支機關之會計獨立，直隸本廳。(三)財務機關不經理現金收支。(四)釐訂簿記，隨時派員赴各財務機關檢核帳目。(五)會計人員之任用，以考試行之；并擬具保障條例。均自本年度開始，下年度繼續完成。

（五）債務事項

清理各項債務：本省所負內外債務，除台灣銀行已換約履行外，其餘均未清理。現爲挽回政府信用，及招集將來投資起見，擬具清理方案：（一）清查并登記各項債額。（二）擬訂清理債務辦法，就政府財力所能辦者，或分期籌還，或化零爲整，務求債務可以逐漸清理。本年度開始籌劃，下年度繼續實行。

（六）縣財政事項

實行監督縣地方財政：縣爲自治單位，欲完成自治任務，自以整理地方財政爲第一要着。爰遵照　中央頒布之整理縣地方財政章程，實施監督，并規定辦法如下：（一）成立縣財務委員會。（二）核定縣地方收支預算。（三）審核縣地方收支計算及決算。（四）訂定縣財政收支辦法。（五）分期成立縣金庫，或由省分庫代辦。（六）整理各縣保衞費，由省庫統一收支。（七）整理公欵公產。（八）分期裁廢苛捐雜稅，并嚴禁苛派。庶使各縣財政漸上軌道，可以革除一切浮收濫支之弊。均自本年度開始，下年度繼續完成。

（七）土地事項

澈底整理土地：土地爲賦稅之來源，欲求稅源穩定，必先整理土地。本廳設測丈隊二十一隊，碎部測量一隊，就已設土地局之各縣，分途測量，每年經費一百七十八十萬元，需時三十餘年，始能完成。現擬採用航空測量，在本年度計劃確定，自下年度開始，預計五年完成。

（八）　經濟事項

發展國民經濟：本省以毫券爲流通貨幣，過去粗製濫發，基金動搖。爲發展國民經濟起見，爰規定下列各項辦法：（一）整理幣制，遵照　財政部規定法幣與省毫券之兌換比率，暫准省毫券照常流通，以漸進幣制統一。（二）改善省銀行組織，增設各地分行。（三）組織農村貸款團，分蠶絲、樹膠、土菸各類，以低利貸款於各該農村合作社。（四）擬訂保障民營事業單行法，使國民經濟循序發展。均自本年度開始，下年度繼續實施。

（九）　訓練事項

組織財務人員訓練所：查財務人員，責任綦重，必有相當學識，始能勝任。從前各財務機關，任用人員，漫無標準，流弊滋多。經甄選相當資格人員，予以訓練，使成專門人才；將來各財務機關需用職員，即向受訓畢業人員中選用。（一）訓練所內以訓練稅務人員爲甲組。（二）以訓練會計人員爲乙組。（三）兩組學員，均分高級普通兩班。（四）招考章程另定。（五）入所訓練之先，須有相當學歷；訓練畢業之後，分發實地練習。本年度開始，下年度繼續辦理。

第三節 中心工作

（一） 確定本年度預算并編製下年度概算事項

本省原編二十五年度概算、收入部份，列賭餉一千四百五十萬元，其他違反 中央法令之稅收，亦不下一千餘萬元，而結果收不敷支仍鉅；既與經濟通例相背，復與收支原則不符。經一面裁廢苛雜，培養稅源；一面按照緊縮機關支出，充實事業經費，及裁員加薪，保持廉潔之原則，杜絕一切浮濫，增加教育文化、公路建築、補助各縣等費，以期收支平衡；爲本年度施政標準。自改編預算確定，各機關即按照預算額，編製各月分配表，送廳核定；俟月份終了，於下月二十五日以前，編送收入計算，以憑考核，編送支出計算，以憑審查；其有甲月支出計算未如期送到者，即扣發乙月分經費。迨年度結束，即由各機關彙集各月份計算，編造決算，送由本廳彙編年度總決算。至編製下年度概算，從前各機關編送延期，殊礙計政，應限各機關依照法定期間，編送下年度第一級概算，以便彙編下年度第二級概算，依法送審，於年度開始前公布。

（二） 統一收支事項

查欵項收支，應由金庫綜司出納，一切提欵撥欵，在所必禁。茲規定自本年度始，厲行金庫制度，除省金庫外，縣市設分金庫。所有收支，統由金庫掌理，以資統一，而便稽核。

（三）　整理正當稅收幷裁廢苛捐雜稅事項

查本省自廢除田賦，改征臨時地稅，籌辦過速，多未妥善，除計劃實施航空測量，期於五年內完成，以求根本解決外，目前只有就原有征冊，加以整理。至其餘各稅，均應重新厘訂征收方法。各縣地方稅捐，亦應謀統一稽徵辦法，分別設立縣稅捐徵收處，將附加中重叠繁複者，分別删除或歸併。至裁廢苛雜過程，分三步實施，依照施政綱要中所規定者，分別辦理。

（四）　厲行會計制度事項

查財政之有會計，如網之有綱，衣之有領。茲擬依照會計法之規定，先行成立省財政機關之會計，及其單位會計，使財務分支機關之會計獨立。其他厘訂簿記，稽核帳目，及會計人員之任用，以考試行之，幷擬具保障條例，務使會計人員，安心服務。

（五）　清理內外債務事項

查粵省所負內外各債，多未清理，以致信用墮落，內外商人及華僑，皆裹足不敢來粵投資。爲挽回已失之信用，樹立未來之基礎，招徠內外資金，擴充省營建設計，擬將以前所負債款，先行登記，詳加審查，分別整理，求於省庫財力可能擔任範圍內，確定方案，實行清理。

（六）　實行監督縣地方財政事項

擬遵照 中央頒布之整理縣地方財政章程，成立各縣財務委員會，核定縣地方收支預算，審核縣地方收支計算及決算，訂定縣財政收支辦法，分期成立縣金庫、或由省分庫代辦，將各縣保衛經費，由省庫統一收支。其餘公欵公產，加以保管整理；分期裁廢苛捐雜稅，幷嚴禁苛派，杜絕積弊。

（七）澈底整理土地事項

查土地行政，以前由本廳設立第六科辦理地政；現擬採用航空測量，限期五年完成，由本年度新成立之地政局，專司地政，澈底整理。

（八）發展國民經濟事項

查粵省毫幣，現遵照 部定中央法幣與省毫劵之兌換比率，照常流通，以漸進法統一幣制。另一面改善省銀行組織，增設各地分行，以期金融脈絡貫通。另組織農村貸欵團，幷會商建設廳，頒行保障民營事業之單行法，使國民經濟逐步發展。

民國廿五年度施政綱要暨中心工作總表

項目	施政綱要	中心工作
預決算事項	確定本年度預算幷編製下年度概算	1.審查不合法之收入如賭餉及其他苛捐什稅等先行删除 2.緊縮機關支出增加事業經費 3.根據一二兩欵原則重編收支平衡之概算案 4.審核各機關之收支計算幷於年度終了後彙編年度決算 5.限各機關依照法定期間編送下年度第一級概算 6.彙編下年度第二級概算依法送審於年度開始前公布

事項	綱目	辦法
收支事項	統一收支	1. 一切欵項收支統由金庫掌管 2. 設立分金庫以謀各縣市收支欵項之便利 3. 取銷抵欵撥欵辦法 4. 嚴禁各稅收機關挪移或積壓解欵
賦稅事項	整理正當稅收幷裁廢苛捐雜稅	1. 合併征收機關就已辦理就緒之各種賦稅如田賦契稅菸酒牌照稅營業稅典稅等合併爲一機關征收設立各縣稅捐征收處(章程另訂) 2. 厘定稅率將以前各種稅捐重叠附加分別刪除或歸併以期征收手續之簡單 3. 重行厘訂捐費名稱複雜糾紛最多之沙田清理方法 4. 清厘舊粮其逃亡絕戶無田虛粮者報明核免 5. 遵照部頒章則切實舉辦商舖申報調查以期普遍推行營業稅 6. 裁廢苛捐雜稅擬定步驟如左： 第一步首將爲害最烈之賭餉取銷次將涉及重征有碍國民生計之船來洋米穀稅及妨害國民經濟或損及地方收入之船來士敏土附加大學經費及長途電話費船來廢爛膠輪稅船來機器稅各縣房捐漁業稅佛山戲院附加軍費台山灰捐附加軍費台山磚捐附加軍費英德連江口琼崖惠州欽廉等處生猪出口捐暨抵觸中央法令之煤炭稅等十一種概行裁撤幷將有關民食之農產品各項專稅項下油豆花生專稅核減二成征收 第二步擬將尚未廢除之各項捐稅一律減輕百分之二十暫行保留一面發交廣東省裁廢苛捐雜稅審議委員會就各該捐稅性質根據厘整原則四點(一)征收手續簡單而收入切寔者保留(二)帶有保護性質可以保助關稅壁壘者保留(三)稅率過重與平民生活有碍者酌減(四)妨害國民經濟及中央稅收來源者裁撤就以上原則分別審議決定存廢最後由本廳酌核執行

會計事項	厲行會計制度	1.先行成立省財政之單位會計及其分會計爲成立省地方總會計之準備 2.財務分支機關之會計獨立直隸於廳 3.財務機關不經理現金收支 4.釐訂簿記隨時派員赴各財務機關稽核帳目 5.會計人員之任用以考試行之幷擬具保障條例
債務事項	整理各項債務	1.清查並登記各項債額 2.擬訂清理債務辦法
縣財務事項	實行監督縣地方財政	1.成立縣財務委員會 2.核定地方收支預算 3.審核縣地方收支計算及決算 4.訂定縣財政收支辦法 5.分期成立縣金庫或由省分庫代辦 6.整理各縣保衛經費由省庫統一收支 7.整理公欵公產 8.分期裁廢苛捐雜稅並嚴禁苛派
土地事項	徹底整理土地	1.成立地政機關以原屬財政廳第六科合併之 2.擬訂航空測量計劃實測全省土地爲征收地稅之根據
經濟事項	發展國民經濟	1.整理幣制遵照財部規定中央法幣與省毫券之兌換比率暫准省毫券照常流通以漸進法統一幣制 2.改善省銀行組織增設各地分行 3.組織農村貸欵團分蠶絲樹膠土菸各類以低利貸欵於各該農村合作社 4.擬訂保障民營事業之單行法
訓練事項	組織務財人員訓練所	1.訓練高級稅務人員爲甲組 2.訓練會計人員爲乙組

第三章 整理地稅

查本省錢粮，積弊甚深，非惟稅收日減，省庫預算難期確實，而有粮無田，或粮多田少，以及飛洒詭寄，人民之受害者，亦與日俱深。當民十八年間，擬議舉辦田畝陳報，準備就價征稅。十九年春，開始田畝陳報，嗣因測丈需時，人民觀感未明，認爲騷擾，延不申報，遂於二十年夏間停頓。迨至民廿二年十月間，省府議决，令廳辦理改征地稅事務，遂由本廳分期令縣選送人員來廳訓練，以便回縣辦理調查田畝；一方面准各縣在征收田畝捐項下，撥一部份爲田畝調查費，或准在錢粮帶收調查費，或准在錢粮契稅欵內暫借，或向商民息借，或暫挪專欵，均期予以利便，以資進行。至廿三年四五月間，復派員分赴各縣督促指導，又派員往經調查完竣之縣，抽查所報田畝地積，是否確實？同時、並設地稅征收員訓練班，招考學員，訓練期滿，即派赴調查完竣各縣份，組會辦理評價；評定地價之後，即設立地稅督征處，照價改征地稅。

查本省田地，約有四千萬畝，調查結果，爲三千一百二十二萬九千畝。各縣評定地價，總額一千六百萬萬四千萬元，値百抽一征稅，可得稅欵一千六百四十萬元。嗣以各縣紛請核減，爲俯順民意，應付環境，實現征稅起見，遂核減爲一千三百九十餘萬元。五成解庫，計六百九十五萬餘元，比之從前錢粮八成解庫、年額六百四十九萬三千元，所增雖不過四十五萬七千元，惟地方欵部份，比之原有畝捐等欵，收入實減不少；民負已輕，地稅征率，自非過重。現查各縣自開征地稅後，廿四年度地稅，連留縣地方欵，總計征得九百一十九萬五千四百三十九元。廿五年度地稅，連留縣地方欵及帶征廿三四年度地稅，總計征得一千一百八十五萬六千八百一十六元；其中以普寧平遠海康防城萬甯等縣，成績最優，在年度期內、所征本年度稅欵，均能達原額九成以上；中山增城四會惠陽惠來等縣，成績最低，僅及原額一二成。而清遠英德瓊山大埔等縣，或因評價不均，請求復評，或因調查不實，從事重查，業經派員分赴整理；一俟整理完竣，即可開征地稅。惟各縣自開征地稅後，稅收未見踴躍，攷其原因，實爲田畝調查不實，人民負担不公，及匿報錯誤太多之故。爲整理稅收，及使民負公平起見，本廳於本年度復有整理地稅辦法六項如次：

(一)更正田畝調查册錯誤　查田畝調查，因時間短促，故調查册所載段號，及業戶姓名住址，多有錯誤，納稅人繳欵，往往發生窒碍，自不能不予以更正。茲酌定凡有段號及業戶姓名住址錯誤，准由鄉里長具結証明，予以更正，俾利征收。

(二)酌定從新調查　查調查册內所載段號，及業戶姓名住址，錯誤過多，非更正不能完善者，准予擬具辦法，呈廳核定，從新調查；但在從新調查未辦竣以前，應照舊册所載數目征稅，以免牽動預算。

（三）調查冊列有段號之田畝　查各縣田畝調查冊，多有塡列段號，而無業主姓名，或有業主姓名，而無地價面積者，亟應分別訂定辦法，以資取締。玆酌定有業主姓名而無地價面積者，應責成業主，於半月內報明面積；其地價幷比照鄰田編定。有地價面積而無業主姓名住址，或業主姓名住址及地價面積，俱未列入者，應佈告業主，於一個月內補報。逾期不報，即由縣府派員，督同鄉長，按冊查明，交由鄉公所批耕，其收益、除納稅外，餘准撥爲鄉公所經費；惟批耕期間，不能過三年以上，以便業主呈請補報時，准予領回管業。

（四）調查冊未列有段號之田畝　查調查冊未列有段號之田畝，即係漏編之田畝，應佈告限於兩個月內，到鄉公所申請補報；期滿未補報者，應由鄉公所責成各里長，就其該里所管田畝，點明若干號，列表送由鄉公所轉送由督征處，查對調查冊所載號數，是否相符？如尙未有編號田畝，准由里長批耕。一切辦法，均照第三項辦理。

（五）改善征收手續　查錢粮改征臨時地稅，係取向地問稅，與從前征收錢粮時代向戶問粮者，絕對不同；故征收辦法，自應按號征收。但吾國經濟程度不高，每畝常有僅一二元者；且田畝零碎過甚，有每號僅一二分者；故按號征稅，手續煩難，不易辦到。玆酌定限令各縣，凡未編歸戶冊者，於兩個月內，一律辦妥（即凡業戶在每一自治鄉所有田畝彙爲一起）。按起征收，不按號征收，每起發一收據，祇註明共若干號，總稅銀若干，以省手續。即比銷亦以每起爲單位，不以每號爲單位。如果每起所收數目，與歸戶冊所載總稅額相符，即知其起內各號，均以完清，不必按號比銷，以歸簡便。

（六）納稅人不在田畝所在地居住之納稅辦法　查田畝調查，以鄉爲單位，故在鄉以外之業戶，均謂不在田畝所在地居住，亟應規定辦法，以免稅欵無着。茲酌定除在本區居住，仍由納稅人自行完納外，凡在外縣居住者，應由耕佃代納扣租。在外區居住者，准予依照規定期間，自到該管征收處完納；但逾期至六個月以上者，得向耕佃催其代納扣租，以示限制。

自此六項辦法施行之後，各縣尙能遵照辦理，進行亦稱順利。惟茲事體大，關係全省稅收，且爲賦稅正供，如何整理？如何改善？固非現定六項辦法所能詳盡，亦非一朝一夕所能程功；自應隨時體察各縣地方情形，考核各縣稅收狀況，分別辦理，以期有土有財，有田有稅，價不虛浮，地無隱漏，政府人民，均得其公正平允之道。然欲求其至此境地，又非聘用專門人才，組會設計不爲功；故復於廳內設一改進臨時地稅設計委員會，羅致專門人才担任委員。凡關於地稅進行，稅收困難，及面積價値之更正，章則辦法之改善等事，均一一開會討論，加以設計整理，以期盡善。總之，本廳此後，惟有努力於地稅工作，務使稅收暢裕，而民負減輕，此皆本年度整理地稅之經過情形也。其本年度經征地稅概數統計，如次表所列：

民國廿五年度經徵各縣臨時地稅統計表

縣別	稅額	經征本年度地稅數目	補征上年度舊欠地稅數目	合計數	備考
南海	五九九・六二八一二〇	三二九・五一一五九〇	一八八・〇七二二六〇	五一七・五八三八五〇	
番禺	六五四・九五三四五〇	四〇一・〇九九六五〇	九七・四六四〇一六	四九八・五六三六六六	
順德	四四七・四五四一二六	一四八・一三四一一一	二三四・一八二九〇一	三八二・三一七〇一二	
中山	一六一・六八五四六〇	三一・三五六六七〇	六七・一五二五二〇	九八・五〇九一九〇	
東莞	四三二・四二七七三〇	二八二・四三七七八〇	一六九・〇〇二二九〇	四五一・四四〇〇七〇	
新會	四五四・四二六三〇〇	三二五・一一一九八三	六七・五一六六九七	三九二・六二八六八〇	
增城	四六四・三一三〇二〇	九五・八八七二八〇	一一六・二七八九九〇	二一二・一六六二七〇	
龍門	七七・三四四八七〇	四八・三六八二二〇	三八・三四八四一五	八六・七一六六三五	
從化	八九・九四四一一四	五〇・一八五一三〇	二四・六八三三四〇	七四・八六八四七〇	
花縣	二〇六・〇四一五九〇	八八・二九五八三〇	九八・七二三二八〇	一八七・〇一九一一〇	
三水	二〇一・二九六四四〇	九七・九五一二〇〇	一二一・五六二三三〇	二一九・五一三五三〇	

清遠	一四一•〇九一八五〇	九五•五七一八四〇	一九•四二八八二四	一七五•〇〇〇六六四
台山	四一三•六三七四三〇	一六六•七五四九六〇	一一九•一九七三六〇	三四六•五五二三三〇
寶安	一三七•六四二七五〇	八四•六一九八二〇	一七•五二八三五〇	一〇三•一四八一七
赤溪	一六•八一〇四〇〇	一四•〇四七八〇	一•二〇七九一〇	一五•二五五一九〇
佛岡	四九•一六七四二〇	三六•六七八六六〇	二•三七七二〇	三八•八〇六三八〇
高要	二六三•〇八三二八八	九七•三〇〇七三〇	一三九•〇四八八五八	二二六•二四九五八八
四會	一三三•七四〇〇〇〇	三一•五七六九八七	一四•八六三三一〇	四六•四四〇二九七
鶴山	一四八•五三三五二〇	七四•九七一七〇五	四二•八〇九六二四	一二七•七八二三三九
恩平	一八四•〇七三六〇	七四•九二二四四三	一二七•四八六二六七	一九二•四〇七七三〇
開平	二〇五•五二四九三〇	一四二•七五九三三〇	一四六•〇四四五二〇	二六八•八〇三八五〇
新興	一三〇•三七二〇五九	四二•九七〇六五八	二九•二九〇六二八	七三•二六二三六六
德慶	七一•六一七四三〇	二七•八〇五六六七	一八•二七六〇八八	五六•〇八一七五五
封川	六三•一四三三〇〇	二七•〇一八六八〇	三〇•九〇〇八九〇	四七•九一九五七〇
廣寧	二二四•七七三七二〇	七九•二二六〇八〇	一三•三六四八二〇	一〇三•四九〇九〇〇
高明	一二五•六七八三〇〇	八〇•一四七九〇	一八•一〇一三七〇	一〇八•二七六一六〇
開建	四五•〇八三八七一	三一•七六五二二七	一三•八四三八四三	四五•六〇九〇六〇

羅定	二二〇・二八五〇〇〇	五四・七五二三三〇	四・三八三三三〇	五九・一三四五五〇
雲浮	九五・〇四八五三三	六一・七九七七一〇	六九・四四七七六三	一三一・二四五四七三
鬱南	七九・一九六〇五〇	三六・三五二九二〇	五二・六八八〇〇〇	八九・〇四〇九二〇
惠陽	二九四・二二三四四〇	八六・七一五八一四	一一九・九一八八四三	二〇六・六四四六五七
博羅	三三・七三六八四〇	一四三・三三三八六〇	五五・九一三一三〇	一九九・二三六九九〇
海豐	一三一・四四二一二〇	七三・九六三二四〇	七四・九一二二六〇	一四八・八七四四〇〇
陸豐	一四三・六六七九八〇	未開征	一三・五八八四五〇	一二・五八八四五〇
新豐	三六・〇〇〇〇〇〇	二七・四九七五四六	九・四七七一九六	三六・九七四七四二
紫金	一二三・七一七二九三	七一・九三五五二六	三三・五一八四四五	九四・四五三九七三
龍川	七五・九〇九五六〇	五三・七九七一八五	三八・四四三八九七	九一・三四一〇八二
河源	一二九・三一二一七	八九・七一八一三〇	三五・三二七三二〇	一二五・〇四五四七
和平	六〇・五一六九八六	四九・一五八七七八	一三・七九七八五四	六一・九五六六三一
連平	五〇・〇八九九九二	二七・六九五九七四	七・六九七二五四	三五・三九三三二八
潮安	三三一・五五八二六九	一四四・〇八九三〇〇	一三三・四七六七五〇	二六六・五六五九五〇
潮陽	三〇四・三六四四一〇	一四五・八〇〇三六六	一〇六・二〇三九一〇	二五二・〇〇四二七六
揭陽	三九〇・七五八六四〇	三〇七・八六四九四〇	四八・三二七六六〇	三五六・一九二七〇〇

澄海	一四〇•〇六六九三〇	一二一•二三五〇六〇	四九•二四〇四〇〇	一七〇•四七五四六〇
饒平	二〇一•五六四九一七	一五一•八四五五七四	九二•九一二三六三	二四四•七五七九三七
大埔	八八•六九三一〇〇	三六•〇七一五三〇	三•一八一九三〇	三九•二五三四六〇
普寧	一三七•〇八〇五八〇	一三三•九九四二八〇	三〇•二二五三〇〇	一六三•二一九五八〇
豐順	六一•七二八八九八	五四•七〇三七六六	五四一三〇五	五五•二四五〇七一
惠來	七一•七七〇五〇	一二•〇六六八九〇	一六•〇五五三三〇	三八•三三三三〇
南澳	七•〇七〇五六〇	六•〇七四二一〇	三•一五八七六〇	九•二三三八七〇
蕉嶺	三六•六四九九九〇	一六•八八三九九〇	一•七四四九三〇	二八•六三八九二〇
五華	八六•五一二〇五九	六〇•五八八四九六	二七•八八〇九九三	八八•六四九四八九
梅縣	一六一•五七六六六七	五五•五九一六七〇	七七•一八一三四九	一三二•七七二〇一九
興寧	一二九•五三六八九〇	五一•二二九一六〇	三六•二三八〇七〇	八七•四六七三三〇
平遠	四九•九一五五七〇	四五•五〇二六二四	一五•五五三四五六	六一•〇五五〇八〇
南雄	一八九•三一一八〇〇	一七•七〇六六八九	八七•七三三六二〇	一〇五•四二九二九九
始興	七二•六八三二〇〇	五六•三七九三六〇	一〇•七四二五八八	六七•二二〇九四八
曲江	一三八•〇〇〇〇〇〇	六六•二七五一〇〇	六八•八〇七二三〇	一三五•〇八二三三〇
樂昌	八四•五二九八三一	六〇•六二九七三二	三一•八四三四五一	九二•四七三一八三

仁化	三五•二六一二六四	二三•六二六六〇〇	八•四〇六三二〇	三一•〇三三八二〇
英德	一三六•〇〇〇〇〇〇	合併借征	合併借征	八七•三二一三六六
翁源	六九•〇八三九四〇	五二•二二五三六三	一四•五五〇五八八	六六•七六五九五一
乳源	五七•七六五九五六	三八•七一六一二〇	一一•三四七四八〇	五〇•〇六三六〇〇
陽山	六〇•〇二六七五〇	四三•四四四九四二	一一•二〇六四九六	五四•七五二四三八
連縣	一一•三八三〇八〇	五七•九四三八七〇	一三•〇七三八一〇	八一•〇一七六八〇
連山	三四•五三一〇八〇	三六•〇六六八八〇	四三三二一	一二六•一一〇三一一
茂名	三三九•三五六三八八	一九〇•五三三〇五〇	一四九•二五七四二〇	三三九•七七九四七〇
電白	一七〇•〇〇三四八〇	八〇•七六五九六〇	二七•四三五四九〇	一〇八•二〇一四五〇
信宜	七〇•四三四七〇五	三六•三八三一一八	四三•〇一七八六二	七九•四〇〇九八〇
化縣	一三九•七四七一二〇	一三五•二七九四一〇	七九•八二五三三〇	二〇五•一〇四六四〇
吳川	一〇四•六五〇二〇	五一•九五〇八八〇	四五•六三八六二〇	九七•五八九五〇〇
廉江	一二六•〇二七三三〇	七〇•二〇六四九〇	三九•一六七七六二	一〇九•三七四二五二
海康	七四•〇一九六四〇	六八•二八六三五〇	九•九九二九六〇	七八•二七九三一〇
遂溪	七六•二〇四八〇〇	一四•八五七七一七	四一•四四〇九七〇	六六•二九八六八七
徐聞	六一•四九二一六三	一六•九三三八七〇	一〇•九五七五四〇	三七•八九一四一〇

陽江	二三四•一四六四二〇	一八五•四〇一三一〇	二五•六六五四五〇	三二一•〇六六七六〇
陽春	一二六•八四二〇〇〇	八四•二二八三二〇	三五•六七八八二〇	一二九•九〇七〇四〇
合浦	一六七•八一八一三七	一〇二•一三一九〇〇	九六•五一五九四〇	一九八•六四八八四〇
靈山	一六二•二〇五六二〇	五一•六〇一五四〇	九九•〇五二四七〇	一五〇•六五四〇一〇
欽縣	一三一•五六一六二〇	六六•四二四一六〇	五九•一三六〇二〇	一三五•五六〇一八〇
防城	五一•一九八一八〇	四八•九二五一七五	二四•五六二七八五	七三•四八七九六〇
瓊山	二三五•八一二五八〇	二一•四二四九三九	九一•五六三六九五	一二一•九八八六三四
澄邁	一三三•三六四五二〇	六三•七八七八一〇	四〇•〇六三九五六	一〇三•八五一七六六
定安	六五•九三四三〇〇	三三•九八六五九〇	二一•四九四一三〇	五五•四八〇七二〇
文昌	一二七•八八三九九〇	六〇•〇四六〇三〇	二二•三二一六二八	八二•三五八六四八
瓊東	三六•六五八八五〇	三一•一三三二四〇	二•六二六四四三	三三•七五八六八三
樂會	五六•三八九〇〇〇	三九•〇〇三三六〇	二五•四四六七〇六	六四•四五〇〇六六
臨高	五四•四〇〇〇〇〇	一三•二四五一三〇	一七•八三九四九〇	四一•〇八四六二〇
儋縣	一〇四•五〇三八二五	六一•三二四三二八	一四•九四七七二一	七六•二六二〇四九
崖縣	五八•六七八七四〇	三•九六六九一〇	一七•〇二二三七〇	二〇•九八八二八〇
萬寧	六一•六二四二八〇	六一•六二八〇五〇	六•四六五二八〇	六八•一〇三三三〇

陵水	三一·五六八·二九六	九·九五二·四七〇	六·九二〇·六四〇	一六·八七三·一一〇
昌江	九·五〇〇·〇〇〇	三七八·〇〇〇	未開征	三七八·〇〇〇
感恩	七·九八四·一三四	一·〇〇二·八二三	一·三二九·八六〇	二·三三二·六八三
合計	一三·九三一·九五九·九三一	七·一八三·三四二·五五八	四·五八六·一六二·六四一	一一·八五六·八一六·五六五

第四章 整理沙田

第一節 沙田面積與稅捐之統計

本省西北負山，東南帶海，東西北三江流貫境內，合流而成珠江，總滙南海，河流交錯，港汊紛歧，沿江濱海以及其他臨水之區，沙田甚廣。所謂沙田者，其範圍不僅指可以耕作之田畝而言，舉凡一切淤積漲生田坦：如圍田、潮田、桑田、桑基、葵田、葵基、漁塘、草坦、水坦、畢造鹹田、荒田、洲園、魚塭，以及蠔蜆塘坦，無不包括在內。其形成也，非一朝一夕，而有下列四個階段：(一)潮水漲落，淤泥壅滯，寖漸積生沙坦，始而近於鹹流，畧見水草者，謂之水坦，屬於斥則；(二)繼而淤積漲生，魚游鶴立，潮退坦露，潮漲沒水，而草已萌生者，謂之草坦，屬於下則；(三)又繼而草坦逐漸堅實，可爲耕種，成爲水田者，謂之熟田，屬於中則；(四)終而將成熟之田疇，圈築成圍者，則謂沃壤，屬於上則；凡此皆稱之爲沙田。

本省沙田分佈於廣(州)屬、潮(州)屬、欽(州)廉(州)屬四處。廣屬珠江流域三角洲，沙田最多，分布於番禺中山順德新會寶安東莞等縣；茫茫沃野，原爲珠江之冲積地，泥田沙田之分，僅在形成年代之久暫而已。潮屬欽廉屬臨江沿海區域之沙田，亦不在少數。依照本廳歷次估量，全省沙田面積，統計約有排尺五萬頃左右；然前此征收捐費之頃畝，尙弗逮半數。按明末變亂之後，滿淸入關之初，本省臨江瀕海各地，多遭兵燹，居民流離遷徙，以致成爲地廣人稀之景象；卽濱海久已成熟之田地業主，亦已流亡散失；以致土地荒廢，無人執管，無形中遂變爲官有，而由政府召人承墾耕種，以免田棄其利，亦爲安集流亡之計也。當時雖無計口授田之制，以地多人少之故，承耕者可以隨時得地耕種，農民已享「耕者有其田」之實惠。其後、生聚漸衆，昔之供過於求者，反變爲求多於供，匿佔之風，亦隨以熾。政府屢欲整理，而民田沙田，經界含混，迭經換繳契照，不特成效未見，反成治絲益紛之勢。結果、且影響於田賦正稅之收入，從而征收沙捐，以爲彌補，開沙田特有負担之先例。民國以來，爲防護偸割，以及辦學辦警等地方事業，又益之以護耕附加等費。玆將全省沙田約數，暨征收稅捐之狀況，列表如次：

沙田面積暨稅捐統計表

屬	沙田區域	征收頃畝約數	實測頃畝約數	護耕費征率每畝毫券計	沙捐征率每畝國幣計	沙田錢糧征率每畝國幣計	每畝合共征毫券數	每年合計收入毫券	備考
中順屬	中順十六沙南	一•四四四頃	全屬約一萬九千一百二十八頃	一〇〇	三〇	二〇	一七五	二五二•七〇〇〇〇	
	中順十六沙北	一•四八〇頃		一〇〇	四〇	二〇	一七五	二五九•〇〇〇〇〇	
	中順恭谷都	一•五八二頃		一〇〇	三〇	二〇	一七五	二七六•八五〇〇〇	
	中順黃梁都	一•二六五頃		一〇〇	三〇	二〇	一七五	二二一•三七五〇〇	
	中順安平	一•二一〇頃		一〇〇	三〇	二〇	一七五	二一一•七五〇〇〇	
	中順小欖	一•三五五頃		一〇〇	三〇	二〇	一七五	二三七•一二五〇〇	
	中順峯溪	一•〇二九頃		一〇〇	三〇	二〇	一七五	一八〇•〇七五〇〇	
	中順隆都	一•二一七頃		一〇〇	三〇	二〇	一七五	二一二•九七五〇〇	
南番屬	番禺沙灣	二•一〇〇頃	九千六百二十四頃	一〇〇	四〇	二〇	一七五	三六七•五〇〇〇〇	
	南番九江菱鹿	七六六頃		一〇〇	三〇	二〇	一七五	一三四•〇五〇〇〇	尚有九江一帶未測
東莞縣屬	東莞蓮溪	九四七頃（內海南柵八十三頃八十一畝錦夏一十四頃其餘八百五十頃零一九畝）	三千九百一十八頃	五〇	一五	二〇	一〇三	八•五二九四三	
				一〇〇	三〇	二〇	一七五	一四八•七八三二五	
				五〇	一五	二〇	一〇三	一•四四二〇〇	
	東莞厚溪	五〇〇頃		一〇〇	三〇	二〇	一七五	八七•五〇〇〇〇	
	東莞中堂	五八〇頃		一〇〇	三〇	二〇	一七五	一〇一•五〇〇〇〇	尚有中堂一帶未測

新會縣屬	新會東南	八五〇頃	五千六百一十一頃	六〇	三〇	三〇	一三五	一一四·七五〇·〇〇	
	新會西南	一·一〇三頃		六〇	三〇	三〇	一三五	一四八·七七〇·〇〇	
	新會禮樂	二五五頃		六〇	三〇	三〇	一三五	三四·四二五·〇〇	
寶安	寶安	六三〇頃	六百三十頃					三二·二〇〇·〇〇	已改征地稅按照產價收百分之二
潮州屬	潮陽普寧惠澄	八〇〇頃	五千四百五十九頃	無	三〇	三〇	六〇	四八·〇〇〇·〇〇	
	潮安揭陽	七〇〇頃		無	三〇	三〇	六〇	四二·〇〇〇·〇〇	
欽廉屬	欽廉	一·一七〇頃	一千一百七十頃	無	無	一〇	一五	一七·五五〇·〇〇	現已測量縱圖之畝數其餘在測量中
合計		二〇·九八二頃	四五·五四〇頃					三·二二九·八四九·六八	

說明

I. 征收捐費頃畝，以排尺計算。

II. 實測頃畝，以市尺計算，寶安則仍以排尺計算。

III. 實測面積，難免有民田在內。

IV. 實測面積，尙無劃分區域之統計。

第二節 沙田稅捐實征情形

茲將本年度沙田稅捐征收情形，分述於左：

(一)沙捐：依照沙田整理方案，除欽廉尚未開征沙捐，潮州屬每畝酌收國幣二角外，其餘各屬，每畝年征國幣三角，分早晚兩造征收，早造七月開征至九月止，晚造十一月開征至翌年一月止。計本年度沙捐項下征收毫劵六十四萬餘元，折合國幣四十四萬餘元。

(二)護耕費：查護耕費一項，原爲編練護沙軍隊及巡艦之經費，以便隨時調赴各沙所保護治安。除欽廉潮州所屬尙未開征，新會屬每畝年征毫劵六毫外，其他各屬沙田，每畝年征毫劵一元，與沙捐同時分造征收。本年度計征毫劵，一百一十五萬餘元。

(三)錢粮：查本省各屬沙田，除寶安屬已清丈登記完竣，改征地稅外，其他各屬，均未調查編繪入冊，當經呈准，由征收處帶征沙田錢粮。釐定欽廉屬每畝年征國幣一角，其他各屬每畝年征國幣二角，亦與捐費同時分造征收。本年度征收毫劵三十四萬餘元，折合國幣二十四萬餘元。

(四)沙田登記及清理懸案：查沙田登記之目的，爲確定人民業權，以杜紛爭；辦理以來，頗得人民信仰，故每年登記，約十萬餘畝。又前中山縣唐前縣長任內辦理沙田登記，尙有已收費未給證者；自本廳將該縣登記收回辦理後，於二十四年訂定清理辦法，定期六月底止。至因人民未照章聲請者仍多，自應繼續辦理，并飭知人民聲請登記，逕呈廳辦，以期迅捷。至登記費，自廿二年起減半征收，本年度仍舊減半征收。計本年度征收登記費毫劵七萬五千餘元。

(五)沙田測丈：査測丈隊共有五隊，分測各屬沙田，經將南海台山兩縣沙田測丈完成，此外并清丈合浦沙田一千四百餘頃，東莞沙田一千餘頃。計本年度征收清丈各費毫劵九千七百餘元。

(六)沙田清佃：查辦理清佃，首須明瞭沙田業佃姓名住址，及其有無合法照據。本廳爲厲行清佃起見，故仍繼續二十四年度工作，將各屬沙田，盡數清丈，編定區段及田號，逐號編驗，造成戶籍草冊；然後由廳按冊審核，除有相當等則，合法執照者，准予憑照管業外，其餘一律籍發通知書，限期遵章承升，暫見成效。惜後來因格於經費，將各測丈隊編驗人員裁去，僅留第四隊編驗人員，辦理南海沙田編驗工作，以致未竟全功。統計全年度收入，共毫劵一十三萬餘元。

(七)沙田地稅：此項地稅，惟寶安縣屬沙田，經清丈編驗評價完竣，始行改征，仍由廳委征收員，經管征解事宜。計本年征收毫劵二萬二千餘元。

(八)另收沙捐滯納罰金，沙伕憑証費，及過息金等費，共毫劵一萬二千餘元。

茲將本年度經征沙田各項稅欵數額，列表統計如左：

民國廿五年度實征沙田各項稅捐統計表

科目	經征數	備考
沙捐	六四〇、〇〇〇、〇〇	本表所列各數俱以毫劵爲本位
護耕費	一、一五〇、〇〇〇、〇〇	
沙田錢糧	三四〇、〇〇〇、〇〇	
登記費	七五、〇〇〇、〇〇	
測丈費	九、七〇〇、〇〇	
沙田清佃	一三〇、〇〇〇、〇〇	
沙田地稅	二二、〇〇〇、〇〇	
沙田什項	一二、〇〇〇、〇〇	
合計	二、三七八、七〇〇、〇〇	

第三節 沙田整理之計劃

本省沙田，積弊甚深，實有澈底整理之必要，以期上舒國計，下裕民生。惟整理之始，應有通盤計劃，逐步施實，始能計日程功。本廳前者對於沙田，曾經數次整理，惟目的多在增加收入，對於田坦如何清查？對於稅制如何改進？鮮有適當辦法，是以辦理至今，迄無成效。此次本廳爲鑒往開來，澈底整理起見，特設置沙田整理處，將升科登記，合併辦理，并減收花息，限令一次補升。迨登記完竣後，即改征地稅，與民田一律征收，根絕一切沙田積弊，以期一勞永逸；庶於國計民生，两有裨益。茲將本省此次整理沙田辦法，附錄於左：

廣東省整理沙田辦法（本辦法經　省政府第五十五次會議通過）

(一)根據清丈圖籍辦理補價升科　查全省沙田測量，已完成圖籍者，十分之八。根據圖籍，編列區段地號，按坵查擠一次，補價升科；（查清佃向章，由升下則升中則，再升上則，分兩期承升，手續繁重，轉滋流弊。）分期分區，規定時日，各別辦理。務使戶地相連，業權確定，庶幾有條不紊，既免隱匿重叠之慮，復得平允杜弊之法。

(二)厲行所有權登記　沙田舉辦一次升科補價，同時、依據土地法規，舉辦所有權登記，確定人民產權，發給所有權狀，編造地籍簿册，免再紊亂，藉垂永久。

(三)評定地價改征地稅　每一區舉辦升科登記，同時、舉行評定地價；登記完畢，編造册籍，於次年度起，即改征地稅，統一征收。所有該地區內向征之沙捐錢糧及護耕費等，永遠廢除；嗣後所需護耕費用，即在地稅項下撥支。

(四)改沙田爲民田　查沙田名稱，原指沿江沿海魚游鶴立淤積漲生、未經墾領成熟、主權屬於官有、或繳價未足者而言。乃吾粵沙田，具有特殊之歷史習慣，不特墾領成熟，業權民有者，固仍稱沙田；即虛稅認額，民田亦可劃作沙田；積弊相沿，百數十年於茲。爲澈底整理計，惟有從根本上將此等沙田改爲民田，免分彼此，藉杜弊混。

(五)統一徵收　民沙分野，征收各殊。在昔、民田納粮，沙田除輸粮外，復征收沙捐護耕等費。現在、則民田征收地稅，沙田仍舊征收。辦法既不一致，負担彼此懸殊；征收機關，復有省縣不同；不特費用增加，抑且易滋糾紛。照前原則，沙田改為民田，則此後應統一征收地稅，以示劃一，免致負担不均。

(六)登記費之減免　此次沙田登記，除收升科花息補價外，其餘登記各費，一律免收。

(七)升補各費之用途　所有升科補價及所有權狀工料費之收入，除撥支此次整理沙田經費各費用途外，其餘悉數專款存儲，備作開發沙田，農村經濟，及水利之需；庶幾取諸於民，仍用諸於民。

(八)分期整理

1.第一期廣屬　廣屬沙田較優，曾經升科登記者，不在少數，應提前整理，以資結束，酌分次序如下：

甲、中山，番禺，東莞，新會。

乙、南海，順德，台山，赤溪。

2.第二期潮屬及欽廉屬　潮屬清丈，雖已完成，向未收護耕費；欽廉屬向未清丈，祗收錢粮；負担較輕，接續辦理，以期完成。

(九)組織整理機關

1.組織全省沙田整理處　清理沙田，向設專辦機關，至民國十九年裁併，歸為本廳第二科辦理；各屬設征收處，專事征收沙捐護耕費錢粮事宜。惟整理沙田，為肅清數十年之秕政，事務繁重，非設專處辦理，不足以昭鄭重而收速效。

2.各屬酌設整理分處　全省沙田，面積遼濶，應擇測量完竣區域，酌設分處，分期各别辦理，因地制宜，俾易推進。已設分處地域原有沙田征收處，卽行裁併，以資統一。

第四節　沙田整理之步驟

查整理全省沙田一案，業經　省府第五十五次會議通過，令飭照辦。茲特依據全省沙田整理辦法，擬定二年期間完成沙田整理計劃。其步驟如次：

(一)區域及面積　計分廣屬欽屬潮屬三部份：分佈中山順德南海番禺東莞新會台山赤溪欽廉潮汕等縣，依照財政廳歷次估計，面積約排尺五萬頃。其業經實施測量之面積，約佔百分之八十四（以前測量方法比較簡陋，所成圖幅，精度未臻完善，擬在登記時設法檢查更正之。），未施測面積約百分之十六，計八十萬畝，卽須辦登記之面積爲五萬畝，須辦測量之面積爲八十萬畝。

(二)業務　茲將各種業務，分述如左：

甲、測量方面：

1.圖根測量　未測量沙田約八十萬畝，用三等經緯儀，測設主要圖根點三百點，測設多角圖根點四萬點。

2.戶地測量調查　用測斜照准儀50×60大測板，依照部頒測量實施規則規定各種方法，用圖制測成比例尺一千分一（必要時，得酌改測二千分之一或五百分之一。）原圖，并依照原圖，實施業主姓名住址及地類地目使用狀況等調查。

3.計積製圖　用量積儀或三斜法，用二次掩覆制，在原圖上精密計算面積，再依照原圖謄繪分段圖，模繪地籍公佈圖，及區地籍圖等。

乙、土地登記及地價方面：

1.調查地價　依據原圖，劃分地價區，估計標準地價，或製成地價區圖，公佈之。

2.土地登記　於沙田測量完竣區域，設立沙田整理分處及辦事處，限期辦理沙田登記事宜，發給土地所有權狀，附粘分段圖。

3.編造簿冊　編造登記簿，索引簿，地價冊，及地稅戶冊等。

丙、期間　全部測量、登記、估價等整理業務，預計二整年完成之。計自民國二十六年七月起，民國二十八年六月止。

丁、經費　全部經費，約需毫劵六十八萬一千五百元，其概算項目，列表如下：

沙田整理經費概算表

業務	經費總數	小計	備考
整理處行政經費	二四〇〇〇〇元		整理處每月約一萬元兩年合計如上數

項目	分計	總計	備考
全部行政經費		二四〇〇〇〇元	
圖根測量經費	五三五〇〇元		主要圖根每點工薪材料約需四十五元三百點計一萬三千五百元多角圖根每點一元四萬點計四萬元合計如上數
戶地測量調查經費	一一二〇〇〇元		每畝約需薪工材料及辦公等費一角四分八十萬畝合計如上數
計積製圖經費	二四〇〇〇元		每畝薪工材料及辦公費等約需三分八十萬畝合計如上數
全部測量經費		一八九五〇〇元	
調查地價經費	七〇〇〇元		每畝薪工材料辦公等費約需一厘四毫五百萬畝合計如上數
編造簿冊經費	四五〇〇〇元		每畝九厘計算面積同前
土地登記經費	二〇〇〇〇〇元		每畝四角計算面積同前
全部土地登記估價經費		二五二〇〇〇元	
合計	六八一五〇〇元	六八一五〇〇元	

附註

一、本計劃所列沙田畝數，係屬估計；如實測時，超出預定面積，則沙田測丈登記估價等經費及時期，均應酌量變更。

二、右列經費概算表，係約擬計劃需用約數，仍當依照編製預算章程，分年編列辦公經費及事業經費詳細概算，呈請核定，列入全省總概算內，照額開支。

三、在整理處籌備期間，如在二十六年度預算未經核定以前，需用經費若干，即擬另案呈請在本廳財政各項雜費內開支，合併註明。

第五章　調整稅捐體系與稽徵機構

第一節　修改營業稅章則

（甲）奉行法令與力謀改善　查營業稅爲通行良稅之一，已由　中央定爲省庫中心稅收。而本省民國二十年所頒之稅率，與　中央稅法，多有出入，特依據部頒整理辦法修改稅章。且上年由　省府轉奉　中央令飭將本省營業稅切實整頓，並着增加本年度收數二百餘萬元，功令森嚴，不容寬假，遂經依據部頒稅法及整理辦法規定，并體察地方商業情形，將原章則悉心修改，呈請　省政府核轉　財政部修正，轉呈　行政院呈奉　國民政府核准備案。計征收章程三十八條，課稅範圍二十五類，課稅標準、分營業總收入額及資本額二種，稅率自千分之五至十五。嗣因本年修改新章，頒行伊始，將稅率暫行減由千分之二至千分之十五，以恤商艱。

（乙）改良稅制籌抵一部裁廢苛雜　查本省目前歲入各項，除各種賭餉及苛捐雜稅，已裁廢弍千四百餘萬元外，就中須籌抵補者，年計尚有一千餘萬元。復查本省營業稅一項，前未依法辦理，徒使狡黠者任意瞞稅，循善者負担較多。如廣州市應完納營業稅之商店，約三萬戶，二十五年份共徵營業稅國幣五十餘萬元，銀錢業店祇三百餘戶，納稅四萬餘元，百分之一店戶數，負十分之一稅額。其他商店瞞漏情形，可見一斑，以致稅收毫無起色。綜計二十五年全年分收入，全省僅得毫劵九十七萬五千七百五十九元零六分。前經　中央遣派到粵之經濟專家，與本廳切實估計，粵省此項稅收，如能按照　中央法令，修正章則，積極辦理，及改善徵收方法，稅收當可增加，足爲減免一部份不合法稅捐之抵補。

第二節　營業稅稅率與各省比較

(甲)顧念商艱展限申報　修正章程頒布後，本省商民，發生誤解，請求仍照舊章徵收，實對本廳改善稅制，認識未清。蓋省政所需經費，須賴稅收，以資挹注，而良稅不興，惡稅即不能廢除；故若欲本廳仍循舊貫，是不欲改良一切稅制，則本省財政，永無整理之時。本廳爲奉行法令，職責所在，自未便曲徇所請。至謂粵省有特殊情形，對營業稅之整理，須採漸進方式，以適應目前負擔；本廳爲兼顧事實，已飭所屬主管稅局體察實際情形，在法令範圍以內，妥議具復核奪。並同時將申報期限，寬展四次，逾期二月之久，以便商民。原冀在此期中，政府得以較長時間考慮商人之請求，及予商人以陳述之機會。乃商民代表赴局陳議者多次，而每次意見不一，持論紛歧，莫衷一是。又關於全市商民負担總額一事，最初，據稱能於最短期間，將全市商店稅額，評定送局；惟遷延六旬之久，祇據口頭報告，已審定者僅祇六千餘家，(不及全市四分之一)仍未據開列送核。反之，自行赴稅局申報者，已達全市半數以上。足徵商會審定全市商店稅額一節，事實上已表示不可能，亦見商民未能一致滿意於此項辦法也。本廳爲稅收關係，未便再事延誤，特根據市區稅局查議各節，及顧全商會所述困難情形，將各業稅率，分別減輕。

(乙)減低稅率比稅法　查本廳減徵營業稅方案，業經公佈，其內容如販賣糧食什糧油荳土布柴炭等業，佔最大多數，現已減照千分之二至千分之三課稅。若再加以七折徵收，實爲千分之一强至千分之二强而已；比諸商人代表所提出營業額千分之一至千分之三請求，亦屬相差無幾。其介紹代理庄口等業，亦以本省有特殊情形，准予仍照舊定標準辦理。此本廳迭次對徵收營業稅，於不違背章則之中，仍持從輕徵稅之意。茲調查各省營業稅課稅標準及稅率，列表如次，以資比較。

各省營業稅課稅標準及稅率比較表

業體	江蘇		浙江		安徽		湖北		南京		部頒整理辦法		本省		備考
	課稅標準	稅率	課稅標準	稅率	課稅標準	稅率	課稅標準	稅率	課稅標準	稅率	課稅標準	稅率	課稅標準	稅率	
物品販賣業	營業總收入額	$\frac{5}{1000}$至$\frac{10}{1000}$	營業總收入額	$\frac{5}{1000}$至$\frac{10}{1000}$	營業總收入額	$\frac{5}{1000}$至$\frac{10}{1000}$	營業總收入額	$\frac{5}{1000}$至$\frac{10}{1000}$	營業總收入額	$\frac{2}{1000}$至$\frac{10}{1000}$	營業總收入額	$\frac{5}{1000}$至$\frac{10}{1000}$	營業總收入額	$\frac{2}{1000}$至$\frac{8}{1000}$	

特許商辦業	同右	$\frac{5}{1000}$	同右	$\frac{5}{1000}$	同右	$\frac{5}{1000}$	同右	$\frac{5}{1000}$			同右	$\frac{8}{1000}$	同右	$\frac{3}{1000}$
旅館業	同右	$\frac{5}{1000}$			同右	$\frac{5}{1000}$	同右	$\frac{10}{1000}$	同右	$\frac{10}{1000}$	同右	$\frac{10}{1000}$	同右	$\frac{5}{1000}$
包作業	同右	$\frac{5}{1000}$	同右	$\frac{5}{1000}$	同右	$\frac{5}{1000}$	同右	$\frac{5}{1000}$	同右	$\frac{5}{1000}$	同右	$\frac{8}{1000}$	同右	$\frac{4}{1000}$
運送業	同右	$\frac{5}{1000}$	同右	$\frac{5}{1000}$	同右	$\frac{5}{1000}$			同右	$\frac{2}{1000}$	同右	$\frac{8}{1000}$	同右	$\frac{3}{1000}$
浴室業	同右	$\frac{5}{1000}$			同右	$\frac{5}{1000}$	同右	$\frac{5}{1000}$	同右	$\frac{6}{1000}$	同右	$\frac{10}{1000}$	同右	$\frac{5}{1000}$
理髮業	同右	$\frac{5}{1000}$			同右	$\frac{5}{1000}$	同右	$\frac{5}{1000}$	同右	$\frac{5}{1000}$	同右	$\frac{10}{1000}$	同右	$\frac{5}{1000}$
中西餐館業					同右	$\frac{5}{1000}$	同右	$\frac{10}{1000}$	同右	$\frac{10}{1000}$	同右	$\frac{10}{1000}$	同右	$\frac{6}{1000}$
茶館業	同右	$\frac{5}{1000}$					同右	$\frac{10}{1000}$	同右	$\frac{10}{1000}$	同右	$\frac{10}{1000}$	同右	$\frac{8}{1000}$
物品租賃業	同右	$\frac{8}{1000}$	同右	$\frac{8}{1000}$	同右	$\frac{8}{1000}$	同右	$\frac{10}{1000}$	同右	$\frac{8}{1000}$	同右	$\frac{10}{1000}$	同右	$\frac{8}{1000}$
映相業	同右	$\frac{10}{1000}$	同右	$\frac{10}{1000}$	同右	$\frac{10}{1000}$	同右	$\frac{10}{1000}$	同右	$\frac{10}{1000}$	同右	$\frac{10}{1000}$	同右	$\frac{8}{1000}$
洋服業					同右	$\frac{8}{1000}$							同右	$\frac{8}{1000}$

娛樂場業	印刷出版業	製造加工業	銀號業	信託業	介紹代理業	莊口業	酒店業	倉庫業
同右	資本額	同右	同右					
$\frac{10}{1000}$	$\frac{5}{1000}$	$\frac{5}{1000}$至$\frac{10}{1000}$	$\frac{10}{1000}$					
	資本額	同右	同右					
	$\frac{5}{1000}$	$\frac{5}{1000}$至$\frac{10}{1000}$	$\frac{10}{1000}$					
同右	資本額	同右	同右					
$\frac{10}{1000}$	$\frac{6}{1000}$	$\frac{6}{1000}$至$\frac{15}{1000}$	$\frac{15}{1000}$					
同右	資本額	同右	同右	營業總收入額				
$\frac{10}{1000}$	$\frac{10}{1000}$	$\frac{5}{1000}$至$\frac{20}{1000}$	$\frac{15}{1000}$	$\frac{5}{1000}$				
同右	資本額	同右	同右	同右			營業總收入額	
$\frac{10}{1000}$	$\frac{4}{1000}$	$\frac{10}{1000}$至$\frac{20}{1000}$	$\frac{10}{1000}$	$\frac{10}{1000}$			$\frac{10}{1000}$	
同右	資本額	同右		同右	同右		營業總收入額	
$\frac{10}{1000}$	$\frac{10}{1000}$	$\frac{10}{1000}$至$\frac{20}{1000}$	$\frac{15}{1000}$	$\frac{15}{1000}$	$\frac{8}{1000}$		$\frac{10}{1000}$	
同右	資本額	同右	同右	同右	報酧金額	同右	營業總收入額	同右
$\frac{10}{1000}$	$\frac{5}{1000}$	$\frac{10}{1000}$	$\frac{15}{1000}$	$\frac{10}{1000}$	$\frac{100}{1000}$	$\frac{100}{1000}$	$\frac{10}{1000}$	$\frac{10}{1000}$
					舊章按報酧金額千分之五十征收加五伸合毫洋爲千分七十五現定稅率較前只增四分一	同右		標準與稅率均照舊章開列並無變更

業別												標準	稅率	備考
碼頭業												同右	10/1000	舊章按收入金額千分之三十課稅
市場業												同右	10/1000	同右
屠宰場業												同右	10/1000	同右
不動產買賣業												資本額	10/1000	標準與稅率均照舊章開列並無變更

說明　查本省商業，多以毫幣為本位，而營業稅徵收，向章概以國幣大洋計算，雖行之已有五年，於理究有未當。茲改定凡以毫洋申報各額者，照應納稅額七折征收。

第三節　營業稅課稅之標準

（甲）改照資本額課稅與法令抵觸　商民誤解最甚者，厥為課稅標準一事。查此次修正章程，採照營業額課稅，固遵　中央法令辦理；即就事實上言，以營業額課稅，亦為最正當最公允辦法。蓋租稅原則，首重公平，謀課稅公平，必使負擔適當。至於商店、生意旺，則營業額自多，生意淡，營業額自少；是則按照營業額課稅，當能適應負擔。反之，資本額之多寡，則不能與營業收益，有同一比例；蓋雖同一之資本，而因生意旺淡之不同，營業收益，當各懸殊。倘不問其收入多寡？盈虧如何？徒以資額相同，而責負同一之稅額，何昭折服？抑亦有違營業稅之性質！除營業額難於勾稽，不得不暫照資本額課稅者外，其餘自應照營業額課稅，以符公平原則。各國營業稅，多照營業額課稅者以此，我國營業稅法，故亦採此爲課稅標準。財政部所頒之整理營業稅辦法，更將應按營業額課稅之各業，明白規定，各省久經遵行。本省此次修正徵收章程，純係依據前項稅法辦法規定辦理；本省商民，未及細考，竟請求完全改就資本額課稅，此不特違背法令，抑且有失公平，本廳當難照辦者也！

（乙）永定標準及稅額爲不合法理　依照法令規定、營業稅，應每年決定稅額一次；即就情理上言，各種商號營業，常多變遷：更改休業者有之，擴張營業者有之，縮小營業者亦有之；其標準稅額，何能永定不變。對此不合法理與事實之請求，本廳亦自難接納；深信一般商民，對此亦必能明瞭也！

總之，本廳此次整理營業稅經過，一方固遵守法令，一方亦顧全事實，凡商民請求，在法令範圍內可以容許者，業已盡量遷就，將稅率減至極低，以輕商民擔負，已如上述。又如廣州市之營業稅，申報及查定稅額，已如所請，力求簡便妥協。蓋果有利商民，而不違背章則者，本廳無不積極力謀改善也。

茲將關於營業稅章程暨稅率表，分列於次：

廣東省營業稅征收章程（二十六年一月　財政部修正本）

第一條　本章程，依據　中央頒布之營業稅法，及　財政部整理營業稅辦法規定之。

第二條　凡在廣東省境內，爲左列之營業者，應依照本章程之規定，分别征收營業稅。

（一）物品販賣業
（二）特許商辦業（包括電力電話鐵道業等）
（三）旅館業
（四）包作業（包括包工業）
（五）運送業
（六）浴室業
（七）理髮業
（八）介紹代理業（包括代理業廣告業經紀業報稅館業等）
（九）中西餐館業（包括酒菜館業）
（十）茶館業
（十一）莊口業
（十二）洋服業
（十三）物品租賃業
（十四）映相業

（十五）酒店業
（十六）倉庫業
（十七）碼頭業
（十八）市塲業
（十九）屠宰塲業
（二十）娛樂塲業
（廿一）印刷出版業
（廿二）製造加工業
（廿三）信託業
（廿四）不動產買賣業
（廿五）銀號業

第三條　物品販賣業，係指設有一定之店舖或營業塲所，繼續爲物品之批發或零售者而言。
凡開設店舖或營業塲所，招待客商，其最高房租、每日在三元以上者爲酒店業，不及三元者爲旅館業。

第四條　營業稅之課稅標準及稅率表，以附表規定之。

第五條　左列各項，免征營業稅。
一、中央及地方政府所辦之公有營業。（但官商合辦之營業仍須征稅）
二、已征菸酒稅或牌照稅之菸酒業。

三、以公益爲目的之營業，經奉政府核准設立者。

四、新聞紙之印刷出版業。

五、中央征收收益稅之股份有限公司組織之銀行，及出廠稅之工廠。

六、中央或本省以法令規定、或指定免稅之營業。

七、依營業總收入額課稅之營業，其全年營業總收入額不滿一千元者。

八、依營業資本額課稅之營業，其資本額不滿五百元者。

第六條　凡營業者，不論其營業之大小，應於本章程公布後十五天內，及此後每年一月十五日以前，依征收機關製發之申報單，塡明左列(一)至(四)之事項，申報該管征收機關，請領營業稅調查證。其新設之營業，於開始前申報之。調查證應載明左列各事項：

(一)營業種類，商店名稱及所在地。

(二)營業者姓名籍貫住址。

(三)全年營業總收入額。

(四)營業資本額。

(五)課稅標準及稅率。

(六)每年應納稅額。

(七)每期平均應納稅額。

前項營業稅調查證，每年換領一次，不取證費。

第七條　營業稅調查證，應懸掛於營業處所易見之處，以便稽查。如有遺失或損壞，應即呈請該管征收機關補領、或換領，幷繳工本費大洋五角。其換領者，幷須將舊證繳銷。

第八條　營業者如有頂盤、讓賣、歇業、遷移、改組、加記、更換商號名稱、更改營業種類、加設他種營業情事，應於十日內，呈報該管征收機關，繳銷營業稅調查證，幷清繳應納稅款。除歇業者外，應從新申報領證。

第九條　營業者，依本章程第六條規定申報時，應依照左列各項分別計算之；其開業未及一年者，得以估計定之。

(一)營業資本額，以上一年年結之總資本為準。

(二)營業總收入額，以上一年之總數為準。

第十條　前條第一項規定之總資本金額，以左列各欵計算之：

(一)出資金額。(如係股份有限公司，以其已繳收之股份金額計算。)

(二)公積金，與公積金性質相同之資產。

(三)附充金及借入金，超過上列第一欵金額之部份。

第十一條　凡一戶而兼營數種營業者，應照本章程附表之規定，分別課稅。兼營各業，如係照資本額課稅；而資本又為各業共通使用時，祇就其一種營業計算；但稅率不同時，則就其主要營業課稅；惟不能辨別何種營業為主要時，則就稅率較高之營業計算之。兼營各業，雖照資本額課稅，如資本劃分各別、而非共通使用時，仍各分別計算之。

第十二條　同一營業，而有總店與支店時，其資本劃分各別者，應分別征課營業稅。其未劃分者，應合其總數在總店征課之。其支店或總店不在本章程施行地者，其資本金、以本章程施行地之營業上使用之固定資本，及運轉資本算出之。

第十三條　個人營業與個人經濟，混而爲一時，其營業資本，以供營業上使用之固定資本及運轉資本算出之。

第十四條　前第十二第十三兩條之規定固定資本，及運轉資本之計算法如左：

(一)固定資本，以直接供營業上使用之設備、裝修、船舶、機器等，資產時價算出之。

(二)運轉資本，以原料品之原價，製造品之原價，賒出貨物之價額，存欵，現欵等項算出之。

第十五條　營業稅、照全年應征稅額，分四期征收之：自一月一日至三月底爲第一期，自四月一日至六月底爲第二期，自七月一日至九月底爲第三期，自十月一日至年底止爲第四期。

第十六條　本章程公布後，新開之營業，從開業之次期起，開始征收營業稅。

第十七條　營業者歇業時，其營業稅、應征至歇業之納稅期爲止。

第十八條　征收機關、應逐年調查營業者之課稅標準，并依據其申報單，決定其應納稅額，塡載於營業稅調查證內；并於發證時，通知營業者。

前項稅額決定之後，於一年內不得加減。

第十九條　營業者、對於前條決定之稅額，如認爲過當時，應於接到納稅通知書後十日內，呈請該管征收機關修正之。

征收機關，對於前項之呈請，認爲不當時，應提交營業稅評議委員會審查之。營業稅評議委員會之組織及審查規則，另定之。

征收機關、對於營業者呈請修正之稅項，得斟酌評議委員會之審查報告，爲最後之決定。

第二十條　營業者，對於前條最後决定之稅額，應卽照額納稅。如有不服時，得向該管征收機關提請復議。至終結時，其稅額認爲宜減輕者，其以前繳長之欵，應予發還或流抵之。

第二十一條　營業者、須照規定、設備帳簿，記明左列各事項，幷每年編造年結，以備考核。

一、出資金額。

二、現金出入細數及其事項。

三、進貨細數及其價額。

四、銷貨細數及其價額。

五、設備裝修器具機器等資產之價額。

六、營業上各項費用（卽各項皮費）

前項帳簿及年結，應由征收機關編號蓋印，方得啓用。

第二十二條　征收機關、於必要時，得派員檢查營業者所用之帳目簿據；但須會同當地商會、或公安機關執行之。

第二十三條　征收機關、對於各營業行會，或其他營業者之團體，咨詢關於營業者課稅標準事項時，該行會或團體，應卽提出報告書。

第二十四條　營業者、對於每期稅欵，應於該期第一個月內繳清。逾限一個月以內者，加收滯納罰金十分之一。逾限二個月以內者，加收滯納罰金十分之二。逾限三個月以內者，加收滯納罰金十分之三。逾限三個月以上者，得停止其營業，仍追繳滯納罰金及稅款。

第二十五條　營業者、不依照征收機關通知日期，為本章程第六條規定申報者，處以二元以上二十元以下之罰金；但經征收機關數次催促，仍抗不申報者，得停止其營業。

第二十六條　營業者、因逾限納稅，受停止營業之處分，經清繳稅欵罰欵後，准卽復業。又因抗不申報，受停止營業之處分，一經遵章繳納罰欵，幷申報請領營業稅調查證，卽予復業。

第二十七條　如不遵定章設立帳簿，或記載不實，希圖漏稅者，處以五元以上五十元以下之罰金。

第二十八條　營業者、如有其他各種希圖漏稅之行為，經征收機關發覺，查有確據，除責令補稅外，幷處以所漏稅額三倍之罰金。

第二十九條　曾參與營業稅之調查或審查者，如將調查審查所知之事，洩漏於他人者，處以三十元之罰金，幷撤職查辦。

第 三 十 條　本章程第二十五第二十七第二十八各條規定之罰金，應照財政廳向章：以五成獎給舉發人，二成解廳，其餘三成，獎給征收機關出力人員。

第三十一條　本章程規定之稅欵罰金及工本費，均照法幣計算。

第三十二條　征收機關、征收稅欵罰金及工本費，應卽塡發收據，交繳欵人收執。

第三十三條　營業稅調查證及營業稅收據，罰金收據，工本費收據，均由財政廳印發，幷加蓋征收機關之鈐記。前項營業稅調查證及收據，均用三聯式：一聯給營業者，一聯彙繳財政廳，一聯存征收機關。

第三十四條　征收機關、應將領證營業各戶，按照本章程第六條規定事項，分別地點，編造營業稅清冊二份，一存征稅機關，一繳財政廳，作爲收稅稽核之根據。

第三十五條　經收機關、經征營業稅欵，應按期公告一次。財政廳、應於每季編製全省營業稅收支報告表，呈報財政部查核。

第三十六條　營業稅實行後，本省原有之典商營業稅，及整理保險事業所收稅費，暨其他向來征收與營業稅相同之稅捐，得暫行照舊辦理。

第三十七條　本章程如有未盡事宜，得隨時修正，呈請　省政府核轉　財政部審核備案。

第三十八條　本章程經　省政府咨請　財政部審核，呈奉　行政院核准備案後，公佈施行。

廣東省營業稅分類稅率表 二十六年一月　財政部修正本（附列暫行減征稅率）

課稅範圍	課稅標準	原定稅率	暫行減征稅率
物品販賣業	營業總收入額	千分之五至千分之十	千分之二至千分之八
特許商辦業	同右	千分之五	千分之三
旅館業	同右	千分之五	
包作業	同右	千分之五	千分之四
運送業	同右	千分之五	千分之三
浴室業	同右	千分之五	

理髮業	營業總收入額	千分之五	
介紹代理業	同右	千分之八	報酬金額千分之壹百
莊口業	同右	千分之八	同右
茶館業	同右	千分之八	
中西餐館業	同右	千分之八	千分之六
洋服業	同右	千分之八	
物品租賃業	同右	千分之八	
映相業	同右	千分之八	
酒店業	同右	千分之十	
倉庫業	同右	千分之十	
碼頭業	同右	千分之十	
市塲業	同右	千分之十	
屠宰塲業	同右	千分之十	
娛樂塲業	同右	千分之十	
印刷出版業	資本額	千分之五	
製造加工業	同右	千分之十	

信託業	資本額	千分之十
不動產買賣業	同右	千分之十
銀號業	同右	千分之十五

廣東省營業稅物品販賣業稅率表（二十六年一月　財政部修正本（附列暫行減征稅率））

級別	業名	原定稅率	暫行減征稅率
第一級	糧食業，柴炭業，油鹽店業，花生肉業（歸入糧食業），麵業（歸入糧食業），機織土布業，棉花紗業。	千分之五	批發千分之一 零售千分之三
	絲綢業，書籍文具教育用品業，煤業，故衣業，鞋帽襪業，梳篦業，絲繭業，油類業（食油除外），扇業，草織品業，棕籐織品業，竹器業，杉木傢私業，衣箱業，蔴織品業，鮮菓業，乾鮮肉類業，家禽業，鮮咸魚業，蛋類業，藥材業，餅食業，陶瓷業，鋼模業，種子業，印色業，茶葉業，肥田料業，旗幟業，度量衡業，雲石業，蚊香業，帳聯業，牙刷骨角業，乾蓮蕖業，牛骨業，頭髮業，醬料業，鹹乾炒花生業，涼菓業（擬照鮮菓業），磨牛骨粉業，恤衫業，木屐業，酒餅業，羅經業，火柴業，麵食粥品業，壽板壽衣業，磚瓦木石灰業，棉織品業，傘業，紙業，裝璜紙盒業，食物什貨店業，樹膠業，肥皂業，機器業，其他與此類相同之業。	同右	千分之四
第二級	汽水冰食業，電具業，顏料業，糖菓茶食業，罐頭業，糖類業，水泥業，鉛銅錫類業，花邊業，美術品業，鋪墊業，毡毯業，西藥業，漆器業，玻璃鏡屏業，飛禽業，海味雜貨業，潔具業，輪船什項業，翠毛業，化學雲石業，織襪機用針業，軍衣脚綁粮袋水壺業，象牙玩具業，煖水壺業，眼鏡業，皮革業，鷄鵝毛業，骨鈕骨角業，其他與此類相同之業。	千分之八	千分之六

第三級	化裝品業，留聲機器業，紫檀紅木柚木什木傢俬業，香燭紙寶冥鏹金花神紅炮竹業，首飾珠寶業，山珍海錯業，鐘錶業，顧綉品業，古玩字畫業，參茸玉桂業，呢絨業，皮毛業，金銀器用業，人造絲疋頭業，花布疋頭業，毛冷業、汽車及其機件業，神香粉業，戲劇服裝業，樂具業，西裝用品業，大理石業，味之素業，其他與此類相同之業。	千分之十	千分之八
附註	本表第一級內絲綢業內之綢緞業遵 院令暫征千分之二		

第四節 釐整農產稅及各項專稅

查舶來農產品什項專稅及各項專稅，爲本省所獨有，迭奉 部令，飭即規定廢除步驟，切實奉行。經廳先將涉及重征、有碍國計民生之洋穀米稅，及妨害國民經濟、損及地方收入之舶來士敏土附加大學經費，及長途電話費，舶來廢爛膠輪稅，舶來機器稅，暨抵觸 中央法令之煤炭稅，一律裁撤。并將有關民食之農產品各項專稅項下油荳花生專稅，核減二成征收；并擬將尚未廢除之捐稅，一律減輕百分之二十，暫行留保。其釐整詳晰情形，已於裁廢苛雜節目中說明，茲不贅。

本省征收舶來農產品什項專稅，及與其相類之各項專稅，如洋紙、顏料、洋布疋頭、木料、皮革、橡膠製成物品、蜡類、京果海味、糖類等項，原爲防遏舶來品傾銷，保護本省農產、挽救農村經濟；徒以舉辦時期，先後不一，遂致名目紛歧，征收繁瑣；立意頗善，辦法未妥。現爲調整稅制，減輕負担起見，將各項專稅合併，改爲廣東省舶來物品稅，單簡明瞭，商民易於認識，政府亦便於稽征。其辦法可分三點：(一)凡舶來農産品雜項專稅，及前述之各項專稅，一律改定名稱，以昭劃一。(二)所抽物品，以舶來進口爲限；除省外運粤油豆，因有特殊情形外，其他國産省産物各種農産品，概不征收。(三)將原來農産品稅項目，酌量減少，務以簡單化合理化爲原則。故一，收入無多，過于零碎者，剔除。二，妨害國内實業發展者，剔除。三、妨害貧民生計者剔除。四、妨害　中央稅收者剔除。併擬俟正稅收入漸增，專稅則分年遞減。此項計劃，業經提奉　省政府第八屆委員會第八次會議議決通過，自二十六年度起實施。

第五節　改革稅捐包商制

各種稅捐，原以委辦爲原則。惟以各稅捐有特别情形，須批商承辦者，暫仍招商承辦，採用公開明投辦法，以出價最高者爲投得，准予承辦。所有以前明委暗批辦法，悉數剔除。并厘定適中底價，不任商人侵蝕，亦不任商人虧折賠累。

本省各項商辦稅捐，因環境時間關係，一時未能盡量收回自征，現仍由商人承辦者，尙有蠟類專稅等六項。茲經本廳擬定整理辦法三項：(一)蠟類專稅、京果海味捐，擬併入舶來物產專稅征收範圍，俟承商期滿後，即由各稅局直接征收。(二)屠牛牛皮稅、屠猪捐、香燭紙寶捐，因直接征收，經費多，而難期普及，暫仍招商投辦。惟從前有由總商包承，輾轉分批，實非統辦；現擬改照行政區域，分別招投，以免總商從中取利，有損民衆，無裨公家。其屠牛牛皮稅，因沿照各區分投，暫仍舊貫，俟期滿再行改正，以歸一律。(附表一)(三)筵席捐一項，除廣州市由營業稅局稽征外，其餘各縣、則定自廿六年度起，劃歸縣府辦理，并將全部收入，撥充各縣經費。(附表二)以上各項，業經呈奉　省府議決通過照辦，規定二十六年七月一日起，分別實行。

招投全省屠牛牛皮鄰省牛皮生牛出口各稅區域餉額及比較表(一)

區別	稅別	現商餉額數		招投底價	新商投承餉額		與舊商比較數		交接日期	備考
		公司名稱	全年國幣	全年國幣	公司名稱	全年國幣	增	減		
高雷區	屠牛牛皮稅 生牛出口稅 鄰省牛皮稅	和泰公司	六八·七五〇〇〇	八九·四〇〇〇〇	大達公司	一三九·二〇〇〇〇	七〇·四五〇〇〇		廿六年五月一日	
清花佛區	屠牛牛皮稅	大成公司	六·二五〇〇〇	六·八八〇〇〇	大東公司	一〇·一三〇〇〇	三·八八〇〇〇		廿六年三月十六日	
瓊崖區	屠牛牛皮稅 生牛出口稅	永益公司	一四四·六〇〇〇〇	一八八·〇〇〇〇〇	利興公司	二六〇·五〇〇〇〇	一一五·九〇〇〇〇		廿六年七月十六日	
欽廉區	屠牛牛皮稅 生牛出口稅 鄰省牛皮稅	福亨公司	二九·四五〇〇〇	四九·〇〇〇〇〇	和合公司	六三·八〇〇〇〇	三四·三五〇〇〇		廿六年七月十六日	

新開恩區	屠牛牛皮税 生牛出口税	合成公司	六四·八五〇〇〇	九〇·〇〇〇〇〇	利成公司	一〇八·五〇〇〇〇	四三·六五〇〇〇	廿六年七月十六日
會寧十縣	屠牛牛皮税	大益公司	二五·二五〇〇〇	五〇·〇〇〇〇〇	義祿公司	五三·二〇〇〇〇	二七·九五〇〇〇	廿六年七月一日
惠州區	屠牛牛皮税 生牛出口税	萬全公司	一八·九八四〇〇	二八·〇〇〇〇〇	鴻發公司	四七·〇〇〇〇〇	二八·〇一六〇〇	廿六年八月一日
陽山縣	屠牛牛皮税	福利公司	一·六〇〇〇〇	三·〇〇〇〇〇	萬全公司	四·三〇〇〇〇	二·七〇〇〇〇	廿六年七月十六日
連山縣	屠牛牛皮税	縣批商辦	九〇〇〇〇	一·二〇〇〇〇	合發公司	一·三〇〇〇〇	四〇〇〇〇	廿六年六月十六日
梅州區	屠牛牛皮税 生牛出口税	益強公司	二九·五五〇〇〇	四四·〇〇〇〇〇	大同公司	六〇·六〇〇〇〇	二一·〇五〇〇〇	廿六年九月一日
南韶區	屠牛牛皮税	大與公司	二七·八五〇〇〇	三五·〇〇〇〇〇	南和公司	三五·八〇〇〇〇	七·九五〇〇〇	廿六年八月一日
潮州區	屠牛牛皮税 生牛出口税	合益公司	八八·九〇〇〇	一三〇·〇〇〇〇〇	德昌公司	一五五·〇〇〇〇〇	六六·一〇〇〇〇	廿六年八月一日
台山縣	屠牛牛皮税	大衆公司	四三·二〇〇〇〇	六五·〇〇〇〇〇	廣達公司	七九·七〇〇〇〇	三六·五〇〇〇〇	廿六年八月一日
南三區	屠牛牛皮税 生牛出口税	富貴公司	六五·五〇〇〇〇	七〇·〇〇〇〇〇	未定			廿六年八月十六日

番順東寶區	屠牛牛皮稅 生牛出口稅		九七・三五〇〇〇	九〇・〇〇〇〇〇	益泰公司	一〇三・六〇〇〇〇	五・二五〇〇〇	廿六年七月十五日	除出廣州市界址內歸財局征收年減二萬四千元即共增二萬九千二百五十元
增從龍區	屠牛牛皮稅	均益公司	一五・六〇〇〇〇	二〇・〇〇〇〇〇	群益公司	二一・四〇〇〇〇	五・八〇〇〇〇	廿六年八月一日	
兩陽區	屠牛牛皮稅 生牛出口稅		二四・八〇〇〇〇	四〇・〇〇〇〇〇	大華公司	五八・四〇〇〇〇	三三・六〇〇〇〇	陽春廿六年八月一日陽江廿六年十月廿六日	
鶴山縣	屠牛牛皮稅	縣批商辦	一五・三五六〇〇	二三・〇〇〇〇〇	華運公司	二三・三〇〇〇〇	七・九四四〇〇	廿六年十月十六日	
高要縣	屠牛牛皮稅	縣批商辦	二〇・〇〇〇〇〇	三三・〇〇〇〇〇		未定			
中山縣	屠牛牛皮稅 生牛出口稅	縣批商辦	六・六〇〇〇〇	無		無	無		向定由縣批商承辦祇解庫如上數其餘溢額留撥該縣地方費
合計			七九五・三四〇〇〇						

各縣市筵席捐承商餉額期限表（二）

縣市別	委辦或商承別	年繳正餉及加五體育費	每月撥解數		起止期限	保証金數	截至本年六月底止欠繳庫款數	除扣保証金實存數目	備考
			解庫數	撥縣數					
佛山斗鼎主簿司	廣惠區營業稅局	三六•〇〇〇〇〇	除扣一成公費及撥縣外儘數解庫	除扣一成公費外照章撥縣	不定	無			
江浦司	德生公司	四•〇五〇〇〇	二六二五〇	七五〇〇	廿五年九月廿一日 廿六年九月二十日	八六二五〇	八七五〇	七七五〇〇	
三水	泰利公司	二•一七五〇〇	一四〇九七	四〇二八	廿六年三月六日 廿七年三月五日	四六三一九	無欠	四六三一九	
新開	和益公司	新會 一一•三七七五〇 開平 二•四九七五〇	八九九三一	新會 二〇九四七 開平 四七四七	廿六年六月廿一日 廿七年六月二十日	二•九五四八七	二九九七七	二•六五五一〇	
清遠	得利公司	二•二五〇〇〇	一四五八四	四一六六	廿六年四月十六日 廿七年四月十五日	四七九一八	七二九二	四〇六二六	
順德	誠德公司	一二•四五〇〇〇	八〇六九五	二三〇五五	廿五年九月六日 廿六年九月五日	二•六五二四〇	八〇六九五	一•八四四五〇	
台山	大生公司	九•五二五〇〇	六一七三六	一七六三九	廿六年五月廿一日 廿七年五月二十日	二•〇二八四七	無欠	二•〇二八四七	
東莞	利益公司	四•四二五〇〇	二八六八二	八一九四	廿五年十月六日 廿六年十月五日	九四二三七	三四一一	九〇八二六	
中山石岐	榮利公司	一二•九七五〇〇	八四〇九七	二四〇二八	廿五年十二月一日 廿六年十一月卅日	二•七六三九〇	七九〇九一	一•九七二九九	
潮安	東昇公司	一五•三〇〇〇〇	九九二六八	二八二三二	廿六年四月一日 廿七年三月卅日	三•二五八三四	三三〇五六	二•九二七七八	
澄海	福興公司	七•八七五〇〇	五一〇四二	一四五八三	廿六年一月一日 廿六年十二月卅一日	一•六七七〇九	無欠	一•六七七〇九	

汕頭市廣利公司	一九·八〇〇〇〇	一·二六三三四	三六六六六	廿六年二月十一日 廿七年二月十日	四·二二六六七	三〇五五六	三·九二一一一	
陽江逢生公司	一·九九五〇〇	一二九三三	三六九四	廿五年十一月廿一日 廿六年十一月廿日	四二四八七	無欠	四二四八七	
高要永福公司	二·五五〇〇〇	一六五二六	四七三三	廿五年十二月十一日 廿六年十二月十日	五四三〇六	無欠	五四三〇六	
鶴山縣辦	無定					〇		廿五年一月至廿六年六月底征存未解
鬱南縣辦	無定							廿五年八月十一日至廿六年六月底征存未解
防城縣辦	無定							廿六年四月至六月征存未解
合浦縣辦	無定							廿六年五六月分征存未解

第六節 改善稽徵機構

從前征收機關，多以稅為主體，各別征收，以致一隅之內，機關林立，催科頻仍，民衆淆於視聽，官廳遂為怨府。且機關重叠，統系紛歧，既耗財力，復疏稽核。遂劃全省為八個稅務區，于廣州汕頭江門惠陽韶關高要梅菉海口各設一稅務局，由原有之營業稅局、農產品稅局、煤油稅局、合併改設，將船來農產品什項專稅，改正名稱為船來物產專稅，連同煤油販賣業營業專稅，普通營業稅，合併征收。依此組織，全省分設稅捐征收處五十處，以八區局統率之，界劃分明，系統一貫，正如指臂相使。經此改革，稽征區域，漸次擴大，以便通籌，稽征機關，務求減少，以節糜費；其有不宜分區征收者，則以稅項分征制補救之。附稅區表：

全省稅務區局及征收處組織簡明表

區局名稱	所在地	所轄征收處
第一區稅務局	廣州市	第一，第二，第三，東莞，南海，三水，番禺，花縣，清佛，增從，深圳，十一處。
第二區稅務局	汕頭	潮安，普寧，揭豐，惠來，潮陽，饒平，六處。
第三區稅務局	江門	中山，順德，台赤，開平，恩平，陽江，六處。
第四區稅務局	惠陽	興華平，梅蕉，河龍紫，海豐，陸豐，五處。
第五區稅務局	韶關	南雄，英德，始興，連陽，樂昌，五處。
第六區稅務局	高要	四會，新雲，羅定，陽春，鶴高，廣寧，六處。
第七區稅務局	梅菉	合浦，電白，信宜，靈山，欽防，廉化，海徐遂，七處。
第八區稅務局	海口	瓊樂，文昌，臨儋，萬陵，四處。

第六章　稅捐徵收狀況

本年度稅捐經釐定後，綜計為二十二種，其科目如下：一、船來農產品什項稅，二、洋紙稅，三、顏料稅，四、洋布疋頭稅，五、舶來木料專稅，六、舶來膠類製成品專稅，七、糖類捐，八、蠟類捐，九、京果海味捐，十、全省香燭紙寶捐，十一、舶來及隣省牛皮稅，十二、屠牛牛皮稅，十三、全省屠捐，十四、猪捐，十五、筵席捐，十六、煤油販賣營業稅，十七、營業稅，十八、典稅，十九、保險稅，二十、菸類牌照稅，廿一、酒類牌照稅，廿二、契稅。

關於本年度稅捐征收狀况：計由廿五年七月至本年六月底止，合共征獲庫收毫劵二千二百四十一萬二千三百七十餘元，比諸廿四年度收入毫劵二千六百萬零二千五百五十餘元，計減少毫劵三百五十九萬零一百八十六元七毫七仙，比諸廿五年度預算數二千一百一十一萬八千七百餘元，又超過毫劵一百二十九萬三千六百六十六元一毫四仙。所有詳細數目，另表分別列明之。

民國廿五年度各項稅捐歲入預決算比較增減表 由廿五年七月一日起至廿六年六月三十日止

科目	本年度決算數	本年度預算數	比較增減數		備考
			增	減	
舶來農產品什項稅	九・三九五・二五六・五二	五・五〇〇・〇〇〇・〇〇	三・八九五・二五六・五二		本表以毫幣爲本位
洋紙稅	八九九・九六六・〇六	六二四・〇〇〇・〇〇	二七五・九六六・〇六		
顏料稅	三一二・八六七・八二	二一六・〇〇〇・〇〇	九六・八六七・八二		

洋布疋頭稅	一四六·九五一九〇	一二〇·〇〇〇〇〇	二六·九五一九〇	
船來木料專稅	一八八·五四四〇四	六二·五〇〇〇〇	一二六·〇四四〇四	
船來膠類製成品專稅	七八·七九七四五	三一·八〇〇〇〇	四六·九九七四五	
糖類捐	四五·四〇二一三	三六·〇〇〇〇〇	九·四〇二一三	
蠟類稅	四〇八·五七〇四三	三三九·四三〇〇〇	六九·一四〇四三	
京果海味捐	七二九·三六八六一	六五六·一一〇〇〇	七三·二五八六一	
全省香燭紙寶捐	四四五·五二三八四	五六二·一六四〇〇		一一六·六四一一六
船來及隣省牛皮稅	八六·二五七三二		八六·二五七三二	
屠牛牛皮稅	五七四·一八五七二	三二三·四〇〇〇〇	二五〇·七八五七二	
全省屠捐	一·八四六·七七八二七	二·三〇〇·〇〇〇〇〇		四五三·二二一七三
猪捐	五四·一七〇三〇	一一六·六〇〇〇〇		六二·四二九七〇
筵席捐	六一八·四六五二三	六七〇·〇〇〇〇〇		五一·五三四七七
煤油販賣營業稅	三·一八一·九八二〇六	三·八〇〇·〇〇〇〇〇		六一八·〇一七九四
營業稅	九〇七·三〇三九三	二·四〇〇·〇〇〇〇〇		一·四九二·六九六〇七
典當稅	六六一·九五三二五	六〇〇·〇〇〇〇〇	六一·九五三二五	
保險稅	八七·六九四八四	九一·〇〇〇〇〇		三·三〇五一六

科目	廿五年度收入數	廿四年度收入數	比較增減數 增	比較增減數 減	備考
菸酒牌照稅	五七〇・二〇九四一	四六九・七〇〇〇〇	一〇〇・五〇九四一		
契稅	一・一七二・二三〇五	二・二〇〇・〇〇〇〇〇		一・〇二七・八七六九五	
合計	三・四二三・三七〇二四	三・一一八・七〇四〇〇	五・二一九・三八九六二	三・八二五・七二三四八	
比較實增數		一・三九三・六六六一四			
合計	三・四二三・三七〇二四	三・四二三・三七〇二四			

民國廿五年度與廿四年度各項稅捐歲入比較增減表

科目	廿五年度收入數	廿四年度收入數	比較增減數 增	比較增減數 減	備考
船來農產品什項稅	九・三九五・二五六五三	一〇・〇八九・四〇四四四		六九四・一四七九二	本年度因將油豆稅率核減二成征收故比較減收
洋紙稅	八九九・九六六〇六	五七七・一九七九五	三二二・七六八一一		本表以毫幣爲本位
顏料稅	三二一・八六七八一	二〇〇・九六三〇四	一二一・九〇五七七		
洋布疋頭稅	一四六・九五一九〇	八一・二〇九五六	六五・七四二三四		
船來木料專稅	一八八・五四四〇四	一・三〇九六〇	一八七・二三四四四		
船來膠類製成品專稅	一七六・七九七四五	五三七九三	一七六・二五九五二		
糖類捐	四五・四〇一二三	八・一九八九五	三七・二〇二二八		
鹼類稅	四〇八・五七〇四二	三一九・六九五八八	八八・八七四五四		

京果海味捐	七二九・三六八六一	五四四・〇三九一六	一八五・三二九四五	
全省香燭紙寶捐	四四五・五三三六八四	五六〇・四七三二三		一二四・九四九三八
舶來及隣省牛皮稅	八六・二五七三二	五五・一二八五三	三一・一二八七六	
屠牛牛皮稅	五七四・一八五七二	三六五・六六九四〇	二〇八・五一六三三	
全省屠捐	一・八四六・七七八二七	一・八五八・四八〇〇〇		一一・七〇二一三
猪捐	五四・一七〇三〇	六九・四三四〇〇		一五・二六三一七
筵席捐	六一八・四六五二三	五八三・二八六四五	三五・一七八七六	
煤油販賣營業稅	三・一八一・九八三〇六	七・四一六・六八六八五		四・二三四・七〇四九
營業稅	九〇七・三〇三九三	九三三・八三七四七		一三六・五三三五四
典當稅	六六一・九五三二五	六〇七・七三九五九	五四・二二三六六	
保險稅	八七・六九四八四	八一・〇二六〇〇	六・六六八四	
菸類牌照稅	一〇八・六九五九七	一六〇・一〇七二一		五一・四二一二四
酒類牌照稅	四六一・五一三四	五七四・六三三五〇		一二三・一二〇〇六
契稅	一・一七二・一二三〇五	九一三・五〇〇一八	一五八・六三二八七	
合計	三三・四二二・三七〇一四	二六・〇〇三・五五六九一	一・六七一・六四五五九	五・二六一・八三二二六
實減數	三・五九〇・一八六七七			

合計	一二六·〇〇二·五五六九一	一二六·〇〇二·五五六九一				

民國廿五年度各項稅捐各月份收數表以毫幣計算

科目	七月份	八月份	九月份	十月份	十一月份	十二月份
船來農產品什項稅	二四九·五二九六三	三五〇·八〇二六一	七六三·三六九三九	五九〇·二〇八三五	九三二·七一九九五	一·七〇〇·二二九五〇
洋紙稅	二六·〇七三三九	三三·九三七二七	六五·一六五六一	八五·五〇四一六	一〇二·五七四八二	八三·五〇九五七
顏料稅	九·二五〇七〇	九·四一三五〇	二四·〇九一二七	三〇·八五五六二	三八·〇二七七〇	三〇·八六五八七
洋布疋頭稅	五·九七五〇八	五·五八七四三	八·三七七五七	一四·〇八四一七	一八·三三九九一	一五·九八五〇七
船來木料專稅	五·三八一四五	一·九四四五二	八·二九九四六	一一·八二〇〇七	一六·五七三二〇	一六·八六七九六
船來膠類製成品專稅	一·四九七四八	一·一五二五六	五·三二〇五一	五·六六二三四	七·七八九〇二	八·二九五六〇
糖類捐	一四五八九	四三二五八	五二三〇八	三·一八三六八	一·五〇七九七	三·九九〇〇五
蠟類稅	二六·二八五八七	四七·一四三二〇	一〇·八五三五三	三一·六三七五一	四三·四八九九三	四三·五一六六八
京果海味捐	二七·三三七九二	二七·三三七九二			三三九·〇四六〇七	四九·〇六二五〇
全省香燭紙寶捐			七·八〇七八四	七一·九九二七六	三六·七九六二四	六一·〇三二一三
船來及隣省牛皮稅	二·〇〇二三四	三·八一四三三	四·四七三五九	六·七三〇五六	九·五六六七一	一〇·八九七六〇
屠牛牛皮稅	三一·七五六八三	三九·〇三二五一	三八·二三七五三	四八·九二八五二	六二·八四四〇四	四五·〇一三一〇

全省屠捐			五〇·〇〇〇〇一	一三四·三六九〇〇	一八六·六四二〇一	一五三·七七〇〇四
猪捐	一〇·二二七一〇	六·三三一九三	七·五八五一四	七·二〇六三〇	一·二〇一〇五	
筵席捐	四五·一五七一五	四九·七五三二四	三八·八八一九六	四九·〇六三六八	四九·二四〇五四	七一·五〇一四八
煤油販賣營業稅	三六六·五五二五五	二六三三五	五九八·四九六四二	三〇四·五八五五〇	三五八·八二五八七	一六〇·〇六一二五
營業稅款	七一·六九一九九	八六·二〇〇三四	四三·七七〇一〇	七三·一三八〇四	五七·〇六五八九	七〇·〇三八六六
典稅款	三七·八三三六八	三〇·四五二四〇	三一·一二九〇七	四八·九四五六四	五二·三三三六七	六五·八五三〇〇
保險稅款	四·一五八〇〇	八·四四六四〇	六·八四五三〇	一〇·七六八五〇	一一·三七三六〇	一〇·一一〇〇〇
菸類牌照稅	六·〇六五八〇	四·一四九六〇	二·九四〇八六	二·二〇五八六	九·四九三九五	一〇·五一六六三
酒類牌照稅	四一·一五〇八九	二六·三三九八四	六七·五八三八一	一四·一六五一〇	六〇·五二八八七	三六·二二二三四
契稅	八六·六五三一〇	六七·一六五四二	一二·二二一三三	八四·四七三九五	一一三·〇二九四二	九二·三三五五四
合計	一·〇五六·七二五八四	七九九·五七七七四	一·九〇六·九六二三六	一·六二〇·六二九三二	二·五九八·八九九四二	二·八五八·六六二六五

民國廿五年度各項稅捐各月份收數表（續）

科目	一月份	二月份	三月份	四月份	五月份	六月份	合計
船來農產品什項稅	一·二二五·九二六一三	七七五·四三五三三	五三七·四一七八三	五五八·二二六四五	八七三·二二五九二	九五八·二八五四四	九·三九五·二五六五二
洋紙稅	七〇·四九〇九五	九〇·五五七八一	九四·三〇六五五	九五·九三三四八	八〇·一八二八四	七一·七六〇六一	八九九·九六六〇六

顏料稅	二九•〇三二五八	三四•六五三七三	三四•三六八三八	二六•六九〇二二	二〇•三八一四九	二五•〇二七八六	三二•八六七八一
洋布疋頭稅	一四•二四〇二三	九•四〇五七一	一五•九九二三一	一一•二六八三三	一五•四四一五二	一二•二五五七	一四六•九五二九〇
船來木料專稅	三一•五三〇三九	三三•八九五七六	三一•九六〇四七	三三•〇六六六四	三一•一五三九八	一八•〇五〇二四	一八八•五四四〇四
船來膠類製成品專稅	一一•三六九〇〇	九•一三三〇九	八•八八五七二	七•七五八九〇	六•六八三〇〇	五•二四二二四	七六•七九七四五
糖類捐	六•八〇五二六	一•四五六九〇	四•九〇三二六	一〇•三七二二一	一〇•二一九八三	一•八六一五一	四五•四〇一二一
蠟類稅	二九•三七三七七	三〇•二六三三四	五〇•〇〇〇一一	三九•五〇〇〇一	三一•一六六六七	三一•三三〇〇〇	四〇八•五七〇四三
京果海味捐	五三•六三八八二	四九•一八四五一	四六•一八七五一	四六•〇六二五一	四六•〇六二五一	四五•四四八三四	七二九•三六八六一
全省香燭紙寶捐	三六•一二九五八	四三•四六二九〇	五六•九一三六八	五〇•九一三六八	四八•九一三六八	三一•五六一二六	四四五•五三三八四
船來及隣省牛皮稅	八•六一八六一	五•四八三六三	一〇•四九六三六	八•〇二四三七	七•三二四九六	八•九三六三五	八六•二五七三一
屠牛牛皮稅	五八•五三三四〇	三六•三八三六四	六一•三六九四七	六一•三七八三三	四一•五三五五九	四八•一八四五六	五七四•一八五七二
全省屠捐	二八五•〇三二二七	一一九•一三五〇一	一五七•〇七二九二	一九五•一八〇〇〇	一七一•八七〇〇三	二〇四•七三〇〇〇	一•八四六•七七八二七
猪捐		二•八八二五一				一八•七三六二七	五四•一七〇三〇
筵席捐	五三•一八九七九	三六•六二六六一	六四•二六〇九二	五五•二〇六九四	五二•一〇五五一	五三•四七七四一	六一八•四六五二三
煤油販賣營業稅	三三二•六五九七五	二二〇•一三三〇〇	一三六•六四五六二	一八三•七六六三	一九八•一七八五二	三二一•七九四二二	三•一八一•九八二〇六
營業稅欵	五二•一一九八一	三一•二〇六四一	四〇•三八八一二	二六•〇三二一七	一四〇•七〇四九七	二二四•九四七八三	九〇七•三〇三九三
典稅欵	五四•六七七四〇	八七•四三二八六	六〇•六二三八六	六七•五七三〇〇	六八•一〇七〇五	五六•一一三六二	六六一•九五三二五

保險稅款	七•四二五〇〇	四•四三八〇〇	五•九九九七三	六•五八〇〇〇	六•一五二七四	五•四一八八〇	八七•六九四八四
菸類牌照稅	三•六八三一四	一二•一六二三五	一一•四〇七七二	七•〇三五六一	一九•五七四三二	九•四七〇二四	一〇八•六九五九七
酒類牌照稅	一九•一六七八八	四〇•五六二〇七	三五•七九〇二四	二八•四五四六九	七〇•八四五〇四	二〇•七二三六七	四六一•五一三四四
契稅	一二七•五八四八〇	一〇五•七四五九九	五五•〇三二七三	一二四•二六二四五	一三五•八〇五四八	八七•八三三八五	一•一七二•一三三〇五
合計	三•三七一•二五五四六	一•七五八•六四〇〇六	一•七二〇•一八九一八	一•六三三•一五三八〇	二•〇五七•五二四五三	二•〇五一•一四九七九	三三•四二二•三七〇一四

第七章　統一保安經費

第一節　規定過渡辦法

查本省各縣警衛部隊，向由各縣自行編練，按地方之情勢，定兵額之多寡；以致偏僻貧瘠匪類出沒之區，養兵獨多，而腹地富庶縣份，警衛較少，非但部隊編調，無整齊劃一之規，而經費開支，亦有畸輕畸重偏頗不均之弊；亟應改絃更張，妥籌善法。且查各縣地方自治教育經費來源，向極複襍，警衛成立在後，所需餉項，既無確定財源，胥皆臨時籌措，任意徵抽，以致苛雜更增，幾無一不稅之物，無一可免之家。地方民力有限，負担無窮，而展轉侵蝕，流弊尤多。征收額與支銷額，相差倍蓰，閭閻極度騷擾，供應時感竭蹶，力痡財殫，呼籲時聞。不得已將省稅中之臨時地稅，劃成撥補，不足、再以省稅附加濟之。惟因省縣稅捐，又互相繳繞，財務行政，更彼此混牽；本廳職司度支，欲謀調整稅制，必以整理縣地方財政爲正本淸源之舉。經詳加考察，知警衞費一項，爲地方財政混亂之最大癥結，故于編製二十五年度省預算時，即列支補助各縣團隊經費二百萬元，以爲着手整理之準備。蓋不惜省庫增加負担，以爲地方紓財力，爲民衆除苦痛。因定自二十六年三月份起，將各縣警衞經費，一律停止開支，所有全省警衞隊改編保安隊後，經臨各費，統由省庫籌給，按月撥支毫劵四十萬元，由保安處分別支配；俾部隊可通盤編練，經費有固定來源，事可通籌，欵不虛費，則全省治安，各縣財政，皆可着手計劃整理。惟本年度補助各縣團隊經費，（即中央特種補助費收入）約計僅能收入七八十萬元，以之應付保安隊四個月開支，不敷甚鉅，庫欵奇絀，又無可騰挪。現在各縣對于警衞費既已停支，則原供此項費用之收入，皆可剩餘，視各縣財力之豐澀，酌將在原撥助各縣警衞費及其他政費之臨時地稅五成留縣欵內，擬定標準，分別等級，提回省庫，以資凑濟。預計本年各縣收支，經此次整理之後，仍屬有盈無絀。擬再將因警衞費所抽之苛捐雜稅，及其他就地自籌之特別欵項，盡量裁減，用紓民困，而免滋擾。上述辦法，歸納言之：（一）自統籌之日起，實行裁撤各縣保安苛雜。（二）嚴切監督縣地方財政。（三）斟酌地方情形，確定提回留縣地稅成份。（四）由省府通令各縣，幷張貼布告，以後未經省府或本廳核准之捐稅，如有擅自徵收，從嚴治罪。（五）由保安處按量入爲出之範圍，遵照中央頒發保安隊編制表，着手整理，從事改編。并遵照　中央頒布各省保安制度改進大綱及組織條例，設立全省保安經費總經理處，及稽核委員會，另在各區設立經理員，主持保安經費支配稽核及官兵薪餉點放事宜，以爲下年度澈底統一經費之準備。此籌劃保安部隊統一收支之經過情形也。

第二節　警衛專欵釐定後之統計

查各縣警衛專欵，舊有來源，極其混雜，其裁減保留之標準，自以合法與否爲斷。合法者自認爲今後之確定收入，不合法者悉數剔除，縱保安經費有所不足，亦當另籌補濟，以符本廳裁廢苛雜之最大決心，而期保安經費來源之澈底改善。其間考查各縣警衛經費收支原數額，與夫經本廳審核裁減數額，兹編製統計表如次：

民國廿五年度各縣警衛專欵收支數及裁減專欵税捐統計表

縣名	警衛隊支出總數	警衛專欵收入數	收入種類	審定數目		說明
				未裁	已裁	
南海縣	一五四•一八六	三六•〇〇〇	舖戶警衛隊費月捐		三〇•〇〇〇	續據該縣呈報財政困難情形經令准暫予保留至廿七年一月據縣呈報撤銷故未列裁撤苛什統計表內
			各鄉烟賭報効		六•〇〇〇	
番禺縣	一八三•二四七	七八•四四一	沙田畝捐		七八•四四一	查此捐原報年收一十五萬六千八百八十二元二十六年一月奉令停止征收由本年一月起至六月底止計六個月共裁如上數

東莞縣	一〇六•九八〇	二〇•〇〇〇	沙田附加警衛費	二〇•〇〇〇		
順德縣	九四•一六五	一五•〇〇〇	鋪租捐		一五•〇〇〇	此捐係統一保安隊經費後專案令飭裁撤
新會縣	一三二•八八〇	四二•〇〇〇	鋪宅捐		四二•〇〇〇	
台山縣	九三•四七一	四一•八〇〇	鋪宅捐		三六•〇〇〇	
			新案畝捐	五•八〇〇		原報二十三年所欠田畝捐約收二成以半數撥充警衛費如上數
開平縣	二七•八四七	一六•〇〇〇	商業牌照附加警衛費		一六•〇〇〇	
恩平縣	三四•七四七	無				該縣警衛費由縣統收統支未將指定專欵來源呈報故未填列
寶安縣	二六•六八三	五•九四〇	各區商業捐		五•九四〇	
赤溪縣	七•五七二	無				說明同恩平縣
花縣	三三•四六四	九•三五〇	鋪租捐	二•四〇〇		
			商業捐		四•八〇〇	
			談話館特別捐		一•八〇〇	
			防務館特別捐		三五〇	
增城縣	五六•一六九	無				說明同恩平縣
三水縣	七七•〇四五	一九•〇〇〇	鋪宅捐	一九•〇〇〇		
南雄縣	二九•七三八	三三•〇〇〇	殷富捐舊欠		三•〇〇〇	

			臨時地稅撥充警衛費	三〇・〇〇〇		
樂昌縣	四二・〇九八	三九・八四二	臨時地稅撥充警衛費	一八・二五〇		
			積欠田畝捐	四・八〇〇		
			杉排捐	七二〇		
			堅炭捐	三六〇		
			防務附加		一四	
			屠猪捐附加	一・四四〇		
			牛隻捐	五〇〇		原報生牛出口捐
			烟燈捐附加		八六〇	
			樂昌商會補助費	六・三八四		
			坪石商會補助費	六・三八四		
始興縣	一二・七三二	無				說明同恩平縣
仁化縣	無	四・七二三	臨時地稅撥充警衛費	四・七一三		
			長江入口紙捐			此捐係統一保安隊經費後專案令飭裁撤又廿五年度地方概算未據呈報故征收數目另案飭查補列
			谷蓪捐			同上

翁源縣	一〇•〇二八	三•四八〇	鎢鑛報効警衛費	三•四八〇		
英德縣	三八•二〇〇	二八•〇〇〇	百貨出口捐	一八•〇〇〇		
			商業捐		五•〇〇〇	
			埗頭租	二•〇〇〇		
			禁烟附加		三•〇〇〇	
乳源縣	一六•八三四	無				說明同恩平縣
連縣	六五•八三九	三一•四八〇	商捐		一〇•〇八〇	
			內河竹木捐		八〇〇	
			船戶捐		二•〇〇〇	
			舖租捐		四•二〇〇	
			鹽商補助費		八•四〇〇	
			沙坪征收處補助費		六•〇〇〇	
連山縣	五•六一三	一•五二〇	契稅附加	四八〇		此款係查照該縣二十五年度地方款初編概算數目編列
			禁烟附加		二四〇	
			商人營業攤位捐	一•八〇〇		
陽山縣	三六•〇〇〇	無				說明同恩平縣

佛岡縣	九•二六八	無				該縣警衛費由縣統收統支未將指定專欵來源呈報故未填列
清遠縣	四三•一五八	無				同上
高要縣	五六•六四〇	無				同上
廣寧縣	五•五三〇	六五•一三七	舊粮附加畝捐	九•二四〇		此係舊欠之欵。
			石狗船排捐	五五•八九七		此捐查係撥充該縣各區團警隊故二十五年地方概算警衛費支出數目未將此欵併列
四會縣	五二•八五五	三七•六五八	船筏警衛費	三〇•〇〇〇		
			商店警衛費	五•四二三		
			防務附加警衛費		二•〇六六	
			禁烟局補助費		一八〇	
開建縣	一八•一三三	六•〇〇〇	商會補助警衛費		四•三〇〇	
			賀江船捐		一•八〇〇	此捐係統一保安隊經費後專案令飭裁撤
封川縣	一九•六五〇	六•八四〇	田畝帶征警衛費		六•八四〇	此係二十二年二十三年至廿四年田畝帶征警衛費
鬱南縣	二〇•六六四	七•九九三	都城市塲原有團欵		四•八〇〇	
			連灘市塲原有團欵		二•四〇〇	
			大灣市塲原有團欵		四三三	

			全縣禁烟特別費		三六〇	
新興縣	二九·二五六	六〇〇	積欠加二團欵		六〇〇	補收二十二年前各年份積欠警衛隊費
羅定縣	一五·〇〇〇	一五·〇〇〇	臨時地稅撥充警衛費	一五·〇〇〇		
德慶縣	七·五六〇	七·五六〇	臨時地稅撥充警衛費	七·五六〇		
雲浮縣	三五·一九三	無				說明同恩平縣
鶴山縣	一八·五一五	四·〇〇〇	各區公所補助警衛費		四·〇〇〇	
高明縣	一三·八六九	無				說明同恩平縣
惠陽縣	九一·四二九	七五·六八〇	商業捐		一三·二〇〇	
			警衛費收入	六二·四八〇		原報此欵係由各區征收各項稅捐全縣十區每年約收如上數由各區公所代收負責解縣府
博羅縣	五三·四四〇	無				
海豐縣	一二九·九九五	五八·四〇四	水脚附加捐	三九·〇〇〇		
			舖租附加捐	一四·四〇〇		
			烟燈附加捐		四·三二〇	
			花票附加捐		六八四	
陸豐縣	八四·八九八	八七·一二三	入口貨物加三水脚費		二四·〇〇〇	

			柴草炭船送運費		二•八三六	
			屠捐附加		三•〇〇〇	原報屠猪附加捐
			魚餉捐		一三•九八五	原報魚餉捐一萬二千二百五十元魚餉附加警衛費一千元大安入口附加魚餉捐七百三十五元共如上數
			生猪出口捐		二•八〇〇	
			舖租捐		一三•五〇〇	原報全屬二成舖租捐四千四百元全屬商店月費九千一百元共如上數
河源縣	三九•三七六	九•六〇〇	商業舖租捐		六•六〇〇	
			舊欠田畝捐	三•〇〇〇		
紫金縣	二五•九五一	無				說明同恩平縣
新豐縣	二三•四二四	無				同前
龍門縣	一八•七二〇	一•二〇〇	商店捐		一•二〇〇	
潮安縣	八四•三二三	無				說明同恩平縣
潮陽縣	九一•六三三	八•七四〇	烟餉附加		四•八〇〇	
			漁船捐	一•三〇〇		
			娛樂捐	二•六四〇		
澄海縣	五四•八四七	無				說明同恩平縣

饒平縣	三七•六二〇	無				同上
惠來縣	七九•七八〇	七九•六八〇	警衛專欵收入	七九•六八〇		原報各區繳來警衛隊費
普寧縣	七四•二五七	八一•七三〇	殷戶認派警衛補助費收入	八一•七三〇		
豐順縣	三三•三七六	三三•五〇〇	商店營業捐	二二•〇〇〇		
			公路租	一一•五〇〇		此欵係查照該縣二十五年度初編概算數目編列
南澳縣	三三•二二四	二九•二九三	烟酒義捐	五•〇八五		
			屠戶義捐	一•四七七		
			出口貨義捐	九•三八〇		
			入口貨義捐	一三•二九九		
			店租捐	一•〇五六		
興寧縣	三九•一五七	二七•九六〇	商業捐		一三•三二〇	
			舖租捐	一四•六四〇		
梅縣	八一•五八九	三六•一一〇	店租捐	三六•一一〇		
五華縣	二三•二七三	無				說明同恩平縣
平遠縣	八•五七三	二•〇〇〇	全縣各墟市舖租捐	二•〇〇〇		
蕉嶺縣	二五•一六七	一九•五九〇	石灰捐		七五〇	原報豐樂鄉石灰捐

			商業捐		一三•四二六	原報全縣商業月捐
			店租捐	五•四二四		
龍川縣	一五•九六六	六•〇〇〇	舊粮帶收警衛費田畝捐	六•〇〇〇		補收二十三年以前積欠田畝捐
連平縣	一三•八〇〇	無				說明同恩平縣
和平縣	一五•七二四	二•七三六	契稅附加	八一六		查該縣二十五年度初編概算數契稅附加收入一千三百八十八元其中警衛費佔十七份之十如上數
			紙把捐及附加	八四〇		該捐年收四千零五十九元警衛佔八百四十元
			屠猪附加	二四〇		該捐年收九百四十元警衛佔二百四十元
			竹木排捐	八四〇		
大埔縣	四二•四六四	四一•八四四	各區商業捐	二七•七二〇		
			各區屠報費	一三•三九二		
			娛樂捐	七三二		原報全縣演戲捐
茂名縣	四〇•七七六	無				說明同恩平縣
電白縣	三五•二九三	七〇〇	花票附加	三〇〇		原報花票附加警衛隊費
			烟燈附加		四〇〇	
化縣	三三•〇八四	一四四	烟燈捐		一四四	

吳川縣	一四・八七七	無				說明同恩平縣
信宜縣	三三・九六六	無				說明同恩平縣
廉江縣	三四・〇三四	無				同上
陽江縣	三八・五八九	一・三〇〇	花筵捐	一八〇		原報花捐附加警衛費
			烟燈捐		一・〇三〇	
陽春縣	一九・八六三	一九・八六三	臨時地稅撥充警衛費	一九・八六三		
合浦縣	三七・七八四	三七・七八四	舊欠田畝捐	一二・八九七		查該縣二十五年度田畝捐舊欠報收一萬九千九百七十七元在此捐項下撥一萬二千八百九十七元充警衛費
			臨時地稅撥充警衛費	二四・八八七		
欽縣	六〇・〇〇〇	二・二〇〇	商會協助警衛費	一・二〇〇		
			鹽業公會協助警衛費	九〇〇		
			舊粮帶收田畝捐及附加費			查錢粮每年附征警衛費一元又教育費五角又每征銀一兩帶收田畝捐二十七元五角為辦理田畝調查及評價之用查該縣二十五年度初編概算數此款報收五千元但警衛費估數若干無從鈎稽已另案飭查補列
防城縣	四七・一六〇	三三・五〇〇	臨時地稅撥充警衛費	三三・五〇〇		
靈山縣	三八・四七三	三三〇	花筵附加專款		三三〇	

遂溪縣	二九·一五三	二九·一五三	臨時地稅撥充警衛費	二九·一五三		
海康縣	三三·〇一八	無				說明同恩平縣
徐聞縣	一四·一七二	一四·一七二	臨時地稅撥充警衛費	一四·一七二		
瓊山縣	六七·一二八	三·四〇〇	縣地方稅捐附加二成警衛費	三·四〇〇		
文昌縣	一五·六四四	六·八〇〇	總部補助警衛經費		六·八〇〇	此項非稅捐性質故未列入裁撤苛什統計表內
定安縣	三一·五九四	一三·四〇六	生猪捐	四·九五七		
			沙蜜糖出口捐	三·七四四		
			防務附加		三·九八四	
			檳榔出口捐	七三二		
儋縣	二八·二六三	六·八九四	警衛專款收入	六·八九四		原報警衛隊經費其來源係征收何種捐稅并未詳列
澄邁縣	二〇·二六三	一三·七二四	地稅留縣撥補警衛費	一三·六〇〇		
			米谷出口捐		六·九二四	經該縣呈奉本廳專案核飭由二十六年一月份起撤銷
			生猪出口捐	八三二		
			柴排京炭出口捐	六一九		
			屠牛屠猪捐附加	一·八六〇		
			生牛出口捐	九〇〇		

臨高縣	一七・二八〇	五〇四	土膏捐		五〇四	
樂會縣	一六・八五三	三・一九三	椰子寨沿河出入口貨物捐	四・三三三		
			博鰲港出入口貨物過境捐	五・八二〇		
			星卜捐	一三二		
			道巫捐	六一七		
			生牛過境銷售捐	四九〇		
			商戶警衛隊費月捐	三・六〇〇		
			殷商警衛隊費月捐	七・二〇〇		
崖縣	三・六〇〇	三・六〇〇	臨時地稅撥充警衛費	三・六〇〇		
陵水縣	二・〇四〇	無				說明同恩平縣
萬寧縣	三・八〇〇	三・八〇〇	臨時地稅撥充警衛費	三・八〇〇		
感恩縣	四・八〇〇					說明同恩平縣
昌江縣	二・五二〇	無				說明同恩平縣
合計	三・五七九・九五四	一・四二〇・七九七	共一百四十一種	九三五・五五六	四七五・二四一	

附記：一、本表所列已裁警衛專欵稅捐數目，係截至本年三月十五日止。

二、表列各縣未裁各項稅捐，除臨時地稅提回一部份，撥歸省庫，以彌補保安經費不敷之需外，其餘已令各縣分別裁減。內另有因批商承包，未屆期滿，暫未能裁撤，然總期在下年度完全廢除，以蘇民困。

三、中山揭陽曲江仁化瓊東五縣警衛費，未據編列二十五年度收支概算，除另案飭遵補編外，此表從略。

四、各縣列有警衛費支出而無收入者，多屬由縣統收統支，並未指定專欵來源，故未將警衛專欵收入數列入。

五、查各縣警衛隊經費，向由各縣自行辦理，另編預算，按月呈報保安司令部查核，本廳並無詳細數目可稽。嗣本年將警衛隊改爲保安隊，其經費由省庫統一收支後，對於原有專欵之收支，本廳就各縣原報廿五年度地方概算書內，擇其所列關於警衛隊支出總數及專欵收入總數，並參照核定之預算，在所列專欵收入數內，分別已裁未裁名稱數額，彙列統計表，以備參攷。至二十五年地方概算，原報警衛專欵之收支，均不詳敘者，或有警衛費支出，如未指明何種係警衛費收入者，或所列收入與支出數目，尙未適合者，均於統計表附記數目說明。

第三節　確定保安經費各縣提解之數額

查各縣原報列支之警衛經費，經本廳審核二十五年度縣地方預算案時，劃併入預備費之中，而警衛費之來源，除一部份就地自籌外，多取給于臨時地稅五成留縣欵內。茲就各該縣原報警衛費數目，參照審定預備費額數，核定每月提囘留縣臨時地稅若干，以凑濟省庫籌給保安經費之需。惟各縣原報警衛經費，較留縣地稅額及預備費額，互有懸殊，間有相差不敷供應者，經加考慮，總以每縣所提囘地稅之成數，不超過各該縣原報警衛費及預備費爲原則，俾可留一部份欵項，爲裁減原充警衛費各稅捐彌補之用，及其他臨時開支之需。其他各項，則仍維持固有定額，俾應付原定經費，以免影響縣政進行。并經製定各縣解繳保安經費比額表如次：

各縣解繳保安經費比額表（自民國二十六年三月份起至六月份止）

縣別	臨時地稅五成留縣欵	全年預備費	原列警衛經費	全年提回保安經費	每月提回保安經費	四個月提回保安經費	備考
南海	二六〇·七〇七	一六三·九六四	一五四·一八六	一四〇·〇〇〇	一一·六六七	四六·六六八	
番禺	二四〇·四九三	一五二·三二四	一八三·二四七	一四〇·〇〇〇	一一·六六七	四六·六六八	
東莞	三三三·九五七	一二九·〇四一	一〇六·九八〇	九〇·〇〇〇	七·五〇〇	三〇·〇〇〇	
順德	一七六·一五〇	九九·三三二	九四·七八五	八〇·〇〇〇	六·六六七	二六·六六八	
中山	五六·五九九	四八·五六四		三〇·〇〇〇	二·五〇〇	一〇·〇〇〇	
新會	三二七·三三三	一三〇·〇二六	一三二·八八〇	七〇·〇〇〇	五·八三三	二三·三三二	
增城	一七〇·〇〇〇	六〇·三二七	五六·一六九	五四·〇〇〇	四·五〇〇	一八·〇〇〇	
三水	七三·〇五九	三八·五三三	七七·〇四五	一六·〇〇〇	一·三三三	五·三三二	
台山	二七〇·九四六	一八二·七三九	九三·四七一	九三·〇〇〇	七·七五〇	三一·〇〇〇	
清遠	一四〇·〇〇〇	二八·五九五	四三·一五八	二六·〇〇〇	二·一六七	八·六六八	
花縣	七二·六〇〇	二九·三九五	三三·四六四	二四·〇〇〇	二·〇〇〇	八·〇〇〇	

龍門	二六・一五〇	一八・五五六	一八・七二〇	一四・〇〇〇	一・一六七	四・六六八
從化	四五・〇〇〇	一六・五七五	一六・六〇三	一四・〇〇〇	一・一六七	四・六六八
寶安	五〇・〇〇〇	一一・六四三	二六・六八三	一〇・〇〇〇	八三三	三・三三三
高要	二一・八〇九	七二・六七六	五六・六四〇	五四・〇〇〇	四・五〇〇	一八・〇〇〇
高明	四六・九〇二	一五・八八七	一三・八六九	一三・〇〇〇	一・〇八三	四・三三三
四會	五三・七六〇	六〇・二二六	五二・八五五	二〇・〇〇〇	一・六六七	六・六六八
廣寧	五六・一四八	一〇・五九六	五・五三〇	五・〇〇〇	四一七	一・六六八
新興	五二・五八四	三一・三四二	二九・一五六	二九・〇〇〇	二・四一七	九・六六八
恩平	一二五・〇〇〇	三一・九三五	三四・七四七	二九・〇〇〇	二・四一七	九・六六八
開平	七二・〇〇〇	一四・三七三	二七・八四七	二七・〇〇〇	二・二五〇	九・〇〇〇
德慶	二五・二〇〇	一三・一二六	七・五六〇	七・〇〇〇	五八三	二・三三三
封川	二九・三八三	一五・七〇〇	一九・六五〇	一三・〇〇〇	一・〇八三	四・三三三
開建	三三・五四二	九・五三二	一八・一一三	七・〇〇〇	五八三	二・三三三
鶴山	五一・五五七	一八・四一六	一八・五一五	一六・〇〇〇	一・三三三	五・三三三
羅定	五三・一三〇	二四・七九六	一五・〇〇〇	一五・〇〇〇	一・二五〇	五・〇〇〇
雲浮	四二・五〇〇	三四・五〇八	三五・一九三	三二・〇〇〇	二・六六七	一〇・六六八

鬱南	三九·九三四	一〇·六二三	二〇·六六四	八·〇〇〇	六六七	二·六六八
赤溪	七·五〇〇	五·二〇一	七·五七三	三·〇〇〇	二五〇	一·〇〇〇
佛岡	一九·六六七	一三·一二八	九·二八八	九·〇〇〇	七五〇	三·〇〇〇
惠陽	一二七·一五〇	一〇一·三九三	九一·四二九	三六·〇〇〇	三·〇〇〇	一二·〇〇〇
博羅	一〇八·〇〇〇	六三·三八一	五二·四四〇	五〇·〇〇〇	四·一六七	一六·六六八
海豐	五四·三三二	九七·一〇五	一一九·九九五	三九·〇〇〇	三·一五〇	一三·〇〇〇
陸豐	五六·七〇〇	四二·五三七	八四·八九八	三〇·〇〇〇	二·五〇〇	一〇·〇〇〇
河源	五三·九一〇	一六·五五一	三九·三七六	一六·〇〇〇	二·一六七	八·六六八
龍川	三一·四三五	一七·四三五	一五·九六六	一五·〇〇〇	一·二五〇	五·〇〇〇
新豐	一九·〇四八	一〇·八四六	一三·四一四	八·〇〇〇	六六七	二·六六八
紫金	四七·六〇〇	二七·二九八	二五·九五一	二五·〇〇〇	二·〇八三	八·三三二
和平	三三·二九八	一三·三八三	一五·七一四	一五·〇〇〇	一·二五〇	五·〇〇〇
連平	一八·〇二四	一四·九五七	一三·八〇〇	一二·〇〇〇	一·〇〇〇	四·〇〇
潮安	一一六·九〇〇	九七·一八七	八四·三三三	八四·〇〇〇	七·〇〇〇〇	二八·〇〇〇
潮陽	一五二·〇〇〇	九六·四六四	九一·六三三	九〇·〇〇〇	七·五〇〇	三〇·〇〇〇
揭陽	一三五·四四〇	六一·三二七		五九·〇〇〇	四·九一七	一九·六六八

惠來	二六·八〇〇	九九·二七〇	七九·七八〇	一七·〇〇〇	一·四二七	·五六·六六八
饒平	九九·五七八	五四·八八八	三七·六二〇	三七·〇〇〇	三·〇八三	三·三三三
普寧	六一·八五六	八六·四〇七	七四·二五七	五·〇〇〇	四一七	一·六六八
澄海	七四·五二九	六八·九六六	五四·八四七	五四·〇〇〇	四·五〇〇	一八·〇〇〇
大埔	一六·〇〇〇	五六·一八四	四二·四六四	一三·〇〇〇	一·〇〇〇	四·〇〇〇
豐順	三〇·八六三	三〇·四〇三	三二·三七六	六·〇〇〇	五〇〇	二·〇〇〇
南澳	三·五三五	二〇·八三三	三三·二三四			
梅縣	七四·六八〇	九五·五四四	八一·五八九	五〇·〇〇〇	四·一六七	一六·六六八
興寧	四二·七二四	二四·四二〇	三九·一五七	八·〇〇〇	六六七	二·六六八
五華	三九·七五〇、	一九·八五五	二三·二七三	一七·〇〇〇	六·四一七	五·六六八
平遠	一七·八二〇	七·六八六	八·五七三	四·〇〇〇	三三三	一·三三三
蕉嶺	三一·六九三	八·八六八	三五·一六七	二一·五〇〇	二〇八	八三三
曲江	五四·九〇三	七六				
樂昌	三九·八〇〇	三九八·三九	四二·〇九八	三二·〇〇〇	一·八三三	七·三三三
仁化	三·八六八	一·七五八				
乳源	二〇·二一八	二一·九七二	一六·八三四	九·〇〇〇	七五〇	三·〇〇〇

縣名							
翁源	三四•〇〇〇	二三•四三五	一〇•〇二八	•七四〇〇〇	五八三	•二三三	
英德	五一•九二〇	一九•二九三	三八•二〇〇	•七〇〇〇	五八三	二•三三三	
南雄	九四•五〇〇	六四•六三八	五九•七八三	二九•〇〇〇	二•四一七	九•六六八	
始興	三一•四五六	一五•〇九七	二三•七三三	二二•〇〇〇	一•〇〇〇	四•〇〇〇	
連縣	五五•六九一	三二•九二〇	六五•八三九	三〇•〇〇〇	二•五〇〇	一〇•〇〇〇	
陽山	二六•三一七	二七•一〇七	二六•〇〇〇	二五•〇〇〇	二•〇八三	八•三三三	
連山	一七•二六一	五•六六八	五•六二三	二•〇〇〇	一六七	六六八	
茂名	一三六•〇四〇	二七•六二二	四〇•七三六	三五•〇〇〇	二•〇八三	八•三三三	
電白	八五•〇〇二	三九•九一三	三五•二九三	三五•〇〇〇	二•九一七	一一•六六八	
信宜	四四•〇〇〇	一四•一六九	三三•九八六	一三•〇〇〇	一•〇〇〇	四•〇〇〇	
化縣	九二•一六〇	一七•四一三	三三•〇八四	一五•〇〇〇	一•二五〇	五•〇〇〇	
吳川	四一•八一九	一八•三九五	一四•八七七	一四•〇〇〇	一•一六七	四•六六八	
廉江	五四•四二一	三四•五一六	三四•〇三四	三二•〇〇〇	二•六六七	一〇•六六八	
陽江	九三•六九七	七四•五〇六	三八•五八九	三八•〇〇〇	三•一六七	一一•六六八	
陽春	四九•六五七	一七•四〇二	一九•八六三	一五•〇〇〇	一•二五〇	五•〇〇〇	
海康	三七•〇二一	一六•〇九二	三三•〇一八	二六•〇〇〇	二•一六七	八•六六八	

遂溪	四〇·八〇〇	一二六·〇六五	一二九·一五三	一二四·〇〇〇	二·〇〇〇	八·〇〇〇	
徐聞	三〇·八二二	八·九〇九	一四·一七二	六·〇〇〇	五〇〇	二·〇〇〇	
瓊山	一三四·九三〇	六七·一六二	六七·一二六	四七·〇〇〇	三·九一七	一五·六六八	
定安	三八·一二一	一四·八一五	三一·五九四	一三·〇〇〇	一·〇八三	四·三三二	
文昌	八六·二一七	六一·〇九〇	二五·六四四	二五·〇〇〇	二·〇八三	八·三三二	
樂會	一九·四八九	一八·八八〇	二八·八五三				
瓊東	一六·六七九	九·五一八		六·〇〇〇	五〇〇	二·〇〇〇	
臨高	三二·二〇四	一五·八三〇	一七·二八〇	一三·〇〇〇	一·〇八三	四·三三二	
昌江	一·七三九	二·一六七	一一·五二〇	一·〇〇〇	八三	三三二	
感恩	三·五〇〇	一·三七一	四·八〇〇	五〇〇	四二	一六八	
陵水	一三·二八五	一·〇五四	二·〇四〇	五〇〇	四二	一六八	
萬寧	四〇·〇五六	一五·五五九	三三·八〇〇	一三·〇〇〇	一·〇八三	四·三三二	
崖縣	二五·〇〇〇	一·九二〇	三·六〇〇	一·〇〇〇	八三	三三二	
儋縣	四二·五一二	一八·八五三	二八·二六三	一〇·〇〇〇	八三三	三·三三二	
澄邁	三五·六一三	一二六·七〇二	二〇·二六三	七·〇〇〇	五八三	二·三三二	
合浦	八二·九五七	四三·一九九	三七·七八四	三七·〇〇〇	三·〇八三	一三·三三二	

靈山	八二·六四	三〇·一五三	三八·四七三	六·〇〇〇	五〇〇	二·〇〇〇
欽縣	六〇·〇〇〇	五〇·七七九	六〇·〇〇〇	四六·〇〇〇	三·八三三	一五·三三三
防城	三三·五〇〇	一六·五五九	四七·一六〇	一四·〇〇〇	一·一六七	四·六六八
北海		一七二				
合計	六·一五九·五五二	三·六九一·七七八	三·五七九·九五四	二·四一四·五〇〇	三〇一·三〇八	八〇四·八三三

第八章 改編省地方預算

查本省在未改革前，原編二十五年度概算，收入方面，有賭餉及不合法之苛捐雜稅在內，共計五千九百餘萬元；支出方面，有假定償還債欵，而無確實辦法之二千數百萬元，及其他涉於浮濫支出，共計六千八百餘萬元；收不敷支，計九百餘萬元。既與經濟原則相背，復與預算程序不符，爰一面裁廢苛雜，培養稅源；一面緊縮機關費，擴充事業費，及裁員加薪，保持廉潔。又各縣地方警衛經費，多就地籌欵，既苦紛擾，又感支絀，擬在本年度未另行統籌以前，由省庫補助二百萬元，以抒地方財力。因此種種問題，遂審定將本年度全省收支，重新改定。計關於省地方方面，歲入經常門，毫幣二千一百零七萬八千九百五十八元，歲入臨時門，毫幣二千三百三十八萬零四百七十元，經臨合計歲入，毫幣四千四百四十五萬九千四百二十八元。歲出經常門，毫幣二千五百七十九萬六千五百六十三元，歲出臨時門，毫幣一千八百六十二萬二千八百六十五元，經臨合計歲出，毫幣四千四百四十五萬九千四百二十八元。如此、省地方收支，比較差可平衡。蓋粤省財政，過去數年間，因政治上特殊情形，一切章則制度，不盡與　中央通行法制相符合；其年度預算，重復凌雜，自爲風氣者不一見。政府開支，既漫無限制，人民負擔，則加無已時，以致社會經濟，農工生產，莫不感受重大阻碍。所以本廳乘二十五年八月間省政改組，政治革新之際，認爲是年度原編預算，實有通盤籌劃，重新改定之必要。遂按照二十四年度預算，斟酌情形，分別八成九成或十足計算，從新編製；于上年九月，提經省務會議，召集各機關共同審定，彙編總概算書，呈送委員長廣州行營審查；至十一月奉發審核通知書下廳，乃遵照指示各點，再行改編，呈轉審核；四月奉　省府令，轉奉　行政院令發審查意見；五月復奉　行營指復，應再修正各點，均經遵照改編；二十五年度預算，至是已告完成。

復次、截至本年度，歲入實收方面：如田賦、契税、營業税、屠宰税、船捐、房捐、什項税捐等收入，平均約可得預算八成有零；僅官產補助等欵收入，則短絀甚鉅；總共收入毫幣三千七百二十八萬二千餘元，較之預算數毫幣四千四百七十二萬元，（内省會警察局收入五百六十七萬四千元）計短收毫幣七百四十四萬餘元。盖因年度開始，政局初定，租税征收，畧有延滯，而陸續裁减税捐又多，故未能達到預算目的。惟一年以來，對於租税制度，多有所改進，故收額雖因時局關係，未能恰符預算之量，然稅捐本質，實已比較有系統而入正軌。至歲出實支方面：如黨務、行政、司法、財務、教育文化、實業、交通、建設各費，凡預算所列者，皆如其量以支付，總計支出亦達三千三百九十四萬餘元。中因統一保安經費，每月陡增四十萬元，若非預算中債務費、預備費等項，未悉數支出，則本年度收支，實難平衡也。茲將廿五年度歲入歲出預算比較簡表，暨實收實支數比較簡表，分列於次：

民國廿五年度省地方歲入歲出總概算書比較簡表（毫幣計算）

科目	經常	臨時	合計
歲入			
田賦	五•一五三•八〇〇	二•一四二•二二七	七•二九六•〇二七
契稅	二•二〇〇•〇〇〇		二•二〇〇•〇〇〇
營業稅	六•五三〇•七〇〇		六•五三〇•七〇〇
房捐	五•六〇〇•二二四		五•六〇〇•二二四
地方財產收入	一•五〇〇	一二〇•五〇〇	一二二•〇〇〇
地方事業收入	七六三•九二〇	七•二〇〇	七七一•一二〇
地方行政收入	一九〇•五〇〇	一•二六四•四〇〇	一•四五四•九〇〇
歲出			
黨務費	六七五•八一六	八〇•八五九	七五六•六七五
行政費	四•九九五•七七〇	四二六•一九〇	五•四二一•九六〇
司法費	二•〇〇〇•〇〇〇	二八八•三二四	二•二八八•三二四
公安費	四•七五五•六九六	一•三七六•八八二	六•一三二•五七八
財務費	三•〇二五•三八七	八四六•五八二	三•八七一•九六九
教育文化費	四•三七五•〇八一	四四〇•六九〇	四•八一五•七七一
建設費	三八一•一三九	三•〇〇三•二六七	三•三八四•四〇六

司法收入	四八八・三二四		四八八・三二四
補助欵收入	一五〇・〇〇〇	二・〇〇〇・〇〇〇	二・一五〇・〇〇〇
船捐		五二七・四六七	五二七・四六七
其他稅捐		一二・六六八・〇〇四	一二・六六八・〇〇四
官營業收入		四・五七六・六七二	四・五七六・六七二
其他收入		七四・〇〇〇	七四・〇〇〇
合計	二一・〇七八・九五八	二三・三八〇・四七〇	四四・四五九・四二八

交通費	四五六・一五〇	八一四・八三三	一・二七〇・九八三
實業費	一・一六一・八八三	一七一・二八五	一・三三三・一六八
整理土地費	一・五四四・七八九	四五五・二一一	二・〇〇〇・〇〇〇
協助費	二・四二四・八五二	二・三六〇・〇〇〇	四・七八四・八五二
救災準備金		六〇〇・〇〇〇	六〇〇・〇〇〇
債務費		三・二〇〇・〇〇〇	三・二〇〇・〇〇〇
預備費		四・五九六・七四二	四・五九六・七四二
合計	二五・七九六・五六三	一八・六六二・八六五	四四・四五九・四二八

民國廿五年度省地方歲入實收數比較簡表（毫幣計算）

科目	預算數	實收數	說明
田賦	七・二九六・〇二七.〇〇	四・六二〇・一二七.三一	
契稅	二・二〇〇・〇〇〇.〇〇	一・一二九・二〇六.六七	
營業稅	六・五三〇・七〇〇.〇〇	四・三九四・五〇五.七〇	
房捐	五・六〇〇・二二四.〇〇	五・六一六・一四八.六五	
船捐	五二七・四六七.〇〇	三四三・六〇六.五一	

其他稅捐	三・六四八・〇〇四.〇〇	一四・二五四・六六三.二七	
地方財產收入	一三・〇〇〇.〇〇	四一・三三四.二七	
地方事業收入	七一・一二〇.〇〇	二〇一・〇八六.〇一	
地方行政收入	一・四五四・九〇〇.〇〇	一・一二〇・七七〇.四三	
官營業收入	四・五七六・六七二.〇〇	四〇〇・〇〇〇.〇〇	
司法收入	四八八・三二四.〇〇	四八八・三二四.〇〇	收入照案留院支用
補助款收入	二・四三〇・〇〇〇.〇〇	八〇二・二五〇.七二	
其他收入	七四・〇〇〇.〇〇	三・八六九・八一〇.三五	
合計	四四・七一九・四二八.〇〇	三七・二八二・八三三.八九	内房捐由省會警察局經收尚未據報決算照預算數列入

民國廿五年度省地方歲出實支數比較簡表（毫幣計算）

科目	預算數	實支數	說明
黨務費	七五六・六七五.〇〇	六一二・五一三.八四	
行政費	五・四二三・九六八.〇〇	三・五二一・三六三.四一	
司法費	二・二八八・三二四.〇〇	一・七六三・一二〇.三三	
公安費	六・一三二・五七八.〇〇	五・六七四・二二四.〇〇	

財務費	三•八七〇•九六九.〇〇	三•五二七•七八四.〇三	
教育文化費	五•〇九五•七七二.〇〇	四•三五五•四二九.八七	
建設費	三•三八四•四〇六.〇〇	三•七三五•七九七.八〇	
交通費	一•二七〇•九八三.〇〇	二八五•七四四.二二	
實業費	一•三三三•一六八.〇〇	八八一•五三三.〇〇	
整理土地費	二•〇〇〇•〇〇〇.〇〇	一•三四一•四五六.三三	
協助費	四•七八四•八五二.〇〇	三•二〇八•七三三.一八	
預備費	四•五七六•七三四.〇〇	三•四五二•六三三.八三	
救災準備金	六〇〇•〇〇〇.〇〇	二〇•〇〇〇.〇〇	
債務費	三•二〇〇•〇〇〇.〇〇	一•六六〇•一四七.六三	
合計	四四•七一九•四二八.〇〇	三三•九四〇•四六〇.三四	收支相比稍有盈餘均挪墊臨時特支之欵

第九章　改編縣市地方預算

查本省各縣市局二十五年度縣市地方欵歲入歲出概算書，業於二十五年七月間，根據各縣原編收支數目彙編、呈送　省府交會審查。旋因政局更新，前省政府改組，未及辦理；復於去年九月一日實行禁賭，收支情况，今非昔比，向恃防務附加收入，爲各項經費之來源者，頓形短絀，不得不設法撙節，或另籌抵補；所有二十五年度各縣原編地方欵歲入歲出概算書，自應重加緊縮，另行改編。＃經預定標準三項：(一)屬行各費緊縮，凡不急之務，均暫停止，其駢枝機關，應悉數裁撤。(二)教育經費，先儘地方公欵公產，由縣盡量整理，禁止主劣把持。(三)自治警衛經費，應極力裁節，量入爲出，酌留一部份，維持地方秩序，及新增事業之需用。自本廳通令照辦後，旋據各縣先後將修正二十五年度收支概算書呈繳到廳，經由各關係機關派員來廳會同審查。關於歲入方面：凡稅捐過於苛細，而收數又屬不多者，先行剔除；其有與正稅抵觸者，則酌予裁廢，以符章制。至關於歲出方面：行政各費，參照民政廳删減標準編列，間有收支不敷之縣份，其自治等費，亦經酌予節減；建設各費，則照建設廳核減標準列支；教育文化費，則照原列數目編列，未予變更；惟警衛費一項，佔全縣支出之重要部份，實爲縣財政支絀之因素，乃權將此項警衛經費，悉數剔出，移列預備費內，去其名稱，仍留其欵項，以供支應。又各縣所報概算，欵式既不一致，項目尤復參差，凌亂無序，極難彙編。本廳詳加審核，務符章制，尤注重科目名稱之整齊一致，稅目之删繁就簡，與苛細捐稅之裁減歸併，先立整齊劃一之規模，以爲自本年度起依式確定編製預算之標準。計各縣市地方收支全年總數，均爲毫幣壹千三百一十萬零零一百九十六元。此改編本年度縣市地方預算之大概情形也。其歲入歲出預算分類統計、如左列两表：

民國廿五年度各縣市歲入預算分類表

類別＼縣名	南海	番禺	東莞	順德	中山	新會	台山	開平	恩平	寶安
附加收入	四八・〇〇〇	三〇・〇〇〇	二七・二〇〇	一三・五〇〇	六四・七二八	四〇〇	一九・四四〇	四・〇一一	一・六八〇	七〇〇
縣稅收入	三四一・六〇六	九七・〇二〇	二四・三〇〇	一〇・二〇〇	五四・九二三	一八八・〇五六	一一五・七三七	二五・九二〇	一二・三五六	二五・〇二四
縣財產收入	二五・一二〇	一・七〇〇			二六・五〇〇	一一・一〇〇	二・四〇〇	一・一四〇	一三〇	三六〇
縣事業收入		一・〇〇〇			二〇・〇〇〇		一・〇〇〇		一・二〇〇	
縣行政收入	九・〇〇〇	一六・五〇〇	一〇・九二五	一五・一五〇	一二・二五四	二三・四五九	二七・七三八	三・六四五	四〇〇	一・二〇〇
補助款收入	三四〇・二八九	四〇五・七〇〇	二四八・八三〇	二一一・五二七	五八七・九二九	四三九・九六九	三四一・四二六	一二一・六四八	一三三・九一〇	五三・〇九八
其他收入	四一・九六〇	三〇〇		九・一九二		一・八〇〇	一三・六四〇	七・〇四〇	一〇〇	二〇〇
合計	八〇五・九七五	五五二・二二〇	三一一・二五五	二五九・五六九	八六八・三四三	六六四・七八一	五二一・三八一	一六三・四〇四	一四九・七七六	八〇・五八二

類別＼縣名	赤溪	花縣	從化	增城	三水	曲江	南雄	樂昌	始興	仁化
附加收入	一・一二三	三・〇〇〇	五五〇	一・三八〇	二・〇〇〇	一・七四四	一・四四〇	二・三八四	八四〇	
縣稅收入	五四〇	六・〇二〇	三八・九六六	八・五三二	九六・二二三	三五・七〇五	三三・一一〇	二九・〇八〇	二・八〇〇	二・八二〇
縣財產收入		六五八	二・二〇〇	一・八八四	三七	一八・二三二	六三・八四九		五・一六〇	
縣事業收入					七六八	五・二四〇		一・三〇〇		

類別	1	2	3	4	5	6	7	8	9	10
縣行政收入	二〇〇	三〇〇	三〇〇	三·八五八	一·三七二	一三·〇八四	九〇〇	一·一一〇	四〇〇	三〇〇
補助款收入	七·五二三	七五·九六七	四六·〇六八	一七·四五二	八九·六七二	七〇·九六六	一四〇·三七五	四四·七二〇	三一·三五六	一四·七〇三
其他收入			一·〇〇〇		八·〇九二	二·五二〇	三六〇	三·七六八		
合計	九·三六四	八五·九四五	八九·一〇四	一九三·〇九六	一九九·一六三	一四七·五九一	二四〇·〇三四	九一·三五二	四一·五五六	一七·八三三

類別　縣名	翁源	英德	乳源	連縣	連山	陽山	佛岡	清遠	高要	廣寧
附加收入	一〇〇	一·〇〇〇	一三〇	一·二〇〇	四八〇	一·八〇〇	五〇五	三·九四〇	二·二五六	六·〇〇〇
縣稅收入	一·八四〇	二二·〇四〇	八·七四一	一〇·一八四	三·八七八	二六·三二〇	二·七六五	六·八九七	一三·二六二	一五·四四一
縣財產收入	三·〇〇〇	二·〇〇〇		九·二二四	七三〇	五四		六·六〇〇	二·四四五	•
縣事業收入										
縣行政收入	四〇〇	九〇〇	三〇〇	八〇〇	二〇〇	六〇〇	一〇〇	四·一五〇	三·二〇〇	四〇〇
補助款收入	三八·七三〇	六二·〇八二	二〇·三一〇	六一·五二四	一七·八六九	四八·一六七	一九·七二三	一五〇·三七〇	一六五·七二六	七三·一六三
其他收入	三·一六〇	二二八		二·二六八	一·八〇〇				六·七二〇	三六·四六九
合計	四七·二三〇	八八·二五〇	二九·四七一	八五·一九〇	二四·九五七	七六·九四一	二三·〇九二	一七一·九五七	二〇二·六〇九	一三一·四七三

類別　縣名	四會	開建	封川	鬱南	新興	羅定	德慶	雲浮	鶴山	高明
附加收入	五·〇九六	一·四五二	一二四	一·五〇〇	七〇〇	八六〇	一·〇四〇	二·四〇〇	三·〇〇〇	二〇〇

類別										
縣稅收入	五〇・六五三	九・五五三	二・七一八	一三・八三六	五・四〇〇	一・二九〇	一一・四二〇		五・三四〇	一八〇
縣財產收入	一・九九二	二・四三六	五六〇	一・一二三		五八八	三・七〇〇			
縣事業收入										
縣行政收入	二・〇〇〇	三〇〇		三・二四五	四〇〇	五〇〇	二〇〇	二〇〇	八・九八〇	
補助款收入	六二・四三三	二五・五一五	三一・七五九	四二・六七六	五三・五三七	五五・三〇五	二九・〇五三	四六・四一四	七一・八八五	五九・八〇七
其他收入	四・五六〇	一・一三〇				七二〇	一・一一五			三〇〇
合計	一三六・七二二	四〇・四八六	三五・一八七	七一・四七二	六〇・〇三七	五九・二八三	四六・五六二	四九・〇一四	八九・二〇五	六〇・四八七

類別＼縣名	惠陽	博羅	海豐	陸豐	河源	紫金	新豐	龍門	潮安	潮陽
附加收入	三・六〇〇	一・八四〇	一・二〇〇	一〇・二二〇	七四〇	四・五二一	三〇〇	一・四五五	一九・二〇〇	一・六〇〇
縣稅收入	二七・四七七	一・八四七	八七・六一五	一二七・一六二	一四・一九八	五・五六〇	二・四〇〇	三・二八〇	二・六四六	一七・三八四
縣財產收入	二九・七九〇	三・一八〇		七・一七六	四・三八〇	三・八〇〇		三〇	一・五七二	二・七〇〇
縣事業收入				六〇〇						
縣行政收入	一二・六三六	一・〇〇〇	五〇〇	二〇・一四七	六〇〇	一・二〇〇	四〇〇	一〇〇	一一・一〇〇	二・〇〇〇
補助款收入	一二六・一四五	一一六・二六六	五六・六六七	六一・〇二七	五八・六二〇	四八・六四九	一九・七二七	三〇・八三五	一五八・六三五	一六九・七二五
其他收入				九・九六六	一・五二〇	一・〇八〇				三五〇
合計	二九九・六四八	一三四・一三三	一四五・九八二	二三六・二八八	八〇・〇四八	六四・八一〇	二二・八二七	三五・七〇〇	一九三・一五三	一九三・七二三

類別＼縣名	揭陽	澄海	饒平	惠來	普寧	豐順	南澳	汕頭市	興寧	梅縣
附加收入	二•〇七六	一三•〇〇〇	一•四三九	六•〇〇〇	七•二〇〇	三•〇八四	三三五	二四•〇〇〇	一•七四〇	一〇•八〇〇
縣稅收入	五七•一二八	一七•六五八	一六•九八一	五四•六五〇	三•七二〇	一四•五二〇	四•八二三	六五二•五六二	一五•五四〇	四〇•八二〇
縣財產收入		四四三	一三•二〇〇			二一•七六四	三五二	一〇•〇〇〇	一六六	
縣事業收入										
縣行政收入	一•二〇〇	三•九〇〇	一•二〇〇	七九•九八〇	二•〇〇〇	一•三〇〇	四一•六五八	八一•六三二	五〇〇	四•〇〇〇
補助款收入	一五五•六六〇	九三•四六九	一〇〇•一七八	三三•一五〇	六八•二九七	三二•五二三	四•三六五	五五•三〇三	五三•〇六四	九三•〇七四
其他收入		五•二〇〇	一二〇	二•一六〇	八四•二五〇		一•〇八〇	一四•四〇〇		
合計	二一六•〇五四	一三三•六七〇	一三三•一一八	一七五•九四〇	一六五•四六七	六三•一九一	五二•六〇三	八三七•八九七	七一•〇一〇	一四八•六九四

類別＼縣名	五華	平遠	蕉嶺	龍川	連平	和平	大埔	茂名	電白	化縣
附加收入	六〇〇	七六〇	一•〇〇〇	一•四四〇	三〇〇	二•三二八	一•六五〇	三•六〇〇	三•六〇〇	三•六〇〇
縣稅收入	三•七八〇	三•六二四	八•〇六四	一四•九六四	六•〇二三	一〇•六八九	二•四一六	三•三〇〇	三•九二七	一五•二四〇
縣財產收入		一〇〇	一二〇		七八六	一•九二九			一•〇七三	
縣事業收入						八八八				
縣行政收入	二•〇〇〇	二〇〇	六〇〇	二•〇〇〇	三〇〇	三三五	四二•二四四	一•二〇〇	五〇〇	三〇〇

補助款收入	四三・六三五	二一・七二一	一九・八〇三	三二・八一四	一八・七四四	三三・七七三	三四・〇八九	一四九・一一七	九三・五〇二	一〇三・二四一
其他收入						九六〇		一八〇		
合計	五九・〇一五	二六・三九五	二九・五八六	五一・二一八	二六・一四二	五〇・八九二	八〇・三九九	一五七・三九七	一〇三・六〇二	一三一・三八一

類別＼縣名	吳川	信宜	廉江	陽江	陽春	合浦	北海市	欽縣	防城	靈山
附加收入	一・二〇〇	二・〇〇〇	二・二四〇	五・六四〇	九六八	六・〇〇〇	一・二〇〇	三・二〇〇	二・二六〇	二・四〇〇
縣稅收入	七・二三〇		一三・〇五四	三五・一六九	四・四〇〇	二四・七五三	四・七七六	四六・二六〇	一六・一〇六	六・二三五
縣財產收入				一・八四二		三四八		一・二〇〇		三・〇二六
縣事業收入										
縣行政收入	五〇〇	二〇〇	七五〇	二・〇〇〇	三〇〇	八〇〇	一三・七五二	一・〇〇〇	四〇〇	五〇〇
補助款收入	六八・三五九	四六・〇〇〇	八九・四九四	一二〇・五九七	五八・八七九	九四・三九四		七七・四〇五	二三・六四〇	八五・九七六
其他收入						六〇〇	二・四六〇	七・九七五		三・四五〇
合計	七七・二八九	四八・二〇〇	一〇五・五三八	一六五・二四八	六四・五四七	一二六・八九五	二二・一八八	一三六・九六〇	四二・四二六	一〇一・五八七

類別＼縣名	遂溪	海康	徐聞	瓊山	文昌	定安	儋縣	澄邁	臨高	樂會
附加收入	五・四七六	一四・四六〇	一・八六一	七・五六七	四・〇九〇			一・八六〇	六二四	三〇〇
縣稅收入	二四・九一四	三二・四三三	一三・二六八	七九・〇〇三	一六・九〇六	二六・八四〇	一一・六四二	九・二六四	八・六四六	六三五

縣財產收入	六〇	五八三		五二三					三二六	
縣事業收入									一四四	
縣行政收入	二•二〇〇	二•七六〇	二〇〇	三•五一八	六〇〇	四〇〇	三〇〇	三〇〇	一•一六〇	二四•二二〇
補助款收入	五五•九二〇	四四•六九八	三一•八九一	一九九•八八〇	九八•〇二三	四五•四三八	四五•九四四	五七•四九七	五五•七二一	二二•一一三
其他收入			一八	一•四四〇					一三	
合計	八八•五七〇	八四•九四四	四六•二三八	二九二•〇〇九	一一九•六一九	七二•六七八	五七•八八五	六八•九二一	六六•七五三	四七•二六八

類別＼縣名	瓊東	崖縣	陵水	萬寧	感恩	昌江
附加收入	三三六	一•〇三〇	二八五	五六一		
縣稅收入	一•六四六	三•七六四	一•四〇五	一•九四七	五四〇	六•〇〇〇
縣財產收入	二•四一一		五九八			
縣事業收入						
縣行政收入	二〇〇	二〇〇	二〇〇	五〇〇	二〇〇	二〇〇
補助款收入	一八•四四三	二八•七〇二	一五•〇四五	四三•六五〇	四•二五四	二•四五九
其他收入						
合計	二三•〇三六	三三•六八六	一七•五三三	四六•六五八	四•九九四	八•六五九

合計	附加收入	四五五·七五八
	縣稅收入	二·九九五·四九二
	縣財產收入	三二九·三五七
	縣事業收入	三二·二四〇
	縣行政收入	七六二·〇六九
	補助欵收入	八·二二八·四一四
	其他收入	二九六·九一七
總計		一三·一〇〇·二四七

類別	百分比
附加收入	三·四七
縣稅收入	二三·八六
縣財產收入	二·五〇
縣事業收入	〇·二四
縣行政收入	五·八七
補助欵收入	六二·八〇
其他收入	二·二六

民國廿五年度各縣市歲出預算分類表

類別＼縣名	南海	番禺	東莞	順德	中山	新會	台山	開平	恩平	寶安
行政費	二七·四九二	二三九·七三六	五一·二六八	七九·三三九	二九〇·九五〇	二九二·六六四	一四一·九二〇	四〇·六七五	四七·四六〇	二六·三七二
公安費	二〇九·二九一	四一·七四五	三〇·七二八	五·五六八	一一七·六七三	九九·九八四	一四·〇二八	一〇·三三四	八·九三九	八·四六〇
財務費	四·〇〇〇	二〇·七二四	一四·六四一	一〇·六二三	一八·六三九	三一·一二七	一〇·六〇二	一〇·九六〇	一一·四一四	七·四九四
教育文化費	一四二·〇〇〇	一五四·八九七	五九·三一三	五六·六三九	二五〇·七三八	六八·九〇三	一二五·二五二	七〇·四五二	一六·四四二	一七·三二八
建設費	一一·八二〇	一一·八四〇	一五·八二八	三·七〇〇	一一·七〇九	一一·八八五	一七·六四八	三·二二〇	一三·七四〇	五·四〇三
衛生費	四五·〇〇八	一〇·八七六	八·〇三六	二·八五〇	一〇·四六〇	三三·〇三二	一九·二〇〇	六〇〇	三·一二〇	三·八八三
縣營業資本支出		三·〇〇〇								

補助費	撫恤費	救濟費	債務費	預備費	合計
五•二〇〇		七•二〇〇		一六三•九六四	八〇五•九七五
		一四•四八八	三•六〇〇	一五二•三一四	五五二•二二〇
		二•四〇〇		一三九•〇四一	三一一•二五五
七五〇		九〇〇		九九•二二一	二五九•五六九
七•二〇〇		一二•四一〇		四八•五六四	八六八•三四三
八•一六〇				一三〇•〇二六	六六四•七八一
九•三六〇		一〇•六三三		一八二•七三九	五二一•三八一
三•三〇〇			八•五〇〇	一四•三七三	一六二•四〇四
一•四〇〇		五•二八〇		三一•九三五	一三九•七七六
				一一•六四三	八〇•五八一

縣名／類別	行政費	公安費	財務費	教育文化費	建設費	衛生費	縣營業資本支出	補助費
赤溪	二•〇三七	一•五六二	三三六	一六八	六〇			
花縣	一三•八〇八	四•四〇〇	七•五〇〇	一九•七九四	二•三六八			二•一二〇
從化	一九•八三六	三一七	九•四九二	二〇•九〇四	九•九八〇			
增城	四六•六五九	一〇•二〇〇	一三•八〇八	四四•八四四	七•五六八			一•二九〇
三水	六九•九七二	四三•五二八	七•四三五	二八•二三七	七•〇一六	一•〇〇〇		一•八〇〇
曲江	二八•一五九	三五•九六八	五•七五〇	四八•九六五	四•八二〇	一八•六七八		三六〇
南雄	九四•七七六	二四•七七四	六•六九四	二四•一六〇	七•九九四	一〇•五四八		一•六〇〇
樂昌	一四•六九八	一八•七五二	四•四三四	七•二三九	三•四八四			四〇〇
始興	一〇•六三三	四•四七六	三•八七一	六三〇	一•六四〇			
仁化	八•七七四	一•六八〇	一•九五六	一•五六四	二•一〇〇			

撫恤費										
救濟費		七·五〇〇	三·〇〇〇	八·四〇〇	一·六五二	四·一二三	四·八五〇	二·四九六	五·二二〇	
債務費										
預備費	五·二〇二	二九·三九五	一六·五七五	六〇·三三七	三八·五三三	七七八	六四·六三八	三九·八五九	一五·〇九七	一·七五八
合計	九·三六四	八五·九四五	八九·二〇四	一九三·〇九六	一九九·一六三	一四七·五九一	二四〇·〇三四	九一·三五二	四一·五五六	一七·八三二

類別＼縣名	翁源	英德	乳源	連縣	連山	陽山	佛岡	清遠	高要	廣寧
行政費	一六·八一五	二六·〇六八	一一·二九六	一三·五六七	六·五五〇	二〇·七五二	四·二六〇	六九·三五八	五八·四〇八	五七·〇九四
公安費	二·四〇〇	一一·二〇八		二·〇四〇		三·五一六		八·二〇二	二五·二〇〇	三·六〇〇
財務費	四·一七八	八·二七三	三·三八八	五·七一九	一·七六六	九·八九八	二·三〇四	一四·〇二〇	八·三八九	四·九三五
教育文化費	八·八二〇	四·六八八	四八〇	二七·一八〇	七·三一九	二·一六〇	三·三〇〇	一四·一三五	三〇·八七六	四五·五七一
建設費	一·四四〇	六·〇八〇	一·二四八	一·三五〇	四八四	三·七二〇	一·二〇〇	三·五七〇	五·六二〇	三·四五六
衛生費	四八〇	一·二〇〇		二·一〇〇	二·一一三	三·一六四				四·〇四〇
縣營業資本支出										
補助費						四·八二四		一·五六〇	六〇	一·八〇〇
撫恤費										

救濟費	六六二	一·四四〇	一·〇八八	三二四	一·〇五八	一·八〇〇		二八八	一·三八〇	三八一
債務費								三一·二四〇		
預備費	三·四三五	二九·二九三	一一·九七一	三一·九二〇	五·六六八	二七·二〇七	一三·一二八	二八·五九五	七三·六七六	一〇·五九六
合計	四七·二三〇	八六·二四九	二九·四七一	八五·一九〇	二四·九五七	七六·九四二	二三·〇九二	一七一·九五七	二〇三·六〇九	一三一·四七三

類別＼縣名	四會	開建	封川	鬱南	新興	羅定	德慶	雲浮	鶴山	高明
行政費	一六·三三二	八·八二三	一〇·五九一	二五·九一三	一三·五〇六	一〇·二八九	一一·六一八	八·六五三	一七·九九三	一三·一〇〇
公安費	一五·一三六	三·二四〇	二·三〇四	一七·八五六	三·三〇〇	三·七四四	三·四二〇	一·六八〇	一七·九二八	七·六七九
財務費	七·一七九	二·〇五八	二·七四二	五·四七四	五·三四五	三·三一四	四·六九〇	三〇六	五·六六三	三·六一〇
教育文化費	三·二一一	一六·八五五	三·五八〇	九·六四八	四·〇五二	一〇·八九六	一〇·〇八〇	二·五四〇	一八·二八六	一一·五三八
建設費	二·九二〇		二一六	一·九六八	一·四七六	三·四七四	二·〇八八	一·三二八	四·八六〇	一·九八〇
衛生費	六四八					二·四〇〇	三〇〇			一·八九三
縣營業資本支出										
補助費	三六〇				九六〇				九六〇	
撫恤費	三〇〇						六八〇		三〇〇	
救濟費	一·四二〇		五四		九六	三七〇	五六〇		四·八〇〇	四·八〇〇

債務費	預備費	合計
	六〇•三二六	一三六•七三二
	九•五二一	四〇•四八六
	一五•七〇〇	三五•一八七
	一〇•六一三	七一•四七二
	三一•三四二	六〇•〇七七
	一四•七九六	五九•二八三
	一三•一二六	四六•五六二
	三四•五〇八	四九•〇二四
	一八•四一六	八九•二〇五
	一五•八八七	六〇•四八七

類別/縣名	行政費	公安費	財務費	教育文化費	建設費	衛生費	縣營業資本支出	補助費	撫恤費	救濟費	債務費
惠陽	七九•八九二	二〇•七〇〇	一三•七〇九	四九•九三二	八•六五六		三•〇〇〇	二•六四〇		一〇•七二八	
博羅	二一•六一三	四•二六〇	二•三三三	一三•六三八	三•八四〇	三•九六〇		一•五六〇		一•五六〇	
海豐	一九•九七〇	六•六八四	四•九〇〇	一〇•〇二〇	一•二四〇	七六三		五•四〇〇			
陸豐	三四•〇三六	四〇•九一六	三四•六八五	五九•八八九	一四•四一三	四•三三三		三•〇〇〇		二•五〇〇	
河源	一六•六〇一	一•九四四	八•二〇四	二一•〇六〇	五•四六〇	三•九六八		三•六六〇		六〇〇	
紫金	一七•四七九	一•四四〇	五•六九七	九•一七六	一•八〇〇					一•九二〇	
新豐	六•九八六	一•四四〇	二•六〇二	五七〇	三八四						
龍門	六•九〇〇		三•五一九	四•五二五	一•九二〇			一八〇		一〇〇	
潮安	四二•五五六	一〇•二〇〇	八•三五〇	二〇•四〇〇	九•三〇〇	一•六八〇				三•四八〇	
潮陽	四七•七九六	八•〇四〇	八•六四〇	一八•二四四	一二•五三九					三•〇〇〇	

預備費	合計
一〇二·三九二	二九九·六四八
六二·三八二	一三四·一三三
九七·一〇五	一四五·九八二
四二·五三七	二三六·二八八
二八·五五二	八〇·〇四八
二七·二九八	六四·八一〇
一〇·八四六	三一·八二七
一八·五五六	三五·七〇〇
九七·一八七	一九三·一五三
九六·四六四	一九三·七三三

縣名＼類別	行政費	公安費	財務費	教育文化費	建設費	衛生費	縣營業資本支出	補助費	撫恤費	救濟費	債務費	預備費
揭陽	八九·五七八	六·六二四	一〇·〇二九	二三·〇〇八	一四·六二八	四·八〇〇		二·七〇〇		三·三六〇		六一·三二七
澄海	三一·二五八	八·〇九六	五·一三九	一四·七五一	四·四六〇	五〇〇				五〇〇		六八·九六六
饒平	三五·三六四	一一·三二〇	九·五六二	五·九六四	九·五二〇					六·六〇〇		五四·八八八
惠來	四一·九六二	八·一八〇	四·一二七	一三·三〇〇	三·六〇〇	六·四四一				六〇〇		九九·二七〇
普寧	三四·五〇四	五·七八四	六·三一二	一六·五七四	四·七五五			七二〇		八·四二三		八八·四〇七
豐順	七·二六四	五·五八〇	三·一三八	七·〇八〇	五·七九六					三·八四〇		三〇·四〇三
南澳	七·五四四	一六·四三〇	三八九	二·四四〇	三·五二八	一·四四〇						二〇·八三三
汕頭市	一八五·二七五	三一·九七四		二五九·一五〇	四·八〇〇	五八·九五七		七·七四二				
興寧	二六·九八八	三·六〇〇	四·一〇〇	九·四四〇	一·七三二			六〇〇		一五〇		二四·四一〇
梅縣	二〇·五〇〇	六·四八〇	六·四四三	九·一一九	一·四四〇			九·一〇八				九五·五四四

合計	二六•〇五四	一三三•六七〇	一三三•一一八	一七五•九四〇	一六五•四六七	六三•一〇一	五二•六〇三	八三七•八九七	七〇•四七〇	一四八•六九四

縣名 / 類別	行政費	公安費	財務費	教育文化費	建設費	衛生費	縣營業資本支出	補助費	撫恤費	救濟費	債務費	預備費	合計
五華	一五•八七三		四•二九七	一五•八四六	七四四	二•四〇〇						一九•八五五	五九•〇一五
平遠	八•四五七	三•三一二	五四〇	二•二〇〇	三•八四〇				一六〇			七•八八六	二六•三九五
蕉嶺	四•〇七六	二•四〇〇	二•〇一〇	六•九七二	二•六四〇	二•六〇〇						八•八八八	二九•五八六
龍川	五•八六三	一•四四〇	三•六六五	三•五四四	九六〇	九六				二二六		一七•四三五	五一•二一八
連平	四•四七二	二•三六八	二•二八〇	一•一五六	五〇〇	一三〇		二七九				一四•九五七	二六•一四二
和平	五•八八〇	四•七八〇	二•八五七	九•九七二	三•〇〇〇					一•〇二〇		二三•三八三	五〇•八九二
大埔	八•九五二	二•七〇〇	四•九四〇	四•六六三	三•〇〇〇							五六•一八四	八〇•三九九
茂名	四五•二八一	一七•一五四	一三•二六五	四三•七七八	六•三五四	一•五四四		一•二〇〇		一•二〇〇		二七•六二二	一五七•三九七
電白	二九•一九七	七•二一五	五•五八〇	一六•九〇〇	二•四七六	一•二〇〇			一三〇			三九•九一三	一〇二•六〇一
化縣	四五•五一八	九•七八二	八•三三四	二八•九一〇	五•三四〇	三•七二〇				二•三六四		一七•四一三	一二一•三八一

縣名＼類別	行政費	公安費	財務費	教育文化費	建設費	衛生費	縣營業資本支出	補助費	撫恤費	救濟費	債務費	預備費	合計
吳川	二一·九九〇	一〇·九六八	五·〇七二	一七·三六八	一·八三六			三四〇		一·三二〇		一八·三九五	七七·二八九
信宜	一七·一五九	三·八八六	六〇〇	九·四〇八	二·九七六							一四·一六九	四八·二〇〇
廉江	二三·五〇二	一五·五六〇	六·八九六	一七·四一三	三·二〇〇	二·七二四		一·四四〇		二八八		三四·五六一	一〇五·五八三
陽江	二七·四五〇	二五·五九〇	八·〇二四	三·〇〇〇	九·六四八	三·九〇〇		二·三三〇		一·八〇〇		七四·五〇六	一六五·二四八
陽春	一九·八二〇	七·三六六	七·九八九	八·一九五	二·六八三			五二〇		三三五		一七·四〇二	六四·五四七
合浦	三〇·二八一	一〇·四二八	六·二九九	一三·八三〇	一一·六八二	三·六〇〇		一·一三〇		一·四一六	五·〇四〇	四三·一九九	一二六·八九五
北海市	一〇·四五二	一一·五六五										一七二	二二·一八八
欽縣	一五·〇二八	一七·四七二	二·八三七	四六·五四六	九六四	一·八八四		一·一三〇		四〇四		五〇·七〇九	一三六·九六〇
防城	一四·九八〇	六·六二七	一·三五〇	一·六三三	一·二七八							一六·五五九	四二·四二六
靈山	二八·八八〇	一一·〇二〇	一〇·二六〇	三五·四七三	三·二八〇	二〇〇		一三〇		一〇九	二·二四六	二〇·一五三	一一一·六四一

類別＼縣名	遂溪	海康	徐聞	瓊山	文昌	定安	儋縣	澄邁	臨高	樂會
行政費	一六・七五七	二〇・一四三	三・〇五三	七九・〇六四	三・六二八	二四・一八八	二一・五七九	二一・五七七	一四・三四六	七・一四〇
公安費	三・九八四	一八・六九一	二・八八〇	五六・一八九	一三・八九四	五・七六〇	二・二二〇	二・四五四	四・三九二	七・一七〇
財務費	三・六八四	三・三六四	三・四三〇	七・八四三	四・三八三	三・一一五	四・三二〇	四・四八九	四・九〇二	二・九八一
教育文化費	三〇・七一六	三・三〇〇	四・七一三	四二・四一二	一四・〇一〇	八・三六四	七・〇〇〇	二一・七一四	一八・五八五	三・八四〇
建設費	一・三七四	七・一〇四	三・九九六	二一・四六九	二・四七三	一・七〇四	一・九四四	一・六九七	二・七八四	一・五〇六
衛生費			二〇〇	五・二七三	一九二	八四〇			二・三六二	
縣營業資本支出										
補助費	二・四〇〇	三・六〇〇		六・一二〇	九〇〇	四三二	一八〇	二八八	一・七二八	一四四
撫恤費		二〇〇		九四四						
救濟費	九〇	四五〇	四八	五・五三三	一・〇五〇	三・四六〇	一・八〇〇		一・八二四	二八八
債務費	三・五〇〇									五・二一九
預備費	二六・〇六五	二八・〇九二	八・九〇九	六七・一六二	六一・〇九〇	二四・八一五	一八・八五二	二六・七〇三	一五・八三〇	一八・八八〇
合計	八八・五七〇	八四・九四四	四六・二三八	二九二・〇〇九	一一九・六一九	七二・六七八	五七・八八五	六八・九二二	六六・七五三	四七・二六八

類別＼縣名	瓊東	崖縣	陵水	萬寧	感恩	昌江
行政費	九•〇六五	一四•九三四	七•八三三	一四•九六二	二•五一八	三•二四〇
公安費	二•八〇八	四•八〇〇	一•八〇〇	四•〇八〇		一•二六七
財務費	三二〇	二•一九二	二•五八四	四•四九一	三八五	二六七
教育文化費	四三二	五•九六六	一•八〇〇	四•七五二	七二〇	二八八
建設費	六〇五	一•二八〇	一•九二六	八六四		八一〇
衛生費		一•二五〇	四六〇	一•二〇〇		
縣營業資本支出						
補助費	二六八	四四四	八六	一五〇		
撫恤費						
救濟費		一•〇〇〇		六〇〇		
債務費						
預備費	九•五一八	一•九二〇	一•〇五四	一•五五九	一•三七二	二•七八七
合計	二三•〇三六	三三•六八六	一七•五三三	四六•六五八	四•九九四	八•六五九

合計	行政費	三•五〇六•三二〇	公安費	一•六一七•八〇二	財務費	六〇五•四二八	教育文化費	二•四四二•三〇六
	建設費	五三二•九四三	衛生費	二九七•一二四	縣營業費本支出	二四•〇〇〇	補助費	一一五•四八二
	撫恤費	二•七四〇	救濟費	一九三•四五七	債務費	六〇•三四五	預備費	三•六九一•八二三
總計	一三•〇八九•七五四							

類別	行政費	公安費	財務費	教育文化費	建設費	衛生費	縣營業費本支出	補助費	撫恤費	救濟費	債務費	預備費
百分比	二六•七八六	一二•三三九	四•一六七	一八•六五八	四•〇七二	二•二六九	〇•一八三	〇•八八二	〇•〇二〇	一•四〇一	〇•四六二	二八•一九六

第十章　省庫收支狀況

本省向稱富庶之區，賦稅收入，甲於他省；近年受世界不景氣之影響，都市商業凋零，農村破產，銷費力日減，稅源頓現枯竭。自去歲統一完成後，本廳爲謀鞏固財政基礎計，將一般收支，切實整頓。應屬於國家稅者，歸還中央，如洋米稅之撥歸海關征收。爲與民更始，減輕人民負担起見，實行裁撤苛捐雜稅，禁絕全省賭博，雖賭餉收入，年征毫幣一千四百餘萬元之鉅，亦裁撤弗惜。茲將一年來本廳收支情形，撮要分別說明於次：

歲入方面　查歷年省庫之最大收入，爲防務經費，及有獎義會餉兩項。在本年度開始，本廳卽抱定掃除不良稅收，與澈底取銷苛雜，故年度收入，因而大減。上年度船來農產品、洋米稅、什項稅，收入頗鉅，本年度開始，既將洋米稅劃歸海關征收，是故本年度舶來農產稅之收入，比上年度幾減其半。次之、各縣田賦，亦爲省庫收入之大宗。近年廢止錢糧，改征地稅，開辦之初，凡屬田畝陳報，編訂戶口冊籍，以及評價等等手續，均屬繁劇，在在需時，在諸項手續未辦完竣以前，地稅收額，自難望有特殊起色。其他如煤油販賣營業稅、契稅、營業稅、屠宰稅、房捐、什項稅捐、沙田收入等等，在本年度中，稅制均經整理，會計亦加改善，所有征獲，尙均能趨入正軌。故本年度省庫各款收入，以舶來農產品稅爲最多，田賦次之，屠宰稅又次之，歲入總額爲三千一百一十九萬餘元：計田賦收入四百六十二萬餘元，佔歲入總額百分之一四・八，契稅收入一百一十二萬餘元，佔百分之三・六，營業稅收入一百七十七萬餘元，佔歲入總額百分之五・七，煤油販賣業營業稅收入一百八十四萬餘元，佔百分之五・九，屠宰稅收入二百二十四萬餘元，佔百分之七・二，船捐收入三十四萬餘元，佔百分之一・一，鎢鑛捐收入一十一萬餘元，佔百分之〇・四，房捐收入一萬餘元，佔百分之〇・一，舶來農產品雜項專稅收入八百八十一萬餘元，佔百分之二八・二，其他各項稅捐收入三百八十三萬餘元，佔百分之一二・三，地方財產收入四萬餘元，佔百分之〇。一，地方行政收入一百二十六萬餘元，佔百分之四・一，地方營業收入四十九萬餘元，佔百分之一・六，補助款收入八十萬餘元，佔百分二。六，籌餉收入一百二十六萬餘元，（查本省經於民國廿五年九月禁賭籌餉，已無收入，表列數目，係在未禁之前及禁後尚未完繳之欵。）佔百分之四，稅捐加二專欵收入一十萬一餘元，佔百分之〇•四，其他收入弍百四十七萬餘元，佔百分之七•九。（已裁稅捐未完各稅二萬餘元在內）

歲出方面　本年度如黨務、行政、司法、財務、教育文化、實業、交通、建設各費，凡預算所列者，皆能如數支付，與前之支出各機關經費，均分攤派者，自不可同日而語。至統一發放保安隊補助經費，建築公路費，以及地政局開辦經常各費，均爲本年度鉅額之增加支出。故本年度省庫各項經臨費支出，以教育文化費爲最多，建設費次之，財務費又次之，歲出總額爲三千一百零九萬餘元：計黨務費六十一萬餘元，佔歲出總額百分之二，行政費三百四十七萬餘元，佔百分之一一•二，司法費一百二十七萬餘元，佔百分之四•一，財務費三百五十萬餘元，佔百分之一一•三，教育文化費四百三十五萬餘元，佔百分之一四，實業費八十八萬餘元，佔百分之二•八，交通費二十八萬餘元，佔百分之〇•九，建設費三百七十三萬餘元，佔百分之一二，整理土地費一百三十四萬餘元，佔百分之四•三，協助費三百一十萬餘元，佔百分之一〇，債務費一百六十六萬餘元，佔百分之五•三，預備費三百三十七萬餘元，佔百分之一〇•八，救災準備金二萬元，佔百分之〇•一，暫付欵項三百四十六萬餘元，佔百分之一一•二。

總上以觀，本年度歲入總額爲毫幣三千一百一十九萬餘元，歲出總額爲毫幣三千一百零九萬餘元，歲入歲出比較，剩餘十餘萬元，收支尚能適合。爰將廿五年度收支實況，表列於後，藉陳概畧。

民國廿五年度省地方歲入實況表（毫幣）

科目	歲入數	百分比	備考
田賦	四、六二〇、一二七三一	一四・八	
契稅	一、一二九、二〇六六七	三・六	
營業稅	一、七七〇、八八〇五七	五・七	
煤油販賣業營業稅	一、八四七、一四六六八	五・九	
屠宰稅	二、二四〇、六二六〇五	七・二	
船捐	三四三、六〇六五一	一・一	
鎢鑛捐	一二三、七〇九八六	〇・四	
房捐	一五、九三四六五	〇・一	
舶來農產品雜項專稅	八、八一三、四三〇四四	二八・二	
雜項稅捐	三、八三八、三三〇六一	一二・三	

地方財產收入	四二、三三四二七	〇・一	
地方行政收入	一、二六七、三〇六〇九	四・一	
地方營業收入	四九五、〇〇〇〇〇	一・六	
補助歘收入	八〇二、二五〇七二	二・六	
籌餉收入	一、二六一、六三八六一	四・〇	
各項稅捐加二專歘	一一三、二二五九三	〇・四	
已裁稅捐未完各稅	二八、四五二九五	〇・一	
其他收入	二、四五一、〇八七九七	七・八	
合計	三一、一九四、二九五八九	一〇〇・〇	

民國廿五年度省地方歲出實況表（毫幣）

科目	歲出數	百分比	備考
黨務費	六一二、五一三八四	二・〇	
行政費	三、四七一、三六三四一	一一・二	
司法費	一、二七四、七九六二二	四・一	
財務費	三、五〇三、〇一八六一	一一・三	

教育文化費	四、三五五、四二九	八七	一四・〇
實業費	八八一、五三三	〇〇	二・八
交通費	二八五、七四四	二一	〇・九
建設費	三、七三五、七九七	八〇	一二・〇
整理土地費	一、三四一、四五六	三三	四・三
協助費	三、一〇八、七三三	一八	一〇・〇
債務費	一、六六〇、一四七	六二	五・三
預備費	三、三七四、一四〇	八九	一〇・八
救災準備費	二〇、〇〇〇	〇〇	〇・一
暫付款	三、四六八、二六五	四二	一一・二
合計	三一、〇九二、九四〇	四〇	一〇〇・〇

第十一章　編製下年度省地方概算

查辦理本省二十六年度省地方普通歲入歲出概算一案，前於去年十二月間，由廳擬具改善辦法五項，提呈　省政府核定，通行照辦。嗣各機關第一級概算書，延至本年三月間陸續送廳，即經由廳彙總，編就本省民國二十六年度省地方普通歲入歲出第二級總概算提要，轉呈省政府審核。計第一次原編提要，歲入部份毫幣六千七百二十二萬四千四百八十七元，歲出部份毫幣八千九百六十一萬九千八百九十一元，收支比較，不敷二千二百三十九萬五千四百零四元；係連廣州市政府及省會警察局合併編列，計廣州市政府收支各佔壹千三百六十三萬四千三百一十九元，省會警察局收支各佔六百零二萬六千零六十九元，於五月六日，呈　省政府提付審查。嗣奉　行政院本年四月八日第零一八八五號訓令，頒發審訂二十六年度普通預算辦法八條，遵將第二次修正，歲入歲出各為毫幣六千九百五十八萬八千零一十二元，收支對照適合，於五月十八日，提經　省政府召集各機關共同討論。嗣各機關以核減太多，署感困難，復經　省政府於五月二十日，改推李鄒歐陽三委員負責審查，是月二十一日審查决定，并奉　省政府本年六月五日財字第三七四七號訓令，抄發李鄒歐陽三委員擬定增減數目，令廳參加意見，重行改編；同時、并遵照　中央編列建設事業專欵概算案，將原列普通概算內屬於建設事業各欵，移列建設專欵概算；又查預算法及會計法，對於市政府概算之編製，並未規定應編入省地方概算內，似應將廣州市政府概算劃出，獨立編製；計第三次修正普通概算，歲入為毫幣四千八百一十萬零六千三百一十二元，歲出為毫幣四千八百零二萬二千零三十九元，（除去市府部份）另建設事業專欵概算，歲入歲出各為毫幣一千六百萬元，是為第三次修正。嗣本省於六月二十一日頒定國幣之定率，收支情形，今昔不同，復經遵照院令及主席指示，暨各委員審查意見，依照上年度預算爲標準，及奉發改編辦法，將收支各欵，除原係國幣之欵，按照原數編列外，所有原列毫幣數目，概按一四四折合法幣編列，計普通概算歲入歲出、各爲國幣三千三百二十九萬零四百元，建設專欵概算收支、各爲國幣一千一百萬元，是爲第四次修正。旋以建設專欵概算內列毫幣一千六百萬元，除由普通概算移列毫幣四百萬元，及整理沙田收入二百萬元，尙有着落外，其餘壹千萬元，原屬假定，並無的欵，因議撤銷建設專欵概算，歸併普通概算，估計合編後，本年度概算收支不敷尙鉅，於七月十三日提請　省務會議特別縮減，設法救濟，重行改編，以期收支適合；統計此次修正：歲入爲國幣三千四百六十一萬四千一百元，歲出爲國幣三千七百一十五萬一千九百三十五元，收支兩抵，計不敷國幣弍百五十三萬七千八百三十五元，伸毫幣三百六十五萬四千餘元，預備費尙未列入，是爲第五次修正。連預備費、總計收支不敷達七百萬元，業經提請　省府核議裁減，以期收支適合；嗣經　省府會議修正，計歲入歲出各爲國幣三千五百八十三萬三千餘元，又另編建設事業專欵歲入歲出概算、收支各爲九百萬元，總計共達國幣四千四百八十三萬三千餘元。再二十六年度預算，歲入部門十二項目中，田賦、比上年度增加一百餘萬元，營業稅、比上年度增加二百六十萬元，其他稅捐、亦增一百二十餘萬元，是皆因稅制改善，稅額隨之而增。此本省二十六年度省地方概算編審經過之大畧情形也。其各欵數額之分配，玆附概算兩表於次：

民國廿六年度省地方普通歲入歲出總概算書比較表（國幣計算）

歲入

科目	經常	臨時	合計
田賦	四·四六七·〇〇〇	八一九·七〇〇	五·二八六·七〇〇
契稅	一·一八〇·〇〇〇		一·一八〇·〇〇〇
營業稅	七·二一〇·一〇〇		七·二一〇·一〇〇
房捐	三·八九二·四〇〇		三·八九二·四〇〇
船捐		一六一·〇〇〇	一六一·〇〇〇
其他稅捐		九·九二三·六〇〇	九·九二三·六〇〇
地方財產收入	一·二〇〇	八三·六〇〇	八四·七〇〇
地方事業收入	四二五·九〇〇		四二五·九〇〇
地方行政收入	二二一·二〇〇	九〇九·五〇〇	一·一三〇·六〇〇
地方營業純益	三〇·一七七·七七七		三〇·一七七·七七七
補助款收入	一八·七九〇·三〇〇	一·三八九·〇〇〇	二〇·一七九·三〇〇
其他收入		二九二·四〇〇	二九二·四〇〇

歲出

科目	經常	臨時	合計
黨務費	四四四·九〇〇	八四·三〇〇	五二八·九〇〇
行政費	一·三七四·四三五	二三九·一〇〇	一·六一三·五三五
司法費	一·三六九·〇〇〇	三四四·四〇〇	一·七一三·四〇〇
公安費	六·七六二·五一八	一·五八八·五〇〇	八·三五一·〇一八
財務費	二·四四八·〇〇三	九一五·九二九	三·三六三·九三二
教育文化費	三·九一九·二〇〇	五八四·四〇〇	四·五〇三·六〇〇
實業費	五九二·八〇〇	一一八·一〇〇	七一〇·九〇〇
交通費	二八一·八八二	一一〇·四〇〇	三九二·二八二
建設費	二六五·〇〇〇		二六五·〇〇〇
整理土地費	六九·二〇〇		六九·二〇〇
協助費	四·九〇〇·一〇〇	五九九·八〇〇	五·四九九·九〇〇
撫卹費	三九·八〇〇		三九·八〇〇

總計	三三·二五五·六七七	二·五七七·八〇〇	三五·八三三·四七七

救災準備金		四二七·〇〇〇	四二七·〇〇〇
建設事業專欵基金		二·七〇〇·〇〇〇	二·七〇〇·〇〇〇
國防建設費		二·一〇〇·〇〇〇	二·一〇〇·〇〇〇
債務費		二·五〇〇·〇〇〇	二·五〇〇·〇〇〇
預備費	一·〇四五·〇〇三		一·〇四五·〇〇三
總計	三三·五三一·八四八	二·三〇一·六二九	三五·八三三·四七七

民國廿六年度省地方建設事業專欵歲入歲出概算表

歲入經臨合計	
科目	金額
基金收入	二·七〇〇·〇〇〇
沙田整理收入	一·四〇〇·〇〇〇
建設債欵收入	四·九〇〇·〇〇〇
總計	九·〇〇〇·〇〇〇

歲出經臨合計	
科目	金額
農村經濟建設費	六·九〇〇·〇〇〇
公路建設費	二·一〇〇·〇〇〇
總計	九·〇〇〇·〇〇〇

第十二章　核定下年度縣市局地方概算

查各縣市局年度地方收支概算書，係爲編審各地方機關歲入歲出之基礎。本省以前對於縣地方財政，並不深切注意，人民疲於輸將，制用仍感竭蹶，豪强土劣，恣意侵蝕，收支紛亂，達於極點。自去歲政局統一，始行逐漸着手整理，裁撤苛雜捐稅，統一地方收支；於本年三月，審定廿五年度概算後，即行擬定編製二十六年度概算暫行辦法，頒發科目格式及應行注意事項，通令各縣市局確切遵守，限期編送。惟各縣市局蹈常習故，積弊已深，欲遽達滿收滿支之目的，實非一蹴可幾。本廳總攬全省度支，依照整理步驟，循序漸進，一年以來，警衛費改由省庫統支，酌盈濟虛，各種新政，得以平均發展，已獲相當效果。而預算制度，實爲統一收支之基礎，廿六年度各縣市概算，依限遵繳者十之八九，少數縣分，嚴催之下，亦均陸續繳齊。惟各縣市局原報科目，頗多錯誤，欵式亦未盡合，其所列收支數目，間亦不盡不實，尤以填寫上年度審擬確數，多不相符，一經廳分別予以更正，並將歲入歲出二方面列數，使之適合。由廳關係各科股初步審議，分別核編，並函邀民政、教育、建設各廳及省黨部，派員責代表來廳，各就主管事項加具意見，歷經多次會商，縝密參酌各方面意見，及本廳整理步驟，陸續製定九十七縣市局地方概算，呈候　省府核定實行。關於安化管理局及白沙保亭樂東三縣，現尚未有縣局地方欵收支，擬俟下年度再行辦理。再原定預算格式，有上年度與本年度增減比較一欄，茲因國幣毫幣、單位不同，不予照列，俟下年度概以國幣計算時，再行核算編列。此二十六年度各縣地方預算經本廳核定之大概情形也。茲將二十六年度各縣市局地方概算各種統計表附後：

民國廿六年度各縣市局地方欵概算歲入提要

科目	經常門	臨時門	合計	備考
附稅收入	三七四、七八七		三七四、七八七	
捐費收入	二、五四一、三六〇		二、五四一、三六〇	
財產收入	三三一、一八六	三、三三三	三三四、五一九	
事業收入	五三、〇一〇		五三、〇一〇	
行政收入	六六七、八〇三	九九、五〇五	七六七、三〇八	
補助欵收入	七、九二八、五四七	三〇、一三三	七、九五八、六八〇	
其他各項收入	三八五、一〇二	二七、九七九	四一三、〇八一	
合計	一二、二八一、七九五	一六〇、九五〇	一二、四四二、七四五	

民國廿六年度各縣市局地方欵概算歲出提要

科目	經常門	臨時門	合計	備考
行政費	三、八五七、八五八	二四一、三〇三	四、〇九九、一六一	
公安費	二、六九一、五九五	一一九、七八五	二、八一一、三八〇	
財務費	六八九、五一六	三一、三〇八	七二〇、八二四	
教育文化費	二、二一七、二三四	二一、一五七	二、二三八、三九一	
建設費	四三〇　四一一	四〇、二六二	四七〇、六七三	
衛生費	二三六、八四九	一、二五〇	二三八、〇九九	
補助費	二一五、七四四	五二二	二一六、二六六	
救濟費	一六〇、〇七三	一、一一〇	一六一、一八三	
其他支出	四八、一八一	四、一九三	五一、三七四	
預備費	一、四三五、三九四		一、四三五、三九四	
合計	一一、九八一、八五五	四六〇、八九〇	一二、四四二、七四五	

民國廿六年度各縣市局地方欵概算各項歲入分類統計表

縣別＼項別＼經臨門	經常門 附稅收入	經常門 捐費收入	經常門 財產收入	經常門 事業收入	經常門 行政收入	經常門 補助款收入	經常門 其他各項收入	臨時門 財產收入	臨時門 行政收入	臨時門 補助款收入	臨時門 其他各項收入
南海縣	四五·一三九	三五六·四四七	三·九〇一		三·四〇三	三三七·〇九八	三八·八六七		一·一六七		七七〇
中山縣	三二·八〇八	九四·七五五	二〇·六二五	二·〇八三	二八·二一一	三五九·一八八	四·三七五		二·七七八		
台山縣	二〇·一三九	一七一·〇七〇		五·六六〇	二一·一九九	二四七·八七六	五六·七九〇	二·九一六	一·二八五		一三·五〇〇
新會縣	一〇·九一七	一五一·〇七九	一五·六六七	四七二	二六·二八八	二四八·六七五	四八·二〇八	四一七	二·六三三	六九四	
瓊山縣	六·〇三八	五三·一五七	四〇七		一·二一〇	二九五·九一七	一六七		一·二九一		
番禺縣	四八·六二一	一三·五三五	一·一八一	六九四	八·七五〇	二七一·六〇三			一·〇四二		
順德縣	九·一六六	一九·二七一	四·〇〇〇		三五·一〇一	三三一·四三三	四·四五六		四·八〇二		
東莞縣	四·三〇六	三七·七〇四			三·九四一	二二六·一二七			一·一八〇		
揭陽縣	六·五八三	一三·八三三			四一·五四二	一三四·九三九			三·八〇四		
高要縣	三·四七二	一七·〇三三	八·七一七		一五·四二三	一四一·一一五	四一七		二·五七〇		
潮安縣	一〇·八三三	一五·七九六	六七五		三·五四二	一四〇·五八五			三·六八〇		
潮陽縣	二·七七八	一一·一六二	二·一〇三			一五八·九〇八			一·六五三		
惠陽縣	二·七七八	一六·三二四	四·〇五六		三〇·九七二	二一一·一五二			一·七三六		二〇八

茂名縣	三•五〇〇	一〇•〇八九	一五•一八六	三三		一三五•一一五	三•七五一		一三九		
曲江縣	一•九〇六	三五•八六三	一五•九六二	三•四七二	八•九四四	八八•五九八	四•六六七		九八六		
陽江縣	三•七五〇	一六•八八五	三•二五〇		八•〇四一	一一五•二三八			一•四五八		
清遠縣	二•九一七	七•三九六	三•六一一		一一•六〇四	一三六•五五〇			五五六		
合浦縣	四•一六七	四•三四二	三三		一•〇四一	九三•一六二	六五一		五五六		
汕頭市	一六•六六七	五三六•一六三	六•九四四		六八•六六六	一一九•六六七	一六•九四四		二•〇八四		
澄海縣	九•三八三	二〇•三八三	一三•八〇八	四•三三三	二〇八	一三〇•一五五	六三•五八五		三•八五四	一七•八三二	
海豐縣	一•五八三	九八•二四〇	一〇•一六三	九•〇七四	三五•七四五	六七•一七〇			九〇三		
開平縣	五•二〇八	五一•七七八	七•四九九		八九六	一三三•四八九	五•七五七		一•四七六		一〇〇
三水縣	一•三八九	五八•八六一	八三	二七八	三〇•〇五〇	九四•九一九	五•一一九		四八六		
南雄縣	九〇三	二四•五五八	三〇•五四一	六•九四四	二七•二〇八	八〇•三七五	二五〇		三四七		
增城縣	一•四六五	三•一八〇	一•三〇八		二•五四〇	一四四•六五四			三四〇		
陸豐縣	一•六六七	五五•九三五	四•七六四	四一七	一〇•二三〇	七〇•七一九	三•四七三		四•一六六		
河源縣	三•〇六九	三七•九一四	四•三三三	一•七五八	二九•七七三	六八•五三九	二•〇八三		一七六四	六六九	一五〇
海康縣	一〇•三八九	二二•六七六	二•九〇九	二•五〇七	三五•〇二四	六五•三三六			七八一		
陽春縣	二•〇八三	一六•九七六	六•八一四	九七二	二六•〇三三	六五•七〇八	六•一八四		一•六二五		

廉江縣	一•五五六	一九•三三六	一•七一七	一•二五〇		七七•七五八	二三•七七七		八六二	二•〇八三
欽縣	三•二三三	三一•九七九	二•六〇六	二•三五八	二七八	七五•三〇九	四•〇八〇		六九四	
									一•〇四二	
饒平縣	一•五二四	一〇•三三三	九•四三三			九四•九二〇			二•六三九	
博羅縣	一•三八九	三•八五五	八•四八二	一•七九二		九八•一六六	九四〇		九五四	
化縣	一•六六七	三二				二一•六八四			一•一八〇	
靈山縣	一•六六七	七•七九七	一五•五八四			八六•八一七	一•二八五		四八六	
文昌縣	三•一五三	一三•六二五				九一•六六五	二•八二三		五五六	
梅縣	七•五〇〇	三•七七一			八•三三三	八六•一九〇			九〇三	
興寧縣	二•七五〇	六二五	三•五八八		一〇•九一四	五九•五三三	二四•一〇四		二•〇八三	
電白縣	二•〇八三	三•八四七	九八八			八六•九八九			六九四	
普寧縣	五•七五〇	一•九八四	五八三	一•九〇〇		六九•一四二			八•五〇八	
英德縣	七九二	一•八〇六	二•六六七		六九	六四•〇二八	一五八		六九四	
信宜縣	二•三六一		六•四四三	二〇八		五六•九七三	三•二三三		二七八	
五華縣	二•〇八三	一四•〇一五				四九•一五三			九七二	
									三•〇〇三	
廣寧縣	三•四七二		四一七			六一•一三三	六九四		四一七	
防城縣	一•九三七	二三•四五四				三八•三三五			五五六	

羅定縣	一●三八九	一●三八六	四〇八			五九●五三四			五三		
雲浮縣	一●三八九	二●二四八				五四●〇二四	二九二		二七八		
惠來縣	二●三三〇	三三●七八三			六二●三三三	四五●二〇六	六六七		四一六		
恩平縣	三●四三一	七●六三九	八三	六三五	五●二七八	三四●四八一	六九		四一七		一●四五八
新興縣	一●七〇八	二四●六七九	六●〇三九	七五		七五●四九九	二●七〇九		七四	二●八一六	
僑縣		四●九九六	三●九八一	一六七		七三●二五九	三●九九六		六三五		
遂溪縣	八四四	三九●三三二	二●二四一	三〇〇	五六三	五〇●一九九			九七二		
鶴山縣	二●四三〇	五●五五六			四●九一六	七九●一三九			一●〇〇〇		
高明縣	四一〇	二五〇	三●一一五	六七五	六●六六四	六四●七一三	八●四三二		四八一		
花縣	二●五〇〇	三●〇一三	四八九			七六●八三一			四一六		
始興縣	五八二	一六●六七五	二〇●六七九	六六七		四四●〇五六			四八六		
陽山縣	二●四八四	一八●三七六	三七	三三		五九●二四〇			六六〇		
四會縣	一●三三三	三●〇八四	三●四三一		一●一八〇	五八●五九三	一●七二五		九〇二		
臨高縣	四三三	一三●九一三	三六	一〇〇	六六七	六〇●五三一	九二		四三一		
從化縣	八三三	三三●二四六	二●〇六〇		四五二	四八●六四二	六九五		二七七		
鬱南縣	一●三六一	一四●一〇三	七●七七三		七●四一〇	四四●九二九			三八一		

縣別											
吳川縣	八三三	五•九五五	二九二		四三	六七•四五五			一•〇二七		
連縣	一•三八九	九•八六四	九•四五五			四八•一五四	二•三七五		六九五		
寶安縣	一•二二五	九•一〇二	二五〇			五八•二四四	一三九		八三四		
定安縣		一六•三二四				五二•七六〇			四八六		
澄邁縣	一•二五〇	一•六三二				六四•四八一			五三五		
樂昌縣	一•六六六	三•四五八		六六七	二八五	四四•七二九	六•二五〇		八三三		
德慶縣	七三三	七•九一八	四•〇九七		二•九七四	四九•〇三八			二〇八		五三二
徐聞縣	一•二九二	一九•三三二				三九•三三四			四九一	八三三	一七
紫金縣	一•三八九	二•〇五五	二•二三三			五二•九二五	七五〇		九七二		
龍川縣	一•〇〇〇	二•九〇二			五•二三八	四六•六三二			一•五二八		
龍門縣	一•〇二〇	五七五	五二一			四五•四四六	二〇八		七六四		八•七三九
萬甯縣	一•五七〇	四六七				五一•六四五			五五五		
和平縣	一•二六四	八•〇二六	九三三	六一七		四〇•五七六	六六七		三九二		
豐順縣	一•八一九	一•七五〇	七•四九〇			三九•〇八三			一•〇四一	六九四	
封川縣	八七	一•七三三	六九四			四七•八五一			六九九		
翁源縣	四八六	一•三八九				四〇•八八六	三•五八三		四一七		

大埔縣	一•一四六	七八二				四四•一六七			五五六		
連山縣	五二八	四•四七四	四八八	五八		三五•四〇五	三•二一七		一三八	二〇八	
蕉嶺縣	八六〇	八•一六二	一三五	一•六〇七	四二	三〇•六九二	八八〇		一•〇八三		
崖縣	一•二七七	二•九一五				三七•一一八			二九一		
平遠縣	五三八	一•一〇二	六九	四八三		三六•七〇二			三八九		
佛岡縣	四六五	三•八四〇				三一•三三六			一四九		
連平縣	一•二〇八	一•八一三	六二五			二九•七〇二			二〇八		二〇八
新豐縣	四三二	一•六六七				二九•四一五			三一三		
仁化縣		八三	三四七			二九•七三四			二七八		
陵水縣	四三八	一•五三九	五六三			二七•五五六			二七八		
南澳縣	一•七七八	一六•八五五	二•七七〇		一〇•八〇七	二五•七六七			三三三		
瓊東縣	八〇一	四•一一三	五•七三五		一三•七五二	三〇•五四九			三四七	一•四四〇	
開建縣	四一七	九•六一八	三•五二一		六•四一六	三四•一八八	九七二		四一七	六九四	
樂會縣	五五二	六•六九四				三三•七八七	六四八		三四七		
乳源縣	四一七	三•〇八三			九七五	三五•四六六			一六四		
昌江縣		四•三一三			四•六二五	二〇•一九二	六二五		一九一		二三五

感恩縣		七〇八		五四二	四·〇〇〇	一九·九九三	六三五		四一七	二〇八	
赤溪縣	一·〇八四	三七五				三·〇三七			一四七		
保亭縣											
白沙縣											
樂東縣											
梅菉管理局		一五·三七五							二七八		
南山管理局		三·〇六七			六·二七四		七七〇				
安化管理局											
合計	三七四·七八七	二·五四一·三六〇	三三一·一八六	五三·〇一〇	六七二·八六一	七·九三三·四八九	三八五·一〇三	三·三三三	九九·五〇五	三〇·一三三	二七·九七九

民國廿六年度各縣市局地方歛概算各項歲出分類統計表

縣別	縣等別	區別	經臨別	行政費	公安費	財務費	教育文化費	建設費	衞生費	補助費	救濟費	其他支出	預備費
南海縣	一	一	經常	一三六·一九七	二五四·六九〇	三二·八二三	一二三·三二一	二〇·六八三	二九·一一七	三·五八三	一一·三七五		二一·二六三
			臨時	七·三三三	二四·〇〇一		五·〇九五	四·一六七				一·二〇六	
中山縣	一	一	經常	一六七·〇八六	七五·三一八	一六·二九五	一六九·〇六七	二四·一五二	七·二六四	八·〇〇〇	七·五七六		三一·八〇〇
			臨時	一〇·七六六	一一·〇四〇	一三九	三·四七二	二·六〇八					

台山縣	一	一	經常	一〇三•七九二	一〇五•五〇五	二〇•六二八	一五二•二七一	一九•一一〇	一一•三三三	八•〇三三	七•三八三		八七•七八六
			臨時	一一•八六一	五•四〇〇	八三三	一一•三三三	四•一六七					
新會縣	一	一	經常	九三•八六九	一五一•一二四	二三•八八七	一〇五•四一七	一四•五九七	一五•三〇〇	六•三三三	六•四五〇		七四•一五七
			臨時	四•〇九〇	五•八七七			二•二九二	三四七			一•三二〇	
瓊山縣	一	九	經常	五六•七一九	六二•三七四	一〇•〇一八	三六•六七八	三一•九四四	三•九八四	七•二七一	五•〇〇七		一四六•〇〇九
			臨時	八•六二一	二•四七二								
番禺縣	一	一	經常	九七•八二八	八六•三三四	一〇•八七五	六六•二七八	一四•二二五	四•一六七	四•二六七	四•六九六	四•一六七	二五•一八九
			臨時	一七•〇八三	二•三六一		二•〇八三	五•四五八			四一八		
順德縣	一	一	經常	六一•三九七	八八•八七九	二六•〇六一	五七•四八九	六•五三三	六•三六八	五•七七一			四二•九四二
			臨時	二•七七六									
東莞縣	一	一	經常	五三•八八三	六六•六一八	一四•七七四	四一•三二〇	六•八〇六	五•五八一	五•〇〇〇	二•〇八四		五八•六八一
			臨時	七•〇五〇	一•一一一			三五九					
揭陽縣	一	五	經常	五八•七八六	三八•八五〇	一〇•三七六	二八•〇六五	八•八六六	三•三三三	七•一二五	三•七五〇		二九•〇〇〇
			臨時	四•七九一	四一七	六•七四五		五九七					
高要縣	一	三	經常	六三•一四〇	四六•六六四	一〇•二九八	二八•五二六	七•九四九		四•二〇九	二•〇八三		一七•六五六
			臨時	五•七四二				二•五〇〇					

潮安縣		潮陽縣		惠陽縣		茂名縣		曲江縣		陽江縣		清遠縣		合浦縣	
一		一		一		一		一		一		一		一	
五		五		四		七		二		七		二		八	
經常	臨時	經常	臨時	經常	臨時	經常	臨時	經常	臨時	經常	臨時	經常	臨時	經常	臨時
六〇•七三四	三•四五八	五〇•一〇九	四•〇四〇	五五•四〇八	二•九二四	四五•二四九	二•九一六	四四•二八二	二•三六六	四七•八五八	三•九七二	五〇•五〇三	四•八四六	四四•六四七	一•七七八
四五•四一六		四〇•八六六		三七•七八六		三六•二〇四	四•四〇三	三九•五三三	二•一二五	四三•五二五	三五〇	三二•九四五		二四•五五〇	
一六•一五九		一四•六〇三		一四•六〇〇		八•一八五	二•八六五	九•四二四		二二•六八八	七六四	一六•五五二		六•六九九	
三三•五一三		一六•九一七	五五五	三〇•七〇四		四八•一五六		三〇•二六八	一•三二〇	一一•四九〇		一〇•八〇七		一二•四〇四	
九•七二五		八•七〇一		二•八八七		四•五四二	五八四	六•七七七	一•〇〇〇	八•二八七		三•四三〇		七•三一四	九七二
				九一七		三•八二九	一三九	一三•二三八		二•五八三	三四七			一•六六七	
三•三三四		四•〇八三		六•六六七		一•六六六		三•〇〇〇		五•六五八		一•八三四		二•九一六	
八•八三三		二•二五〇		一•七三三		六六七		二•八一四		一•二五〇		二〇〇		四一七	
												二二•三八九			
三•九三九		三四•四八一		一三•六〇一		七•七〇八		四•二五一		一九•八五〇		一〇•一四八		八六八	

汕頭市	一	五	經常	一六三•〇七五	二七四•九〇〇		一八六•七四〇	八•九七五	三五•二三三	一八•五二六	五八三		四六•三三五
			臨時		三二•七六七								
澄海縣	二	五	經常	一〇三•六一二	五一•三二〇	八•四一七	三五•四四七	六•六六七	一四•三八〇	四•〇三三	五•六一八		一九•六二〇
			臨時	二•〇五二	三〇六	一八七	三三	四一七					
海豐縣	二	四	經常	四三•一九五	三八•五八六	八•一五八	六六•三三六	一一•六八六	九•七〇五	五•〇〇〇	一•六六七		三五•一五二
			臨時	二•〇一四	八三三	五五六							
開平縣	二	一	經常	五一•九二七	四八•〇三五	九•九五三	五五•八五二	四•一九二	二•五〇〇	三•九五八		五•九〇三	八•七六五
			臨時	二•九三五	一七四	一•三四七		三九		三四			
三水縣	二	一	經常	四一•七六八	三九•七六六	八•九七八	二七•三九〇	五•四二七	一•二九二	二•五〇〇	一•一四八		六〇•一一六
			臨時	二•八〇〇									
南雄縣	二	二	經常	四四•八二七	三二•九六九	一〇•三〇八	一九•一二五	六•一六四	七•八二五	三•四一七	三•三六八		三七•一三三
			臨時	三•五〇二	一•一八〇	三四七	一四三	七二九					
增城縣	二	一	經常	五〇•六六四	三二•八九二	一〇•九〇六	三〇•四四九	五•二五六		三•三九六	七•五二五		九•四九四
			臨時	二•九〇五									
陸豐縣	二	四	經常	四〇•〇九七	四七•九八六	四•一〇八	四•三七五	九•四〇五	三•〇〇一	四•三三三	二•〇八三	一四•七三三	一七•〇三九
			臨時	二•四八六	一•三八九			三四七					

河源縣	二	四	經常	四三•六二六	二三•五一六	七•三五一	二五•九九二	六•七三九	四•五〇二	三•五〇八	一六七		二七•〇六八
			臨時	四•五一三		四一七	六七〇	一•〇八三					
海康縣	二	八	經常	三七•三三三	三一•七三〇	七•二四九	三四•七九四	六•七三四		四•三三四	三三		二三•八四九
			臨時	二•三六八	二七八		五八九	六三					
陽春縣	二	七	經常	三九•二六四	二九•一四四	七•四三四	二三•三三二	三•五〇〇	一•二五〇	二•八一八	一•七二六		一九•〇三八
			臨時	一•九二〇									
廉江縣	二	七	經常	三六•七五三	三〇•九五〇	五•九三三	三七•五三三	三•二三八	一•二二七	二•〇五八	二〇〇		八•四一八
			臨時	一•七一六	二〇八			二三五					
欽縣	二	八	經常	三三•六〇三	一五•四五〇	六•六五七	三三•六二四	五•四三八	一•三〇八	四•三八九	一四一		七•七三二
			臨時	一•九一七	六二五	六九四							
饒平縣	二	五	經常	四四•六九二	一六•七五〇	一五•八九一	七•六〇三	六•一〇九	八三三	二•五〇〇	四•一八五		六•〇〇一
			臨時	二•七四九	四一七			一•一二二					
博羅縣	二	四	經常	三九•四六七	二四•三一七	一一•八九二	一七•〇五一	三•七〇八		二•三三三	三•八三三		七•一六五
			臨時	二•三四〇		三•四七二							
化縣	二	七	經常	三五•八九〇	二二•三八三	七•六三四	二一•八三五	五•〇二八	一•四一三	一•七九二	一•五八〇		二三•二二九
			臨時	二•二八九		一•六三七	一五二						

縣別			類別										
靈山縣	二	八	經常	三八•八三八	九•七五〇	七•〇五八	三〇•九三四	二•二五一	一三九	一•六六七	一•七四三		一九•四三三
			臨時	一•三三三	五〇〇								
文昌縣	二	九	經常	三九•八七五	三•四七九	九•一六二	一三•〇三三	二•五五七	九六六	一•四五八	七三三		一六•八五八
			臨時	三•五四八	一四二								
梅縣	二	六	經常	三八•七〇八	二•一六七	一三•〇四	一一•六八〇	一•四一七		七•三三五			一一•六一三
			臨時	二•七四三									
興甯縣	二	六	經常	三四•〇四一	一六•一一三	五•九六八	三五•四五〇	一•八六三		一•一六七	一〇四		六•〇九四
			臨時	二•六二九	一三九								
電白縣	二	七	經常	三四•〇五八	一八•八六七	八•七一八	一一•七七九	二•四八五	八三三	一•〇〇〇	八三		一四•三七一
			臨時	二•〇六三	一七							一六七	
普甯縣	二	五	經常	三六•二七三	三•三六七	六•八六二	一〇•一八四	五•三一六		一•九一七	六•二七五		二•八八七
			臨時	三•五八〇	一•三八九		一三九	一三九				一三九	
英德縣	二	二	經常	三三•五〇五	一三•三六七	六•六七七	四•三六三	二•〇八四	一•六六七	四一七	九一六		四•五三八
			臨時	二•五四二		五五五	三三三	二五〇					
信宜縣	二	七	經常	三三•六六一	八•六七二	四•〇二七	一四•五〇三	一•八五九		五〇〇	四二		四•二七九
			臨時	一•五九五	二七八			六九					

五華縣	二	六	經常	三〇•一三九	一五•三一六	六•五七二	三•七一八	九三三	二〇〇	五〇〇			七〇四
			臨時	一•四二一		二五〇	四七二						
廣寧縣	二	三	經常	三三•五四七	七•五〇〇	六•九九九	六•二八五	一•八八二	八三三	二五〇	九七		七•三二三
			臨時	二•〇〇〇		四一七							
防城縣	二	八	經常	三六•五八三	九•〇六九	二•五五八	一•二六九	二•六二一		一•九一七			九•一六七
			臨時	一•二〇八									
羅定縣	二	三	經常	三一•九〇〇	八•四三三	四•四五五	八•〇九七	二•二九六	一•六六七	八三三	二五七		三•六六四
			臨時	一•六一七									
雲浮縣	二	三	經常	三〇•三〇〇	一六•五四一	三•八三四	四•五二九	一•四三三		二五〇	一〇八		三一
			臨時	一•一六六				一三九					
惠來縣	三	五	經常	五三•五九八	二六•一〇五	七•四五八	九•五四一	六•一二五	四•四七三	八三三	三三四		四二•五七八
			臨時	二•五三五									
恩平縣	三	一	經常	三七•三九二	二三•二一六	五•六二三	一五•一三三	九•八七五	二•一六七	一•四一七	三•六六六		三七•〇八一
			臨時	二•三五八	五五六	二•〇八三	一•二九一	六二四					
新興縣	三	三	經常	三七•三一四	一八•六二五	四•六三四	二四•四七四	二•七〇三	一七	四•三三三	六〇八		一六•九五六
			臨時	二•〇〇〇	二九〇	一•五三五		一〇〇		二〇八	四四二		

縣別				1	2	3	4	5	6	7	8	9	10
儋縣	三	九	經常	三〇•九四二	三〇•四七五	三•九五八	一一•〇六三	一〇•一〇〇	一•八八三	九五八	一•九一七		二七•九一四
			臨時	一•七〇九	七二三	三八三							
遂溪縣	三	八	經常	二八•三四九	一九•五五八	四•九二〇	三•七〇五	一•七八三		一〇•一六六	六二		一五•二〇九
			臨時	二•〇五九	六四〇								
鶴山縣	三	三	經常	二五•九九一	二三•四〇一	六•八七六	一六•五三〇	六•二五〇		一•二五〇	三•三三三		八•一六〇
			臨時	二•二五〇									
高明縣	三	三	經常	二八•六三四	一三•〇八四	四•七〇六	二四•七〇七	二•四〇八	二•四八五	七五〇	一•〇〇三		三•九四五
			臨時	一〇•一〇三				一•九一七					
花縣	三	一	經常	二六•三二五	一九•三三四	五•一六七	一六•七六九	二•一六七		四一七	五•二〇八		五•九四九
			臨時	一•九〇三									
始興縣	三	二	經常	二五•七七一	一〇•六五三	四•五六七	二七•一八〇	一•七三六		三三三	五•〇五九		五•六五三
			臨時	一•九三〇	二六四								
陽山縣	三	二	經常	二七•三七五	八•七九二	四•七五九	九•八八六	二•〇八七	一〇•〇六一	三•九三三	一•二五〇		一四•八六一
			臨時	一•五六一		三•六八一	五八四						
四會縣	三	三	經常	二五•六八〇	一九•八一七	六•四〇〇	一八•五九九	一•八六一	五〇〇	一•〇〇〇	九七九		八一六
			臨時	一•八二〇	六九四	五二八	二〇八	三四七					

臨高縣	三	九	經常	三〇•九六七	一〇•一三四	五•〇五六	一四•四五六	二•一六八	二•四二五	六五〇	一•一六七		七•五五六
			臨時	一•六〇四									
從化縣	三	一	經常	二六•一二三	七•三〇四	六•二二五	一六•四六三	四•一二五		五五六	八三三		一一•六五八
			臨時	五七三			九一六	一•四三一					
鬱南縣	三	一	經常	二七•四六二	一八•五一五	六•三三五	一三•四二四	一•九五三		四一七	二•〇二五		三•八九六
			臨時	一•九二九									
吳川縣	三	七	經常	二五•五八六	一六•六五〇	四•一〇六	一三•一七七	一•二七五		一•七三五	九一六		九•一四三
			臨時	二•二二九	七八		九〇						
連縣	三	二	經常	二六•五九八	一四•三三三	四•五〇九	一五•七〇五	一•〇三二	一•四五八	四一七	三七		六•四二〇
			臨時	一•二六四									
寶安縣	三	一	經常	二九•一四八	一五•三三四	五•二九二	九•〇六六	二•七二〇	二•七〇八	四一七			六〇五
			臨時	一•七三三				二•五八三					
定安縣	三	九	經常	二七•五七五	一〇•八一七	六•六六七	七•二六〇	二•五三三	一•二九三	七一七	二•四〇三		五•七八〇
			臨時	三•二六四				一•一五三					
澄邁縣	三	九	經常	二九•八九一	七•一三三	四•一六三	一〇•〇〇六	一•四七九	一•六六七	六八〇	四二		九•四三七
			臨時	二•〇八〇	四八六	二六八	一三九	一三九	二七八				

樂昌縣	三	二	經常	二六•三九二	一九•七〇〇	三•六九〇	三•五七八	二•〇〇四		四一七	四一七		五•五七三
			臨時	一•七二三	四〇三	三〇八	四一七	二七七					
德慶縣	三	三	經常	三〇•〇七九	七•一五三	五•六五五	一〇•四八一	一•三七六	二〇八	一•二五〇	八六二		四•五八〇
			臨時	二•一五一	一•〇二七			六六七					
徐聞縣	三	八	經常	一九•三五〇	四•七〇八	三•四一七	三•九七五	三•三五八	五四二	一•八三三			一三•〇六九
			臨時	一•三四七		六九〇							
紫金縣	三	四	經常	二五•四九三	一三•五〇〇	五•〇二八	七•五五八	一•六二五		五〇〇	一•三三三		四•一一九
			臨時	一•一五七									
龍川縣	三	六	經常	二四•〇七一	九•二〇六	三•三三七	八•七六九	六八三	六七	五〇〇	九八三		七•四六二
			臨時	一•九四四	二七八								
龍門縣	三	四	經常	二六•五八〇	七•九六九	五•一一二	六•一八五	一•七四二		九五八	八三三		六•七四五
			臨時	七九二	三四七								
萬甯縣	三	九	經常	二七•〇〇三	九•六七四	五•一九四	三•一六四	九二五	四一七	五二二	四一七		五•三六六
			臨時	一•二五六	三〇〇								
和平縣	三	六	經常	二三•四六七	七•四一七	四•二四〇	七•七五八	二•〇〇〇		四一七	七〇八		四•七〇四
			臨時	一•六四二	一一一								

縣名														
豐順縣	三	五	經常	二五•九三三	六•三七五	三•九一七	六•五八九	一•三九二		五〇〇	三•一七四		一•一九五
			臨時	一•一八一	一•二三八			三八三					
封川縣	三	三	經常	一四•〇五〇	八•七六七	四•三七七	三•一五〇	二•二五〇	五二九	一•〇三四	四二		四•九六一
			臨時	一•五六一		九三		二五〇					
翁源縣	三	二	經常	一五•四八三	五•八三三	四•七七五	六•一五八	一•一六七	三三三	二五〇	四六〇		一•四二七
			臨時	八七五									
大埔縣	三	六	經常	二六•一九一	七•六四二	四•二一八	四•六五九	一•五〇〇		一五〇			一•三〇五
			臨時	九八六									
連山縣	三	二	經常	三•〇四五	一五〇	二•一八五	三•九〇九	九〇八	二•〇三五	七五〇	二六		二•一八九
			臨時	一•〇〇六							二		
焦嶺縣	三	六	經常	二三•六四七	四•九〇〇	一•八九六	四•七六四	三•〇七四	三•〇四七	三三三			三二〇
			臨時	一•一五〇	一八三	一四六							
崖縣	三	九	經常	二四•三四五	二•九一七	三•四九四	四•九一二	八八九	一•〇一九	八〇八	六九四		一•八二九
			臨時	六九四									
平遠縣	三	六	經常	二•〇七五	四•四七五	三•八四二	四•〇九〇	三•六四八		四一七			四九四
			臨時	一•一二三								三	

縣	等級												
佛岡縣	三二	經常	一九•八一七	五•六二五	二•七六七	三•二四七	八三三		四一七			二•二五一
		臨時	八三三									
連平縣	三六	經常	二•一三三	五•五二七	二•七五〇	一•二六三	六七四	六七	四一七			一•二五一
		臨時	六九二									
新豐縣	三四	經常	三•八七五	一•一六七	二•九四一	一•三三七	三九二		四一七			二•二一四
		臨時	五八三									
仁化縣	三二	經常	三•〇三九	一•〇〇〇	二•二七六	一•一七二	一•二九二		三三三	五八三		七〇五
		臨時	七七八		四二		八三			一三九		
陵水縣	三九	經常	二•二六四	一•三三九	三•〇六六	一•四七三	五〇〇	二八一	三一〇			一〇〇
		臨時	七〇八	一二五		一三九	六九					
南澳縣	特三五	經常	二〇•〇七三	一一•九三〇	一•六六一	九•一六九	一•四七五	一•六六七	四一七	五四二		一〇•六八一
		臨時	五八三									
瓊東縣	特三九	經常	二六•四三二	六•二一一	三•五七七	一•一七二	七五四	一•一三九	四一〇	一•四八〇		三•四二二
		臨時	八四二	二〇八	二〇〇							
開建縣	特三三	經常	二三•一四〇	八•二〇九	二•七四九	二•三一〇	五八三	一•六六七	五四二	五八三		七•二七五
		臨時	九九三	一五三				一三九				

縣名	等級											
樂會縣	特三九	經常	三•三三二	四•〇五八	三•三七五	三•三五六	二•三六四		四一七	一•八九七		一•七八九
		臨時	一•七二三	一四四	一一六	二〇八	二五〇					
乳源縣	特三二	經常	三•二五八	五•四七五	四•四八八	一•六二一	九五〇		四一七	六五〇		一•三八三
		臨時	一•五一七	三一六							一六〇	
昌江縣	特三九	經常	二〇•三五〇	一•二五〇	九八四	一•五八四	五六二	四一七	四一七			四•二七三
		臨時	三三九	一〇四								
感恩縣	特三九	經常	二〇•九九四	一三五	三九二	一•二九七		八三三	一六七	一六七		二•〇〇三
		臨時	五一四									
赤溪縣	特三一	經常	一九•四九二	七二五	九五八	八五二	四二		二五〇			四七七
		臨時	七〇八	一三九								
保亭縣	九	經常										
		臨時										
白沙縣	九	經常										
		臨時										
樂東縣	九	經常										
		臨時										

局別														
梅菉管理局		七	經常	六四九	八•二九二		四•五六五		二五〇	四三			八四四
			臨時	一•〇二一									
南山管理局		五	經常	三•五〇〇	三•一一七		四二						三•四五二
			臨時										
安化管理局		二	經常										
			臨時										
合計			經常	三•八五七•八五八	二•六九一•五九五	六八九•五一六	二•二一七•二三四	四三•〇四二	二三六•八四九	二二五•七四四	一六〇•〇七三	四七•一八二	一•四三五•三九四
			臨時	二四一•三〇三	一一九•七八五	三一•三〇八	二一•一五七	四〇•二六三	一•二五〇	五三三	一•一一〇	四•一九三	

民國廿六年度各縣市局地方歀概算與上年度預算數目比較表

縣別	縣等別	區別	本年度預算國幣數	上年度預算折合國幣數	比較 增	比較 減	備考
南海縣	一	一	六七六•七九二	五五九•七〇五	一一七•〇八七		上年度預算毫洋數八〇五、九七五元
中山縣	一	一	五四四•七二三	六〇三•〇一六		五八•二九三	上年度預算毫洋數八六八、三四三元
台山縣	一	一	五四〇•四三五	三六二•〇七〇	一七八•三六五		上年度預算毫洋數五二一、三八一元
新會縣	一	一	五〇五•〇五〇	四六一•六五三	四三•三九七		上年度預算毫洋數六六四、七八一元
瓊山縣	一	九	三五八•〇八七	二〇二•七八四	一五五•三〇三		上年度預算毫洋數二九二、〇〇九元

番禺縣	一	一	三四五·四二五	三八三·四八六		三八·〇七一	上年度預算毫洋數五五二、二二〇元
順德縣	一	一	二九八·二二七	一八〇·二五六	一一七·九六一		上年度預算毫洋數二五九、五六九元
東莞縣	一	一	二六三·二五八	二二六·一四九	四七·一〇九		上年度預算毫洋數三一一、二五五元
揭陽縣	一	五	二〇〇·七〇二	一五〇·〇三七	五〇·六六四		上年度預算毫洋數二一六、〇五四元
高要縣	一	三	一八八·七六六	一四〇·七〇二	四八·〇六五		上年度預算毫洋數二〇二、六〇九元
潮安縣	一	五	一八五·二一一	一三四·一三四	五〇·九七七		上年度預算毫洋數一九三、一五三元
潮陽縣	一	五	一七六·六〇四	一三四·五三〇	四二·〇七四		上年度預算毫洋數一九三、七二三元
惠陽縣	一	四	一六七·三二六	二〇八·〇八九		四〇·八七三	上年度預算毫洋數二九九、六四八元
茂名縣	一	七	一六七·二一三	一〇九·三〇三	五七·八一〇		上年度預算毫洋數一五七、三九七元
曲江縣	一	二	一六〇·三九八	一〇三·四九四	五七·九〇四		上年度預算毫洋數一四七、五九一元
陽江縣	一	七	一五八·六三三	一一四·七五六	四三·八六六		上年度預算毫洋數一六五、二四八元
清遠縣	一	二	一四三·六三四	一一九·四一五	二四·二一九		上年度預算毫洋數一七一、九五七元
合浦縣	一	八	一〇四·二五二	八八·一一三	一六·一三〇		上年度預算毫洋數一二六、八九五元
汕頭市	一	五	七六七·一三四	五八一·八七三	一八五·二六一		上年度預算毫洋數八三七、八九七元
澄海縣	二	五	二五二·四二九	九三·八二六	一五九·六〇三		上年度預算毫洋數一三三、六七〇元
海豐縣	二	四	一一三·九七八	一〇一·三七六	一三·六〇三		上年度預算毫洋數一四五、九八二元

開平縣	二	一	一九六•二〇三	一一二•七八一	八三•四二三		上年度預算毫洋數一六二、四〇四元
三水縣	二	一	一九一•一八五	一三八•三〇八	五二•八七七		上年度預算毫洋數一九九、一六三元
南雄縣	二	二	一七一•二二六	一六六•六九〇	四•四三六		上年度預算毫洋數二四〇、〇三四元
增城縣	二	一	一五三•四八七	一三四•〇九四	一九•三九三		上年度預算毫洋數一九三、〇九六元
陸豐縣	二	四	一五一•三七一	一六四•〇八九		一二•七一八	上年度預算毫洋數二三六、二八八元
河源縣	二	四	一四九•一五三	五五•五八九	九三•五六三		上年度預算毫洋數八〇、〇四八元
海康縣	二	八	一三九•六二三	五八•九八九	八〇•六三三		上年度預算毫洋數八四、九四四元
陽春縣	二	七	一三八•三九五	五四•八二四	八三•五七一		上年度預算毫洋數六四、五四七元
廉江縣	二	七	一二八•三三九	七三•二九〇	五五•〇四九		上年度預算毫洋數一〇五、五三八元
欽縣	二	八	一三〇•五六八	九五•二一一	二五•四五七		上年度預算毫洋數一三六、九六〇元
饒平縣	二	五	一一八•八三九	九二•四四三	二六•三九六		上年度預算毫洋數一三三、一一八元
博羅縣	二	四	一一五•五七八	八六•二〇三	二九•三七五		上年度預算毫洋數一二四、一三三元
化縣	二	七	一二四•七六三	八四•一九二	三〇•四七〇		上年度預算毫洋數一二一、三八一元
靈山縣	二	八	一一三•六三六	七七•四九一	三六•一四五		上年度預算毫洋數一一一、五八七元
文昌縣	二	九	一一〇•八二二	八三•〇六九	二七•七四三		上年度預算毫洋數一一九、六一九元
梅縣	二	六	一〇六•六九六	一〇三•二六〇	三•四三六		上年度預算毫洋數一四八、六九四元

興寧縣	二	六	一〇三·五八七	四九·三一三	五四·二七四		上年度預算毫洋數七一、〇一〇元
電白縣	二	七	九四·六〇二	七一·二五一	二三·三五〇		上年度預算毫洋數一〇二、六〇一元
普甯縣	二	五	八七·八六七	一一四·九〇八		二七·〇四一	上年度預算毫洋數一六五、四六七元
英德縣	二	二	七〇·二二四	六一·三〇四	八·九二〇		上年度預算毫洋數八八、二四九元
信宜縣	二	七	六九·四八五	三三·四七二	三六·〇一三		上年度預算毫洋數四八、二〇〇元
五華縣	二	六	六九·二二五	四〇·九八三	二八·二四二		上年度預算毫洋數五九、〇一五元
廣寧縣	二	三	六六·一二二	九一·三〇一		二五·一七九	上年度預算毫洋數一三一、四七三元
防城縣	二	八	六四·二八二	二九·四六二	三四·八二〇		上年度預算毫洋數四二、四二六元
羅定縣	二	三	六三·二一九	四一·一六九	二二·〇五〇		上年度預算毫洋數五九、二八三元
雲浮縣	二	三	五八·二二一	三四·〇三七	二四·一八四		上年度預算毫洋數四九、〇一四元
惠來縣	三	五	一五三·六二五	一三二·一八〇	二一·四四五		上年度預算毫洋數一七五、九四〇元
恩平縣	三	一	一四二·四八一	一〇四·〇一一	三八·四七〇		上年度預算毫洋數一四九、七七六元
新興縣	三	三	一一四·二三九	四一·七二〇	七二·五一九		上年度預算毫洋數六〇、〇七七元
僑縣	三	九	一〇五·〇二四	四〇·一九八	六四·八二六		上年度預算毫洋數五七、八八五元
遂溪縣	三	八	九四·四五一	六一·五〇七	三二·九四四		上年度預算毫洋數八八、五七〇元
鶴山縣	三	三	九三·〇四一	六一·九四八	三一·〇九三		上年度預算毫洋數八九、二〇五元

高明縣	三	三	八四・七四〇	四一・〇〇五	四二・七三五		上年度預算毫洋數六〇、四八七元
花縣	三	一	八三・二三九	五九・六八四	二三・五五五		上年度預算毫洋數八五、九四五元
始興縣	三	二	八三・一四五	二八・八五八	五四・二八七		上年度預算毫洋數四一、五五六元
陽山縣	三	二	八〇・八三〇	五三・四三一	二七・三九九		上年度預算毫洋數七六、九四一元
四會縣	三	三	七九・二四九	九四・九四五		一五・六九六	上年度預算毫洋數一三六、七二一元
臨高縣	三	九	七六・三八三	四六・三五六	三〇・〇二七		上年度預算毫洋數六六、七五三元
從化縣	三	一	七六・二〇五	六一・八七八	一四・三二七		上年度預算毫洋數八九、一〇四元
鬱南縣	三	三	七五・九五六	四九・六三三	二六・三二三		上年度預算毫洋數七一、四七一元
吳川縣	三	七	七五・六〇四	五三・六七二	二一・九三二		上年度預算毫洋數七七、二八九元
連縣	三	二	七一・九三二	五九・一六〇	一二・七七二		上年度預算毫洋數八五、一九〇元
寶安縣	三	一	六九・五九五	五五・九六〇	一三・六三五		上年度預算毫洋數八〇、五八二元
定安縣	三	九	六九・五六〇	五〇・四七一	一九・〇八九		上年度預算毫洋數七二、六七八元
澄邁縣	三	九	六七・八九八	四七・八六二	二〇・〇三六		上年度預算毫洋數六八、九二一元
樂昌縣	三	二	六六・八八八	六三・四三九	三・四四九		上年度預算毫洋數九一、三五二元
德慶縣	三	三	六五・四七八	三二・三三五	三三・一四三		上年度預算毫洋數四六、五六二元
徐聞縣	三	八	六一・二六九	三二・一一〇	二九・一七九		上年度預算毫洋數四六、二三八元

紫金縣	四	三	六〇・三一三	四五・〇〇七	一五・三〇六		上年度預算毫洋數六四、八一〇元
龍川縣	三	六	五七・三〇〇	三五・五六八	二一・七三二		上年度預算毫洋數五一、二一八元
龍門縣	三	四	五七・二六三	二四・七九二	三二・四七一		上年度預算毫洋數三五、七〇〇元
萬寧縣	三	九	五四・二三七	三二・四〇一	二一・八三六		上年度預算毫洋數四六、六五八元
和平縣	三	六	五二・四六四	三五・三四二	一七・一二二		上年度預算毫洋數五〇、八九二元
豐順縣	三	五	五一・八七七	四三・八二〇	八・〇五七		上年度預算毫洋數六三、一〇一元
封川縣	三	三	五一・〇六四	二四・四三五	二六・六二九		上年度預算毫洋數三五、一八七元
翁源縣	三	二	四六・七六一	三二・七九九	一三・九六二		上年度預算毫洋數四七、二三〇元
大埔縣	三	六	四六・六五一	五五・八三三		九・一八二	上年度預算毫洋數八〇、三九九元
連山縣	三	二	四四・四一六	一七・三三一	二七・〇八五		上年度預算毫洋數二四、九五七元
蕉嶺縣	三	六	四三・四五〇	二〇・五四六	二二・九〇四		上年度預算毫洋數二九、五八六元
崖縣	三	九	四一・六〇一	二三・三九三	一八・二〇八		上年度預算毫洋數三三、六八六元
平遠縣	三	六	三九・二七三	一八・三三〇	二〇・九四三		上年度預算毫洋數二六、三九五元
佛岡縣	三	二	三五・七九〇	一六・〇三六	一九・七五四		上年度預算毫洋數二三、〇九二元
連平縣	三	六	三三・七七四	一八・一五四	一五・六二〇		上年度預算毫洋數二六、一四二元
新豐縣	三	四	三一・八二六	一五・八五二	一五・九七四		上年度預算毫洋數二二、八二七元

仁化縣	三	二	三〇·四四三	一三·三七六	一八·〇六六		上年度預算毫洋數一七、八二二元
陵水縣	三	九	三〇·三七四	一二·一七六	一八·一九八		上年度預算毫洋數一七、五三三元
南澳縣	特三	五	五八·一九九	三六·五三〇	二一·六六九		上年度預算毫洋數五二、六〇三元
瓊東縣	特三	九	五六·七三六	一五·九九七	四〇·七三九		上年度預算毫洋數二三、〇三六元
開建縣	特三	三	五六·二四三	二八·一一五	二八·一二八		上年度預算毫洋數四〇、四八六元
樂會縣	特三	九	四二·〇二七	三二·八二五	九·二〇二		上年度預算毫洋數四七、二六八元
乳源縣	特三	二	四〇·二三五	二〇·四六六	一九·七五九		上年度預算毫洋數二九、四七一元
昌江縣	特三	九	三〇·一七〇	六·〇一三	二四·一五七		上年度預算毫洋數八、六五九元
感恩縣	特三	九	二六·四九二	三·四六八	二三·〇二四		上年度預算毫洋數四、九九四元
赤溪縣	特三	一	二三·六四三	六·五〇三	一七·一四〇		上年度預算毫洋數九、三六四元
保亭縣		九					無地方欵收支
白沙縣		九					同
樂東縣		九					同
梅菉管理局		七	一五·六五三		一五·六五三		上年度未造預算
南山管理局		五	一〇·一一一		一〇·一一一		同
安化管理局		二					無地方欵收支

北海市	入		一五・四〇八		一五・四〇八	上年度預算毫洋數一三、一八八元本年度併入合浦縣計
合計		二二・四四二・七四五	九・〇九七・三五八	三・五八七・八四八	二四二・四六二	上年度預算毫洋數合計一三、一〇〇、一九六元

民國廿六年度各縣市局地方欵概算簡明總表

縣別	縣等別	區別	歲入門 經常費	歲入門 臨時費	歲入門 合計	歲出門 經常費	歲出門 臨時費	歲出門 合計
南海縣	一	一	六七四・八五五	一・九三七	六七六・七九二	六二四・〇四一	五二・七五一	六七六・七九二
中山縣	一	一	五四一・九四五	二・七七八	五四四・七二三	五一六・六九八	二八・〇二五	五四四・七二三
台山縣	一	一	五二二・七三四	一七・七〇一	五四〇・四三五	五一五・八四一	二四・五九四	五四〇・四三五
新會縣	一	一	五〇一・三〇六	三・七四四	五〇五・〇五〇	四九一・一三四	一三・九一六	五〇五・〇五〇
瓊山縣	一	九	三五六・七九六	一・二九一	三五八・〇八七	三四七・〇〇四	一一・〇八三	三五八・〇八七
番禺縣	一	一	三四四・三七三	一・〇四二	三四五・四一五	三一八・〇一三	二七・四〇二	三四五・四一五
順德縣	一	一	二九三・四一五	四・八〇二	二九八・二一七	二九五・四三九	二・七七八	二九八・二一七
東莞縣	一	一	二六二・〇七八	一・一八〇	二六三・二五八	二五四・七三八	八・五二〇	二六三・二五八
揭陽縣	一	五	一九六・八九七	三・八〇四	二〇〇・七〇二	一八六・一五二	三・五五〇	二〇〇・七〇二
高要縣	一	三	一八六・一九六	二・五七〇	一八八・七六六	一八〇・五二五	八・二四一	一八八・七六六
潮安縣	一	五	一八一・四三二	三・六八〇	一八五・一一二	一八一・六五三	三・四五八	一八五・一一二

潮陽縣	一	五	一七四・九五二	一・六五三	一七六・六〇四	一七二・〇〇九	四・五九五	一七六・六〇四
惠陽縣	一	四	一六五・二七二	一・九四四	一六七・二一六	一六四・二九二	二・九二四	一六七・二一六
茂名縣	一	七	一六六・九七四	一三九	一六七・一一三	一五六・二〇六	一〇・九〇七	一六七・一一三
曲江縣	一	二	一五九・四一二	九八六	一六〇・三九八	一五三・五八七	六・八一一	一六〇・三九八
陽江縣	一	七	一五七・一六四	一・四五八	一五八・六二二	一五三・一八九	五・四三三	一五八・六二二
清遠縣	一	二	一四三・〇七八	五五六	一四三・六三四	一三八・七八八	四・八四六	一四三・六三四
合浦縣	一	八	一〇三・六九六	五五六	一〇四・二五二	一〇一・五〇二	二・七五〇	一〇四・二五二
汕頭市	一	五	七六五・〇五〇	二・〇八四	七六七・一三四	七三四・三六七	三二・七六七	七六七・一三四
澄海縣	二	五	二三〇・七四三	三・六八六	二三四・四二九	二三一・一三四	三・二九五	二三四・四二九
海豐縣	二	四	二二二・〇七五	九〇三	二二二・九七八	二一九・五七五	三・四〇三	二二二・九七八
開平縣	二	一	一九四・六二七	一・五七六	一九六・二〇三	一九一・二〇四	四・九九九	一九六・二〇三
三水縣	二	一	一九〇・六九九	四八六	一九一・一八五	一八八・三八五	二・八〇〇	一九一・一八五
南雄縣	二	二	一七〇・七七九	三四七	一七一・一二六	一六五・一二六	六・〇〇〇	一七一・一二六
增城縣	二	一	一五三・一四七	三四〇	一五三・四八七	一五〇・五八二	二・九〇五	一五三・四八七
陸豐縣	二	四	一四七・二〇五	四・一六六	一五一・三七一	一四七・一四九	四・二二二	一五一・三七一
河源縣	二	四	一四七・四六九	一・六八三	一四九・一五二	一四二・四六九	六・六八三	一四九・一五二

海康縣	二	八	一三八•八四二	七八一	一三九•六二三	一三六•三三五	三•二九七	一三九•六二三
陽春縣	二	七	一三六•七七〇	一•六二五	一三八•三九五	一三六•四八五	一•九一〇	一三八•三九五
廉江縣	二	七	一三五•三九四	二•九四五	一三八•三三九	一三六•二九〇	二•〇四九	一三八•三三九
欽縣	二	八	一二八•八三三	一•七三六	一三〇•五六八	一二七•三三二	三•二三六	一三〇•五六八
饒平縣	二	五	一二六•二〇〇	二•六三九	一二八•八三九	一二四•五六五	四•二七七	一二八•八三九
博羅縣	二	四	一一四•六二四	九五四	一一五•五七八	一〇九•七六六	五•八一二	一一五•五七八
化縣	二	七	一一三•五八二	一•一八〇	一一四•七六二	一一〇•六八四	四•〇七八	一一四•七六二
靈山縣	二	八	一一三•一五〇	四八六	一一三•六三六	一一一•八〇三	一•八三三	一一三•六三六
文昌縣	二	九	一一〇•二五五	五五六	一一〇•八一一	一〇七•一二一	三•六九〇	一一〇•八一一
梅縣	二	六	一〇五•七九四	九〇二	一〇六•六九六	一〇三•九五三	二•七四三	一〇六•六九六
興甯縣	二	六	一〇一•五〇四	二•〇八三	一〇三•五八七	一〇〇•八一九	二•七六八	一〇三•五八七
電白縣	二	七	九三•九〇七	六九四	九四•六〇一	九二•一九四	二•四〇七	九四•六〇一
普甯縣	二	五	七九•三五九	八•五〇八	八七•八六七	八二•四八一	五•三八六	八七•八六七
英德縣	二	二	六九•五二〇	六九四	七〇•二一四	六六•五三四	三•六八〇	七〇•二一四
信宜縣	二	七	六九•二〇七	二七八	六九•四八五	六七•五四三	一•九四二	六九•四八五
五華縣	二	六	六五•二五〇	三•九七五	六九•二二五	六七•〇八二	二•一四三	六九•二二五

廣寧縣	二	三	六五•七〇五	四一七	六六•一二二	六三•七〇五	二•四一七	六六•一二二
防城縣	二	八	六三•七二六	五五六	六四•二八二	六三•一七四	一•一〇八	六四•二八二
羅定縣	二	三	六二•七〇七	五一三	六三•二一九	六一•六〇三	一•六一七	六三•二一九
雲浮縣	二	三	五七•九四三	二七八	五八•二二一	五六•九一六	一•三〇五	五八•二二一
惠來縣	三	五	一五三•二〇九	四一六	一五三•六二五	一五一•〇九〇	二•五三五	一五三•六二五
恩平縣	三	一	一四〇•六〇六	一•八七五	一四二•四八一	一三五•五六八	六•九一三	一四二•四八一
新興縣	三	三	一二〇•六九九	三•五四〇	一二四•二三九	一〇九•六六四	四•五七五	一二四•二三九
儋縣	三	九	一〇四•三九九	六二五	一〇五•〇二四	一〇二•二一〇	二•八一四	一〇五•〇二四
遂溪縣	三	八	九三•四七九	九七二	九四•四五一	九一•七五二	二•六九九	九四•四五一
鶴山縣	三	三	九二•〇四一	一•〇〇〇	九三•〇四一	九〇•七九一	二•二五〇	九三•〇四一
高明縣	三	三	八四•一五九	四八一	八四•七四〇	八〇•七二一	四•〇一九	八四•七四〇
花縣	三	一	八二•八二三	四一六	八三•二三九	八一•三三六	一•九〇三	八三•二三九
始興縣	三	二	八二•六五九	四八六	八三•一四五	八〇•九五一	二•一九四	八三•一四五
陽山縣	三	二	八〇•一七〇	六六〇	八〇•八三〇	七五•〇〇四	五•八二六	八〇•八三〇
四會縣	三	三	七八•三四七	九〇二	七九•二四九	七五•六五二	三•五九七	七九•二四九
臨髙縣	三	九	七五•九五二	四三一	七六•三八三	七四•七七九	一•六〇四	七六•三八三

從化縣	三	一	七五·九二八	二七七	七六·二〇五	七三·二八六	二·九一九	七六·二〇五
鬱南縣	三	三	七五·五七五	三八一	七五·九五六	七四·〇二七	一·九二九	七五·九五六
吳川縣	三	七	七四·五七七	一·〇二七	七五·六〇四	七二·五八七	三·〇一七	七五·六〇四
連縣	三	二	七一·二三七	六九五	七一·九三二	七〇·六六八	一·二六四	七一·九三二
寶安縣	三	一	六八·七六〇	八三五	六九·五九五	六五·二九〇	四·三〇五	六九·五九五
定安縣	三	九	六九·〇七四	四八六	六九·五六〇	六五·一四三	四·四一七	六九·五六〇
澄邁縣	三	九	六七·三六三	五三五	六七·八九八	六四·四九八	三·四〇〇	六七·八九八
樂昌縣	三	二	六六·〇五五	八三三	六六·八八八	六三·七七〇	三·一一八	六六·八八八
德慶縣	三	三	六四·七四九	七二九	六五·四七八	六一·六四三	三·八三五	六五·四七八
徐聞縣	三	八	五九·九四八	一·三四一	六一·二八九	五九·二五二	二·〇三七	六一·二八九
紫金縣	三	四	五九·三四一	九七二	六〇·三一三	五九·一五六	一·一五七	六〇·三一三
龍川縣	三	六	五五·七七二	一·五二八	五七·三〇〇	五五·〇七八	二·二二二	五七·三〇〇
龍門縣	三	四	四七·七六〇	九·五〇三	五七·二六三	五六·一二四	一·一三九	五七·二六三
萬甯縣	三	九	五三·六八二	五五五	五四·二三七	五二·六八一	一·五五六	五四·二三七
和平縣	三	六	五二·〇七二	三九二	五二·四六四	五〇·七一二	一·七五二	五二·四六四
豐順縣	三	五	五〇·一四二	一·七三五	五一·八七七	四九·〇七五	二·八〇二	五一·八七七

封川縣	三	三	五〇・三六五	六九九	五一・〇六四	四九・一六〇	一・九〇四	五一・〇六四
翁源縣	三	二	四六・三四四	四一七	四六・七六一	四五・八八六	八七五	四六・七六一
大埔縣	三	六	四六・〇九五	五五六	四六・六五一	四五・六六五	九八六	四六・六五一
連山縣	三	二	四四・〇七〇	三四六	四四・四一六	四三・二九九	一・一一七	四四・四一六
蕉嶺縣	三	六	四二・三六七	一・〇八三	四三・四五〇	四一・九七一	一・四七九	四三・四五〇
崖縣	三	九	四一・三一〇	二九二	四一・六〇二	四〇・九〇七	六九四	四一・六〇二
平遠縣	三	六	三八・八八四	三八九	三九・二七三	三八・〇四二	一・二三一	三九・二七三
佛岡縣	三	二	三五・六四一	一四九	三五・七九〇	三四・九五七	八三三	三五・七九〇
連平縣	三	六	三三・三四八	四一六	三三・七六四	三三・〇七二	六九二	三三・七六四
新豐縣	三	四	三一・五一三	三一三	三一・八二六	三一・二四三	五八三	三一・八二六
仁化縣	三	二	三〇・一六四	二七八	三〇・四四二	二九・四〇〇	一・〇四二	三〇・四四二
陵水縣	三	九	三〇・〇九六	二七八	三〇・三七四	二九・三三三	一・〇四一	三〇・三七四
南澳縣	特三	五	五七・九七七	二二三	五八・一九九	五七・六一六	五八三	五八・一九九
瓊東縣	特三	九	五四・九四九	一・七八七	五六・七三六	五五・四八六	一・二五〇	五六・七三六
開建縣	特三	三	五五・一三三	一・一一一	五六・二四三	五四・九五八	一・二八五	五六・二四三
樂會縣	特三	九	四一・六八〇	三四七	四二・〇二七	三九・五八七	二・四四〇	四二・〇二七

乳源縣	特三	二	三九•九四一	二八四	四〇•二二五	三八•二三二	一•九九三	四〇•二二五
昌江縣	特三	九	二九•七五四	四一六	三〇•一七〇	二九•八三七	三三三	三〇•一七〇
感恩縣	特三	九	二五•八六七	六二五	二六•四九二	二五•九七八	五一四	二六•四九二
赤溪縣	特三	一	二三•四九六	一四七	二三•六四三	二二•七九六	八四七	二三•六四三
保亭縣		九						無地方歘收支
白沙縣		九						同
樂東縣		九						同
梅菉管理局		七	一五•三七五	二七八	一五•六五三	一四•六四三	一•〇一〇	一五•六五三
南山管理局		五	一〇•二二		一〇•二二	一〇•二二		一〇•二二
安化管理局		二						無地方歘收支
合計			三•三八一•七九五	六〇•九五〇	三•四四二•七四五	一•九八一•八五五	四六〇•八九〇	二•四四二•七四五

第十三章　施行會計制度

一、本廳會計事務　本廳之會計事務，可分两部份，即全省總會計及本廳本身之會計是也。自中央命令各省設立會計處，專辦全省歲計會計事務後，則本廳經管之總會計部份，應劃歸會計處辦理；但在本省會計處未成立前，該項會計事務，仍由本廳辦理；以本廳掌理全省財政，其歲入歲出各數，在未有相當機關登記時，仍應分別記載，而資稽核也。至於本廳本身之會計事務，亦係一單位會計之會計事務，即本廳內部經費之開支，故手續甚爲簡單也。

二、掌管會計之部份　全省總會計事務，原有本廳第四科會計股管理，其後奉中央命令，設立會計室，辦理歲計會計事務，因此四科之會計股，劃歸會計室管轄，仍辦理全省總會計事務。至本廳之單位會計，仍由第一科掌理，以免混淆。

三、改良會計制度　本廳自本年會計室成立之後，對於原有會計事務，加以整理，並從事改善制度，以省手續，而符法令。今將已經改良頒佈之各種制度，分別述後：

子、總會計制度　總會計制度，爲全省歲入歲出彙總之會計。現爲減省手續，增加行政效率起見，將原有制度，根據事實之需要，依據中央法令，取長補短，加以整理，以臻完善。茲將該制度之簿記組織系統圖附後：

簿記組織系統圖

征收報告
月報
旬報
支付書存根
審核歲入出通知書
減免稅欵文件
核減預算書
追加預算書
歲入出累計表
歲入出預算分配表
歲入出年度預算書
各金庫日報
各金庫日計表
解欵書
領欵書
轉帳傳票
轉帳傳票
轉帳傳票
轉帳傳票
轉帳傳票
征數登記簿
支付書登記簿
分錄簿
支出登記簿
收入登記簿
總分類帳
征收稅欵旬報登記簿
其他明細帳
歲出分類明細帳
歲入欵分類明細帳
歲入分戶明細帳
歲出分戶明細帳
金庫分戶明細帳
各項稅欵旬報表
其他明細表
歲出決算書
歲入決算書
資力負担平衡表
試算日計表
應解欵項明細表
未發未領欵明細表
省欵收支結存月報表
省欵收支分類月報表
各金庫收支結存日報表

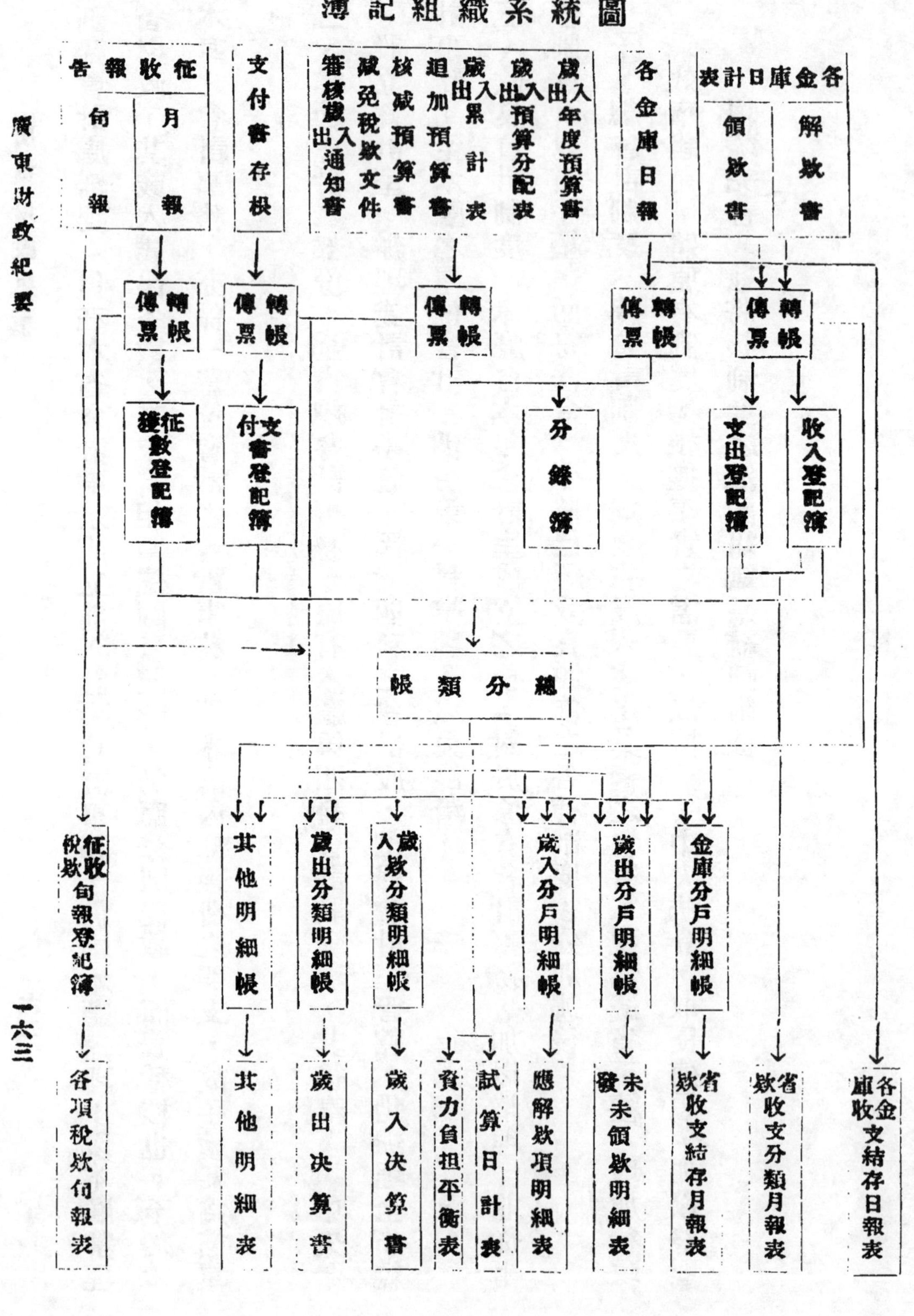

丑、各機關單位會計制度

各機關單位會計制度，　中央原有中央統一會計制度之頒行，本可遵照；但該項制度行使於中央各機關，甚爲適宜，本省各機關，雖有分別採用者，但各因事務範圍大小之不同，而採用各異。現爲使各機關會計事務之處理一致起見，特依照　中央法令，根據本省各機關之情形，另爲分別擬定簿記組織系統甲乙兩種：甲種爲收支較大之機關採用，乙種爲收支簡單之機關採用，故其帳簿格式，採用中式，加以改良，且規定一律之手續，以利處理。玆將甲乙兩種之簿記組織系統圖，分別附後：

簿記組織系統圖 甲種

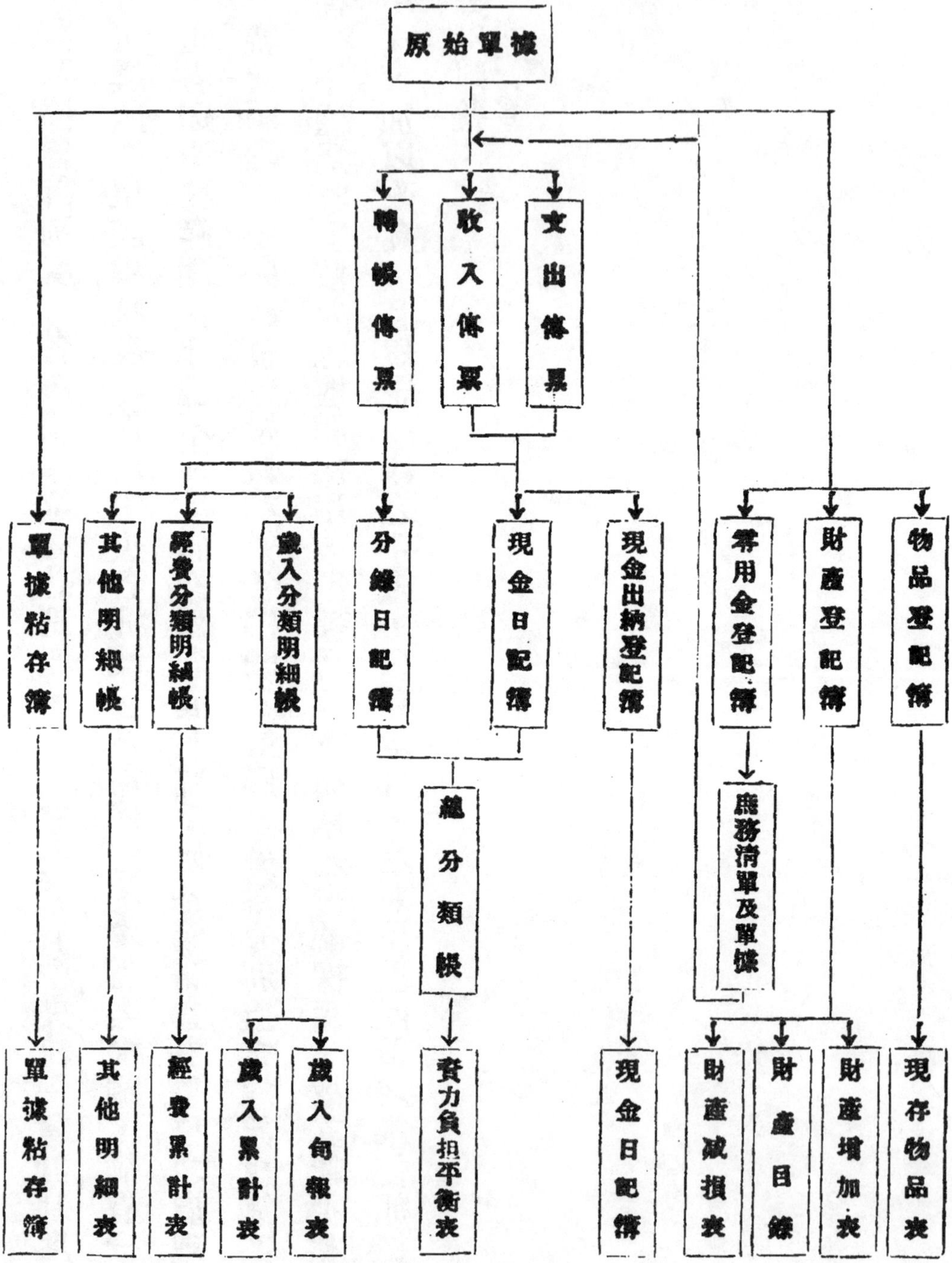

原始單據

- 轉帳傳票
- 收入傳票
- 支出傳票

- 單據粘存簿 → 單據粘存簿
- 其他明細帳 → 其他明細表
- 經費分類明細帳 → 經費累計表
- 歲入分類明細帳 → 歲入累計表、歲入旬報表
- 分錄日記簿、現金日記簿 → 總分類帳 → 資力負担平衡表
- 現金出納登記簿 → 現金日記簿
- 零用金登記簿 → 應務清單及單據
- 財產登記簿 → 財產減損表、財產目錄、財產增加表
- 物品登記簿 → 現存物品表

簿記組織系統圖 乙種

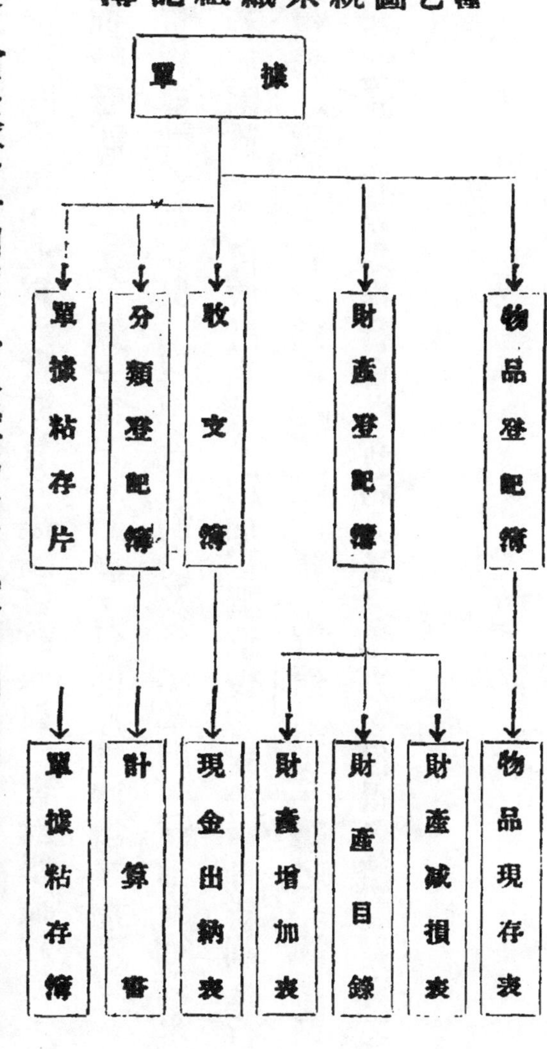

寅、省金庫會計制度　省金庫爲全省現金出納及保管之機關，其原有分類分戶之登記，似應減省，因總會計已有登記也。兹將改善後之簿記組織系統圖附後：

簿記組織系統圖

原始單據

支出傳票　收入傳票　轉帳傳票

分錄日記簿

總分類帳　補助帳

日記抄報　收支月報表　現金結存表　明細表

四、擬訂會計章則　會計制度爲處理帳務之方法，其處理之程序，亟應規定，以便輔助制度之推行。由此分別擬訂廣東省地方會計暫行規程，廣東各機關解領欵項暫行規則，廣東省各機關塡送征收省欵報告暫行辦法，廣東省各機關處理簿記通則，及廣東省各機關預算科目等數種，分別頒佈施行。

五、訓練會計人才　凡事有治法必須有治人，如有治法而無治人，則徒法不能自行。現法旣具，治人亦實爲目前急切之事，故除一面擬訂會計制度及章則外，一面設班訓練會計人才，以爲推行上項各種制度及章則之用；特招會計學生數十名，設班訓練，期爲半年，畢業後，分派各機關服務。並爲充實原有各機關會計人員之會計學識起見，特調各機關原有會計主管人員到廳受訓，本班期爲一個月，期滿，仍囘原機關繼續服務。

六、實行會計新制狀況　以上各種制度及各項章則，頒佈施行以來，各機關均能遵循辦理，且無若何困難。並自會計人員分別加以調整後，對於會計新制推行之效果，更見顯著。例如各種報表之呈送，各機關均能依限呈報；解領欵項手續之差誤，概行絕跡；以及帳簿之處理，均甚完備；此雖爲推行會計新制人員之得力，但得各機關長官之相助而依法辦理者，實亦不少也。

第十四章　清理債務

本省自民元以來，所負債務爲數甚鉅。就其類別言之，可分爲三種：(一)外債，(二)公債，(三)內債。茲將債務情形，分述如下：

(一)　外債

外債方面，約欠本銀柒百壹拾柒萬柒千柒百餘元，其中一部份利息未計，就中以日本臺灣銀行及美國五金公司兩欵爲最鉅。查臺灣銀行借欵，始於民國四年，原共欠日金叁百零叁萬弍仟柒百柒拾弍元，積欠利息日金伍百肆拾萬零捌千餘元；又原共欠毫幣壹百伍拾壹萬伍千玖百壹拾玖元，積欠利息毫幣弍百陸拾弍萬叁千餘元：本市官署，多數作爲此項借欵之担保品。民廿三年五月，與該行協定減息還本辦法，換約履行，將所欠利息減爲四分之一，並計至廿三年五月底止，以後概不計息；並由廿三年七月廿五日起，將本息合計分爲六十六個月攤還。本年六月，已還至第三十六個月，尚欠該行日金本息弍百零叁萬壹千肆百壹拾叁元肆角壹分，欠毫幣本息玖拾玖萬零捌百壹拾肆元弍毫捌仙。

美國五金公司借欵，係於民國九年，由前廣東造幣廠，向該公司購買生銀，到期無欵過付，改爲借欵，以廣東造幣廠廠址爲担保品。原借美金七拾五萬元，除已償還弍拾六萬八千八百五十四元零四仙外，尚欠美金四十八萬二千一百四十五元九毫六仙，並曾付過利息美金一十二萬三千七百八十三元零三仙，現計至本年五月底止，積欠利息美金一百六十餘萬元。本案迭接美國總領事及該公司來函，請求償還，但以此項利息過鉅，若非該公司允將利息減免，頗難清理，經迭向美國領事及該公司磋商減息還本辦法，惟尚未接納。

至小額借款，業已清償者，則有日本華南銀行借款。查此款，係於民國九年借入，原借日金一十五萬元，除償還外，尚欠日金五萬四千二百九十九元零六仙，計至本年三月底止，積欠利息日金六萬六千八百二十元。該行歷次來函請求償還，均未解決。在本年，經向該行磋商，請其將全部利息免去，一次過清還本金，該行欣然接納，本案遂於本年五月廿四日完全解決。

（二）公債

公債方面，分為　財政部在粵發行，及由本省發行兩種：由財政部在粵發行者，有第一次有獎公債，第二次有獎公債，第三次有獎公債，及整理金融公債四種，計共未還面額二千零八十餘萬元。此項債券，除整理金融公債一種，係因整理廣東金融，及搭還第一二三次有獎公債中籤本息之用而發行，其餘一二三次公債，均係移作北伐軍費，業於十八年九月十一日，奉中國國民黨中央執行委員會政治會議第一百九十五次會議議決「由中央負擔」；並於廿四年八月一日，奉　廣東省政府轉准　財政部咨，以「此項公債，俟送由整理內外債委員會核對，彙案審核」；經於本年五月，呈請　財政部核示辦理在案。

由本省發行者，有廣東地方勸業有獎公債，維持紙幣八厘公債，廣東地方善後內國公債，第二次軍需庫券，及廣東國防要塞公債五種，計共未還面額二千二百二十餘萬元。此項公債，現正在進行整理中。

（三）　內債

內債方面，計欠六百八十一萬三千餘元，係由本省殷富及各行商號借入，均屬民十六年以前積欠，戶名繁多，不及備載。

關於外債及國省公債，分別統計，如左列三表：

一、廣東歷年負欠外債數目表

債權名稱	訂借日期	用途	担保品	幣別	金額	折合毫券金額	備考
滙豐銀行	十二年一月十日	清理舊債	九龍拱北兩關稅收	毫銀	六〇・〇〇〇元 〇〇	六〇・〇〇〇 〇〇	息未計
滙豐銀行	十二年一月十日	清理舊債	九龍拱北兩關稅收	港紙	六・六八三 五六	一〇・〇二五 三四	同右
李嘉生	七年五月十一日至十月廿五日	治安行政費用	鎢鑛稅	港紙	九〇・〇〇〇 〇〇	一三五・〇〇〇 〇〇	同右
五金公司	九年六月十九日	購置生銀之用	造幣廠上蓋連地及其他物業	美金	四八二・一四五 九六	二・四二〇・七三九 八〇	同右

保庇洋行	十一年十月廿一日至十二月廿七日	交還貨項之用	士絲厘廠作按	港紙	二八〇・〇〇〇 〇〇	四二〇・〇〇〇 〇〇	同右
允元公司	十一年十月廿四日			毫銀	一〇〇・〇〇〇 〇〇	一〇〇・〇〇〇 〇〇	同右
公信洋行	十二年一月十一日至十一月十一日		全省酒稅收入爲抵押品	港紙	一〇九・七九四 三三	一六四・六九一 五〇	同右
成順洋行	十三年一月廿六日			大洋	五・〇〇〇 〇〇	七・二〇〇 〇〇	同右
順成洋行	十三年十月廿七日			毫銀	二四・九三三 六三	二四・九三三 六三	同右
鈴木洋行	十四年一月一日	交還煤炭貨項之用	河南及省城豬捐爲抵押	港紙	六・九三〇 〇〇	一〇・三九〇 〇〇	同右
臺灣銀行	四年十二月三十一日至十三年十二月廿九日止	撥充士敏土廠營業之用	士敏土廠大沙頭舊滯署廣府衙門電話總局江防司令部等作按	日金	二・〇三一・四一三 四二	二・八四三・九七八 七九	息在內
臺灣銀行	四年十二月三十一日至十三年十二月廿九日止	撥充士敏土廠營業之用		毫銀	九九〇・八一四 二八	九九〇・八一四 二八	息在內
合計柒百壹拾柒萬柒仟柒百伍拾柒元叁毫叁仙							

說明

1. 大洋一元作毫劵一元四角四分，日金一元作毫劵一元四角，港紙一元作毫劵一元五角，美金一元作毫劵五元。

2. 臺灣銀行借欵，經於民二十三年五月，與該行商訂：將利息計至二十三年五月底止，並將所欠利息減免四份之三，折實四份之一算，計共該本金日金叁百零三萬貳仟柒百柒拾貳元四毫壹仙，利息日金壹百四拾三萬六仟三百三拾六元七毫三仙；又本金毫銀壹百伍拾壹萬伍仟玖百壹拾玖元四毫，利息毫銀六拾六萬叁仟八百七拾壹元玖毫貳仙；並訂定自二十三年七月份起，分六拾六個月攤還，計每月還日金六萬柒仟七百壹拾三元七毫七仙，毫銀三萬三仟零貳拾七元壹毫四仙。至二十六年六月份止，已還過三十六次，現欠如上數。

二、財政部在粤發行公債未還數目表

名稱	欠額	備考
第一次有獎公債	三百八十四萬九千二百七十二元一毫八仙	
第二次有獎公債	九百零五萬八千零九十二元二毫七仙	
第三次有獎公債	四百二十五萬七千三百三十五元	
整理金融公債	三百六十五萬九千二百元零零五仙	
合計二千零八十二萬三千八百九十九元五毫		

三、廣東歷次發行公債庫券未還數目表

債款名稱	發行日期	用途	担保品	利率	實發額	已還額	未還額	備考
廣東地方勸業有獎公債	元年十一月	整頓士敏土廠皮革公司	全省地方收入	年息八厘	四百三十二萬三千零二十四元	二十二萬八千五百三十八元	四百零九萬四千四百八十六元	所列未還額俱未計息
廣東省維持紙幣八厘公債	八年一月	維持中國銀行紙幣	烟酒税及厘税	年息八厘	五十萬零六千四百六十五元	五萬八千一百一十元	四十八萬八千三百五十五元	
廣東地方內國善後公債	十年三月	整理財政收束軍隊	全省田賦	年息八厘	二百三十二萬三千五百九十元		二百三十二萬三千五百九十元	

第二次軍需庫券	二十年六月	備支軍費	全省國稅收入	年息一分	八百六十三萬六千元		八百六十三萬六千元	
廣東省國防要塞公債	廿一年四月	建築沿海要塞充實國防	國省兩稅及其他附加	年息四厘	六百七十七萬元		六百七十七萬元	
合計未還總額二千二百二十七萬二千四百三十一元								

第十五章 管理貨幣取締銀市

第一節 管理貨幣

廿四年十一月七日，本廳秉承　中央法令，實施管理貨幣，集中白銀；粵人以向來沿用白銀之習慣，改制伊始，人心不無惶惑，金融畧有騷動。惟白銀既經禁止行使，勢不能不兌換省毫券，而省銀行又因事前並無準備，一時紙幣求過於供。在未改制以前，粵省流通貨幣，多屬雙毫銀幣，根據廣東造幣廠民二十年停鑄時止，此項毫銀數量，約為三萬七千萬元；民廿三四年間，世界銀價高漲，白銀外流一部份外，尚存省內流通者，當在二萬萬元以上；而省銀行之發行數量，僅為三千餘萬元，占全省貨幣流通額，不過十分之一二；以故禁用白銀之令甫下，紙幣卽驟形缺乏。迨至民廿五年一二月間，新印紙幣始能源源運到，然後盡量吸收白銀，除由省銀行總分支行處收買外，一面組設收買白銀臨時辦事處十一組，分赴各縣挨次收買，並委託各縣縣政府代辦。計至廿五年六月底止，發行總額，連市行發行八百五十萬元，已達二萬四千九百五十八萬元，現金準備爲壹萬弍千四百六十弍萬元；另市行三百六十萬元，保證準備爲壹萬壹千六百四十六萬元。此項保證準備，　財部欠欵弍千五百萬元，廣東整理幣制庫券九千一百四十六萬元。　財部欠欵，係因北伐時，　財部向前中央銀行透支之一部。至整理廣東幣制庫券之發行，係因廣東財政特派員公署及廣東財政廳歷年以收支不敷，借欠行欵至三千六百七十五萬餘元；又另因急需，尚須借用三千七百七十一萬餘元；並以一千七百萬元，撥交廣東省銀行，作爲增加該行資本，全數照面額十足向廣東省銀行抵押現欵。迨廣東省法幣發行準備管理委員會成立，遂由省銀行將此項庫券移送該會接收保管。迨至廿五年七月，政局統一，廣東法幣發行準備管理委員會奉令改組，由　財政部另派委員十七人，組織發行準備管理委員會廣州分會，管理本省發行準備事務；並發行整理廣東金融公債一萬二千萬元，補充毫劵準備。又以粵省前定收買白銀照加二給値，致毫劵與國幣比率問題，聚訟紛紛，爲安定金融起見，特暫定毫劵與國幣比率不得超過加五計算，物價於是日趨安定，而各種工商事業，亦呈活潑之象。計至二十六年六月底止，省市兩行合計流通總額爲三萬二千一百八十四萬九千元，現金準備爲二萬零零三十二萬九千元。

財部爲改革粵省金融，完成幣制統一，於二十六年六月二十日，頒佈明令，規定辦法如次：

一、自民國二十七年一月一日起，所有粵省公私欵項及一切買賣交易之收付，與各項契約之訂立，均應以國幣爲本位；如再以毫劵收付或訂立者，在法律上爲無效。

二、廣東省銀行廣州市銀行所發毫劵，截至本年六月十九日止，共計三萬三千七百八十四萬九千元，自六月二十一日起，以一四四爲法定比率折合國幣，在本年年底以前，按比率照常行使。但以國幣照法定比率交付者，不得拒收；違者嚴懲。

三、廣東省銀行廣州市銀行所發毫劵，自卽日起，由中央中國交通三銀行，及廣東省銀行，按照法定比率，負責以國幣陸續兌囘銷燬。

四、發行準備管理委員會廣州分會，對於尙未收囘之毫劵，應隨時保持原有比例之現金準備。

本廳奉令後，爲促進幣制早日統一起見，特定辦法三條：「(一)各銀行自八月一日起，各銀號自九月一日起，所有存滙欵項，一律以國幣支付，不得再行使用毫劵或外幣。(二)在本年內，毫劵雖仍可按一四四法價流通，但不准有絲毫差價，除得向中中交三銀行及省銀行兌換法幣外，並不准對於其他貨幣，發生兌換買賣交易。(三)各種物價，應按一四四比率改爲國幣，不准提高，致影響人民生活。」。此後幣制統一，金融組織，將愈見健全，各種事業當可從茲發展。

第二節　取締銀市

查廣州銀市，由來已久，係由廣州市銀業公會所組設，該市雖爲金融交易場所，惟漫無秩序，往往發生爭執；政府對其買賣行爲，向係放任；民廿三年五月間，雖曾派員駐市監視，亦未嘗加以嚴密之取締。廿五年五月，兩廣事變發生，港紙陡然高漲，爲禁止買空賣空起見，由本廳函請法幣發行準備管理委員會派定高級職員，會同銀市監視員，在銀市內組設買賣港紙期貨登記處，辦理登記買賣港紙期貨，及到期監視交收事宜。嗣以政局統一，金融安定，買賣港紙期貨，已無設處登記之必要，於廿五年八月十日撤銷。去年，西安事變發生，本市金融又一度騷動，遂由本廳派廣東省銀行副行長雲照坤爲該市監理員，隨時監視。該市因買賣雙方交割問題，尚未解決，亦於是時無形停頓。嗣據該會主席鄒殿邦呈繳該會組織章程，遵令改善銀市買賣方法，並擬具貨幣證券買賣規則，請予察核前來，本廳以該會既經就範，姑准暫予備案；原冀因勢利導，納於正軌，仍飭依照交易所法規規定辦理，且規定期貨交易，須以實物交割，以杜流弊。不意該市於本年五月十二日開市，卽聞有人從中操縱，本廳比即查辦，執行取締，適奉　財政部電令停止該市買賣期貨，當即於五月十七日，勒令停止一切期貨交易，而金融風潮，遂告平息。此本廳在本年度取締廣州銀市之經過情形也。

第三節　外滙之動態

廣東小洋，本無直接外滙價格，歷來依香港滙市爲計算之標準，港紙成爲廣東對外貿易收支之媒介，投機者對外幣値之操縱，肆全力於港紙市價之抑揚。因是每値事變，或偶發生其他事故，外滙價格，輒起劇烈之震盪，觀於當貨幣改革初期，港紙市價之變化，可以概見。自廿五年獻歲後，省劵供給漸裕，其不足流通之狀，已漸緩和，於是港紙市價，始漸於是年二月間，恢復貨幣改革前之常態（廿一年至廿四年平均約加四四左右），中鈔之市價亦然。廿五年三月後，省劵發行大加，人心不無轉變，外滙即開始騰貴（是時物價亦開始作較速之上漲。）；至六七月，因政局更張，漲勢更甚；八月，　中央統一幣政，使國幣與省劵比率，定於加五之間，外滙始告安定。就全外滙價格觀察，除受廿五年九月廿五日之法郎貶値影響，致一部份外滙跌價較大外，餘均大致安定。然就廿五年八月滙價安定以來，至廿六年六月止，其間外滙市價之觀察，則大抵滙價安定之中，微有降下之勢。玆試就本年度廣州銀業每日早市滙價，按月平均，表列如下；並就其平穩時期（即廿五年二月）爲基期，編列指數，以明其變遷之跡焉。

廣州市外滙市價指數表（二十五年一月至二十六年六月）

市價指數表

份滙價爲基期

暹紙		坡紙		冷紙		宋紙		啤紙		總指數	
價格	指數	價格	指數	價格	指數	價格	指數	價格	指數	每月數	各月增減之%數
1862	94.7	2391	94.8	2708	94.8	2047	95.5	1534	94.8	95.1	——
1967	100.0	2521	100.0	2857	100.0	2144	100.0	1619	100.0	100.0	+ 5.2
2085	106.0	2660	105.5	3008	105.3	2289	106.8	1709	105.6	105.8	+ 5.8
2217	107.6	2695	106.9	3051	106.8	2231	108.7	1734	107.1	107.3	+ 1.4
2171	110.4	2770	109.9	3048	106.7	2372	110.6	1780	109.9	109.5	+ 2.1
2513	127.8	3195	126.7	3427	120.0	2707	126.3	2060	127.3	125.4	+ 14.5
2524	128.3	3200	126.9	3541	123.9	2712	126.5	2059	127.2	126.2	+ .6
2270	115.4	2892	114.7	3169	110.9	2451	114.3	1859	114.8	113.4	− 10.2
2279	115.9	2902	115.1	3037	106.3	2455	114.5	1865	115.2	112.5	− .8
2281	116.0	2903	115.2	2310	80.9	2532	118.1	1868	115.4	106.9	− 5.0
2255	114.6	2868	113.8	2308	80.8	2511	117.1	1846	114.0	106.0	− .8
2265	115.2	2881	114.3	2323	81.3	2512	117.2	1854	114.5	106.4	+ .4
2262	115.0	2876	114.1	2321	81.2	2512	117.2	1852	114.4	106.3	− .1
2248	114.3	2860	113.4	2305	80.7	2499	116.6	1841	113.7	105.8	− .5
2234	113.6	2838	112.6	2253	78.9	2480	115.7	1826	112.8	104.8	− .9
2266	115.2	2881	114.3	2227	77.9	2496	116.4	1851	114.3	105.7	+ .8
2265	115.1	2880	114.2	2213	77.5	2486	116.0	1852	114.4	105.4	− .3
2231	113.4	2852	113.1	2148	75.2	2468	115.1	1834	113.3	104.1	− 1.2

廣州市外滙

以二十五年二月

時期		港紙		申紙		鎊紙		美紙		買紙		荷紙	
年份	月份	價格	指數	價格	指數	價格	指數	格價	指數	價格	指數	價格	指數
25	1	1372	95.6	1252	96.6	2033	94.7	4112	95.7	2702	94.6	2800	94.8
	2	1435	100.0	1296	100.0	1147	100.0	4296	100.0	2855	100.0	2954	100.0
	3	1507	105.0	1380	106.5	2266	105.5	4557	106.1	3016	105.6	3124	105.8
	4	1527	106.4	1398	107.9	2296	106.9	4645	108.1	3062	107.3	3158	106.9
	5	1561	108.8	1428	110.2	2360	109.9	4761	110.8	3102	108.7	3218	108.9
	6	1771	123.4	1633	126.0	2724	126.9	5431	126.4	3543	124.1	3672	124.3
	7	1764	122.9	1644	126.9	2732	127.3	5438	126.6	3601	126.1	3706	125.5
	8	1541	107.4	1486	114.7	2465	114.8	4905	114.2	3239	113.5	3342	113.1
	9	1543	107.5	1488	114.8	2473	115.2	4907	114.2	3113	109.0	3238	109.6
	10	1549	107.9	1497	115.5	2473	115.2	5043	117.4	2378	83.3	2703	91.5
	11	1537	107.1	1494	115.3	2443	113.8	5001	116.4	2321	81.3	2706	91.6
	12	1543	107.5	1494	115.3	2451	114.2	5002	116.4	2342	82.0	2735	92.6
26	1	1539	107.2	1497	115.5	2447	114.0	4991	116.2	2331	81.6	2745	92.9
	2	1528	106.5	1492	115.1	2435	113.4	4976	115.8	2318	81.2	2737	92.7
	3	1513	105.4	1484	114.6	2418	112.6	4946	115.1	2273	79.6	2720	92.1
	4	1534	106.9	1499	115.7	2451	114.2	4990	116.2	2244	78.6	2741	92.8
	5	1532	106.8	1494	115.3	2451	114.2	4968	115.6	2222	77.8	2732	92.5
	6	1508	105.1	1475	113.8	2431	113.2	4928	114.7	2171	76.0	2712	91.8

第十六章　清理防務經費與稅捐欠欵

第一節　清理防務經費

查自民國二十年起，截至二十五年九月一日禁賭前一日止，計各屬防務義會承商公司歷屆欠餉，累積達五百九十餘萬元，而各承商繳存按餉，除扣抵日餉外，亦繳長二百八十餘萬元，以欠餉撥還按餉，比較有盈無絀。本廳爲澈底查追前辦各屬承商欠餉，及撥還按餉起見，前經呈奉　省政府核准，組織清理防務義會餉欵委員會，以專責成。其清理所得數目，有如次列五項：

(甲)各承商欠餉與按餉，互相劃抵者，共計毫劵六十三萬六千八百八十一元五毫九仙。(附表一)

(乙)各承商及縣長代繳解現金者，共計毫劵五萬四千九百三十九元一毫。(附表二)

(丙)各承商已來呈清理，而正在辦理者，共計毫劵二百四十七萬一千二百一十六元一毫五仙。

(丁)各承商尚未來呈清理，而正在派員密查者，共計二百四十萬零四百七十八元零八仙。

(戊)各承商繳存按餉，除劃抵外，尚存毫劵二百一十九萬三千五百一十二元七毫四仙。

說明：丙丁戊三項，承商公司繁多，未列表。

各承商欠餉與按餉互相劃抵數目表（一）

屬別	種類	承商名稱 商人姓名	劃抵數目	備考
河南等處	防務	裕德公司 高民安	五三九、六〇〇〇〇	劃河南等處防務榮生公司繳長按餉之一部
潮州十屬	防務	同德公司 林福海	三五、二七九一六	劃龍門防務富源公司繳長按餉全數
				連陽防務聯益公司繳長按餉全數
				從化防務寶行公司繳長按餉全數
				開建防務成安公司繳長按餉全數
				德慶防務福生公司繳長按餉全數
				增城防務廣福公司繳長按餉全數
				瓊崖防務信行公司繳長按餉之一部
潮州十屬	防務	德興公司 譚強	三一、六七三二〇	劃合浦防務大道公司繳長按餉全數
				增城防務廣福公司繳長按餉之一部
南始曲英	防務	和興公司 張天臣	一九、一二五〇〇	劃南始曲英防務留安公司繳長按餉之一部
江門市	什賭	大源公司 林才	六、六八九二三	劃瓊崖義會瓊發公司繳長按餉全數

			廣寧防務裕源公司繳長按餉全數
恩平防務	合利公司 鄭年	四、五一五〇〇	割雲浮防務天利公司繳長按餉全數
			佛山蘇雀捐和合公司繳長按餉全數
合計		六三六、八八一五九	

各承商繳解現金數目表（二）

屬別種類	承商名稱商人姓名	繳現金數目	備考
潮州十屬防務	德興公司 譚興	一二、二二六八〇	
防務	同德公司 林福海	七、四五二〇八	
順德防務	永利公司 張雄	五、三二一〇一	
陽春防務	成利公司 李木	三、七六四〇〇	
恩平防務	合利公司 鄭年	二、〇四六五〇	
番禺四司義會	永行公司 何達	一、三五四〇〇	
番禺沙茭鹿防務	大生公司 陳安	六〇〇〇〇	
江門市什賭	大源公司 林才	二七七三四	
合山防務	福利公司 陳亮	一二〇〇〇	

樂仁乳防務	廣利公司張發	九六〇〇
新會防務	道生公司胡昺瑗	七〇〇〇
從化防務	源利公司江永	四三〇〇
廣寧防務	縣長代收	九、六五四〇〇
興寧防務	同右	六、三七一一九
梅縣防務	同右	二、四四三五〇
樂昌防務	同右	一、九一四〇〇
陽春麻雀捐	同名	六〇〇〇〇
仁化防務	同右	五一〇〇〇
連縣麻雀捐	同右	六二〇〇
羅定租捐	同右	一三六八
合計		五四、九三九一〇

第二節　清理稅捐欠欵

查關于煤油借欵部份：在亞細亞、美孚、德士古各公司，預繳稅欵港幣五百萬元，扣至廿五年六月底止，尙存應抵未抵港幣三百七十萬零零一百五十三元一毫九仙；又由廿五年七月份起至本年四月底止，共據扣抵稅欵港幣六十萬二千六百八十七元三毫四仙，另五月份約港幣三萬七千五百元，六月份約叁萬元，實尚有應抵未抵港幣三百零三萬元。至關于捐務部份：在廿五年度裁廢生猪出口捐、花捐附加費、磚灰捐附加等項，發還各商領回繳長餉欵毫幣共三萬零五十七元陸毫九仙。（詳列另表）

民國廿五年度裁撤各捐發還承商長繳捐欵表

承商	生猪出口捐	花捐附加	什項附加	合計
連江口生猪出口捐大德公司	三六七五一			
瓊崖生猪出口捐永安公司	四、六七五〇〇			五、〇四二五一
台山花捐附加永合公司		六〇八三三		
江門花捐附加大益公司		一、〇一五九七		
江門花捐附加義合公司		一、七一二五〇		
惠州花捐附加民友公司		一三八八九		
惠州花捐附加惠成公司		一、六〇〇〇〇		
順德花捐附加永益公司		三二〇八三		
佛山花捐附加源興公司		二、九五五五五		

佛山花捐附加源興公司		三、三五〇〇〇		
兩陽花捐附加泰益公司		八〇六二五		
兩陽花捐附加榮合公司		一、七八七五〇		
番禺花捐附加合安公司		五四二五		
番禺花捐附加裕安公司		四二五〇一		
東江花捐附加慶安公司		二、五三三七五		
東莞花捐附加萬德公司		六五八三四		
東莞花捐附加大成公司		九六二五〇		
南韶花捐附加合利公司		六八三三三		
瓊崖花捐附加立興公司		七八三三一		
瓊崖花捐附加華樂公司		一、三一二五〇		
高要花捐附加王永公司		五五〇〇〇		
高要花捐附加余榮公司		八八七五〇		
開平花捐附加大利公司		二三五五五		
開平花捐附加廣益公司		四七四九九		二三、八五六八五
台山磚捐附加永利公司			五六六六六	

台山灰捐附加中興公司			五九一六七	一、一五八三三
合計	五、〇四二五一	二三、八五六八五	一、一五八三三	三〇、〇五七六九

第十七章　整理縣財政

第一節　整理辦法

本省各縣地方財政，向由各縣自由收支。年來自治、教育、建設、保安諸要政，次第擴張，需費繁多，縣庫不足，責諸地方自籌，徵斂苛細，侵蝕攘奪，每辦一捐，初則爲臨時試辦，繼乃藉爲常欵，供應稍遲，催責備至，人民呼籲，時有所聞。本廳爲澈底整理地方財政起見，特按照　中央頒布監督地方財政暫行法，與縣財政整理辦法，擬定整理步驟如次：

(一)統一審核職權　各縣征收稅捐，往往不依程序，朦呈非主管官廳或駐在軍隊批准；各區鄉稅捐，又多由縣府批准；政令歧出，稽核難週。當經本年三月八日，呈奉核准：嗣後各縣征收捐稅，無論用何名義，具何理由，概由本廳審核准駁，如有分呈各廳處者，亦應轉咨本廳核辦，以一事權，而便審核。

(二)規定支用標準　各縣財力，既有豐澀之不同，所辦政務，應有緩急之分別。擬請各主管廳處，按照年度中各項事業進度，規定經費，編制預算；中途如有變更，以致增加開支者，亦請咨商本廳令飭籌措；使辦事者不勞形于催科，而司計政者，亦得如其量以爲準備。

(三)審定收支科目　查各縣向來概算收支科目，錯綜複雜，名目離奇，爰自本年度審定概算之始，依照預算次序，重新改編，側重科目名稱之整齊一致，稅目之删繁就簡，與苛細捐稅之裁併，依一切收支程序，納諸正軌；呈經　省府核准，通令各縣實行。

(四)派員分縣指導　查本廳裁撤各縣市苛細雜捐，計有三百餘種，而各縣苛雜未經呈報，無案可稽者，在所難免。上年調查，諮訪既難週密，冊報亦多缺畧，非有嚴密詳盡之方，難收擢陷廓清之效。當經于本年五月間，派出財政指導專員，分赴各縣，重新詳密調查，俾興利必除其弊，除弊務求其盡。幷督促縣財委會之成立，以及縣稅捐征收處與縣金庫之如何籌備，同時並宣傳本廳澈底整理縣財政之意旨，期能上下共喻，新制便利推行。使財政基礎穩定，則一般政治社會，得以平流並進矣。

(五)頒布整理章則　查縣爲自治單位，人民有納稅之義務，亦應有充分監察之權；本廳提綱挈領，應示以周行之途。經參合徵權、保管、審核、監督四種制度，分別制定整理縣財政各種章則。玆分述如次：

甲、制定廣東省政府財政廳監督縣地方財政暫行章程，明白規定監督處理之權責，使一切縣財政，納于正軌。

乙、制定廣東省各縣稅捐徵收處章程，明白規定統一徵權之征收機關，對一切非法征收，概行取締之。

丙、制定廣東省各縣地方金庫章程，明白規定負收支保管之整個責任，實行會計獨立。

丁、制定廣東省各縣地方財務委員會章程，明白規定地方財政監察審核之職權，賦於民衆。

以上四種章程，經呈奉　省政府議決修正，於本年五月六日廳令公布。現二十六年度行將開始，經通飭各縣，先將地方財務委員會於六月底以前，一律組織成立。其稅捐徵收處，地方金庫，亦分別督促積極籌備。務使整理辦法，依照程序實現，俾社會經濟，農民生活，均得有所保障，而徐圖發展矣。

本省財政，自茲整理後，從前縣自爲政之錯誤，應可改除，從此嚴格規定統收統支，庶幾條理井然，預算確立。并以縣行政會議，備財政上立法之諮詢可決；以縣財務委員會爲地方財務監察機關；以縣政府爲財務行政監督；劃分權責，各盡所長。再就全縣收入，以定縣政設施步驟：事之應辦者，定其進度；力所不及者，權其緩急，畧採量入爲出之義，不足，則專案呈廳，通籌彌補。每會計年度開始之前，將全縣收入，提交行政會議，以百分比支配用途：自治佔幾成？教育佔幾成？建設佔幾成？救災佔幾成？預備費佔幾成？明定概算，照額開支。各機關團體，非預算所定，不得請欵；縣政府非預算額支，不得發支付命令；縣金庫非支付命令，不得動支；縣財務委員會，非預算所許，不得核銷。又各縣地方，貧瘠不同，收支額比較，相差懸遠，而欲全省政治文化，平均發展，其勢殆不可能。應俟縣財政整理之後，更進而將全省各縣收入，通盤計算，綜其全額，以人口與土地面積爲比例，擬定自治教育建設等項各應需經費之額數，倣前清邊遠省份協餉辦法，以收入較多之縣，提歸省庫若干成，彌補貧瘠之區，用符以盈濟虛之意，使瘠縣政治文化，一律達到水平線。惟茲事體大，猝難實現，當於下年度賡續圖之。

第二節　年度概况

查本省各縣市地方財政，向係自由處理，紊亂異常！年來因各業不景，農村破產，稅收減少，入不敷出，富庶縣份，尚可勉强支持，貧瘠之區，確屬難於應付。加之百政繁興，需費日鉅，既無確定財源，類皆臨時籌措，非任意苛抽，則橫征暴歛，地方民力有限，稅捐負担無窮，各縣地方之財政狀况，實有山窮水盡之勢。自本年度始，本廳對於縣市財政，即用全力加意整頓，斬荆披棘，力求澈底。一面實行廢除苛雜，以輕人民負担，培養民力，發展新政。

又統一保安經費之收支，藉絶土劣之歛奪，酌情提解，調劑富瘠，大體使之平衡。改編歲入歲出概算書，求上軌道，不得超越範圍。一面實行縣收支適合，逐漸依照整理各縣市地方財政辦法，決定稅捐征權職權，規定經費支用標準，擬定收支方面審查標準，派員分區視察查報，以資確立制度，期省縣之相關，猶如指臂之相使。並擬就監督縣地方財政暫行章程，各縣稅捐征收處章程，各縣地方金庫章程，及地方財務委員會章程，以備次第實施。復遵照中央法令，納縣市財政於正軌，藉求地方庶政，得依程序以推行，社會經濟，農村生產，亦有保障，再徐圖爲進一步之發展，完成其縣治。計本年度各縣財務委員會，業經全部成立，縣財政整理進行，實已達到初步雛形。至縣稅捐征收處及縣金庫，容於下年度內完全成立，用以充實縣治機構。又本廳委派出發各縣實地改革縣財政之指導專員，此刻尚未辦理完竣，將俟其結束，報告整理經過，再行彙編公表。此本年度實施整理縣財政之大概情形也。其關於整理縣財政各項章則，分別附錄於次，以供參攷：

廣東省政府財政廳監督縣地方財政暫行章程　民國二十六年五月十日公佈

第一章　總綱

第一條　廣東省政府財政廳，爲整理各縣地方財政，特遵照　部頒縣財政整理辦法，訂定本章程。

第二條　財政廳對於各縣地方財政之監督，除法律別有規定外，悉依本章程行之。

第三條　各縣地方，無論用何種名義及方法，凡屬因公收入者，均謂之縣地方收入。

第四條　各縣地方，無論用何種名義及方法，凡屬因公支出者，均謂之縣地方支出。

第五條　各縣地方財政，無論以前徵收保管支用情形如何？自本章程頒布後，均由縣政府統籌辦理。

第六條　各縣地方，特設稅捐徵收處，爲主管經徵機關；設縣金庫，爲出納保管機關；設財務委員會，爲審議監察機關；均受成于縣長。

第七條　各縣地方縣有公共財產，由縣政府主管，財務委員會審核，其契約文卷，由縣金庫保管之。

第二章　預算決算

第八條　各縣縣政府，應于會計年度開始前，依照法令程序，編製縣地方歲入歲出總分概算，經縣財務委員會審核，簽具意見，提交縣行政會議審查，呈送財政廳核編，轉呈　省政府核定頒行。

第九條　各縣縣政府，應于會計年度終了後，編造歲出歲入總分決算，依前條程序，呈送財政廳審核，呈報省政府備案。

第十條　各縣縣政府，除應造呈之年度概算決算外，所有每月收支數目，應經財務委員會審核公布，並呈報財政廳查核備案；仍視支用經費性質，分報各主管機關備查。

前項決算，縣行政會議開會時，應提出報告。

第三章　捐費徵收

第十一條　各縣縣政府，非依法令或奉財政廳核准布告者，不得徵收或變更任何稅捐規費，及募集債欵。

第十二條　各縣地方，以前抽收各種捐費，無論已否奉何機關核准，須一律呈報財政廳核定，布告徵收。如未經查報核准，或經令飭停徵者，均不得擅自抽收。

各縣地方捐費徵收處所，須一律懸示財政廳或縣政府布告。

第十三條　各縣地方各種捐費，如不能直接徵收者，得酌照向例，招商承包，由財務委員會審定底價，以投標法公開行之。

第十四條　各縣縣政府稽徵人員，無論承商或公務員，均由縣政府發給財政廳製發憑證，粘貼相片，載明姓名年齡籍貫，及經徵稅捐項目定率等項，以憑稽徵。

第十五條　人民繳納捐費，得向稽徵人員索閱憑證，無憑證者，得拒絕檢查徵收；如有脅迫情事，得扭解官署，依法懲辦。

第四章　經費支出

第十六條　各縣縣政府及所屬各機關團體經費支出，均應依照第八條程序，編製概算呈核，或專案呈准。凡未經核准者，不得開支。

第十七條　縣屬各機關團體經費，未經核准，不得強迫要挾縣政府發給支付書。

第十八條　各縣地方金庫所管一切公欵，未經奉到縣政府支付書，不得擅行支出。

第十九條　各縣教育經費，經核准有定額者，應維持原案，照額開支，非呈准不得折減。

第五章　懲罰

第二十條　有違反本章程第十一條第十二條之規定者，除責追外，並以瀆職論，送交法院訊辦。

第二十一條　有違反本章程第十四條之規定者，以詐欺取財論，送交法院訊辦。

第二十二條　有違反本章程第十六條之規定者，除責追外，並予以撤職處分。

第二十三條　有違反本章程第十七條之規定者，除撤職外，並以妨害公務論，送交法院訊辦。

第二十四條　有違反本章程第十八條之規定者，除撤職追賠外，並以共同舞弊論，送交法院訊辦。

第二十五條　辦理財務及稽徵人員，如有侵蝕舞弊情事，一經查覺，或被告發，應卽分別撤職責追；若觸犯刑章，幷送交法院訊辦。

第六章　附則

第二十六條　本章程有關係之稅捐徵收處，財務委員會，縣金庫，及會計各章則，另定之。

第二十七條　本章程如有未盡事宜，由財政廳呈准修改之。

第二十八條　本章程自公布日施行。

廣東省各縣稅捐徵收處章程　民國二十六年五月十日公佈

第一條　各縣依照廣東省政府財政廳監督各縣地方財政章程第六條之規定，設立稅捐徵收處，掌管縣地方稅捐規費稽徵事宜。就隸屬之縣，定名爲「廣東某某縣稅捐徵收處」，設於縣治所在地。

第二條　凡省稅捐由縣政府經徵者，得交徵收處兼理，其徵解辦法及經費分担，另以章則定之。

第三條　徵收處經徵各項稅捐規費，由縣政府依據財政廳核准之項目及徵收率，令飭遵照。

第四條　徵收處專司第一二兩條稅捐徵收事宜，凡縣地方財務行政，及招商承辦稅捐各事項，概不得干預。

第五條　徵收處設主任一人，綜理本處事務，受縣長之指揮監督。

徵收處主任任用及資格，另以章則規定之。

第六條 徵收處得設立數課，分掌文書會計庶務票照及稅捐稽徵各事宜。

前項課數，得由縣長視縣之等級，及事務之繁簡酌定之。

第七條 課設課長一人，由縣長委任，呈報財政廳備案；課員若干人，由主任遴請縣長委任；僱員若干人，由主任僱用。

第八條 課長承主任之命，主辦本課事務，課員僱員承長官之命，分掌經管事務。

第九條 徵收處主任以下各員，均須由縣長體察情形，取具相當保証。

第十條 徵收處薪工辦公各費，由縣長按照另頒等級表酌定，以縣欵開支。

第十一條 徵收處徵收各項稅捐規費，核定金額塡發通知，交繳納人持向金庫照繳；不得逕行收納現欵。

前項規定，如某縣實際施行有滯礙者，得由縣長擬具辦法，呈准財政廳變更之。

第十二條 各縣徵收處，得由縣長體察實際情形，呈請財政廳核准設立分處，其組織章程另定之。

第十三條 徵收處各課辦事細則，及稅捐稽徵，暨會計各章則，另定之。

第十四條 本章程如有未盡事宜，由財政廳呈准修改之。

第十五條 本章程自公布日施行。

廣東省各縣地方金庫章程 民國二十六年五月十日公佈

第一條 各縣依照廣東省政府財政廳監督各縣地方財政章程第六條規定，設立縣金庫，掌管縣地方公欵收支，及契約証劵保管事宜。就隸屬之縣，定名爲「廣東某某縣地方金庫」，設于縣治所在地。

第二條　某縣治地方，如省金庫設有分庫，縣金庫得由分庫兼辦，不另設立，其兼辦辦法，及經費分担，另以章則定之。

第三條　縣金庫得受省金庫之委託，代理分庫事宜，其代理辦法，及經費分担，另以章則定之。

第四條　縣金庫辦理第一條規定之職務，凡縣地方財務行政及稅捐稽征事項，槪不得干預。

第五條　縣金庫之組織，視縣之等級，分爲一二三等，如有特殊情形，得由縣長斟酌，呈准變更之。

第六條　一二等縣金庫，各設主任一人，會計員一人，三等、設主任兼會計一人。各級主任，由縣長就地方公正殷實、及有會計知識經驗紳董中，遴選充任，並呈報財政廳備案。

第七條　縣金庫主任，應由縣長體察情形，取具相當保証。

第八條　縣金庫視事之繁簡，得設助理員一人至二人，由主任薦請縣政府委任。

第九條　主任負責保管現金，及一切契約証劵，並監督所屬職員。

第十條　會計員編製傳票、登記、及保管各賬表，暨辦理其他會計事項。

第十一條　助理員承主任及會計員之命，助理庫內一切事務。

第十二條　縣金庫員役薪工，及辦公費，由縣長按照另頒等級表酌定，以縣欵開支。

第十三條　縣金庫收支欵項，均暫以毫幣爲本位，如有他種貨幣，須折合毫幣記賬。

第十四條　縣金庫收入欵項，須用縣政府印發之分聯收欵書，塡明月日科目銀數，加蓋庫戳，留一聯存查，以一聯附抄報、送呈縣政府查核，一聯掣給繳欵人。

第十五條　縣金庫支出欵項，須憑縣政府印發之分聯支欵書照數支欵，取具領欵人之正副收據，加蓋庫戳，留一聯及副收據存查，以一聯及正收據附抄報、送呈縣政府查核。

第十六條　縣金庫逐日編製日記抄報二份，留一份存查，以一份連同單據、呈送縣政府查核。

第十七條　縣金庫每屆月終及年度終了日，須將本月及本年度收支數目，造具月報表及年報表三份，呈送縣政府核轉財務委員會審核公布，並以一份呈財政廳備案。

第十八條　縣金庫會計科目，收支程序，賬表組織及式樣，另定頒行。

第十九條　本章程如有未盡事宜，由財政廳呈准修改之。

第二十條　本章程自公布日施行。

廣東省各縣地方財務委員會章程　民國廿六年五月十日公佈

第一條　各縣依照廣東省政府財政廳監督各縣地方財政章程第六條之規定，設立財務委員會，監察地方財政事宜。就隸屬之縣，定名爲「廣東某某縣地方財務委員會」，設于縣治所在地。

第二條　財委會設委員三人至九人，其員額，由縣長視縣之等級規定之：一等縣七人至九人，二等縣五人至七人，三等縣三人至五人。

前項委員，由縣長召集各鄉鎮長及地方各機關法團選舉之，幷呈報財政廳備案。

第三條　財委會委員，以年齡滿三十歲以上，具左列資格之一者，有當選資格；但現任公職者，當選後，不得兼任。

一、高中以上學校畢業，曾辦地方行政事務一年以上，著有成績者。

二、曾辦財政事務三年以上，著有成績者。

三、曾辦地方行政事務五年以上，著有成績者。

第四條　財委會委員任期，定爲一年；續被選舉者，得連任一次。

第五條　財委會設常務委員一人，由委員互選，主持日常會務，開會時爲主席。

第六條　財委會常務委員，得支薪給，委員得支伕馬費，其金額連同辦公費，由縣長按照另頒等級表酌定，以縣欵開支。

第七條　財委會得呈准縣長，酌用僱員。

第八條　財委會每月至少開會三次，遇必要時，得開臨時會議，均由常務委員召集。

第九條　財委會開會，如必要時，得請縣長，或縣政府主管財務人員，及會計主任，稅捐征收處主任，金庫主任列席。

第十條　左列地方財政事項，縣政府應交財委會審議。

一、縣地方年度收支總分概算。

二、縣地方年度收支總分決算。

三、各機關學校每月收支計算，及縣地方每月收支總計算。

四、縣金庫月份及年度收支與庫存數目。

五、各機關學校預算之追加或核減。

六、勵支預備費。
七、地方稅捐規費之啓征停征，與征收率之增減。
八、地方稅捐規費招商承包底價，及委託代征之比額。
九、縣公產之審查，及變賣之底價。
十、其他地方財政，縣政府認爲應交審議之事項。

第十一條　財委會除審議前條各事項外，對于左列各事負有隨時監査之責。
一、稅捐征收處各種稅捐規費征收狀況。
二、縣金庫出納狀況，及庫存數目。
三、各機關學校收支狀況，及營造工程。
財委會監査審核結果，如發覺有營私舞弊，或侵蝕浮濫等情事，得檢同証據，呈請縣政府査辦；倘縣政府舞弊，並得逕呈財政廳核辦。

第十二條　財委會不得直接辦理財務行政，及稅捐規費稽征事宜。

第十三條　本章程第十條所列之第一二三各款所列之年度總分概算，總分決算，每月總計算，及第五款預算之追加核減，其編製審核程序，另以章程規定之。

第十四條　本章程第十條第四款所列縣金庫月份及年度收支與庫存數目，縣金庫應造月報及年報表，呈由縣政府送審，財委會審核後，縣政府應立予公佈，以供衆覽。

第十五條　本章程第十條第六款所列勵支預備費，及第七款稅捐規費之啓征停征，與征收率之增減，案經財委會審核後，縣政府幷應呈報財政廳核奪。

第十六條　財委會會議規程，辦事細則，得自行擬定，呈縣政府轉呈財政廳查核備案。

第十七條　本章程頒布後，所有以前各縣設立關于地方財政公產等會，應卽撤銷，分別移交接管。

第十八條　本章程如有未盡事宜，由財政廳呈准修改之。

第十九條　本章程自公佈日施行。

第十八章　訓練財務人員

本省在本年度整頓財政，自有　中央法制可循；惟保持永久健全，與發揮實施效率，則培養幹部人才，實屬刻不容緩，良以徒法不足以自行也。今後欲導財政於正軌，必各級人員能奉公守紀，欲各級人員奉公守紀，必先杜絕倖進，嚴定資格，先之以訓練，繼之以實習，然後任之以職務，策之以獎懲；幷輔以退職養老撫卹諸制度；庶幾人盡其才，法盡其用。本廳爰於二十五年十二月，提議成立本省財務人員訓練所，專門培養稅務會計人員，使一般富於朝氣奮發之青年，經過此番基本訓練，俾能爲他日達到整理後一切財政新制爲合理的推動，與以科學方法運用管理；乃決以公開考試，分稅務會計兩組招生，設所訓練。內容規定：

(一)資格：稅務組高級班：限定國內外大學專門學校經濟科(系)或商科畢業。稅務組普通班：限定一、高中以上學校畢業，曾任財政事務一年以上，或其他行政事務二年以上者；二、曾任各縣市財政局長科長課長一年半以上，或財政機關科員二年以上者。會計組高級班：限定國內外大學專門學校會計科(系)畢業者。會計組普通班：限定一、曾在中等會計學校畢業，經在各機關各銀行辦理會計統計一年以上者；二、曾在各機關各銀行辦理會計統計三年以上者。

(二)學額：原定計劃，設稅務高級一班，普通一班，會計高級一班，普通一班，合共四班，每班額定五十人；嗣以報考會計高級班人數過少，報考稅務普通班人數過多，遂將會計高級班暫緩招考，多取稅務普通班一班，以補其缺；經過嚴格筆試口試與體格檢定，合計錄取稅務組高級班正取五十名，普通班正取壹百名，會計組普通班正取五十名，共取二百名。

(三)訓練期間：高級班三個月，普通班六個月。在訓練期間，衣食書籍，俱由訓練所供給。

(四)訓練所地址：附設中央陸軍軍官學校廣州分校特別班內，俾便統一精神教育，與軍事訓練，軍事管理。

(五)課程：分甲乙兩級，每級訓練爲三個月，凡稅務會計兩組之普通學員，必須乙級訓練期滿，始得入甲級。高級組學員，得免乙級訓練，逕入甲級。其兩級課程，見後附載訓練所章程內，茲不贅列。

(六)畢業待遇：高級班及格，分派財政機關實習一年，給予津貼，辦法如下：一、畢業考試甲等者，月給八十元。二、畢業考試乙等者，月給七十元。三、畢業考試丙等者，月給六十元。普通班及格，分派財政機關實習一年，給予津貼，辦法如下：一、畢業考試甲等者，月給六十元。二、畢業考試乙等者，月給五十元。三、畢業考試丙等者，月給四十元。

茲將訓練所章程，暨本年度內稅務高級組畢業學員成績表，均附錄於次：

修正廣東省政府財務人員訓練所章程

二十五年十一月二十日省政府七屆委員會第廿六次會議決議通過

第一條　廣東省政府爲訓練本省應用財務人員起見，特設財務人員訓練所。

第二條　本所設所長一員，由財政廳長兼任，綜理全所事務。副所長一員，由財政廳長呈請省政府派充，輔助所長綜理所務。教務主任、訓育主任、事務主任、各一員，敎職員若干員，由所長分別聘委。

第三條　本所分設稅務會計兩組，每組設高級普通兩班，高級班訓練時期爲三個月，普通班訓練時期爲六個月。

第四條　稅務組應考資格：

一、稅務組高級班應考資格：曾在國內外大學專門學校經濟科或商科畢業者。

二、稅務組普通班應考資格：1.高中以上學校畢業，曾任財政事務一年以上，或其他行政事務二年以上者。2.曾任各縣市財政局長、科長、課長、一年以上，或財政機關科員二年以上者。

第五條　會計組應考資格：

一、會計組高級班應考資格：曾在國內外大學專門學校會計科（系）畢業者。

二、會計組普通班應考資格：1.曾在中等會計學校畢業，經在各機關各銀行辦理會計統計一年以上者。2.曾在各機關各銀行辦理會計三年以上者。

第六條　考選學員，分爲第一二試：第一試爲筆試，第二試爲口試及體格檢查，第一試及格者，始得與第二試。

第七條　筆試以滿六十分爲及格，其考試科目如下：

一、稅務組高級班考試科目：1.黨義2.公文3.經濟學4.財政學5.會計學。

二、稅務組普通班考試科目：1.黨義2.公文3.經濟概論4.財政概論5.算術。

三、會計組高級班考試科目：1.黨義2.公文3.經濟學4.財政學5.會計學6.官廳會計學7.審計學8.簿記學9.統計學。

四、會計組普通班考試科目：1.黨義2.公文，3.經濟概要4.財政概要5.簿記6.會計7.審計。

第八條　本所課程，分爲甲乙兩級，每級訓練期爲三個月。凡稅務會計兩組之普通學員，必須乙級訓練期滿，始得入甲級；高級組學員，可免訓練乙級，逕入甲級。

第九條　乙級課程如左：

科目	每週訓練時數	備考
黨義	一	
公文練習	二	
經濟學	三	

財政學	三	
經濟財政學史	二	
應用算術	五	
官廳會計學	三	
會計學	三	
審計學	三	
統計學	三	
財務行政大要	二	
合計	三〇	

第十條　甲級課程如左：

（一）稅務組

科目	每週訓練時數	備考
公文練習	一	
財務行政法	四	
現行財政法規	四	

科目	每週訓練時數	備考
現行賦稅制度	四	
征收手續	三	
支解手續	三	
現行會計法	四	
現行審計法	四	
統計學	三	
合計	三〇	

（二）會計組

科目	每週訓練時數	備考
現行政府會計制度	二	
甲、中央統一會計制度	二	
乙、廣東財務單位會計制度	二	
財務行政法	三	
現行會計法	四	
現行審計法	二	

預算法	三	
決算法	三	
公庫法	二	
財政收支系統法	二	
現行稅制綱要	二	
統計學	二	
公文練習	一	
合計	三〇	

第十一條　本所除訓練應用科目外，施以軍事管理。

第十二條　本所學員，在訓練期間，衣食書籍等費，俱由本所供給。

第十三條　本所高級班學員，期滿畢業，分派各財政機關服務一年；服務期間，除有特別成績，得另予優待外，其餘給予津貼，額數如左：

一、畢業考試甲等者，月給八十元。

二、畢業考試乙等者，月給七十元。

三、畢業考試丙等者，月給六十元。

第十四條　本所普通班學員，期滿畢業，經普通考試及格者，分派各財政機關服務一年；服務期間，除有特別成績，得另予優待外，其餘給予津貼，額數如左：

一、畢業考試甲等者，月給六十元。

二、畢業考試乙等者，月給五十元。

三、畢業考試丙等者，月給四十元。

第十五條　本所辦事細則另定之。

第十六條　本章程經　省務會議議決施行，並分別呈咨　行政院財政部備案。

財務人員訓練高級組畢業成績表

姓名	年齡	籍貫	出身	畧歷	永久通信地址	成績		總評	等第	備攷
						甄別試驗	畢業試驗			
張守剛	三一	饒平	上海暨南大學畢業	國民經濟廣東分會幹事	一德路豐記	七八·八八	七九·一八	七九·〇三	一〇	
凌宗漢	二九	梅縣	中山大學經濟學士	會寧印花菸酒稅局長	東山瓦窰後街七號三樓	七七·九四	七九·三九	七八·六五	三	
蔡崇光	三一	澄海	暨南大學畢業	靈山縣實習縣長	芳草街六號二樓	八一·九〇	七九·三八	八〇·六四	四	
麥樹榮	二五	順德	民大畢業	南海中學教員	多寶路五十號之一三樓	八一·〇三	八三·七八	八二·四二	一	
陸大慈	二九	順德	嶺南大學畢業	嶺南大學教員	德運西廿七號四樓	七二·五六	八一·九五	七七·二五	二六	
蔡献榮	二七	澄海	中央大學畢業	廣州市立一中教員	芳草街六號二樓	七五·八二	七五·一七	七五·四九	四〇	
梁養吾	二九	梅縣	上海復旦大學畢業	中學教員及新聞記者	越華路一二七號三樓	七七·一三	七三·三五	七四·七三	四五	

陳祖熙	二六	番禺	中山大學畢業		維新路三一六號三樓	八一·〇九	八〇·六〇	八〇·八四	三	
李遜	三〇	文昌	上海文化院畢業	廣西民團股長兼教官	廣仁路祉仁坊十八號三樓	七六·九八	八三·一四	七九·五六	七	
陳琳光	三二	梅縣	北平中國文學畢業	軍師部秘書報館編輯	一德路龍慶街廿七號益興行	七七·二八	七七·三三	七七·三〇	二五	
朱節山	三二	樂昌	朝陽大學畢業	司令部秘書政訓處科長	樂昌縣學前路十六號	七九·〇七	七六·八六	七七·九五	一七	
朱汝壽	二九	梅縣	廣州大學畢業	梅縣廣益中學教員	東山江嶺下街八號二樓	八一·六三	七七·九〇	七九·七六	五	
陳華聰	二八	大埔	上海大夏大學畢業	感恩財政局長	搖粉街三十二號	七六·六九	七四·七四	七五·七二	三九	
梁麟	二七	番禺	暨南大學畢業	廣東深造班上尉科員	將軍前件園二號四樓	七八·八三	七九·〇六	七八·九四	一二	
吳貽華	二八	平遠	中山大學畢業	澄邁開建教育科長	文明路龍虎墻巷七號二樓	七五·〇九	七八·〇三	七六·五五	三〇	
林茂	二九	文昌	中大法學士	師範校長軍校教官	天官里一六七號	八〇·四九	七八·四八	七九·四八	八	
羅逢楷	二八	高要	國民大學畢業	惠來財政局長	搖粉街三十二號	七六·七三	七八·二四	七七·四八	一三	
張泊鷗	二七	興寧	廣州法院畢業	河源縣府課員	惠愛西孝友堂四號	七三·七九	七六·九九	七四·八九	四四	
凌耀中	二八	梅縣	廣州大學畢業	廣州誠報編輯	清水濠扶仁醫社	七九·〇三	七六·七七	七七·九〇	一八	
周靜平	三〇	文昌	上海中國公學畢業	瓊東中學教員	西關多寶路三四號三樓	七六·五二	七八·四六	七七·四八	二三	
林琤瑛	二九	梅縣	暨南大學畢業	財廳市府辦事員	連新路九七號二樓	七七·四五	七七·六七	七七·五五	二〇	
李汝鎰	三〇	南海	國民大學法學士	中學教員財政局長	正南路郵環新街三號二樓	七六·一八	七三·二四	七四·二一	四六	
葉方城	三一	惠陽	上海江南學院畢業	惠陽七區中學教員	德東大華坊二二號二樓	七六·一七	七八·〇三	七七·〇九	二八	

曾福年	二五	番禺	中山大學畢業	省營工業管理股員	十八甫洗基西十九號三樓	七七·一六	七五·九三	七六·五四	三一
陳濟源	二九	清遠	日本明治大學政治科	星洲養正中學教員	河南同福馬路溪峽直街一號三樓	七五·五八	七八·八三	七七·二〇	二七
吳世謙	二八	梅縣	中山大學畢業		蓮塘路二四號二樓	七四·〇三	七三·二七	七三·一三	四七
梁紹義	二九	梅縣	廣東法官學校畢業	地方法院檢察官	善慶街十二號	七九·九〇	七八·九七	七九·四三	九
梁村民	二七	梅縣	中山大學畢業	教局督學報館編輯	清水濠六三號三樓	七七·四四	七八·一六	七七·八〇	一九
曾　澍	三一	曲江	上海江南學院畢業	桂山中學教員	德宣路大華坊二二號二樓	七五·五三	七八·二九	七六·九一	二九
詹天森	三〇	饒平	暨南大學畢業	國民經濟廣東分會幹事	一德路牛記	七八·〇六	七七·〇三	七七·五四	二一
鄭　棨	三五	豐順	廣東大學畢業	兩廣鹽卡委員	天平橫街宜里九號樓下	七八·〇三	七四·七九	七六·一五	三五
莊啓烈	三〇	潮安	上海南方大學經濟學士	汕頭市府財局長	靖海二馬路先施	八一·〇九	七八·一七	七九·六三	六
馮韓熙	二六	鶴山	中山大學畢業		粵華西一街一號之一三樓	七五·五八	七六·六〇	七六·〇五	三六
謝　俊	二八	梅縣	國民大學畢業	中學教員會計主任等職	東山廟前直街五十六號二樓	七八·六二	七八·〇〇	七八·三〇	一四
方修第	三一	普寧	北平大學畢業	紫金建設科長	教育路三十三號三樓	七七·〇八	七九·三六	七八·三三	一五
鍾振聲	二九	惠陽	國立中大學士	鶴高印花菸酒稅局長	大新路一〇七號二樓	七五·六七	七六·一九	七五·八三	三八
陳　崧	三〇	東莞	中大法學士	南京中學教員	文德南廠後街三號	七四·八三	七五·九二	七五·三五	四一
關昌棨	三三	昌江	浙江大學畢業	昌江縣府教育科長	文明路一九四號三樓	七八·九五	七一·四二	七五·一八	四二
邱永滔	二六	南海	中山大學畢業		太平沙立建中學校	七七·三三	七五·六〇	七六·四五	三三

陳俊	二九	五華	國民大學政治學士	五華縣立中學教員	河南寶和市桑苑一巷一號二樓	七六·二九	七三·七七	七五·〇三	四三
葉淡文	二九	梅縣	上海持志學校畢業	連平縣財政局長	河南保安新街保安醫社	七七·三〇	七八·八四	七八·〇七	一六
黃維邦	二四	豐順	北平中國大學政經學士		廣州特別市黨部黃鉞轉	七六·三〇	七六·二八	七六·二五	三三
楊鑫漢	二五	茂名	中山大學法學士	茂名中學會計	法政路三八號	七四·五三	七七·九一	七六·二三	三四
黃開壽	二五	梅縣	中山大學畢業		東山啓二馬路十號樓下	七四·六二	七七·一九	七五·九〇	三七
江其宗	二七	大埔	暨南大學畢業	上海公時中學教員	德政中路六四號三樓	八一·三〇	八一·五四	八一·四三	二
陳博才	二七	台山	上海復旦大學畢業	中學教務主任	東山合群新路銘園	七六·八八	七七·八六	七七·三七	二四
溫振鵬	三一	番禺	國民大學畢業	定安縣財政局長	德宣號蓮花井七九號樓下	七九·六四	七七·二四	七八·四四	一三

第十九章　裁廢苛捐雜稅

查第二次全國財政會議，決議廢除苛雜各案，本省過去多未遵辦，因之稅目重複，制度紛亂，農商交困，於斯爲極。本廳在本年度，因仰體　中央意旨，即決心以裁廢苛雜，改善征收，爲救民之急務。惟苛雜種類繁多，名目奇異，必先經過嚴密審議，劃分省縣市界限，通盤籌劃，方可實施。經將擬定辦法，呈經　財政部暨　省政府核准，商請廣東綏靖公署、鹽運使署、鹽務稽核所、粵桂閩區統稅局、廣州市財政局、廣州市商會、各派代表，及延聘專家，并指派署廳秘書科長，共同組織廣東省裁廢苛捐雜稅審議委員會，從事審查，俾收集思廣益之效。同時，令各縣市政府、各屬商會，就地查明各項捐稅、及附加名目，與欵額用途；遇其中收數無多，認爲苛細者，特別指出，限期一併列表呈報，以憑發會審議，逐漸裁廢。其有憑藉開支者，或設法另籌，或節流抵補，總期弊盡革而事不偏廢也。遂將苛雜捐稅分別性質，計屬於國家收入最著者爲烟稅，應俟禁烟主管機關清理外。省地方最著者爲賭餉，一面呈請　省府實行禁賭，本年度預算内原列賭餉收入一千四百萬，予以删除；其他苛雜，則按其緩急，分定後先；因本省地方收入，約計五千四百三十餘萬元，支出達六千五百四十餘萬元，原不敷一千餘萬元，而收入中不合法者，已達三千一百餘萬，若立時裁廢，則相差過遠，無法抵補，因將支出數目，盡量删減，求縮至四千餘萬，苛雜收入，先擇要裁廢一千八九百萬，庶幾相差不鉅，抵補稍易。一面改善征收方法，以期正當收入漸次增加，使裁廢苛雜之中，而仍不影響總收入也。

本廳此次裁廢苛捐雜稅，首將爲害最烈之賭餉取消，次將涉及重征，有碍國民生計，及妨害國民經濟，或苛細已甚，損及正當收入之苛捐雜稅，按照下列擬定存廢標準，分別實行。

甲、關於省稅方面：(一)征收手續簡單，而收入切實者，保留。(二)帶有保護生產性質，可以補充關稅壁壘者，保留。(三)稅率過重，與平民生計有碍者，酌减。(四)妨害國民經濟、及中央稅收來源者，裁廢。

乙、關於縣市方面：(一)過於苛雜而收數不多者，剔除。(二)縣與區鄉之間重復征收者，剔除。(三)法令不准抽收者，剔除。(四)與國省稅抵觸者，剔除。(五)妨害風化，與離奇名目者，剔除。

計一年來，經明令裁廢：屬於省地方者，有三十七種，裁去年額毫幣二千四百八十萬零五百二十元；屬於縣市地方者，有三百四十七種，裁去年額毫幣八十七萬七千二百零八元。茲為便於稽考，分別編製本年度裁廢省地方與縣市地方苛捐雜稅統計兩表如次：

民國廿五年度裁廢省地方苛捐雜稅統計表(一)

名稱	征收方法	用途	年額	備考
船來洋穀米稅	凡洋來穀米於入口時抽收洋米每百斤抽大洋一元四角四分洋穀每百斤抽大洋七角二分均由各船來農產品什項專稅局征收	解繳省庫充救濟農村事業費用	五·六〇〇·〇〇〇	廿五年八月廿一日停征改由海關辦理
船來士敏士附加大學經費長途電話費	凡屬外洋輸入每桶裝限三百斤納大學經費一元八角長途電話費四角五分包裝限二百斤納大學經費一元二角長途電話費三角其外省輸入者桶裝三百斤納大學經費九角長途電話費四角五分包裝限二百斤納大學經費六角長途電話費三角均以大洋為本位由各船來農產品什項專稅局于入口時征收	解繳省庫分撥各該用途	一七·〇〇〇〇	廿五年九月一日停征同時由粵桂閩區統稅局照章辦理水坭統稅

舶來廢爛膠輪稅	每担征收大洋二元由各舶來農產品什項專稅局于入口時抽收	解繳省庫充支政費	三〇・〇〇〇〇〇	廿五年九月一日停征
舶來機器稅	凡本國工廠所製出機器種類呈經政府核驗明確認為可用對于該類之舶來機器每值百元抽大洋二十元由各舶來農產品什項專稅局于入口時抽收	同右	五・〇〇〇〇〇	同右
各縣房捐	由各縣征收彙解	同右	二五・〇〇〇〇〇	同右
漁業稅	由建設廳港務局征收	同右	七・二〇〇〇〇	同右
佛山戲院附加軍費	凡佛山戲院茶室所收入塲券價附加一成征收批商認額包承	同右	七・二〇〇〇〇	同右
台山灰捐附加軍費	凡台山灰類每担抽捐銀二分批商認額包承	同右	三・六〇〇〇〇	同右
台山磚捐附加軍費	凡台山磚類每萬個抽銀一元二毫批商認額包承	同右	三・四〇〇〇〇	同右
連江口生猪出口捐	每大猪一頭抽銀四毫小猪抽銀二毫批商認額包承	解繳省庫及撥縣地方費	七・二五〇〇	同右
瓊崖生猪出口捐	同右	同右	一九・九〇〇〇〇	同右
惠州生猪出口捐	同右	同右	一五・八二〇〇〇	廿五年九月十日停征
欽廉生猪出口捐	同右	同右	一八・九〇〇〇〇	同右
煤炭業按噸營業稅	凡外洋煤每噸抽大洋五角外省煤每噸抽大洋三角由各舶來農產品什項專稅局征收	解存省庫充建築省府合署經費	三〇〇・〇〇〇〇〇	
全省賭餉	凡各防務義會等賭博餉項批商包辦	解繳省庫	一四・〇〇〇・〇〇〇〇〇	廿五年九月一日禁絕

十二種京果海味捐	蠔豉每百斤抽大洋三元二角桂魚乾白燒乾班竹角乾淡春魚乾淡口公魚乾淡口帶魚乾禾虫乾七種每百斤均抽大洋一元南澳三區蝦仔乾南澳三區江魚乾兩種每百斤均抽大洋五角惠陽銀蝦乾每百斤抽大洋五角一分白菜乾每百斤抽大洋四角無論土產洋來均于入口時照抽批商認額承辦	解繳省庫充支政費	一〇三·五五〇〇〇	廿五年十二月一日停征
廣州市花捐附加工藝費教育費築路費軍費	按妓寮妓艇等級分別征收陳塘每妓大局收二元九毫酒局每樓收一元四毫五仙義和里每妓大局收二元二毫酒局每樓收一元一毫東堤每妓大局收二元四毫酒局每樓收一元二毫南堤每妓每局收七毫塘魚欄每妓每局夜收一元一毫日收三毫大局作雙帶河基每妓月納二元四毫四仙每局收五毫八仙米埠每妓大局收二元四毫酒局每樓收一元二毫洋牌每妓月納二十一元三毫東沙尾每局夜收八毫三仙日收一毫均以毫洋爲本位由廣州市營業稅局兼征	除將築路費一項撥解廣州市財局外其餘概解省庫充支各項政費	一四四·〇〇〇〇〇	廿六年一月一日停征
台山花捐附加築路費軍費加二軍費	每妓每小局抽收毫洋一元二毫七仙大局加倍下乘折半招商認額承辦	解繳省庫充支各項政費	五·二〇〇〇〇	同右
江門花捐附加築路費軍費加二軍費	每妓每小局抽收毫洋八毫四仙大局加倍下乘折半招商認額承辦	同右	六·六五〇〇〇	同右
惠州八屬花捐附加築路費加二軍費	每妓每小局抽收毫洋八毫大局加倍下乘折半招商認額承辦	同右	五·〇〇〇〇〇	同右
順德花捐附加教育費築路費加二軍費	每妓每小局抽收毫洋七毫七仙大局加倍下乘折半招商認額承辦	同右	七·七〇〇〇〇	同右
佛山花捐附加教育費築路費加二軍費	每妓每小局抽收毫洋一元二毫五仙大局加倍下乘折半招商認額承辦	同右	一三·三〇〇〇〇	同右
東江三屬花捐附加築路費加二軍費	每妓每小局抽收毫洋四毫六仙大局加倍下乘折半招商認額承辦	同右	一七·〇五〇〇〇	同右

瓊崖花捐附加築路費加二軍費	凡明牌歌妓每檯大局抽收毫洋六毫小局收三毫暗牌妓女依照所領月牌捐額抽收築路費及軍費各二成招商認額承辦	解繳省庫充支各項政費	四•七〇〇〇〇	廿六年一月一日停征
兩陽花捐附加築路費軍費加二軍費	每妓每小局抽收毫洋一元大局加倍下乘折半招商認額承辦	同右	六•四五〇〇〇	同右
東莞花捐附加築路費軍費加二軍費	同右	同右	三•九五〇〇〇	同右
開平花捐附加教育費築路費加二軍費	同右	同右	二•一二〇〇〇	同右
高要五屬花捐附加築路費加二軍費	每妓每小局抽收毫洋六毫大局加倍下乘折半招商認額承辦	同右	三•三〇〇〇〇	同右
番禺花捐附加築路費加二軍費	同右	同右	七六〇〇〇	同右
南韶連花捐附加築路費加二軍費	每妓每小局抽收毫洋四毫大局加倍下乘折半招商認額承辦	同右	八•二〇〇〇〇	同右
寶安花捐附加加二軍費	抽率同右由縣代收代繳	同右	七〇〇〇〇	同右
欽廉花捐附加築路費加二軍費	抽率同右由縣代收代繳	同右	一•六〇〇〇〇	同右
高雷花捐附加築路費加二軍費	抽率同右由縣代收代繳	同右	六•〇〇〇〇〇	同右
加二維持紙幣專欵	凡糖捐屠牛牛皮稅洋紙稅香燭紙寶冥鏹捐蠟類專稅顏料專稅屠猪捐船來農產品什項專稅各項一律照收入欵額加二抽收	解繳省庫以充維持本省金融基金	二•〇二五•〇〇〇〇〇	廿五年九月一日取銷
二成油荳專稅	凡豆類花生仁黑白芝麻黑白瓜仁每百斤原抽大洋一元八角減爲一元五角有壳花生每百斤原征大洋一元五角減爲一元二角五分生油豆油麻油每白斤原征大洋五元四角減爲四元五角另生餅四種按照可製出油量分別征稅每百斤	解繳省庫充救濟農村事業費用	二•〇二五•〇〇〇〇〇	廿五年九月一日裁減

				原抽大洋四角一元零八分一元六角二分二元一角六分四級分別減爲大洋三角四分九角一元三角五分一元八角均由農產品什項稅局于入口時抽收
廣州市花捐附加工藝教育桑路捐	捐率不一	照案撥支	一四〇•〇〇〇.〇〇	
各縣市各捐附加費教育築路軍費加二軍費	捐率不一	照案撥支	一二〇•〇〇〇.〇〇	
合計	三十七種		二四•八〇〇•五二〇.〇〇	年額以毫幣計算

民國廿五年度裁廢各縣市地方苛捐雜稅統計表（二）（第一次至二十六年三月底止）

縣名	稅捐名稱	年收數目	用途	征收機關	取銷日期	備考
南海	各鄉烟館報効	六•〇〇〇	警衛費	縣府	二十六年三月十七日	查本省嚴行禁烟此項報効應即裁撤本廳審核該縣二十五年度地方概算時剔出
	石灰捐	六〇〇	行政費	九江市政局	二十六年一月一日	此係行政費近於苛雜由縣呈報停征本廳令復備案
番禺	沙田畝捐	六•四二一	警衛費	縣府	二十六年三月十七日	此係警衛專欵本廳審核該縣二十五年度地方概算時剔出
順德	花筵捐第一、二次附加	四•八〇〇	未據列明	同右	同右	近於苛雜本廳審核該縣二十五年度地方概算時剔出
	烟賭舖租捐	六•〇〇〇	同右	同右	同右	本省厲行禁絶烟賭該項租捐自應取銷本廳審核該縣二十五年度地方概算時剔出
	舖租捐	一五•〇〇〇	警衛費	同右	同右	此屬警衛專欵本廳審核該縣二十五年度地方概算時剔出
新會	舖宅捐	四二•〇〇〇	同右	同右	同右	近於苛雜經本廳專案令飭取銷

	葵扇出口捐	一四·四〇〇	地方欵	批商承辦	二十五年八月二十一日	此係地方欵由縣遵奉本廳令飭依期取銷
	睦洲市塲水貨秤用	六〇〇	教育費	睦洲鄉公所	二十五年十月	近於苛雜由縣呈報遵令依期取銷
台山	魚捐附加費	三〇〇	未據列明	縣府	二十六年三月十七日	近於苛雜本廳審核該縣二十五年度地方概算時剔出
	契稅告白附加	一·四四四	同右	同右	同右	同右
	磚捐附加費	一·〇八〇	同右	同右	同右	同右
	灰捐附加費	六〇〇	同右	同右	同右	同右
	羊屠捐附加	三六〇	同右	同右	同右	同右
	渡船捐	六〇	同右	同右	同右	同右
	舖宅捐	三六·〇〇〇	警衛費	同右	同右	此係警衛專欵本廳審核該縣二十五年度地方概算時剔出
	符書捐	一·三〇〇	未據列明	縣府	同右	近於苛雜本廳審核該縣二十五年度地方概算時剔出
	屠捐附加	三·四〇〇	自治費及警費	第二十二區公所	二十六年六月底	近於重複征收由縣遵令定期取銷
	巫覡醮捐	一·四四四	教育費	批商承辦	二十六年七月二十五日	近於苛雜由本廳令飭本屆承商期滿撤銷
開平	商照附加費	一六·〇〇〇	警衛費	縣府	二十六年三月十七日	
中山	附加行人警費	五·〇〇〇	警費	第五區公安分局	二十五年十月十六日	近於苛雜由本廳令飭撤銷
寶安	各區商業捐	五·九四〇	警衛費	縣府	二十六年三月十七日	此欵與省庫營業稅有關本廳審核該縣二十五年度地方概時算剔出
	道覡捐	五二八	未據列明	同右	同右	近於苛雜本廳審核該縣二十五年度地方概算時剔出

	花捐附加自治費警費	一・二〇〇	自治費及警費	批商承辦	二十六年六月底	近於重複征收由縣呈奉本廳令飭撤銷
赤溪	菸絲附加捐	二・四〇〇	未據列明	縣府	二十六年三月十七日	此係屬於國稅附加本廳審核該縣二十五年度地方概算時剔出
花縣	商業捐	四・八〇〇	警衛費	同右	同右	此款與省庫營業稅有關本廳審核該縣二十五年度地方概算時剔出
	防務館談話館特別費	二・一五〇	同右	同右	同右	本省嚴禁烟賭此款應裁撤本廳審核該縣廿五年度地方概算時剔出
增城	烏炭捐	一・二二五		同右	二十六年七月一日	近於苛雜由縣呈奉本廳令飭取銷
從化	炭捐	二・四〇〇	學款	縣立初中第三高小學校	二十五年底	同右
曲江	禁烟附加	一・六八〇	未據列明	縣府	二十六年三月十七日	本省厲行禁烟此款應即取銷本廳審核該縣二十五年度地方概算時剔出
	防務附加	四・〇五四	自治警學各費	縣府	二十六年三月十七日	本省厲行禁賭此款應即裁撤本廳審核該縣二十五年度地方概算時剔出
	當押行報效費	九六	警學費	縣府	二十六年三月十七	近於苛細本廳審核該縣二十五年度地方概算時剔出
	屠行聯福堂報效費	一・〇〇〇	學費	教費管委會	二十六年一月一日	近於重複征收由本廳令飭取銷
	旅店營業証書費	二〇〇	未據列明	縣府	二十六年三月十七日	此款與省庫營業稅有關本廳審核該縣二十五年度地方概算時剔出
	旅店客艇租附加捐	九六・〇〇〇	教育費	教費管委會	二十五年十月	妨害交通由本廳令飭取銷
	香菇捐	一・二〇〇	警費	大塘公安分局及警費管委會	二十六年六月底	近於苛雜由本廳令飭取銷
南雄	殷富捐舊欠	三・〇〇〇	警衛費	縣府	二十六年三月十七日	此捐即戶口捐之別名近於苛雜本廳審核該縣二十五年度地方概算時剔出

	生猪捐	一〇〇	學費	第六區中山小學	未收	據縣呈擬抽收經本廳核飭不准
	屠捐	一〇〇	同右	同右	未收	同右
樂昌	烟燈捐附加	八〇〇	警衛費	縣府	廿六年三月十七日	本省厲行禁烟此項附加自應撤銷本廳審核該縣二十五年度地方概算時剔出
	防務附加	一四四	同右	同右	同右	同右
	牛隻附加捐	三·五〇〇	學款	教費管委會	廿六年四月底	查與屠牛牛皮稅章程抵觸由本廳核定撤銷
始興	各區猪捐附加	一四〇〇	未據列明	縣府	廿六年三月十七日	近於苛什本廳審核該縣二十五年度地方概算時剔出
	魚苗捐	一三	同右	同右	同右	同右
	土硝牌捐	一二四	同右	同右	同右	同右
	太平墟禁烟屠捐等附加	九六〇	同右	同右	同右	本省厲行禁烟禁烟附加應即裁撤屠捐附加與省稅屠捐有關本廳審核該縣二十五年度地方概算時剔出
	各區禁烟附加	八四〇	同右	同右	同右	本省厲行禁烟此款應即裁撤本廳審核該縣二十五年度地方概算時剔出
	各區團款	三·八〇〇	同右	同右	同右	同右
	小猪捐	三六〇	警察費	縣府及太平鎮公所	廿六年四月	本廳核飭取銷
	紙石灰捐	八四	同右		廿五年底	同右
仁化	生牛買賣中人附加	八〇	未據列明	縣府	廿六年三月十七日	近於苛細本廳審核該縣二十五年度地方概算時剔出

縣別	捐稅名稱	年收數	用途	征收機關	開征時期	備考
	全屬屠宰烟館附加	二·一〇〇	同右	同右	同右	本省厲行禁烟烟舖附加應飭裁撤屠宰附加係與省稅屠捐有關本廳審核該縣二十五年度地方概算時均予剔出
	屠捐附加	四〇〇	教育費	批商承辦	廿五年底	與本省屠捐抵觸本廳核飭取銷
	屠捐收館附加	六〇〇	自治費	公安局	廿五年十月	准民政廳咨據該縣擬抽由本廳核復未便准收
	長江入口紙捐	七·一〇〇	警衛費	公安分局	廿六年三月	此係警衛費由本廳函復保安司令部令飭撤銷
	谷蘆捐	六〇〇	自治費	第四區公所	同右	本廳核飭取銷
英德	契稅附加自治	一·〇〇〇	自治費	縣府	廿六年三月十七日	此欵未經本廳核准有案該縣二十五年度初編概算並無編列本廳審核該縣二十五年度地方概算時剔出
	商業捐	五·〇〇〇	警衛費	縣府	同右	此捐與省庫營業稅有關本廳審核該縣二十五年度地方概算時剔出
	禁烟附加	三·〇〇〇	同右	同右	同右	本省厲行禁烟此欵應即裁撤本廳審核該縣二十五年度地方概算時剔出
	旅業附加捐	七二〇	林塲苗圃經費	商辦	廿五年十一月一日	近於苛細由本廳核飭取銷
	百貨出口捐	一·二〇〇	警衛費	同右	廿六年六月	此係警衛費由本廳核飭取銷
乳源	附城烟燈捐	一三〇	未據列明	縣府	廿六年三月十七日	本省厲行禁烟此欵應即裁撤本廳審核該縣二十五年度地方概算時剔出
	狀紙費	四八	同右	同右	同右	近於苛細本廳審核該縣二十五年度地方概算時剔出

	生猪出口捐	五七六	地方欵	商辦		本廳令飭迅速籌抵定限撤銷
	生牛佣	二〇〇	公安費	附城公安局		同右
	秤佣捐	三〇〇	同右	商辦		同右
	出口船捐	三〇〇	同右	同右		同右
	猪牛捐	三〇〇	自治費	一三兩區公所		同右
	鎢鑛附加捐	二四〇	同右	二區公所	未收	據縣呈擬征收本廳令復不准
	牛猪板木出口捐	三六〇	同右	同右	同右	同右
連縣	竹紙出產捐	一〇〇	學欵	洛陽鄉第二小學校		本廳令飭限期停征
	生猪捐	一·四〇〇	未據列明	縣府	廿六年三月十七日	近於苛雜本廳審核該縣二十五年度地方概算時剔出
	內河竹木捐	八〇〇	警衛費	縣府	廿六年三月十七日	近於苛雜本廳審核該縣二十五年度地方概算時剔出
	船戶捐	二·〇〇〇	同右	同右	同右	同右
	舖租捐	四·二〇〇	同右	同右	同右	同右
	鹽商補助費	八·四〇〇	同右	同右	同右	同右
	沙坪征收處補助費	六·〇〇〇	同右	同右	同右	此係警衛專欵本廳審核該縣二十五年度地方概算時剔出
	商捐	一〇·〇八〇	同右	同右	同右	同右
陽山	防務附加	二〇〇	公安費	縣府	二十六年三月十七日	本省厲行禁賭此欵應即裁撤本廳審核該縣二十五年度地方概算時剔出

	樂江攤面柴業捐	二〇〇	自治費	四區公所	廿六年三月	近於苛什經本廳專案令飭裁撤
連山	禁烟附加	二四〇	警衛費	縣府	二十六年三月十七日	本省厲行禁烟此項附加應卽裁撤本廳審核該縣二十五年度地方概算時剔出
佛岡	烟燈附加	六〇〇	未據列明	同右	同右	同右
	屠捐附加	六〇〇	地方欵	同右	二十六年六月底	本廳令飭裁撤
清遠	狀紙費	一五〇	未據列明	縣府	二十六年三月十七日	近於苛什本廳審核該縣二十五年度地方概算時剔出
廣寧	防務附加	二〇〇	四粮費	縣府	二十六年三月十七日	本省厲行禁賭此欵應卽裁撤本廳審核該縣二十五年度地方概算時剔出
高要	桂皮桂碎出口附加捐	一·二〇〇	自治費	縣府	二十五年十二月三日	據縣呈擬抽收本廳令復不准
四會	禁烟局補助費	一八〇	警衛費	縣府	二十六年三月十七日	本省厲行禁烟此欵應卽裁撤本廳審核該縣二十五年度地方概算時剔出
	防務附加費	二·〇六六	同右	同右	同右	同右
開建	南豐生牛稅附加捐	七三	未據列明	同右	同右	近於苛細本廳審核該縣二十五年度地方概算時剔出
	全屬油搾捐	三〇	同右	同右	同右	同右
	狀紙費	六〇	同右	同右	同右	同右
	舊欠民米附加	五〇〇	同右	同右	同右	同右
	商會補助警衛費	四·二〇〇	警衛費	同右	同右	此係警衛專欵本廳審核該縣二十五年度地方概算時剔出

	賀江船捐	一•八〇〇	警衛費	縣府	廿六年三月	此係警衛專欵經本廳專案令飭撤銷
	屠猪捐	六〇〇	電話費	電話管理處	廿五年十月	本廳令飭不准抽收
	攤位捐	六〇〇	警費		二十五年九月一日	由縣定期撤銷本廳令復備案
封川	契紙附加	一三三	未據列明	縣府	二十六年三月十七日	近於苛細本廳審核該縣二十五年度地方概算時剔出
	屠牛報効費	一〇〇	同右	同右	同右	近於苛什本廳審核該縣二十五年度地方概算時剔出
	田畝帶征警衛費	六•八四〇	警衛費	同右	同右	此係警衛專欵本廳審核該縣二十五年度地方概算時剔出
	牛市地租票費	七二〇	自治費	第六區公所	廿五年十月	由縣呈擬抽收本廳令復不准
鬱南	都城市塲原有團欵	四•八〇〇	警衛費	縣府	二十六年三月十七日	此係警衛專欵本廳審核該縣二十五年度地方概算時剔出
	大塒市塲原有團欵	四三二	同右	同右	同右	同右
	連灘市塲原有團欵	二•四〇〇	同右	同右	同右	同右
	全縣禁烟特別費	三六〇	同右	同右	同右	本省厲行禁烟此欵應即裁撤本廳審核該縣二十五年度地方概算時剔出
	玉桂出口捐	一〇•〇〇〇	公安自治各費		未收	由縣呈擬抽收本廳令飭不准
	草蓆出口捐	三•〇〇〇	同右		同右	同右
新興	生猪捐	六•六〇〇	教育自治費及地方欵	批商		本廳令飭速行籌抵撤銷
	積欠加二團欵	六〇〇	警衛費	縣府	二十六年三月十七日	此係警衛專欵本廳審核該縣二十五年度地方概算時剔出

羅定	烟館報効	三六〇	未據列明	同右	同右	本省厲行禁烟此欵應即裁撤本廳審核該縣二十五年度地方概算時剔出
	鐵鑛山貨捐	六〇〇	自治費	第三區公所	二十六年六月底	本廳令飭撤銷
	竹木排通過捐	一九〇	同右	第四區公所	二十五年八月十六日	由縣遵令撤銷
德慶	附城猪市平碼捐	一·〇〇〇	警學費	批商承辦	二十五年十二月	本廳令飭撤銷
	山貨捐	七·〇〇〇	警衛經費	同右	廿六年四月	此係警衛隊經費本廳令飭撤銷
雲浮	屠猪捐	一·八〇〇	學欵		未收	本廳令復不准抽收
	牛市經紀佣	一·五〇〇	慈善費	平民醫院及育嬰堂	同右	同右
	松杉捐	三〇	學欵	元善小學	同右	同右
鶴山	各區公所補助費	四·〇〇〇	警衛費	縣府	廿六年三月十七日	此係警衛專欵本廳審核該縣二十五年度地方概算時剔出
	駁艇捐	七三	未據列明	同右	同右	近於苛細本廳審核該縣二十五年度地方概算時剔出
	禁烟附加	一·八〇〇	同右	同右	同右	本省厲行禁烟此欵應即裁撤本廳審核該縣二十五年度地方概算時剔出
	鶴城鎮商店科派警費及第五區公所自治費	一·〇〇八	警費及自治費		廿六年四月	近於苛雜重征經本廳令飭裁撤
高明	契稅附加地方欵	二〇〇	地方欵	縣府	同右	此欵未經核准有案本廳審核該縣二十五年度地方概算時剔出
	谷米平碼捐	四·〇〇〇	教育費	設處征收	廿五年九月一日	由縣呈報取銷本廳令復備案

	三洲牲口平碼捐	一•000	教育費	設處征收	廿五年九月十六日	本廳令飭撤銷
	合水墟鷄秤猪秤捐	二00	同右	布練鄉立小學校	廿六年六月底	本廳令復不准抽收
	聯與聯發兩渡團學費	一•四00	警學費	公安局	廿五年底	本廳令飭撤銷
惠陽	惠河碼頭租	三•000	建橋費	縣府		本廳令飭限期撤銷
	民船附加警費	二00	警費	附城公安分局		同右
	高潭鄉什捐	三00	自治費	高潭鄉公所	廿五年十月	本廳令飭撤銷
	生猪秤佣	一六•000	救濟費	縣府	廿五年九月十六日	本廳限令撤銷
	商業捐	一三•二00	警衛費	同右	廿六年三月十七日	此款與省庫營業稅有關本廳審核該縣二十五年度地方概算時剔出
	烟燈附加捐	六00	未據列明	同右	同右	本省厲行禁烟此款應即裁撤本廳審核該縣二十五年度地方概算時剔出
	狀紙附加	一八0	同右	同右	同右	近於苛雜本廳審核該縣二十五年度地方概算時剔出
博羅	谷船過境費	二00	警學自治費	縣府	廿六年六月底	本廳令飭撤銷
	十七年份米丁附加築路費	一四0	築路費	同右	廿六年三月十七日	近於苛雜本廳審核該縣二十五年度地方概算時剔出
海豐	灰窰捐	三•二00	教育費	商辦	廿六年六月底	本廳令飭撤銷
	第二區牛屠捐	一三0	地方欵	同右	廿五年底	由縣呈報撤銷本廳令復備案
	油搾附加捐	二•五00	教育費	同右	同右	本廳令飭撤銷

	濠豉出口捐	四•八〇〇	地方款	同右	廿六年三月	由該縣呈報撤銷經本廳備案
	烟燈附加	四三二	警衛費	縣府	廿六年三月十七日	本省厲行禁烟此款應予裁撤本廳審核該縣二十五年度地方款時剔出
	花票附加	六八四	同右	同右	同右	此係警衛專款本廳審核該縣二十五年度地方概算時剔出
陸豐	大霧烏樹船捐	八〇〇	未據列明	同右	同右	近於苛什本廳審核該縣二十五年度地方概算時剔出
	拖船販捐	一六〇	同右	同右	同右	同右
	柴行捐	六〇〇	同右	同右	同右	同右
	糖粉秤捐	二•六三〇	同右	同右	同右	同右
	蠔町捐	四〇	同右	同右	同右	同右
	入口貨物加二水脚費	二•四〇〇	警衛費	同右	同右	同右
	柴草炭船送運費	二•八三六	同右	同右	同右	同右
	舖租捐	一三•五〇〇	同右	同右	同右	此係警衛專款本廳審核該縣二十五年度地方概算時剔出
	屠捐附加	三•〇〇〇	警衛費	同右	同右	此款屬於省稅附加本廳審核該縣二十五年度地方概算時剔出
	菸酒屠附加	一五•三〇〇	民國日報經費平民學校經費及其他宣傳費	商辦	廿六年六月	本廳令飭撤銷
	米谷捐	七二〇	自治費	二區公所	廿五年十一月四日	由縣呈報撤銷本廳令復備案
	東焦坑渡船捐	一〇〇	教育費		廿五年十二月一日	同右

碣石猪仔捐	八〇〇	警費	碣石公安分局	廿五年十二月一日	由縣呈報撤銷本廳令復備案
碣石元山汎捐	一〇〇	同右	同右	同右	同右
河田船頭捐	一〇〇	同右	河田公安分局	同右	同右
河田乳豬捐	一二〇	同右	同右	同右	同右
金廂魚担捐	一二〇	同右	金廂公安分駐所	同右	同右
金廂菜魚捐	一二〇	同右	同右	同右	同右
湖東小豬捐	一二〇	同右	湖東公安分駐所	同右	同右
湖東魚担捐	六六	同右	同右	同右	同右
新田炭行捐	一〇〇	同右	新田公安分駐所	同右	同右
大安乳豬捐	一二〇	同右	大安公安分駐所	同右	同右
碣石烏鴉船捐	七二〇	警衛費	商承	廿六年五月十五日	本廳令飭撤銷
菜魚捐及附加碣石後備隊經費	一·七二六	警學費	碣石區立小學校董會	廿五年十一月十六日	同右
迷信捐	一·〇〇〇	教育費	商辦	未收	縣擬抽收本廳令復不准
魚舫捐	三·〇〇〇	警衛費	商辦	廿六年五月十五日	本廳令復定期撤銷
生豬出口捐	二·八〇〇	同右	縣府	廿六年三月十七日	近于苛什且屬警衛專款本廳審核該縣二十五年度地方概算時剔出

河源	神釐	一〇〇	祀費	藍口墟義勇祠	廿五年度	縣擬取銷本廳令復備案
	酒谷捐	三〇〇	學款	廣益小學	廿六年六月止	本廳令飭撤銷
	商業舖租捐	六・六〇〇	警衛費	縣府	廿六年三月十七日	此係警衛專款本廳審核該縣二十五年度地方概算時剔出
	狀紙附加	七二〇	敎育費	同右	同右	近于苛什本廳審核該縣二十五年度地方概算時剔出
紫金	行政狀紙費	三〇〇	行政費	同右	同右	同右
	屠豬捐附加	一・五〇〇	警費及第一小學校經費	商辦	廿六年六月底	本廳令飭撤銷
	本牌過境捐	一・〇〇〇	自治費	二區公所及藍塘鄉公所	廿五年十二月	縣擬取銷本廳令復備案
	古竹市塲附加捐	一・二〇〇	警費	古竹公安分局	同右	同右
	魚捐	六〇	第四區警費	商辦	廿六年一月	本廳令飭裁撤
	出口谷捐	四八〇	同右	派員征收	同右	同右
	出口豬捐	六〇	同右	商辦	同右	同右
	屠牛捐	二六	第四區公所警費	同右	同右	同右
	屠豬捐	七二	同右	同右	同右	同右
	烟燈捐	九〇	同右	同右	同右	同右
	柴把捐	四八	同右	同右	同右	同右
	松尾捐	二四	同右	同右	同右	同右

	妓女捐	四八	第四區公所警費	商辦	廿六年一月	本廳令飭裁撤
	駁艇捐	四八	同右	同右	同右	同右
	什貨捐	七二	同右	同右	同右	同右
新豐	狀紙附加	一〇〇	未據列明	縣府	廿六年三月十七日	近于苛細本廳審核該縣二十五年度地方概算時剔出
龍門	船捐	五〇〇	同右	同右	二十六年三月	該縣縣長出巡後發覺此捐苛雜呈奉本廳核准撤銷
	南詞捐	二〇〇	警學費及救濟費	同右	同右	同右
	出入口貨捐	五〇〇	警費	同右	同右	同右
	商店捐	一•三〇〇	警衛費	同右	二十六年三月十七日	此係警衛專款本廳審核該縣二十五年度地方概算時剔出
	木排警衛費	一•三〇〇	同右	警費管委會	二十五年九月一日	縣擬撤銷由廳令復備案
	竹木排捐	六〇〇	自治費	第二區公所	二十五年十一月十六日	本廳令飭取銷
潮安	花票附加	二六四	未據列明	縣府	二十六年三月十七日	類於苛雜本廳審核該縣二十五年度地方概算時剔出
	竹排警費	一〇〇	警費	意溪公安分局	二十六年六月底	本廳令飭撤銷
	木頭戲捐	一•五〇〇	同右	縣城公安分局		本廳令復限期取銷
	屠捐加一市政費	七•〇〇〇	拆城築路費	商辦	廿六年底	本廳令飭撤銷
潮陽	契稅附加林造費	一•六〇〇〇	造林費	縣府	廿六年三月十七日	未經核准有案本廳審核該縣二十五年度地方概算時剔出
	烟餉附加	四•八〇〇	警衛費	同右	同右	本省厲行禁烟此款應即裁撤本廳審該縣二十五年度地方概算時剔出

	猪苗尿佣	六二五	教育費	商辦		本廳令飭限期撤銷
	紙錣捐	六·〇〇〇	同右	簡易師範學校		本廳令飭限期撤銷
	蓬苫出口捐	三·〇〇〇	同右	潮陽建築工會	廿五年十月	本廳令飭即日撤銷
	海門花轎捐	一四〇	造林費	批商承辦	廿五年十二月十一日	縣報遵令停征由廳令復備案
揭陽	影戲附加	三〇〇	教育費	商辦	廿六年六月底	本廳令飭取銷
	防務公司報效費	二·四〇〇	未據列明	縣府	廿六年三月十七日	本省禁賭此款自無存在本廳審核該縣二十五年度地方概算時剔出
饒平	塘埠炭埠中佣捐	六〇〇	學款	黃岡中區鎮立小學	廿五年十月	本廳令復不准抽收
惠來	附加戲厘捐	一·〇〇〇	同右	縣立中學	未收	縣擬抽收本廳令復不准
豐順	柴炭捐	二·〇〇〇	學款	球山中學	廿六年六月	本廳令飭撤銷
	潭江市貨月捐	三·〇〇〇	自治費	五區公所	同右	同右
	籮筐捐	四〇〇	區公所經費及學費	四區公所	廿六年一月一日	同右
	屠牛附加	六〇	學費	二區立小學校	廿六年六月底	本廳令飭不准抽收
	竹捐	七〇〇	教育費	球山中學	廿六年六月底	本廳令飭撤銷
南澳	武口捐	八二六	地方款		廿六年三月	經本廳准第五區行政專員函據南澳縣請將文武口規撤銷函復准予撤銷
興寧	火管捐	二〇〇	學款	縣立一中	廿五年底	本廳令飭撤銷

縣別	捐名	數額	用途	征收者	開征日期	備考
	商業捐	一三・三三〇	警費	縣府	廿六年三月十七日	此欵與省庫營業稅有關本廳審核該縣二十五年度地方概算時剔出
梅縣	行政狀紙費	一四四	未據列明	縣府	同右	近於苛細本廳審核該縣二十五年度地方概算時剔出
	墳墓碑石捐	二四〇	學欵	縣立中學	廿五年十一月十八日	本廳令飭撤銷
	屠捐附加	六〇〇	警費	丙鎮公安分局	廿六年一月一日	同右
	石灰中資捐	一三〇	學費	西街小學	廿五年十月	同右
	活猪中資捐	一・四四五	警學費及平民醫院經費	商承	廿五年底	同右
五華	猪捐附加五厘學費	三三二	學欵	縣府	廿六年三月十七日	近於苛雜本廳審核該縣二十五年度地方概算時剔出
	炮竹捐	三〇〇	自治費	第二區公所		本廳限期撤銷
	米行附加捐	五〇〇	學費	商辦		本廳限縣查議撤銷
	酒米猪麥出口捐	八〇〇	同右	歧嶺小學	廿六年六月	本廳令飭撤銷
	木排插桶水面錢	一〇〇	同右	橫橋育英道南兩小學	同右	同右
	歧嶺伕行捐	一・三五〇	警學慈善費	商承	同右	同右
平遠	八尺市米行牙捐	三七一	第二區苗圃經費	商辦	廿五年十一月十一日	同右
	鹽牙捐	二〇〇	地方欵	同右	廿六年一月底	同右
蕉嶺	烟燈捐	一・二七二	未據列明	縣府	廿六年三月十七日	本省厲行禁烟此捐應即裁撤本廳審核該縣二十五年度地方概算時剔出

	石灰捐	七五〇	警衛費	同右	同右	近於苛雜且係警衛專款本廳審核該縣二十五年度地方概算時剔出
	商業捐	一三•四一六	同右	同右	同右	此捐與省庫營業稅有關本廳審核該縣二十五年度地方概算時剔出
	屠猪附加	三五〇	學款	城區高小學校		本廳限期取銷
	湖溝堪竹木排捐	四〇〇	警學費	商承	廿五年九月一日	本廳令飭取銷
	新舖船泊岸捐	二•一〇〇	警費	公安局	廿五年十一月一日	同右
	瓦窰捐	八〇	自治費	第一區公所	未收	本廳不准抽收
連平	花生捐	五〇	警費	第五區公所		本廳令飭撤銷
	油搾捐	六〇〇	學款	縣立中學		同右
	狀紙附加	一三〇	未據列明	縣府	廿六年三月十七日	近於苛細本廳審核該縣二十五年度地方概算時剔出
	猪行公秤佣	四二	同右	同右	同右	同右
	出口牛牙附加	三二	同右	同右	同右	同右
	紙牙捐附加	一六	同右	同右	同右	同右
龍川	藍關什物捐	二〇〇	學費	第三小學	廿六年十月	本廳令飭取銷
	老龍船伕捐內旅客行李挑伕担貨及客轎柩等項	三〇〇	地方款		廿六年三月	本廳令飭撤銷

龍川	貝嶺各項過貨捐	五〇〇	警學費	商承	廿五年底	本廳令飭撤銷
	貝嶺紙捐	五〇〇	同右	同右	同右	同右
	竹木排警費	五·〇〇〇	警費	同右	廿五年九月二日	同右
	一·二·三·四·五·區什捐	三·〇〇〇	警學費	各區公所	廿五年九月	同右
和平	炭捐	一〇〇	自治費	古寨區公所	廿五年十月十五日	本廳令限撤銷
	狀紙附加費	一三一	未據列明	縣府	廿六年三月十七日	近於苛細本廳審核該縣二十五年度地方概算時剔出
大埔	柴炭竹木船泊捐	一·六六〇	參議會經費	商辦	廿六年一月底	本廳令限撤銷
茂名	烟花附加費	一·〇〇〇	未據列明	縣府	廿六年三月十七日	本省厲行禁烟此欵應卽裁撤本廳審核該縣二十五年度地方概算時剔出
	花生豆串捐	一三三	警費	公安局	廿六年七月一日	本廳令飭撤銷
	鰲頭市担頭捐	四四〇	同右	第三公安分局扶花分駐所	廿五年底	同右
	窰捐	三·一〇〇	學欵	高州農業職業學校		本廳令飭限期撤銷
電白	鷄鴿捐	四·〇〇〇	縣立第二小學校經費	批商承辦		同右
	花生捐	六〇〇	自治費	第一區公所	廿六年六月底	本廳令飭撤銷
	烟燈附加	四〇〇	警衛費	縣府	廿六年三月十七日	本省厲行禁烟此項附加應卽裁撤本廳審核該縣二十五年度地方概算時剔出
化縣	防務附加	八〇	未據列明	同右	同右	本省厲行禁賭此欵自無存在本廳審核該縣二十五年度地方概算時剔出

	烟燈捐	一四四	警衛費	同右	同右	本省厲行禁烟此捐應卽裁撤本廳審核該縣二十五年度地方概算時剔出
	牛判捐	一•二〇〇	自治費	各區公所	廿五年十二月	本廳令縣查禁
	屠猪捐	四〇〇	學款	五區農業職業學校	廿六年六月底	本廳令飭取銷
	屠牛附加	三〇〇	自治費	三區公所	已禁	本廳令縣禁止
梅菉	特種警捐	五〇〇	地方款	批商承辦	廿六年一月底	本廳令飭撤銷
信宜	般寳捐	四•六三四	未據列明	縣府		此捐係有向田畝征收之意義與臨時地稅簡章第三條規定抵觸經令不准再收
陽江	烟燈捐	一•〇三〇	警衛費	同右	廿六年三月十七日	本省厲行禁烟此款應卽裁撤本廳審核該縣二十五年度地方概算時剔出
	紙烟經紀捐附加四樭費	一〇三	未據列明	同右	同右	近於苛細本廳審核該縣二十五年度地方概算時剔出
	北津汎出入口捐	三•〇〇〇	教育費	批商承辦		本廳令限撤銷
	三區過往牛捐	一•二〇〇	學費	批商代辦	廿五年底	本廳令飭取銷
	紙捐	三〇〇	同右	織竇小學		本廳令限撤銷
	齋醮捐	一•二〇〇	教育費	批商代收	廿五年九月一日	縣報遵令停征本廳令復備案
陽春	猪捐	六〇〇	自治費	鳳翔鄉公所	廿六年一月底	本廳令限撤銷
	防務附加	一•二六〇	未據列明	縣府	廿六年三月十七日	本省厲行禁賭此項附加自無存在本廳審核該縣二十五年度地方概算時剔出

合浦	狀紙附加	一三〇	未據列明	縣府	廿六年三月十七日	近於苛什本廳審核該縣二十五年度地方概算時剔出
	肉勳捐	三·〇〇〇	學費	教費管委會		本廳令限撤銷
	外沙道巫捐	八四〇	區經費	北海市政局	已停	本廳令復准予撤銷
	齋醮捐	一·二〇〇	北海四校經費	同右	同右	同右
	巫覡捐	一〇〇	北海民衆學校經費	北海市政局	已停	同右
	齋醮附加捐	四三〇	同右	同右	同右	同右
	防務附加	一·二一六	未據列明	同右	二十六年三月十七日	本省厲行禁賭此款應即取銷本廳審核該縣二十五年度地方概算時剔出
欽縣	土米生猪出口捐	二〇〇	學費及自治費	那蒙鄉公所及學校	二十六年三月	本廳令限撤銷
防城	第三區殷富捐	三六四	警學自治費			本廳令限撤銷
靈山	花筵附加專款	三一〇	警衛費	縣府	二十六年三月十七日	此係警衛專款本廳審核該縣二十五年度地方概算時剔出
	本城戀担秤捐	三九八	未據列明	同右	同右	近於苛什本廳審核該縣二十五年度地方概算時剔出
	屠猪捐附加	三六〇	同右	同右	同右	同右
	肉勳捐	七·九五八	同右	同右	同右	同右
遂溪	番攤附加	二三一	同右	同右	同右	本省厲行禁烟禁賭此項附加應即裁撤本廳審核該縣二十五年度地方概算時剔出
	全縣烟賭花捐附加	八四四	同右	同右	同右	同右

縣別	捐名	額數	用途	征收機關	開征年月	備考
海康	糖谷薯豆捐	四二	自治費	八區纜城鄉公所		本廳不准抽收
	生牛買賣捐	一•二〇〇	同右	六區公所	二十五年九月一日	縣報撤銷本廳令復備案
	生猪出口捐	六〇〇	同右	同右	同右	同右
	飯食店什捐	六〇〇	同右	同右	同右	同右
	生猪出口捐	六〇〇	警費	同右		本廳令限撤銷
	生牛出口捐	六〇〇	同右	右		本廳令限撤銷
	魚撈捐	一九〇	自治費	第四區公所	二十六年一月一日	縣報定期取銷本廳令復備案
	魚斤捐	二〇〇	同右	同右	同右	同右
	屠猪附加捐	五〇〇	同右	第一區公所	廿五年底	同右
	烟燈防務附加費	一•一九〇	未據列明	縣府	二十六年三月十七日	本省厲行禁烟禁賭此項附加應即裁撤本廳審核該縣二十五年度地方概算時剔出
	烏石公安分局烟賭附加捐	八〇	警費	同右	二十六年三月十七日	本省厲行禁烟禁賭此項附加捐應即裁撤本廳審核該縣二十五年度地方概算時剔出
	補助費	一•六四一	未據列明	同右	同右	查此欵係山舖票公司補助之欵本廳審核該縣二十五年度地方概算時剔出
	山票公司報効自治費	四七八	自治費	同右	同右	本省厲行禁賭此欵應即查裁撤本廳審核該縣二十五年度地方概算時剔出
	城廂內外團防附加費	一•三二〇	未據列明	同右	同右	同右

	外區團防附加費	一•〇八〇	未據列明	縣府	廿六年三月十七日	本省厲行禁賭此欵應即裁撤本廳審核該縣廿五年度地方概算時剔出
徐聞	禁烟局撥助縣隊兵費	四•八〇〇	縣兵隊費	同右	同右	本省厲行禁烟此欵應即裁撤本廳審核該縣二十五年度地方概算時剔出
瓊山	烟膏附加	六〇〇	未據列明	同右	同右	同右
	禁烟局協緝費	一•四四〇	同右	同右	同右	同右
	圖說費	六〇	同右	同右	同右	近於苛細本廳審核該縣二十五年度地方概算時剔出
	生猪出口附加捐	五•一〇〇	學欵	瓊海中學	二十六年七月底	本廳令限取銷
	瓊城牛猪砧捐	七五〇	自治費	批商承辦	廿六年六月底	本廳令飭取銷
	猪仔捐	一三〇	調解委員會經費	同右	廿五年底	同右
	北冲船磚瓦炭捐	三•〇〇〇	警學慈善建設費	同右	同右	同右
文昌	烟膏特別費	一•二九六	未據列明	縣府	二十五年三月十七日	本省厲行禁烟此欵應即裁撤本廳審核該縣二十五年度地方概算時剔出
	蔴雀捐	七〇〇	同右	同右	同右	本省厲行禁賭此欵應即裁撤本廳審核該縣二十五年度地方概算時剔出
	防務保護費	六八四	同右	同右	同右	同右
	防務聯防保護費	一•三五〇	同右	同右	同右	同右
定安	防務附加	三•九八四	警衛費	同右	同右	同右

縣別	捐稅名稱	數額	用途	征收機關	開征日期	辦理情形
	內河船捐	九一	未據列明	同右	廿六年一月	由該縣呈奉核准撤銷
	石璧市木料捐	二五四	自治費	區公所	廿六年六月底	本廳令飭取銷
儋縣	新英雜捐	八〇〇	警費	新英公安分局	廿五年十月	縣擬取銷本廳令復備案
	新英地方稅	三·〇〇〇	地方款	商辦		本廳令限撤銷
	新英警衛費	一·二〇〇	警衛費	同右		本廳令限撤銷
澄邁	米谷捐	五·五二〇	警衛慈善費	批商代收	廿五年十月十六日	本廳令飭撤銷
臨高	士膏捐	五〇四	警衛費	縣府	廿六年三月十七日	本省厲行禁烟此欵應即裁撤本廳審核該縣二十五年度地方概算時剔出
樂會	博綮租損附加	一四〇	未據列明	同右	同右	近於苛細本廳審核該縣二十五年度地方概算時剔出
	市塲菜市租捐	七二	同右	同右	同右	同右
	狀紙費	三	同右	同右	同右	同右
	龍江市木料捐	六〇〇	警學費	警委會	廿六年六月底	本廳令飭取銷
	生牛各捐	六〇〇	警學自治費	商辦	同右	同右
崖縣	菸絲附加捐	一·五五〇	警學費	商承	廿五年十二月一日	同右
陵水	出入口貨捐	三·〇〇〇	同右	未定	未收	縣擬抽收本廳令復不准
瓊東	大路市塲租附加	一二五	未據列明	縣府	廿六三月十七日	近於苛什本廳審核該縣二十五年度地方概算時剔出

	烟塘市場租附加	九六	未據列明	縣府	廿六年三月十七日	近於苛什本廳審核該縣廿五年度地方概算時剔出
	鷄鴨蛋捐	九六	同右	同右	同右	同右
	道士捐	一三〇	同右	同右	同右	同右
	婚姻証書費	一二〇	同右	同右	同右	同右
	畢業証書費	七七	同右	同右	同右	同右
	牛販稅附加	二〇〇	地方費		廿六年六月底	本廳令飭取銷
	嘉積貨担捐	三•〇〇〇	警衛費		廿六年三月	同右
	猪苗捐	二〇〇	警費		廿六年三月	同右
萬寧	貨担捐	七•六三三	未據列明	縣府	廿六年三月十七日	近於苛什本廳審核該縣二十五年度地方概算時剔出
	貨担出口捐	一〇〇	警費	三區公所	廿五年九月一日	本廳令飭取銷
	新仁圍雜捐	三〇	警費	商辦	廿五年九月一日	同右
	鹹魚蝦捐	一〇〇	警費	三區公所	同右	同右
感恩	北黎鎮屠猪捐	二〇〇	區分部經費	商承	廿五年十月	同右
昌江	各港口征收船捐	二〇〇	地方費		廿六年三月	同右
	墩頭港出入貨捐	二〇〇	學費	縣立第二小學	同右	同右
合計	三百四十七種	八七七•二〇八				

說明　右列裁廢各項稅捐，合共三百四十七種，年額毫幣八十七萬七千二百零八元。內由本廳依照廣東省裁廢苛捐雜稅審議委員會審定各案執行，及於審核各縣二十五年度地方概算時剔除者，共二百八十七種，年額毫幣四十八萬四千八百六十四元。自本年三月一日起，各縣保安隊經費，由省庫統一收支，各縣原抽充支警衞費各稅捐經予裁撤者共六十種，年額毫幣三十九萬二千三百四十四元。此外各縣地方稅捐，凡屬苛細經令飭限期裁廢者，另有專案，尚不在內，合附說明。

第二十章 豁免積年舊糧

查本省舊糧，民國十二年以前積欠各數，早經豁免；惟十三年至廿三年舊糧，則至今尚繼續徵收。此種欠數，名目上雖有一千餘萬元之多，然實際上逃亡絕戶，山崩水冲外，至多不過數百萬元，而其中屬貧苦人民，無力負擔者，又佔全數十之三四；且此種舊糧收入，向例僅以六成入庫，其餘四成，留縣充征收經費。政府不惜鉅額支出，獎勵催科，而利之所在，奸僞百出，或追舊返新，或移新作舊，以致臨時地稅，重受影響。人民納稅能力有限，而不肖之徵收員司，與豪强地棍，借名催收，到處騷擾，舊糧一項，遂爲政府叢怨之具。現在政局更新，民望來蘇，此種舊糧，貽害民衆，無裨公家，亟應一律豁免，昭示嘉惠。一面極力整理臨時地稅，凡二十四五兩年份地稅，有延未繳納者，姑念剏辦之初，章制變更，民衆或未通曉，准其于完納二十六年份地稅時，隨同一併繳足，概從寬免予科罰。自二十六年以後，凡屬額征地稅，均應按期清繳，不得稍有滯欠；倘再延逾，即照本廳征收臨時地稅簡章，嚴厲執行處罰。似此辦理，周恤民困，與充裕庫儲，雙方兼顧，公私交受其益。爰於本年四月廿六日擬具提議書，提出 省務會議議決通過照辦；除呈報 財政部備案外，當經電飭各縣長，自五月一日起，所有本省歷年舊糧，及隨糧附加各欵，一律豁免，幷將舊有糧務員司，一律裁撤，以免再滋紛擾。總之，此次自十三年起至廿三年止，其分年豁免舊粮積欠數；計十三年份爲七十八萬九千三百二十五元二毫二仙三文，十四年份爲一百萬零六千二百七十二元七毫七仙九文，十五年份爲一百零六萬八千六百四十七元六毫零三文，十六年份爲一百一十七萬五千零三十元零二毫八仙五文，十七年份爲一百零九萬四千七百八十五元一毫四仙九文，十八年份爲一百一十八萬六千一百九十元零八毫七仙一文，十九年份爲一百五十六萬一千四百零九元二毫零二文，二十年份爲一百五十六萬八千七百五十四元五毫六仙四文，廿一年份爲一百九十一萬三千二百九十一元八毫三仙五文，廿二年份爲二百二十六萬二千五百二十七元八毫八仙一文，廿三年份爲二百四十九萬二千五百零三元九毫八仙三文，合計爲一千六百一十一萬八千七百三十九元三毫九仙。茲將本年度豁免民國二十三年以前各縣積欠舊糧數額，列統計表如次：

豁免各縣積年舊糧實數統計表自十三年份起至廿三年份止

縣別	年份	豁免舊糧數額	備攷
南海	十三年至二十三年	八六五·一七四〇九	
番禺	同右	一·一四六·四五五三三	
順德	十三年至二十二年	三〇八·三三二二九	二十三年份改征臨時地稅
東莞	十三年至二十三年	一·三三六·〇九四三四	
中山	同右	一·三八一·三八八九六	
新會	同右	七五三·七一〇九八	
增城	十六年至二十三年	六三七·七九二三五	該縣由十三年至十五年份錢糧根據縣府報告清完無舊欠
龍門	十三年至二十三年	一一九·四五〇八八	
台山	同右	一一五·三七〇四五	
從化	同右	三七·八〇三八一	
花縣	同右	一五一·二六〇九九	
三水	同右	二四七·九八四七四	
清遠	同右	一七·八七五二四	
寶安	同右	五三·四七四七九	
赤溪	同右	三·九二二〇五	

佛岡	十三年至二十三年	五四·九七七二五	
高要	同右	四六一·七六〇六六	
四會	同右	一六二·六二三八六	
鶴山	十三年至十七年又十九年至二十二年	四六·三九二四〇	該縣係廿三年改征地稅十八年錢糧亦據縣府報告清完故該兩年無欠數
新興	十三年至二十三年	一五二·七九九八一	
恩平	十三年至二十二年	五五·九四二三〇	該縣係廿三年起改征臨時地稅故是年無欠數開列
開平	十三年至二十三年	一五五·六〇四六一	
封川	同右	七〇·七一九〇四	
開建	同右	一六·六七七一五	
廣甯	同右	九二·四一八二四	
高明	同右	九四·〇三三五六	
德慶	同右	一一七·〇二二〇四	
羅定	同右	一七五·〇三四六一	
雲浮	同右	三二〇·四二八三三	
鬱南	同右	九五·九七〇一七	
南雄	同右	一七·〇四二二七	該縣報告二十年以前因匪患猖獗兩次陷城稅冊均被焚燬無從查報故欠數無查開

始興	十九年至二十三年	二四二•二三七八五	該縣十三年至十八年錢糧據縣府報告已清完
曲江	十三年至二十三年	八一四•四六七六六	
仁化	同右	一〇一•九七三二	
樂昌	同右	一五八•一八六八一	
英德	同右	三九四•四一八七二	
翁源	同右	一五三•三三八〇六	
乳源		無舊欠	
連縣	十三年至二十三年	四一•四七四四八	
陽山	同右	一四九•〇三七三	
連山	十三年至二十一年	一•三二一〇九	該縣廿二三兩年錢粮縣府報告清完無欠
惠陽	十三年至二十三年	三三一•八五五二	
博羅	同右	四八一•三三九四二	
海豐	十九年至二十三年	三三三•八〇〇七七	據報十八年以前舊糧經奉准免征有案故該縣自十九年起報
陸豐	同右	二五五•一〇三七五	查據該縣民十六年被匪亂冊籍擔卷焚燬無從查攷再十七十八兩年復據報告完清
新豐		無舊欠	
紫金		無舊欠	

龍川	十三年至二十三年	一三三・七二七九一	
河源	十三年至二十三年	二五四・九二四七六	
和平	二十年至二十三年	三五・一九七九二	該縣十九年以前各年舊粮據縣府呈報業已征完並無積欠
連平	十三年至二十三年	一二〇・九七七二〇	
潮安	同　右	三八二・八九〇九一	
潮陽		無舊欠	
揭陽	十三年至二十三年	三二〇・二七四二二	
澄海	十三年至二十二年	一〇九・一六二七二	該縣廿三年改征臨時地稅故是年無欠數開列
饒平	廿二年至二十三年	八九・三七六九二	據該縣報告十三年至廿一年份民欠舊粮因迭遭匪亂冊籍焚燬無從查填
普甯	十四年至二十三年	七二・九一五五四	該縣報告十三年份錢糧完清
大埔	十三年又十八年至廿三年	三五・六一三四五	該縣十四年至十七年份錢粮縣府列報征完無欠
豐順	十五年至二十三年	一一七・五一五九四	十三十四兩年錢粮移縣府呈報征完並無積欠
惠來		無舊欠	
梅縣	十三年至二十三年	一三二・二三九三七	
興甯	同　右	九一・五七九七五	
五華		無舊欠	

蕉嶺	十四年至十六年又十九年又廿一年至廿三年	八•〇二五二二	該縣十三及十七八兩年及廿年份錢粮已征完查無欠數
平遠	十六年至二十三年	一七•九三八一八	十五年以前匪亂陷城檔卷焚燬
南澳		無舊欠	
茂名	十三年至二十三年	一一九•一七七八三	
電白	十三年至二十二年	六〇•九〇五三二	該縣係廿三年改征地稅是年停征錢粮故無欠數列報
信宜	十三年至二十三年	七九•三三一四五	
化縣	同右	一〇一•八九七四四	
吳川	同右	五二•三七四八三	
廉江	同右	一二四•〇一五五三	
海康		無舊欠	
遂溪	十三年至十六年十八年至廿三年	七六•〇二〇三三	該縣十七年錢粮經已征完無欠
徐聞	十三年至二十三年	一六四•七三七九〇	
陽江	同右	五三•九一五三九	
陽春	十三年至二十二年	一〇〇•七一八九三	該縣係廿三年改征地稅是年停征錢糧無欠數列報
合浦	十三年至二十三年	九四•九〇六一七	
靈山	同右	四一•二四五七六	

防城	十三年至二十三年	一三•五八六五五	
欽縣		無舊欠	
瓊山	十三年至二十三年	一三四•五四九三八	
澄邁	十六年至二十三年	三三•四六二八八	該縣十三年至十五年錢粮已征完無欠數列報
定安	十五年至二十三年	一二•三五〇三三	該縣十三四兩年錢糧已征完無欠數
文昌	十七年至二十三年	一九•九四四九六	該縣報稱自十三年起至十六年止民欠舊粮因案卷散失無從查填
瓊東	十七年至二十三年	五•七〇四七三	查該縣十九年共匪擾亂衙署焚燬廿二年又遭水災遷移新署復被摧倒卷宗多有損失其十六年以前未據列報
樂會	十三年至二十三年	四二•八八〇二〇	
臨高	十七年至十九年及二十三年	夫一四七	該縣十三年至十六年及廿年至廿二年錢粮據報征完無欠
儋縣	十八年至二十三年	三三•三五九五	該縣十二年至十七年份錢粮列報征完無欠
崖縣	十三年至二十三年	四四•二三四七九	
陵水	十九年至二十三年	一•九六三九九	該縣於民十九年六月間曾被叛軍佔據縣府所有案卷遭燬無存十八年前積欠無從稽攷
萬甯	十三年至二十三年	五四•九四二三四	
感恩	十五年至二十三年	三•九九一五九	該縣報十三十四年因底冊遺失無從查報
昌江		無舊欠	
合計		一六•二一八•七三九三九	

說明　查本表所列各縣應免各年份舊糧數額，係根據各該縣列報實數查開，其五華紫金南澳海康等四縣，係由糧店包征包繳，向無積欠。其乳源新豐欽縣昌江等四縣錢糧，據報業已征完，並無民欠。又潮陽惠來兩縣，係因遭匪亂，册藉散失無存，實欠應免之數，無從查開，合併說明。

第廿一章　整理緝務

第一節　改編稅警總團

本省在稅警總團未成立以前，所有維護稅收之緝私部隊，名目繁多，各自爲政，不獨精神散漫，流弊滋多，而歲耗庫帑，更屬不貲。自粵政統一，蔣委員長蒞臨指導，對於整理稅收，根絕走私，尤三致意。上年九月奉電令，委張君嵩接長廣東全省緝私總處，復命兼長稅警總團；旋奉　委員長電飭，將該團改隸財政部廣東財政特派員公署管轄，重新編配，統籌國省稅緝私事宜；本年度經過嚴格訓練，餉糈仍由省庫開支。各機關緝私工作，雖未能盡數劃歸辦理，惟範圍已較擴大，其組織亦漸臻完密。該總處稅警，原有十二中隊，另教導隊一中隊；改編後，即將原有稅警隊編爲稅警總團第一總隊，將禁煙緝私隊編爲稅警總團第二總隊，每總隊各轄三大隊，每大隊各轄四中隊，將財政廳特務大隊，編爲稅警總團特務大隊。至分駐地點，亦經從新分配，計第一總隊，担任潮梅中順東江各辦事處，暨所屬查緝區所之查緝任務。第二總隊，担任南路北江五邑西江兩陽各辦事處，暨所屬查緝區所之查緝任務。特務大隊，則留駐廣州，除担任財政特派員公署、總處、總團部、守衛勤務，暨財廳轄下之稅收各機關協緝勤務外，並任本市及省河附近之查緝任務。該總團爲統一稅警教育，增進士兵技能起見，並設有稅警訓練班，內分軍士隊與學兵隊各一隊：學兵隊、係由該總團各部挑資歷稍深之士兵，及考選優秀青年學生所組成，名額爲一百四十名，待遇與士兵同；軍士隊、係由所轄各部選送資深軍士所組成，名額亦爲一百四十名，輪流召集訓練，計辦五期，可將全總團軍士完全受訓，以增加緝私力量。此外另設有無線電隊，及醫務所各種組織，頗稱健全。茲將該總團系統簡表，附錄於後。

稅警總團組織系統簡表

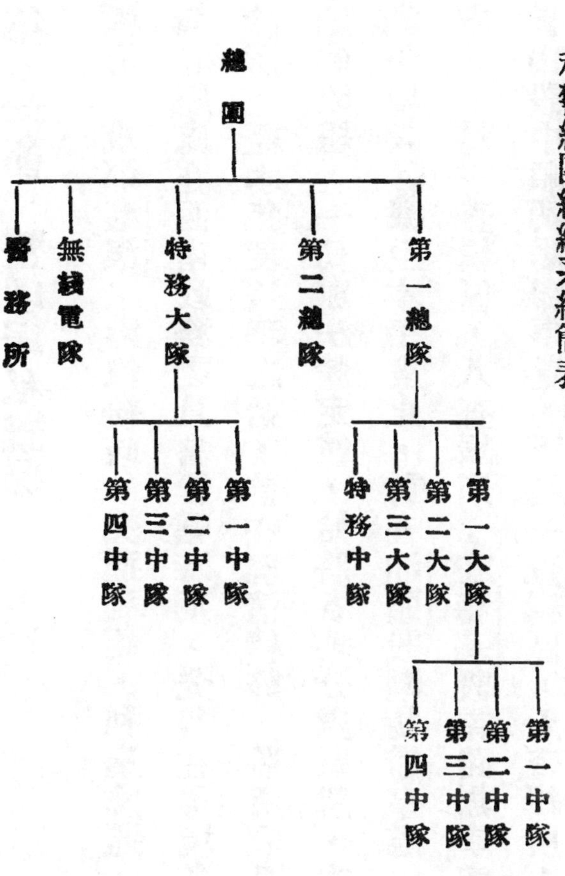

第二節 整理緝私概況

本省瀕海，毗鄰港澳，港汊紛歧，交通利便，利梟偸運，素稱猖獗，故緝私工作，至關重要。溯緝私總處在西南政務委員會管轄時期，先後在粵境各重要口岸，設置辦事處、査緝區所三十餘所。經本年度整理之始，首在廓清積弊，將所有分處區所，除中順兩陽外，全數停辦；迨總處改組，一切辦法釐定後，始將各地分處區所，次第規復，並在內地及沿海各重要地點，酌予增設。截至本年度止，計在汕頭設潮梅辦事處，下轄八査緝所；在惠陽淡水設東江辦事處，下轄一査緝區，八査緝所；在梅菉設南路辦事處，下轄兩査緝區，十六査緝所；在中山前山設中順兩陽辦事處，下轄一査緝區，六査緝所；在江門北街設五邑西江辦事處，下轄六査緝所；在韶關設南韶連査緝區，下轄六査緝所；在海口設瓊崖査緝區，下轄三査緝所；在三水馬口設馬口査緝區，下轄四査緝所；在都城設都城禁煙檢査所，下轄兩査緝所；除上列各辦事處區所外，並在各地擇要分設派出所若干，以完成嚴密之緝私網。顧自各地緝私機關設立，加緊踾緝，並將大量私案緝獲後，私貨已極度減少，裨益稅收，實非淺鮮。下年度當使緝私網愈加嚴密，務期根絕包庇，肅清私梟。茲將本年度所屬各處區所暨緝獲走私案件人犯，彙列簡表，分載於後，以明概況：

民國廿五年度全省緝私總處所屬各處區所簡表

直屬分處區所名稱	所屬查緝區所名稱
潮梅辦事處	揭陽、潮安、潮陽、黃岡、南港、靖海、柘林、興寧、等八查緝所。
東江辦事處	惠陽查緝區及甲子、大鵬、深圳、太平、南頭、汕尾、碣石、稔山、等八查緝所。
南路辦事處	欽廉、雷州兩查緝區及莫村、黃坡、化縣、水東、徐聞、遂溪、城月、蘇章、安舖、廉江、山口、石角、靈山、欽縣、小董、東興、等十六查緝所。
中順兩陽辦事處	兩陽查緝區及九姜、織簀、春灣、神灣、下柵、石岐、等六查緝所。
五邑西江辦事處	斗山、新昌、白蕉、海宴、崖門、台山、等六查緝所。
南韶連查緝區	樂昌、南雄、城口、連縣、陽山、連山、等六查緝所。
瓊崖查緝區	北黎、舖前、臨高、等三查緝所。
馬口查緝區	容奇、九江、顧水、河口、等四查緝所。
都城禁煙檢查所	榃濱、泗綸、兩查緝所。

民國廿五年度緝私案件統計簡數

一、經辦緝獲私貨案，共二千零六十三宗，內有人犯六百八十四名。逐月分列如左：（自九月份起）

1. 九月份： 一十三宗，內有人犯五名。

2. 十月份： 七十一宗，內有人犯九名。

3. 十一月份：一百八十六宗，內有人犯三十八名。

4. 十二月份：二百一十四宗，內有人犯八十五名。

5. 一月份：二百五十六宗，內有人犯一百一十名。

6. 二月份：一百四十一宗，內有人犯六十八名。

7. 三月份：三百二十九宗，內有人犯一百四十八名。

8. 四月份：二百七十一宗，內有人犯七十一名。

9. 五月份：二百四十三宗，內有人犯五十八名。

10 六月份：三百四十九宗，內有人犯九十二名。

二、廿五年度經辦緝獲煙案，共三十五宗，內有人犯一百三十四名。逐月分列如左：

1. 五月份：三宗，內有人犯三名。

2. 六月份：三十二宗，內有人犯一百三十一名。

三、廿五年度經辦軍事犯，共四十二名。

民國廿五年度緝存私貨概況

一、1. 在本處投變私貨，共得價欵二萬零九百七十八元零一分。（另前任人造絲價欵三萬七千二百元。）

2. 在本處所屬各辦事處區所投變私貨價欵，共五萬八千五百零八元零四分。

3. 送廣東省營物產經理處，共得獎金一萬三千五百一十三元八毫九分。

4. 送禁煙督察處，共得獎金六百七十五元七毫八分。

5.送印花煙酒稅局，共得獎金四百九十九元四毫三分。

6.送鎢業管理處，得獎金共八百六十五元五毫一分。

合共投變及獎金，計得九萬五千零四十元零六毫六分。

二、1.自廿五年九月份至廿六年六月底止，緝存私貨，估值共二十四萬二千七百二十六元。

三、轉送主管機關，尚未得獎者，如下：

1.送兩廣鹽務管理局，約值獎玖拾元。

2.送統稅局，約值獎二百三十五元。

3.送印花煙酒稅局，約值獎一百四十四元。

4.送禁煙督察處，約值獎三百六十元。

附　載

廣東財政特派員公署經管國稅概畧

（一）國稅一般狀況

查國稅收支經管，在粵係由廣東財政特派員公署專責辦理，計有鹽稅，統稅，印花稅，土菸稅，土酒稅，硝磺稅各種。內中鹽稅，在二十四年度收入，平均計算，每月解庫國幣僅四十萬零八千餘元；自本年度迭加整理，及將運署歸併稽核所，裁節經費，由二十五年八月份至二十六年六月份，每月平均收解數，已達國幣六十七萬一千餘元。惟桂贛湘等處，年來所銷鹽斤數量，不及從前額數甚遠；現整理就緒，收入稍見起色者，僅省河等專銷區而已。此後自應將併銷區域，認眞設法推銷，務達以前銷量，以期收數日增。

次統稅：向係由財部稅務署直接征收，各省統稅局僅司查驗之責，即間有就地工廠出品所收統稅，亦逕解稅務署彙收。整理之方，須由稅務署通盤籌劃，特署惟有督飭緝私隊，加强查緝工作，以杜走漏。至此項統稅收入，本年統一征收後，預計每月可收國幣一百二十萬元，經將此欵指撥粵省金融公債基金，及向中中交三行抵押借欵，向未解交代理國庫。但捲菸、棉沙、水泥等項，均已次第加稅，礦稅亦已改歸統稅局接辦，每月收入當可加增。

復次印花稅：從前係由印花菸酒稅局征收，二十四年度收入，平均計算，每月解庫數國幣十五萬九千元。自二十五年八月份改歸郵局代售，在二十五年度每月平均收解數，約國幣九萬八千餘元，每月相差六萬元。在從前攤派額銷，其實貼與認繳數目，自難核實，迨改歸郵局代售，此種積弊可除。但印花稅票，與郵票性質不同，商民未必盡屬守法購票，依例貼用，全賴檢查，方可實在。原章由市縣政府檢查，印花菸酒稅局任抽查之責，復由部派督查一員，周歷督查，組織可謂周密。然按之事實，市縣政府以經費無着，檢查僅具虛名；印花菸酒稅局所屬分任抽查，亦非專責；僅恃督查一員，奔波全省。以粵境幅員遼濶，交通不便，督查一週，已費時數月，而印花之粘貼單據，係有時間性，設無專任檢查之責，則皆放棄不貼；故督查委員所到之處，郵局則增其銷數，一旦離境，仍舊停銷。以粵省商務繁盛而言，如能改絃更張，此項印花稅可增銷一倍，平均每月當能收入二十萬元；此亦有待主管機關設計改善也。

再次土菸稅：在專賣期內，因菸葉未全數銷售，贏餘當難統計，祇隨時酌提專賣費解庫，并無一定數目，計自二十五年十月份至二十六年七月份，共解過國幣三百一十五萬二千元，平均每月約解毫幣四十萬元。現菸酒局擬將土菸專賣撤銷，改招商承，定爲年額國幣四百萬元；一經批承後，比額確定，嗣後當可每月增收國幣七萬元。

再次土酒稅：在二十四年度收入，平均計算，每月收解國幣一十九萬五千餘元；但自二十五年九月份至二十六年五月份，平均每月收解國幣一十二萬五千餘元；相差僅達七萬元，大抵由於名委暗包，比額未能征足，徒飽經征者私囊。現在整理辦法，惟有將土酒稅分區招商投承，核定比額，最少每月須解庫國幣二十萬元，每月當可增加國幣七萬五千餘元。

再次硝磺稅：從　財部在粵設立專局後，自二十五年九月份至二十六年四月份，平均每月收解國幣二萬九千餘元。此後當可加以整理，稅收不無加增。

綜上、係粵省國稅方面之概畧情形，倘能積極實施改善，則以後鹽稅可增二十萬元，印花稅可增十萬元，土菸稅可增七萬元，土酒稅可增七萬五千元；其他硝磺稅，如將管理改善，亦屬可望增收；此皆有考查過去，與研討將來之價値也。

(二) 年度收支統計

粵省各項國稅收入，在本年度迭經整理，較前已有增加；惟統稅一項，自廿五年八月起，即向銀團抵借欵項，及撥充發行金融公債基金；禁烟收益，亦經別定用途；現所視爲大宗者，僅鹽稅及印花菸酒等稅而已。然支出浩繁，區區收入，仍屬不敷支配，故按月均賴　中央撥補，始克勉強支付。誠以理財之道，不外開源節流。粵財政特派員公署、其職權既係代理國庫性質，支出各費，以奉　財政部核定者爲準，已不能從事節縮。而征稅制度，悉秉承中央法規辦理，亦無可闢之稅源；祗有在可能範圍內，監督各稅收機關切實整頓，務使國稅多增一分收入，即減少　中央一分負担。惟粵省在未歸政　中央以前，國地两稅，即未嚴格劃分，彼此收支，諸多牽混，欲求統計，實不易易。迨宋前廳長於二十五年七月二十三日涖任起，界限始能劃分，收支方上正軌。茲將廣東國稅民國廿五年自宋任七月廿三日起至廿六年六月三十日止，收支實數，開具統計表於左，藉供參覽。

廣東國稅民國二十五年七月二十三日起至二十六年六月三十日止收支實數統計表

款別	金額	備註
收入之部		
鹽稅		
正稅	八•三二〇•六六〇〇一	
印花稅		
普通印花稅	一•三五〇•三三七四〇	
特種憑証稅	二二七•九三七〇八	

菸酒稅	
菸類稅	三○・四八八三四
酒類稅	一・三八七・三九三
統稅	
捲菸稅	七○三・○九五九八
雪茄稅	五・三四三二二
麥粉稅	二六・一三五三○
棉紗稅	三二・七七○九六
火柴稅	一○八・四一九七三
火酒稅	四・八六八八七
硝磺收入	
專賣捐及溢利	四六二・七九八一五
爆烈品非專賣費	三三・六六二七三
禁烟收入	
証照製膏費	一・一六一・○六七三○
稅外歲入款	

沒收品變價	五七	三七	
其他收入	二九三	五六	
貨幣兌換盈餘	五・三一三・四七八	五三	此係各機關解繳稅款，以國幣報解，或以毫券按照法定比率折合報解者，除照向例，以一二五折合大洋入賬外，其餘數目，即以此項科目處理之。例如應解稅款國幣一百元，以法定比率一五伸毫券一百五十元，按照向例，以毫券一百二十五元，作爲大洋一百元入賬；其餘二十五元，復照向例一二五折合大洋二十元，即以此項科目入收之。
代收款			
代收款	六三一・〇九一	七六	此款內有五十三萬餘元係代收船來肥田料附加中山大學建築費，除撥付四十九萬餘元外，尚有應撥未撥三萬餘元，仍俟清付時，再行分別轉賬冲銷。至其餘九萬餘元，係代省庫帶收國防公債款之一部，亦應俟劃撥清楚，再用冲轉法冲銷之。
臨時收入			
大洋溢水	一〇一・一四四	四一	前西南政務委員會時代規定征收辦法，每大洋一元，即作毫券一元三毫計算，除照法定比率一二五折合大洋一元入賬外，其餘五厘，即以此項科目處理之。
加二國防費	三七〇・二九九	二三	此係酒稅附加二成征收之款。
國防設備所得捐	五二・六七四	六八	此係前西南政委會時代，按照各機關長員所得之新額，依照黨員所得捐報酬條例征收之數目。
雜項收入			
經費溢水	三・五六〇	〇七	此係扣除各機關所得之元水，如粵海關監督署向稅務司領到大洋數目，依照前西南政委會法定比率折算，開銷溢出之額，即如數解庫入收之。

返納金	三・二九二〇四	此係各機關節餘經費返納國庫之款。
其他收入		
財廳撥來緝私處經費	五一〇・二三五六二	
暫記收款		
保管金	二・九九四・〇三九三三	此係廣東印花菸酒稅局解土菸專賣溢利，在未劃撥歸賬以前，暫用此項科目處理之。
收回暫撥各款		
收回商號借款	二〇四・五二六一〇	此係收回廣州下河鹽業公會息借庫款之一部。
收回分金庫借款	八八・四〇〇〇〇	此係收回省分金庫暫借國稅廳支之款。
互撥款		
各代理國稅收支處互撥款	四八七二五	此係各代理國稅收支分處將收存款滙解總處應支之數，原係互撥轉賬性質，實與稅款幷無出入，現列數目，係冲銷上年度業已列支之款，故在收方列入，以符法定記賬手續。
撥借各款		
前任移交幣制庫券款	六・一三五・五五三三三	
省庫撥借款	二・一二三・九〇七一六	
財政部撥補款	二一・五八〇・〇〇〇〇〇	
合計	五三・七七四・八三四二〇	

款別	金額	備註
接上結存	三六九•〇九八四四	
總計	五四•一〇三•九三三六四	
支出之部		
黨務費		
中央通訊社廣州分社經費	二四•〇〇〇〇〇	
軍務費		
軍政部駐粵軍需局軍費	三四•〇八八•三二七五一	
第四路軍司令部經臨費	一四•二六四•九五九七〇	
前第一集團軍總司令部經費	二•三二四•七六四二三	
廣東陸地測量局經費	一四•七八〇六九	
虎門要塞司令部經費	四九•一四〇〇〇	
肇慶飛機塲地租	一六〇〇〇	
財政費		
廣東財政特派員公署及所屬經臨費	一〇一•六三二七	
廣東爆烈品專賣處及所屬經臨費	三五•一六七六一	

廣東造幣廠保管處經費	二•六六一三
廣東禁烟局及所屬經臨費	四•二四八八〇
廣東緝私總處及所屬經臨費	五一〇•二三五六一
教育文化費	
中山大學附設第一模範林場經費	三一•九六〇〇〇
中山大學稻作試驗場經費	二三•四六六六三
兩廣地質調查所經費	一六•六一四四〇
中山大學經費	一•〇六九•九二〇〇四
補助費	
各報社補助費	二六•七二〇〇〇
中山縣補助費	一三三•九七二一〇
廣州市教育補助費	一九•〇〇〇〇〇
香港罷工發難團津貼費	一一•八八〇〇〇
勷勤大學補助費	七〇•四〇〇〇〇
郵金	
各項郵金	二二三•一九九二〇

坐撥以外之付款		
退還稅款	七三・九一九六一	此係退還統稅局誤解統稅之款。
執付款	二三七・三〇八六五	此係廣東硝磺局借支購買硝磺基金，及緝私總處借支改編稅警團費，均屬之。
發還按餉	一八・七二六三七	
付代收款	四九一・六〇〇四七	
償還借款利息	一三・七〇〇〇〇	
合計	五三・九八二・三四四五一	
結存	一二一・五八八一三	
總計	五四・一〇三・九三三六四	

正誤表

頁數	行數或格數	錯誤	訂正
三	第九行	編續	續編
一四	第十二行	裏足	裹足
一七	第六格	務財人員	財務人員
四四	第三格	$\frac{20}{1000}$至$\frac{5}{1000}$（即湖北稅率）	$\frac{20}{1000}$至$\frac{10}{1000}$
四四	第三格	$\frac{20}{1000}$至$\frac{10}{1000}$（即南京稅率）	$\frac{20}{1000}$至$\frac{5}{1000}$
四四	第三格	$\frac{20}{1000}$至$\frac{10}{1000}$（即部頒稅率）	$\frac{20}{1000}$至$\frac{5}{1000}$
一八九	第九行	年度概況	實施概況
二〇二	第十行	普通，學員，	普通學員，

廣東財政紀要

民國二十五年度

廣東財政廳秘書室編

民國二十六年八月印

广东省财政厅一年来施政概况报告

广东财政厅 编

廣東省財政廳一年來施政概況報告

二十七年三月廿四日

廣東財政廳一年來施政概況報告

二十七年三月廿四日

兼代廣東財政廳廳長曾養甫

養甫于上年四月，奉　命兼綰粵省財篆，以現代財政，恒與社會經濟爲緣，財力之盈絀，視經濟力之豐澀爲比例。粵省地瀕海嵎，號稱富庶，一般經濟現象，皆隨時代有長足進展，因之財政源泉，受之於天然界賦，與地理滋養者，較他省爲優越。顧以中外津通，現代科學物質之侵蝕，與世界經濟恐慌之波盪，其影響于國民經濟者，亦較他省爲迫切。而過去數年間，政治偏安，軍政所需，悉取給于地方，支用繁費，恣意誅求，以致苛雜繁興，幾無一不稅之物，無一可免之家，民衆脊力，社會蓋藏，日銷月削，漸呈竭蹶之象；縱不乏物質建設，然財殫力痡，所裨於國民經濟者，是猶揠苗助長，殆成虛望矣。養甫視事之初，値政局更張，百端需費，亟欲保育農工利益，發展社會經濟，藉以培植稅源，充裕庫帑。然揆之粵省目前實況，既不能如蘇俄大量生產統制，復無力效北美短期計劃復興，則有效策略，莫如掃除生產上種種障碍，減輕其負累，使百業自爲營養，以調暢其生機。因繼續宋前任成規，將省縣各稅捐中，凡有戕害民力，阻碍生產，與夫違背時代性者，不惜庫帑重大犧牲，斷然放棄，分別裁減。而事關通案，外有成例，內協時宜，且可裁抑消費，扶植生產者，又不憚篳路藍縷，次第籌辦。積效儲能，而以社會最大利益，爲理財最終目的。

復次，吾粵大多數地方，仍一農業社會也，人民生活程度，生產方式，泰半留滯于土地耕作，家庭工藝階段之中；政府所需，取給民衆。顧以租稅制度之未善，事實所昭，財源之負担者，十之八九，爲終歲勞苦胼手胝足之農民，而都市居民，與貿遷商賈，往往享優裕生活，獲特殊利益；租稅徵課，在在皆有逃避轉嫁之機會，以致下層階級，困于捐輸，中等資產，耗于奇淫；亟應調度取締，以劑其平。因極力改善營業稅，推行直接財產稅，俾工商各業，資產之家，與農村大衆，共同負担，平衡併進，以完成善其租稅制度，用以調和各階級利益，促進一般經濟發展。經營未就，即値抗戰軍興，財政狀態，由平常入于非常時期，一方繼續完成預定計劃，而同時又謀應付非常急需。詎國防建設，資源購儲，意外開支，接踵而至，庫欵奇絀，極費周張。深鑑于從前視銀行爲外府，以紙幣作財源，任意挪移，牽動金融，財政社會，交承其敝，故僅積極整理固有收入，以應付臨時支出，一面裁併駢枝機關，節約不急經費；得以支持難局，鞏固後方。

又次，粵省以歷來政治演變，社會環境，最爲複雜，而財政積弊尤深，關津林立，既予員司留難需索之機，稅捐包商，復啓官商要結朋比之漸；上下交征，寖成風習。養甫以爲欲求財政日上軌道，端在官吏共守法紀，前年洊奉委員長電諭，「嚴督部屬，懲治貪污。」，謹遵命令，切實執行；凡屬徵收員司，有作奸犯科者，固盡法懲治，即因循怠忽者，亦分别撤換，期以轉移風氣，一洗從前上下相蒙，夤緣貪黷之習。又復調整徵收機構，嚴其監督，改革包商制度，祛其弊混。非但整肅財政，且間接澄清吏治，聿新社會觀聽矣。

綜計養甫自上年四月兼領財政，迄今已屆期年，此一年度中：上半期値政局統一以後，財務行政，屬于平常時期，多注重于制度改革，稅源培發；下半期抗戰軍興，暴敵南犯，入于非常時期，財政措施，則厲行節約開支，增加稅量，以充實抗戰後方之財力。凡此錯綜情形，頭緒紛紜，謹摘要分項敍述，以資報告。

甲 平常時期

壹 收支概况

(一)上年度收支 上年度省地方預算，政局統一後，經加改編，仍沿舊例，以毫幣列計。內收入方面：如田賦、契税、營業稅、屠宰稅、船捐、房捐、什項稅捐等收入，平均約可得預算八成有零；惟官產、補助等欵收入，則短絀甚鉅；總共收入三千七百二十八萬二千餘元，較之預算數四千四百七十二萬元（內省會警察局收入五百六十七萬四千元），短收七百四十四萬餘元。蓋因年度開始，政局初定，租稅征收，畧有延滯，而陸續裁減稅捐又多，故未能達到預算目的。惟一年以來，對於租稅制度，多有改進，故收額雖因時局關係，未能恰符預算之量，然稅捐本質，實已比較有系統而入正軌。（三）支出方面：如黨務、行政、司法、財務、教育文化、實業、交通、建設各費，凡預算所列者，皆酌量支付；綜計支出亦達三千三百九十四萬餘元。中因統一保安經費，自上年四月以後，每月陡增四十萬元，若非預算中債務費、預備費等項，未悉數支出，則上年度省庫收支，不能平衡也。茲將廿五年度收支數目，表列于次：

民國二十五年度省地方歲入實收數簡表（毫券計算）

科目	預算數	實收數	說明
田賦	七、二九六、〇二七〇〇	四、六二〇、一二七三一	
契稅	二、二〇〇、〇〇〇〇〇	一、一二九、二〇六六七	
營業稅	六、五三〇、七〇〇〇〇	四、三九四、五〇五七〇	
房捐	五、六〇〇、二一四〇〇	五、六一六、一四八六五	
船捐	五二七、四六七〇〇	三四三、六〇六五一	
其他稅捐	一二、六四八、〇〇四〇〇	一四、二五四、六六三二七	
地方財產收入	一二二、〇〇〇〇〇	四二、三三四二七	

地方事業收入	七七一、一二〇〇〇	二〇一、〇八六〇一	
地方行政收入	一、四五四、九〇〇〇〇	一、一二〇、七七〇四三	
官營業收入	四、五七六、六七二〇〇	四〇〇、〇〇〇〇〇	
司法收入	四八八、三二四〇〇	四八八、三二四〇〇	收入照案留院支用
補助欵收入	二、四三〇、〇〇〇〇〇	八〇二、二五〇七二	
其他收入	七四、〇〇〇〇〇	三、八六九、八一〇三五	
合計	四四、七一九、四二八〇〇	三七、二八二、八三三八九	內房捐由省會警察局經收尚未據報決算照預算數列入

民國二十五年度省地方歲出實支數簡表（毫劵計算）

科目	預算數	實支數	說明
黨務費	七五六、六七五〇〇	六一二、五一三八四	
行政費	五、四二三、九六八〇〇	三、五二一、三六三四一	
司法費	二、二八八、三二四〇〇	一、七六三、一二〇二二	
公安費	六、一三二、五七八〇〇	五、六七四、二一四〇〇	
財務費	三、八七一、九六九〇〇	三、五二七、七八四〇三	
教育文化費	五、〇九五、七七一〇〇	四、三五五、四二九八七	

建設費	三、三八四、四〇六〇〇	三、七三五、七九七八〇	
交通費	一、二七〇、九八三〇〇	二八五、七四四二一	
實業費	一、三三三、一六八〇〇	八八一、五三三〇〇	
收[illegible]土地費	二、〇〇〇、〇〇〇〇〇	一、三四一、四五六三三	
協助費	四、七八四、八五二〇〇	三、一〇八、七三三一八	
預備費	四、五七六、七三四〇〇	三、四五二、六二二八三	
救災準備金	六〇〇、〇〇〇〇〇	二〇、〇〇〇〇〇	
債務費	三、二〇〇、〇〇〇〇〇	一、六六〇、一四七六二	
合計	四四、七一九、四二八〇〇	三三、九四〇、四六〇三四	收支相比稍有盈餘均挪墊臨時特支之欵

(二)本年度預算 二十六年度省地方普通預算，改照國幣計列，歲入歲出，均為三千五百八十三萬元；又另編建設事業專欵歲入歲出概算，收支各為九百萬元；總計共達國幣四千四百八十三萬三千餘元。其各欵數額之分配如下：

民國二十六年度省地方普通歲入歲出總概算簡表（國幣計算）

歲入經臨合計		歲出經臨合計	
科目	金額	科目	金額

項目	數額
田賦	五、二八六、七〇〇
契稅	一、一八〇、〇〇〇
營業稅	七、一一〇、一〇〇
房捐	三、八九二、四〇〇
船捐	一六一、〇〇〇
其他稅捐	九、九二二、六〇〇
地方財產收入	八四、七〇〇
地方事業收入	四二五、九〇〇
地方行政收入	一、一二〇、六〇〇
地方營業純益	三、一七七、七七七
補助款收入	三、一七九、三〇〇
其他收入	二九二、四〇〇

項目	數額
黨務費	五二八、九〇〇
行政費	一、六一三、五三五
司法費	一、七三三、四〇〇
公安費	八、三五一、〇一八
財務費	三、三六三、九三一
教育文化費	四、五〇三、六〇〇
實業費	七一〇、九〇〇
交通費	三九二、二八一
建設費	二六五、〇〇〇
整理土地費	六九、二〇〇
協助費	五、四九九、九〇〇
撫卹費	三九、八〇〇
救災準備金	四一七、〇〇〇
建設事業專款基金	二、七〇〇、〇〇〇
國防建設費	二、一〇〇、〇〇〇

歲入	金額	歲出	金額
		債務費	二五、〇〇〇、〇〇〇
		預備費	一、〇四五、〇一二
總計	三五、八三三、四七七	總計	三五、八三三、四七七

民國二十六年度省地方建設事業專款歲入歲出概算簡表

歲入經臨合計		歲出經臨合計	
科目	金額	科目	金額
基金收入	二、七〇〇、〇〇〇	農村經濟建設費	六、九〇〇、〇〇〇
沙田整理收入	一、四〇〇、〇〇〇	公路建設費	二、一〇〇、〇〇〇
建設債欵收入	四、九〇〇、〇〇〇		
總計	九、〇〇〇、〇〇〇	總計	九、〇〇〇、〇〇〇

本年預算，歲入部門十二項目中，田賦比上年度增加一百餘萬元，營業稅比上年度增加二百六十萬元，其他稅捐，亦增一百二十餘萬元；是皆稅制改善，稅額隨之而增。

弍　整理稅捐

(一)豁免積欠舊糧　粵省舊糧，民國十二年以前積欠各數，早經豁免，惟十三至廿三年欠數，仍繼續征收。去年四月，本人接事後，以此種欠糧，名目上雖有一千數百萬之多，然實際上逃亡絕戶，山崩水冲外，賦額自然減損者甚多；而其中貧苦人民無力負担者，又占全數十分之三四；且此種舊糧收入，向例僅以六成入庫，其餘四成，留充征收經費；政府不惜鉅額支出，獎勵催科，而利之所在，奸僞百出，或催舊綴新，或移新作舊，以致新定臨時地稅，重受影响。政局更新，民望來蘇，此種舊糧，貽害民衆，無裨公家，亟應一律豁免，昭示嘉惠；當於上年四月，提經　省府會議通過豁免，并呈奉　財政部指令備案矣。

(二)裁廢苛捐雜稅　二十五年七月，粵局統一，前宋廳長以從前苛雜繁興，國課民生，交受影響，而賭稅一項，尤屬貽害社會，藏納污垢；爰本　中央廢除苛捐什稅政策，在廳組設裁廢苛捐什稅審議委員會。一面函請本省各有關係機關，將各該管捐費及附加，分別列送；一面令各市縣政府，各屬商會，就地查明各該捐稅附加名目，欵項用途，如其收稅無多，認爲苛雜者，特別指出，限期一併列表呈報，以憑發會審核。本人接任後，賡續辦理，先後將省縣所有捐稅，次第審議，以爲分別保留廢除之根據，如確屬苛什者，分期裁廢，其原有指定用途者，設法另籌，或節流抵補。統計裁撤各稅捐如次：

一、省屬稅捐：

(1)明令裁廢省稅項下各種稅捐三十七種，年額毫劵二千四百七十九萬零五百二十元。

(2)豁免二十三年以前積欠舊糧一次，共毫劵一千六百餘萬元。

兩項合計三十八種，共毫劵四千零七十九萬餘元。

二、縣市稅捐：

(1)裁廢苛什委員會審定裁廢縣屬各種稅捐，除警衛稅捐另列外，計一百六十一種，年額毫劵二十六萬九千五百六十三元。

(2)審查各縣市廿五年度預算時，裁廢各種捐費計一百二十一種，年額毫劵二十五萬八千四百零六元。

(3)審定各縣市二十五年度預算後至本年二月止，專案取消各種捐費計一百四十三種，年額毫劵三十三萬四千六百六十六元。

(4)統籌全省保安經費，裁撤警衛隊專款各項捐費，至本年二月底止，計一百六十五種，年額毫劵一百三十萬零一千六百二十六元。

四項合計五百九十種，共毫劵二百一十六萬四千二百六十一元。

綜合省縣市裁廢各項苛捐什稅，共六百二十八種，年額毫劵四千二百九十一萬四千餘元。

(三)徹底整理沙田 粵省財政，歷史最久，積弊最深，民衆最受痛苦者，厥惟沙田一項；而環境最雜，障碍最多，整理最感困難者，亦惟沙田一項。歷來主持財政者，對於整理沙田，每以增加收入爲目的，政府藉之以闢財源，民衆因之而苦聚斂。貪猾吏胥，更與豪强痞棍，互相勾結，侵蝕攘奪，據爲利藪。故經一次之整理，即多一層之糾紛，覆轍相尋，成效未著。前宋廳長鑒於沙田積弊之深重，乃爲徹底整理之計劃，卽於廳下設一整理沙田籌備處，着手籌擬整理方案。本人接事後，更擬定整理全省沙田具體辦法，將廳中第二科關於沙田土地行政部份，撥歸辦理，而第二科僅負征收沙田捐費之責，使土地行政，與征收捐費，各自獨立，爲初步整理之準備。幷于廳內特設全省整理處，于中山番禺東莞新會南海順德等縣，設置分處；舉凡淸丈、劃界、升科、登記、評價、徵稅，均有詳細規定；呈經 省政府會議通過；樹整齊劃一之規，以收摧陷廓淸之效。整理程序，分爲二期，限於兩年內完成之。抗戰軍興，爲節約經費，便利指揮計，將整理處事務歸併廳中，現仍在繼續進行中。

叁　調整制度

(一)取銷包商徵收制　租稅包征制度，最有害於納稅人，而少益於公家。歐洲古時收稅吏，以標價贌得某種賦稅征收權，近來亦有因襲此種陋習者，實爲秕政。美人甘末爾亦謂包商制度，祇能存在于不適當之政府組織。吾國征收技術，素不講求，本省包商之制，比較尤多，使征權之權，操于豪强奸棍之手，有利則競爭趨赴，無利則擔騙規避。蓋既許以將本求利，卽不能責以守法奉公，政府徵權之權，幾不爲人民所重視；亟應逐漸汰除，同時、培養征收人材，以承其乏。經將招商承辦各捐，詳加考察，擇其可以直接征收者，如京菓海味捐，廣州市筵席捐等，均已改由稅局直接稽征。其尙有沿襲包商者，現正計劃陸續收回，交由稅局直接稽征。

(二)改革稽徵機構　從前征收機關，多以稅爲主體，各别征收，以致一隅之內，機關林立，催科頻仍，民衆淆於視聽，官廳遂爲怨府。且機關重叠，統系紛歧，既耗財力，復疏稽核。上年劃全省爲八個稅務區，于廣州汕頭江門惠陽韶關高要梅菉海口各設一稅務局，由原有之營業稅局、農產品稅局、煤油稅局、合併改設；將舶來農產品什項專稅，改正名稱爲舶來物產專稅，連同煤油販賣業營業稅，普通營業稅，合併征收。依此組織，全省分設稅捐征收處五十處，以八區局統率之，界劃分明，系統一貫，正如指臂相使。經此改革，稽征區域，漸次擴大，以便通轄，稽征機關，務求減少，以節糜費；其有不宜分區征收者，則以稅項分征制補救之。附稅區表：

廣東全省稅務區局及征收處簡表

區局名稱	所在地	所轄征收處
第一區稅務局	廣州市	第一，第二，第三，東莞，南海，三水，番禺，花縣，清佛，增從，深圳，十一處。

第二區稅務局	汕頭	潮安，普寧，揭豐，惠來，潮陽，饒平，六處。
第三區稅務局	江門	中山，順德，台赤，開平，恩平，陽江，六處。
第四區稅務局	惠陽	興蕐平，梅蕉，河龍紫，海豐，陸豐，五處。
第五區稅務局	韶關	南雄，英德，始興，連陽，樂昌，五處。
第六區稅務局	高要	四會，新雲，羅定，陽春，鶴高，廣寧，六處。
第七區稅務局	梅菉	合浦，電白，信宜，靈山，欽防，廉化，海徐遂，七處。
第八區稅務局	海口	瓊樂，文昌，臨儋，萬陵，四處。

(三)修訂營業稅章程　粵省開辦營業稅，遠在民國二十年七月，歷經數年，仍祇推行十餘縣市，負担已不公平；而稅額更屬無幾，全省年收不及國幣一百萬元；實背　中央廢除苛什，整理良稅之旨。竊以營業稅為良稅之一種，財政收支法案定為省庫中心收入。上年依據營業稅法，修改章則，初以商民未諳新章，情形諸多扞格，暫准商會協同局處辦理，由商會評定稅額，此為一時權宜變通辦法。辦理以來，成效鮮著，攤派不均，時起爭執，既妨稅收，又違功令，自應改弦更張，照章稽征，共趨正軌。惟上年第一二兩期營業稅，仍依據商會評定稅額，酌量征收；其第三四期稅款，則由局直接查定，並准分兩期繳納；於整理正當稅收之中，仍寓體恤商艱之意。至本年營業稅，悉照修正章程，由局查定，稅額按期催征，近來各地商家，多能明曉事理，踴躍繳納矣。

肆　整理縣財政

(一)確立縣財政制度　粵省各縣地方財政，過去因環境關係，未能澈底整理。縣欵收支，名由縣長綜理，實則各機關團體，往往藉事斂欵，任意抽捐。以用途言，僅自治經費一項，所抽稅捐達一千一百一十八種；以區域言，僅梅縣一縣，達一千二百四十餘種；關津林立，苛什繁興，而區鄉壟斷，豪強操縱，侵蝕攘奪者，又不可以臆計；人民負担奇重，呼籲時聞。長此以往，非但民衆痛苦，無由解除，卽縣政設施，國省稅源，亦同受牽累，莫能改進。爲澈底整理縣財政，減輕人民負担計，乃於上年擬定下列各種計劃，呈准施行。

(1)遵照　部頒縣財政整理辦法，訂定廣東省政府財政廳監督縣地方財政章程，對於縣地方財政，嚴加監督，統一收支。

(2)訂定廣東省各縣稅捐征收處章程，令各縣設立征收處，掌管縣地方稅捐規費之稽征報解事宜。

(3)訂定廣東省各縣地方金庫章程，設立縣金庫，掌管縣地方公欵收支，及公產保管事宜。

(4)訂定廣東省各縣地方財務委員會章程，令各縣設立財委會，負審議及監督地方財政事宜。

現計全省九十七縣，財委會已成立者，九十一縣，縣金庫除各縣自設、或委託縣銀行代理外，其餘則委託廣東省銀行各縣分行辦事處，代理縣金庫，已實行者三十餘縣。

(二)派員指導整理　自頒布縣財政制度後，各縣市雖已次第遵辦，惟以各縣自收自支任意抽捐之習，積重難返，而各縣長或格于情勢，或碍於情面，未能澈底實行。經由廳遴派幹員，委爲縣財政指導專員，劃全省分爲十五區，每區由一專員赴縣指導改革。并規定表式，將全區各鄉鎮學校團體徵抽捐費，及收支情況，嚴密調查，分塡表報，歷時五月蕆事；計查得各種稅捐表一萬餘份。各該員返廳後，復經綜合審查，依照各項財政法令，分別裁留合併，使全省各縣稅捐科目，簡明劃一，而仍以不影響原有經費爲原則。審定後，發交各縣查明有無漏報？限期查復，呈准公布。其屬於各機關學校經費者，由縣府統收統支，列入年度預算。經此清釐，各縣自無預算以外之收支，亦不復有未經審定之縣稅捐矣。

伍　施行新會計制度

(一)制定會計章則　前年迭奉　中央令催，推行新會計制度，復以本廳爲全省收支之總機關，對於全省各機關之歲入歲出，均須有確切之紀載，在總會計未實行，及會計處未成立以前，暫由本廳代行全省總會計事務；經於上年春，在廳內特設會計室，遴委有會計學識人員，充任正副主任。先後訂定廣東省地方會計暫行規程，財政廳暫行總會計制度，財政廳所屬機關暫行會計制度，廣東省金庫會計制度，財政廳所屬各機關會計人員暫行規程等十餘種，呈奉　省政府核准施行。

(二)統一全省收支　本省省縣各機關收支款項，向不依照會計程序辦理，自收自支者有之，收支經久不報者有之，以致總會計之登記，極感困難。在一年來，爲實行總會計制度，對於全省各機關收支，力謀統一，以便勾稽，而資比較，俾瞭然財政之真實狀況。因此將各機關領解款項程序，概行改訂，各機關收支各數，一律編入預算，以爲辦理決算之準繩，而謀計政之統一。

(三)會計事務移轉　自上年　中央令行各省設立會計處，專辦全省歲計會計事務；本省旋於八月間即行籌備，於本年一月一日成立。自會計處成立後，本廳原辦之省縣地方預決算、及省縣地方總會計事務，均已照章移轉會計處，專責辦理；本廳則掌理廳屬各機關之歲計會計事務；此後全省計政，則由會計處總其成。

(四)訓練會計人材　本廳爲整理財政，施行各種會計制度起見，特訓練會計人材，以謀推動。計一年以來，經先後開辦財務班之高級普通兩組，與各縣市會計主任訓練班。分述如次：

(1)財務訓練班　財務訓練班于上年春季開始，內分二組，一爲高級組，一爲普通組。高級組額定五十人，投考入學，以國內外大學畢業爲合格，養成財務行政高級人員；普通組額定一百五十人，則以高中畢業爲合格，養成一般財務會計人員。高級組訓練期爲三個月，均授以本省各種稅制法規，及會計制度，計畢業者，共四十七人；普通組訓練期爲六個月，則授以本省各種稅制法規，及會計制度課程；並各予以實習；總計高級普通兩組畢業者，共一百九十七人。

(2)各縣市會計主任訓練班　各縣市會計主任訓練班，於上年秋季開始，其受訓資格：(一)國內外大學商學系或經濟學系畢業，並曾在公務機關服務一年以上者；(二)高中畢業，並曾在公務機關任主要會計人員二年以上者；(三)現任各縣市會計主任；共計合格者，八十九人。訓練期間，爲六星期：先經兩星期之基本訓練，期滿甄別，計合格者八十六人；再授以四星期之本省各種會計制度，及各種會計章則課程；計畢業者爲捌拾陸人，按其成績之等次，及過去之經驗，已分派各縣市服務矣。

陸　整理緝務

(一)改組緝私機構　從前本廳原轄部隊，有稅警團、特務團各二團，又特務營二營，合計官員兵伕八千餘名。宋前任經將特務團二團，特務營二營裁撤，以省經費，僅留稅警二千餘人；奉命改由財政特派員公署管轄，以便統一國省稅務緝私。粵省毗鄰港澳，港汊紛歧，走私之風最熾，本人視事後，復經酌予擴充，添置器械，加強緝私兵力，設立稅警總團部，並屬特務大隊部，及第一第二總隊部，暨各大隊。復在沿海重要口岸及內地交通要道，遍立查緝區所，現計全省設一緝私總處，六分處，查緝區七區，查緝所五十四所，佈成緝私網，晝夜巡緝。總計一年來，緝獲私案達三千五百二十七宗，案犯一千九百八十九人；該處及分區主管機關投賣私貨價款，達二十二萬六千四百九十元；其尚未結案者，亦值十二萬餘元。緝獲案件，既如是之多，其因查緝之嚴，而私運減少，間接裨於稅收者，自非淺鮮。惟各地方土豪勢惡，公然包庇私梟，干涉緝務；辦理過嚴，則恣意傾陷，多方阻撓。迭據中順兩陽東江各辦事處具報，屬於類此情事，多至二十餘宗，可知緝私行政之困難。而國家稅收，關係重大，此後更當使緝網愈益完密，以期私梟之絕跡也。茲附緝私機關表於次：

廣東全省緝私總處所屬各分處區所簡表

處區名稱	所屬機關
潮梅辦事處	潮安，揭陽，饒平，普寧，興寧，潮陽等查緝所。
東江辦事處	太平，南頭，深圳，大鵬，稔山，汕尾等查緝所。
海陸豐查緝區	甲子，惠來等查緝所。
中順兩陽辦事處	下柵，石歧，神灣等查緝所。
兩陽查緝區	九姜，春灣等查緝所。
南路辦事處	水東，莫村，黃坡，化縣，梅菉，石角，安舖，信宜等查緝所。
雷州查緝區	蘇章，城月，徐聞等查緝所。
欽廉查緝區	蕗山，小董，東興，山口等查緝所。

瓊崖查緝區	第一，第二，第三等查緝所。
五邑西江辦事處	斗山，新昌，三江，海宴，白蕉等查緝所。
北江辦事處	南雄，城口，樂昌，連縣，陽山，連山等查緝所。
馬口查緝區	河口，顧水，九江，容奇等查緝所。
都城查緝區	羅定，泗綸等查緝所。

廣東全省稅警總團所屬隊部簡表

團部名稱	所屬機關	統率部隊
稅警總團部	特務大隊部	
	第一總隊部	第一第二第三各大隊
	第二總隊部	第一第二第三各大隊
		第一第二第三各補充大隊部

乙　非常時期

壹　收支實況

(一)上半年度收支　廿六年度常態收支，由上年七月開始，方行二月；至九月以後，粵省地方一般狀況，因敵機肆虐，由緊張而入於嚴重時期。本廳一面設法應付非常用費，一面仍編製全省歲入歲出及建設專款概算，其收支數目已見當衰。七八兩月收入，與預算之數相差無幾，九月後，則收數銳減。玆將本年度上半期收支概況列左：

預算應收數：一九·九六六·七三八·四八元。

實際收入數：一〇·六五四·九六六·一二元。

預算應支數：一七·三一九·三一七·〇〇元。

實際支出數：一八·一一七·四六三·三三元。

實收實支不敷數：七·四六二·四九七·二一元。

由上列數字觀察，收入方面，因抗戰時期，工商衰落，交通阻滯，以致稅源短澀，實收僅達百分之五十三；支出則反因非常時期，特別增加，內中運儲糧食，購辦鋼鐵，訂購燃料，以及國防工事，支用達四百萬元之鉅；以致收支狀況，竟成背道而馳之象，積虧達七百四十六萬餘元之鉅。差幸上年度稍有結餘，又益以各銀行借款，勉强應付。惟最近兩三月來，地方穩定，商場亦漸恢復，且值旺月，各項稅收，稍有起色，以前積虧，得以調劑。

(二)現在支用情形　本年度預算，自九月以後，迭經裁減(詳後)，計普通經臨費停支者，三百三十九萬四千另四十七元，建設專款停支者，五百九十五萬元，共九百三十四萬四千另四十七元。其餘每月經常支出，仍須國幣二百萬元左右：內中十足支付者，一百三十一萬餘元，八成支付者，十七萬餘元，五成支付者，僅四十八萬餘元。折減之額，爲數有限，以抵短收之數，相差甚鉅；其臨時特支，尚不計在內。轉瞬卽屆淡月，收入勢必短絀，今後仍當設法節省支出，增進收入，以減省庫虧累也。

弍　非常財政辦法

(一)節約經費　收支情形既如上述，因之本省財政，自非另定辦法，不足以維持長久。按各國通行戰時財政辦法，如募集內外債，膨脹通貨，增抽臨時稅捐，加收戰時溢利稅等。此項戰時財政辦法，應在　中央整個政策統籌之下行之，地方局部方面，當不應單獨有所行動，以免支離破碎，分散國家整個財力，與減少人民租稅負担力。故目前本省財政，惟有遵照　中央迭令，節約支出，經呈由　省政府于上年議決節約原則四項：

（1）省市縣地方政府所屬各機關經常費，除兵警餉項、郵金、養老費、四糧，十足支給外，自本年九月份起，一律減成支付。

（2）新設立之機關及新辦之事業，一概暫從緩辦。

（3）舊有之機關，如認為無關重要，可以裁撤或歸併者，由主管機關核明裁併。

（4）凡臨時費用，及事業費，非必要者，一概停支。

時値非常，需用浩繁，亟應節可緩之費，以充必要之費，騰出財力，應付國防設備，與資源購儲；復經本廳通盤籌劃，擬定應付非常時期財政三項辦法，于上年十一月提請　省府通過：

（1）本年度十一月以前，積欠經費，分期補付。

（2）十二月以後，務以經常收入，應付經常支出，决不稱貸外款，彌補歲虧。

（3）防空及臨時支出，則以救國公債留省國幣五百萬元供應之。

（二）增加稅收　前述節約經費，原為消極辦法，長期抗戰，需費日繁，仍當積極增加稅收，充實庫帑。惟漫言加辦新稅，既為環境所不許，亦恐民力所難勝；若烟賭開禁，則飲鴆止渴之謀，為明治理恤民生者所不應言；計惟有就固定財源，原有負担，覈實整理，加緊催收，經先後擬定方案，呈准施行。

（1）臨時地稅改征國幣　按照　財部明令，自本年一月一日起，本省所有收支，一律以國幣為本位。而臨時地稅，除瓊崖十三縣，及大埔一縣，向征國幣外，其餘各縣，均照地畝調查入冊，評定地價，以百分之一稅率征收毫券。加以本省沙田沙捐及沙田錢糧，亦均係按畝征收國幣，而地稅則收毫券，同隸一省，同屬土地，征課紛歧，殊失租稅公平原則。現値幣制統一之際，此項臨時地稅，實有改征國幣之必要。且本省臨時地稅，以總地積與總地價比較，平均每畝，繳納僅毫銀四毫半，折合國幣三角有零，與江浙等省平均每畝在五角以上者，負担尙輕。因自本年一月一日起，全省一律照額改征國幣，仍照案五成解省，五成留縣，預計省縣各可增收國幣二百萬元。其辦法：

一、廿七年二月一日起，所有臨時地稅及田宅稅，一律改征國幣。

二、在廿六年底以前，仍依照舊案完納。

三、定期實行改征國幣，在鄉村未有國幣流通以前，卽照一四四比率繳納。

(2)典業菸酒新章課稅　本省典業及菸酒店戶營業，歷來爲便利征繳計，悉照向章辦理，各就地方商情，分等課稅，其稽征稅率與手續，實較一般普通營業稅爲輕便。査國稅如烟酒印花等稅，均經部令增加稅率；典業取利較厚，菸酒屬于消費，酌增稅率，無碍商民，有裨庫帑；故特訂非常時期典業及菸酒店戶課稅暫行辦法，呈請省府核定頒行，以爲課稅之依據：

一、本暫行辦法，祇爲應付非常時期，一俟時局敉平，當卽取銷，仍照舊章辦理。

二、本省菸酒營業牌照稅，由民國廿七年份春季起，暫照原定稅額加倍征收。

三、凡廿六年度以前，應納菸酒營業牌照稅，延至廿七年始行報納者，除照章辦理外，仍依本暫行辦法加征。

四、本省典商營業稅，由本暫行辦法公布日起，按照應納稅額，加半征收。

五、本辦法公布前欠繳之典稅，統限於廿六年底淸繳，仍准照原欠稅額征收。逾限者除照定章辦理外，槪照本辦法加征。

叁　募集公債

(一)勸募救國公債　上年　中央為充實抗戰力量，發行救國公債五萬萬，本省奉令設立勸募分會，担任募集債額二千萬元。並由勸募總會宋會長，電聘本人為主任委員，當於去年九月三日成立，並擬定推銷辦法七項，分途進行；同時、通函各縣市組織勸募支會；預計可募國幣三千萬元以上。無如開辦伊始，即遇敵機騷擾，市民爭相逃避，幾至十室九空，募債進行，重受打擊。然各地人民，仍能一致奮起，踴躍認購，得達原派額八成以上。迨奉　部令於十二月底結束，遂通函各支會，停止勸募，並移交中中交農四行接辦。統計此次勸募結果，共得國幣一千六百一十七萬餘元；對於奉派債額，因中止勸募，未能照數募足，惟在敵機時襲之下，以短速時間而能募集如許鉅款，粵民擁護抗戰之熱忱，亦足多焉。茲附表于后。

救國公債勸募委員會廣東分會經募債款簡表

項目	預定債額	實收債額	附註
全省各縣市	一三、六七六、〇〇〇〇〇	一〇、四七八、〇三九三七	一、尚有各支會債款，由中中交農經收滙解；並勸募團體經募之款五萬三千六百元，據交中央銀行滙解，未計入。 二、捐產及送產購債，經評定價值計二十三宗，共估值毫券一十六萬三千二百八十九元，未計入。 三、物產捐輸購債，除經拍賣外，尚剩餘七宗，估定價值國幣二千二百八十元零七角，未計入。
廣州市各銀行	五、〇〇〇、〇〇〇〇〇	八一六、〇三五〇〇	
廣州市商會	五、〇〇〇、〇〇〇〇〇	一、六四六、〇八一八五	
廣州市店舖碼頭租捐	二、〇〇〇、〇〇〇〇〇	八〇七、一三五〇〇	
國省縣市各稅捐	一、〇四七、〇四二〇〇	二三七、七六五九九	
黨政軍學各機關扣薪一月	一、一二九、一三〇〇〇	八二〇、五五二一八	
各勸募隊及團體	二、〇五〇、〇〇〇〇〇	一、三六九、六〇六六九	
合計	三〇、一五二、一七二〇〇	一六、一七五、二一六〇八	

广东财政报告（二十九年八月二十八日至三十年五月十三日止）

邹琳　编

廣東財政報告

二十九年八月二十八日至三十年五月十三日止

廣東財政報告

廿九年八月廿八日至三十年五月十三日止

鄒琳

竊維承乏粵省財政，歷八月餘，回顧受命之始，正值粵省財政極度艱窘之秋，開源未易；節流尤難，而預算追加正復未已。幾經兢業籌維，銳意整頓，語其整理要綱，以調整機構考核人事爲入手之方，改革稅制培養稅源爲治本之策；並廢除『廳款』，以示大公；推行計政，以祛積弊，施行以來，尚具成效，交卸之日，庫儲乃獲鉅額餘存，而粵中財政收支亦得漸入正軌。茲特檢討經過，扼要縷述，並附列數字，以待是正！

慨當接事之初，庫存甚少，支出頻增，稽徵機構停滯，人事紛擾尤烈！因即一本至公，首從考核人事着手，凡原任人員之能稱職者，胥予久任，偶因弊撤換，亦必物色最適當之人選迅捷前往接替，進退嚴明，並加保障，以符綜核名實，信賞必罰之旨，因而人事管理逐步健全，員司工作漸著成績。同時着手考察各地稽徵實際情形，切實調整其機構，所有各稅務局所，各縣稅捐處之內部組織，重加改訂，配合貨運情形，先後將寶安台山電白遂溪等局，及一部份稽徵所，從新調整，使其徵納稱便。更於貨運衝要局所，酌設駐局審核員，一面調查市價，以免徵稅貨價之低估，一面稽核運照，以絕貨物空頭轉運之積弊。復爲便於推行公庫，健全計政機構起見，首即以身作則，宣佈廢除『聽款』，以示倡導，俾會計人員得以獨立行使職權，公庫制度因亦普遍澈底實施，而本省徵收機關與公庫會計機構之調整，於焉逐漸完成！

夫整理財政，急則治標，重在治本。前者若調整人事，改善機構，及實行公庫會計制度等項，已如上述；後者厥爲改革稅制，培養稅源。粵省稅政，素稱紊亂！從前各項徵收章則，或沿襲已久，未能兼顧民生與稅收，或規則煩瑣，未能便及徵收與繳納，因復悉心研究，更爲澈底之規劃與改革，舉其要者，省稅方面：如各縣地價增漲，地稅因即重行估定，並派員加緊催收其舊欠；營業稅率概經劃一改訂；菸酒牌照，改爲普通營業稅；舶來物產專稅，舊章紛繁，亟須統一修訂，並調整其稅則，凡從量征稅者，分別改爲從價徵收，其有關民生物品，並予減免；至各縣實行新縣制，更應充實其經費來源，爰實行將屠宰稅之全部劃撥爲縣收入，並調整其稅率，改進其征收方法，廢除包商承辦，由縣切實整頓；復將營業稅之三成依法撥縣，又指定契稅附加爲縣稅，地稅增加部份仍照案撥縣；並訂定徵收自治戶捐辦法，確立各縣補助制度，以裕縣庫收入。凡此種種，經逐漸策劃改進後，計獲下列各項效果：（一）從量徵稅物品，凡能改爲從價者，均經分別改訂，既富彈性，而期公允，並將農工原料分別減免其稅率，以適應抗戰期中軍用民生之需要。（二）劃撥鉅額省稅收入，改爲縣稅。（三）省縣稅捐廢除包商制度，一律改由各徵收機關直接稽徵。（四）修正各項章則，力求簡單明確，使徵納雙方咸感利便。

上述各修訂稅制，除一部份儘先實行外，其餘均於三十年一月一日起實施，其推行是否順利，及其效果如何？當時已難逆料，乃施行未久，二月間敵寇忽侵佔沙魚涌淡水等處，港韶綫國際交通旣告中斷，而南路東江又相繼發生軍事，全部海岸均被封鎖，至今未全恢復，稅收迭受嚴重打擊，致本年二月份較趨短少，惟因稅制機構與人事調整之結果，各員司仍能於敵寇侵擾戰事紛亂之狀態中，努力工作，使三四兩月份在往年係屬極端清淡之期，仍月收七百或九百萬元。現稅收日旺，已由上年九月份之月收三百六十萬元，遞增至本年四月份之月收九百二十餘萬元，（見附表一附表二附表三附表四）其盈虛消長，莫不與整頓稅收，及各地軍事演變相關聯，尤爲革新人事，調整機構，遵行法制，及改訂稅法所獲之效果！

至言收支贏虧，在去年八月二十八日受事之時，接收庫存爲二百五十六萬餘元，而已簽未付之支令，達三百七十五萬餘元，九月份稅收，僅三百六十一萬餘元，收不敷支，狀極艱困！十與十一兩月，整理伊始，成效未遽顯著，困難依然！十二月以後，收入卽行激增，支出亦略有定限，情況卽漸好轉。本任內各月份經費支出既經發清，並預發下月份大部份經費；（見附表五）未借新債分文，復償還舊債五百八十餘萬元，（計支付前任經借省銀行金庫劵抵押借款本息三百七十餘萬元，四行借款本息一百一十餘萬元，及國防公債本息一百萬元。）截至本年五月十四日交卸前一日止，庫存實數，計收支總存款二千四百七十萬八千四百零五元三角二分，各特種基金六百四十萬七千三百六十元零四角九分；（見附表六附表七）又上年度所發行六厘公債向省銀行抵借尚未動用款一千零五十萬元；及省銀行去年應解庫盈利尙未入庫款四百五十五萬元，是則結存實際可備動支之款約有四千萬元。

除積極整理，致獲鉅額庫儲外。在消極方面，認爲興利除弊轉移風氣之最要着，厥在以身作則，廢除『聽款』，藉表大公。粤省財廳之有『聽款』，相沿已久，名目繁多，由征收機關直接解廳，留備彌補經費不敷，暨員工薪津、奬金、捐贈各項額外開支之用，既不解入公庫，又不列入預算，更不送審計機關核銷，不列入前後任交代，予取予求，向不公開，主管度支機關，自不應存此自私自利之陋規！爲推行會計公庫制度，尤須首先予以廢除。因卽擬訂廢除辦法，提經省務會議通過，自到任之日起，一律廢除；並將有關『聽款』各項章則，加以查明改正，通飭各稅務局處一體遵照！除核定停征各項外，其他原有『聽款』收入，悉數逕解入庫，計自到任之日起，截至本年四月底止，共解庫歸公『聽款』一百二十一萬一千三百五十四元。（見附表六）自『聽款』廢除後，廳內外應支經費，自感窘困！然仍勤儉撐持，克服一切困難，務使言行相符，除弊務盡，以督導各機關會計公庫制度之澈底推行，用樹守法廉能之風尙，並奠健全財政之基礎。

綜上以觀，粵中財政標本兼施，不無顯著成效，年來省庫支出雖日趨膨大，仍能積極消極興利除弊，並獲此鉅額餘存者，一由人事與機構之切實調整；二爲徵稅制度之妥籌改進；三因廢除『聽款』厲行預算公庫諸法，統收統支，涓滴歸公；故能不增闢新稅，且將省稅一部份劃撥爲縣稅，仍大量增收，餘存至如此之鉅，使粵庫收支益趨穩定，中經敵寇全面經濟封鎖，未受若何影響，今後旺月卽屆，稅收當可鉅額增加。粵省整個財政，業由過去之支離混亂與艱窘短絀，而臻入廉潔整肅與敷餘之正軌。此後如能將積存庫款，妥投於生產建設事業，則培養稅源，發展地方經濟事業，當可兼籌并顧。謹將任內設施經過，及財政實況，報告如右。

附表：

一、本任內各月份與上年度同期稅收比較表

二、廣東省省稅收入分月統計表

三、廣東省省稅收入分類統計表

四、廣東省各稅務局經徵省稅分類統計表

五、廣東省金庫八個月來支出分類簡表

六、廣東省金庫本任各月積存實數簡表

七、本任交代前一日各金庫存款統計表

八、廣東財政廳「廳款」解庫統計表

附表一 本任內各月份與上年度同期稅收比較表

廿九年九月至三十年四月止

年	月	本期	上年度同期	比較 增	比較 減	備考
二十九年度	九月份	三·六一六·二九七〇四	一·四七七·四七一〇二	二·一三八·八二六〇三		本表數字係根據各稅務局各稅捐征收處征解旬報及分類月報暨電訊報賬編列
	十月份	五 七〇四·二六五二六	二 三一〇 五六五七六	三·三九三·六九九五〇		
	十一月份	六·三八六·九八八六九	一·九一七 五二八七四	四·四六九·四五九九五		
	十二月份	九·一四八 六八〇〇九	一·七二七 八六〇四四	七 四二〇·八一九六五		
三十年度	一月份	七·四三四·三六八六四	二 二八一·九八〇三七	五·一五二·三八八二七		
	二月份	六·〇六六·六一七四六	一·九五二 五七九八三	四 一一四·〇三七六三		
	三月份	八 一四一·九八八七二	三·三五四·一一八八〇	四 七八七 八六九九二		
	四月份	九·二〇一·八九六七六	四 五九六·六四一一〇	四·六〇五 二五五六六		
合計		五五 七〇一·一〇二六七	一九·六一八 七四六〇五	三六·〇八二·三五六六二		

附表二　廣東省省稅收入分月統計表（廿九年一月至三十年四月止）

年份	月份	徵起數		備考
二十九	一月	二·二八一·九八〇	三七	本表數字係根據各稅務局各稅捐徵收處徵解旬報及電訊報賬編列
	二月	一·九五二·五七九	八三	
	三月	三·三五四·一一八	八〇	
	四月	四·五九六·六四一	一〇	
	五月	四·七六四·一三一	六六	
	六月	三·一三六·二八七	一九	
	七月	二·三五二·九〇五	一三	
	八月	二·九七一·一六七	二一	
	九月	三·六一六·二九七	〇四	

附表三(之一) 廣東省省稅收入分類統計表 二十九年度

年度	月份	起數	
年度	十月	五·七〇四·二六五	二六
	十一月	六·三八六·九八八	六九
	十二月	九·一四八·六八〇	〇九
	合計	五〇·二六六·〇四一	九七
三十年度	一月	七·四三四·三六八	六四
	二月	六·〇六六·六一七	四六
	三月	八·一四一·九八八	七三
	四月	九·二〇一·八九六	七六
	合計	三〇·八四四·八七一	五九

科目	項目	起數	備考

項目	總數		細數	
田賦	四·四一三·〇八八	一五		
臨時地稅			四·三 二·〇五八	四七
宅地稅			六·二〇九	八七
沙田稅			九四·八一九	八一
契稅	九二七·五八一	七四		
契稅			九二七·五八一	七四
營業稅	三·九六八·〇〇六	四八		
普通營業稅			二·四六六·八二八	〇三
典當營業稅			八五·二九七	九二
屠宰營業稅			一·二〇二·六六七	八九
菸酒牌照稅			二一三·二一二	六四
其他稅捐	三九·八〇九·八七四	四八		

本表數字係根據各稅務局各稅捐徵收處徵解旬報及分類月報暨電訊報賬編列

煤油營業稅			四·八八三·一三四	六〇
屠牛牛皮稅			三六九·六〇〇	九九
香燭紙寶捐			三五二·二八六	七二
船來物產專稅			二四·八四七·二三四	四六
捲菸管理費			七·六八二·八七〇	〇五
桐油管理費			一·六七四·七四七	六六
財產及權利售價收入	七〇二	二三		
官產官租			七〇二	二三
懲罰及賠償收入	二四三·六四〇	〇三		
懲罰及賠償收入			二四三·六四〇	〇三
其他收入	九〇三·一四九	八七		
其他收入			九〇三·一四九	八七

總計	五〇・二六六・〇四一 九七	

附表三（之二） 廣東省省稅收入分類統計表 三十年一月至四月止

科目	徵起數 項	徵起數 目	備考
田賦	一・七二〇・八四七 五三		本表所列各項收入係根據各稅務局各稅捐征收處分類報表填列惟四月份及三月份之一部份收入各局處未及分類填報遂根據其電訊報賬總數填入「未分類收入」一欄
臨時地稅		一・七〇四・五四九 一六	
宅地稅		五・八四六 八二	
沙田稅		二〇・四五二 七五	
契稅	五二一・九五二 一四		
契稅		五二一・九五二 一四	
營業稅	二・二六一・七七六 八六		
普通營業稅		一・九〇六・八五〇 九三	

典當營業稅			一一·〇四七	九〇
屠宰營業稅			三三八·一六五	二〇
菸酒類營業稅			五·七一三	三三
其他稅捐	二五·七八四·七七三	九五		
煤油營業稅			九三七·二九六	八三
香燭紙資捐			一二〇·八六八	九四
船米物產專稅			一九·七三一·七八〇	六二
捲菸管理費			三·八八二·二二四	二七
桐油管理費			五七六·七五二	八〇
公路養路費			五二一·八三四	八五
船舶牌照費			一四·〇五五	六四
財產及權利售價收入	一·四七一	四七		

科目	類	項
官產官租		一·四七二 四七
懲罰及賠償收入	一五五·五四三 九四	
懲罰及賠償收入		一五五·五四三 五四
其他收入	二〇二·三〇四 五六	
其他收入		二〇二·三〇四 五六
未分類收入	一八六·二〇一 九四	
未分類收入		一八六·二〇一 九四
總計	三二〇·八四四·八七一 九九	

附表四（之一） 廣東省各稅務局經徵省稅分類統計表 二十九年度

稅局別	田賦	契稅	營業稅	專稅等項收入	其他收入	合計
寶安	七二七 三二	—	—	六·八六三·八五六 六四	五·五四一·八六八 三九	一二·一四六·四四二 三四

惠陽	一四五九九三七	一·七六三一七	一六八·九二三七二	一·九五八七三九五二	四〇三·四一〇四二	二·五四七四三五一六
台山	九四·〇二八七五	二〇·四六五九一	一六四三四三〇一	三〇五三九一一九五	一四七·二四八三六	三六七九九九七六八
三水	一六·五〇八三三		四八一九八三〇	三·八〇七七七六四〇	四〇七九九三五	三九一三八三八
清遠	三·九〇三九九	三〇〇九七八	一八一·四八五八四	一七八二〇三五二	三九·〇六三九〇	四三六六六〇三
曲江	二·三五八七三	一六三五八一	一七五·九五四三〇	四四二·七三四六八	六九九·八〇五四〇	一·三八二五〇八五一
高要	四七·八五〇三二	八九六一三	一八一·一五七四五	二〇八·四七四五八	一八·一二六八二	四六四五五八九
電白	二八·三五六二六	八·三六〇七三	四七五〇六〇六	一·三八一五三一七〇	四八·二九五七	一·五三八六四二
遂溪	六·八八二四	一·八六九	一〇·三一七三四	四三八〇·二七三九	一六五·九三二五	四·六六五·一三一五七
陽江	五四·八八二九	一四·五九六九三	九八·六一一三七	一九三·七八五二二	一八·五八九五四	三九九·四六五三二
南雄	三三·九〇六三	三·五八九九七	七四·九四四四二	一〇三·九八九九三	九·一七六六	二五六二九一
鬱南	一九·三六七〇	四·六九四五一	一二五·九五六一四	一八二·六六五七三	六四九〇四二一	三九八·五四七二九
揭陽	五一·一八〇一〇	一·四四〇四六	一二六·五九〇六三	三六·七〇四七	三九·五八八八五	六一五五一一六

開平	六三·六九九 四八	一四·九一四 七六	一六五·一三九 〇九	一二四 六四九 三二	三八 七六四 〇三	四〇七·一六六 六七
潮陽	七六 三〇四 六二	七 三五八 四四	一〇八·八三二 一九	四七九 一四二 七四	一六 六六九 〇六	六九八·三〇六 一五
合浦	四五 一五二 六六	八 六七九 〇三	一三三·〇五八 一九	一五〇 四一〇 五八	五一 二四九 八一	二八八 五五三 三七
梅縣	一八·二三二 〇五	五二·七〇三 九〇	一五一·八九六 四六	四一·〇五四 一〇	一〇七·一七二 八六	三八一 〇四八 三七
海豐	一五·七四九 一三	三·九九九 二九	七〇·四一七 一六	一〇六 七六四 八三	八〇·二八四 一三	二七七 二二四 四三
興寧	一五 七一三 五三	一四·〇一九 二九	一三三 七五三 五九	七三 七三四 七九	二七·四五五 七三	二六四·六四六 九三
吳川	一五·一七六 六六	一·〇六七 七九	一一·八五〇 七〇	七六一·三七一 三三	五 六八六 七〇	七九五 一五三 一八
惠來	一三·五四三 八二	一·七一七 九一	六〇·九七〇 三六	七七五·一三九 八四	二〇一·一七四 四二	一〇五二 五三六 一四
新會	六四·一六八 六三		二〇·二〇八 九五	六一三·一八六 三五	九〇·一七一 〇七	七八七 七三五 〇〇
連縣	三三·五八〇 七〇	二·七二〇 七二	五七 八三四 四七	一五八·五四七 七三	五二·五三一 五一	二九四·二〇五 一三
茂名	六五 三六二 六二	三 七八七 〇五	四九 六六八 七八	四八·四九九 二九	四七 七一九 一三	二一三·九六六 七七
陸豐	一一 三一〇 五九	四九·三 八九	七五 〇〇九 七〇	一三五·〇二一 八八	一四·〇九〇 一六	二四〇·三三六 二三

廉江	三四·〇六五三三	三·六四三八九	四五·四七三〇一	四四·二二五〇一	九六·二九六六三	一三三·七〇二七八
英德	五四·〇三七九一	八四六八三	六四·〇八二四四	三五·一五三八五	一五·七六三五〇	一六九·八八四五三
樂昌	二五·四六六五九	二·七五〇三一	五〇·二一九三三	七八·〇〇二四三	二·八二六八七	一八二·二六七二五
東莞	一九·六六〇二二	一六七三三	三一·七四二六〇	一〇九·五八五四四	二二·四三四四一	一七三·六八九九九
饒平	二二·九六二二九	一·四四〇三九	四四·九二三三九	一六九·八六三八四	一七·二三六一三	三五六·四一六〇四
恩平	二三·七九六八七	六·九七一二二	五〇·八二八六七	一二二·七七八八一	一〇·四九七八〇	二二七·八七三六
高明	二七·九九六四六	五七九三四	二五·七三二〇四	一二〇·八八五五三	二二·六七九〇〇	一八七·八七二五七
龍川	七·四一五七六	一·七八〇六四	六五·〇九〇八一	六四·〇八六二四	一二八·一八九八〇	二五七·〇六三二五
大埔	五·五二六三五	六·九九八九八	四〇·九九八一〇	一三六·八三五二三	七·〇四三五九	一九七·四〇四二五
羅定	一八·〇九三七四	七·〇一〇九六	四三·七八〇七九	二〇·三八七二二	二三·〇三三〇二	一〇四·三〇五六三
陽春	三二·三二二一五	二·八七八一九	四四·六二三三七	一六·八七七六六	一六·七一〇九一	一一三·四一二三八
新興	三四·三二五六五	一·六二五一七	七五·六〇二二五	一五·一七〇九三	三五·五四六四七	一六二·三七〇四七

河源	一六四〇三四五	一・八九三九四	六一・五五九一[illegible]	三六・一七九一五	八・六九二六[illegible]	一二四・七六三[illegible]
普甯	三六・九九六一四	二・一二一七五	九三 三五四〇八	一五 七三二九六	一六・一四二八[illegible]	一七四・三三四七五
鶴山	二三 〇六八四七	四・〇五五三三	二一,五五七八八	一四四・四五四五八	二一・八四六五三	二二三・九八二七八
信宜	三七 七九六八〇	七・八八三八八	八五 〇四四三〇	二〇・八八二九一	一〇一・八五三〇一	二五三 四六〇九〇
開建	四九 〇二六〇〇	一・二九〇九〇	一六・一二六三六	一五八 七七八六二	一三八 〇五一二四	四五一・二三三八二
海豐		二六〇五七	五〇・一二五二二	九三・四七一九二	八二三六八	一四四 六七一三九
封川	二一・〇五四二八	一〇四三三七	二一 六九六九四	一八五・〇九五七六	四六六 三四六六	七七五 二二三九一
廣寧	一七 〇七四〇七	六・四七〇三三	三九 五二二三	三七 七四一一三	八・九三七三七	一〇九・七四五二三
蕉嶺	五・三六七八〇	六・七四〇四四	三三・一〇九一六	三三・九四八五四	三三・一二一三五	八一・二八七二九
連平	八・七八四一三	八三三八三	三四・八二九〇一	九・八五三三四	七 四一六七五	六一・七〇五〇六
澄海	五・五五五〇八	四八三三二	三一・〇九五四九	一六六・四二一五四	八・一三一九三	二二一・六四七三五
平遠	九・八三三七八	四・一六六七八	一三・一六六九九	一六八・八六七四〇	八・一五八九五	二〇三・〇一三九〇

和平	六·九三〇〇四	九九四六八	三四·一三一七四	一二九·〇四二五七	一九·二六六四五	一九〇·三六五二八
海康	一三·八五〇〇九	一·七八二四二	二〇·一六九九二	六一·〇五九八二	一三·九三〇三五	一二九·七九二五六
化縣	四八·四九五一〇	五·六二二四四	四〇·四八一八三	一〇·六〇八六〇	五二·七九六六六	一五六·〇〇三六三
紫金	一七·九六七四三	三·一五八五一	一五·六三八一七	一一三四八〇〇	五四一六三四	六三五二八四五
防城	四·九九二九四	一·六〇三六六	一八三三九四三	九〇·二九七九三	六·二二七七六	一三一五五一七一
徐聞	一三·五〇六八三	二·四一四〇	一三·〇六二七六	三一·一五九〇二	一一·一五一八九	八〇·二九五四九
雲浮	一〇·二三二三三	二·四六八六八	三一·一〇〇四一	六·五一〇二二	五·六九六七五	一五六·九九七二七
五華	一四·八二〇六二	二·五六七四一	一五·二一六五〇	二八·五七九四八	四·九〇六三三	六六·一三三二四
豐順	一二·二六八八六	一·七四七八六	一六·五五八六六	六八·四五一八	一·九七二四四	九九·〇〇七〇〇
花縣	四四二	一〇四九	八·八五二八二	四二·四五二二六	二·四四八六八	五三·七六八五七
陽山	七·六七八九九	三·〇九二八三	一六·六六三三二	七·二三五二二	二七·〇二五二二	七一·六五八五五
中山	一·一〇三四一		一四·二四〇五二	七五九·九八九一四	五〇二·二七七八七	一·二三七·六〇七九四

縣名						
四會	二六一八二 三三	二六九二 〇三	六三·〇〇九 八六	六六·四四〇 七二	九·七二七 三六	一六八·〇五一 一八
臺山	三七一八二 八三	二·一八三 三七	一·三五五 九三	六〇九六 三六	二·四八七 五六	四九·四〇八 〇五
博羅	一五八〇四 六八	四九六 三三	三九〇〇 六九	二七〇九 三三	一·四五七 六六	二四三六八 六九
翁源	二二·二五三 三五	一五九 八八	一三五五三 一七	五·五一〇 一六	四·六六〇 六〇	三七一三八 一六
欽縣	二一三三 二	七四八 九五	二·五九九 一二	一·四五三 二	三七九 三二	七三〇 三二
始興	七五七 [illegible]	一一九一 六一	四·九四七 七九	三七[illegible] 六	二六八三 三三	三〇四〇三 [illegible]
仁化	七·七六〇 四七	二·三一六 六八	一八〇八七 六八	七一四六 六四	二·一八四 五一	三三四九五 九八
赤溪	四四八九二 〇	八九三 八〇	二·四六三 三二	四七九〇三 五八	九九 [illegible]	五五八一 三三
乳源	八·三八三 〇五	一五一 七四	三〇九四 五七	二四四一 八七	一四四五 三三	一五·六一六 五五
連山	八五七三 一七	五九八四 二	二六〇四 一〇	五一四二 六八	二·八〇四 五八	一九·八二二 四五
新豐	一·七七三 六八	一〇一 六七	五五三〇 七六	三一五七 八八	二·〇九四 八六	一二七三八 八五
龍門	二一·六〇六 八五	五六四二 五	一三·八九五 〇八	五九五六 一二	一四八七四 一	三三五一三 七二

佛岡	四·一三三九六	二六〇四四	一·九二三七〇	一·五一三〇六	八五三六九	八·六八三八五
從化	一·五三八一五	二二三〇三	二·八四六八二	二七〇七一	三〇八三五	五·一二三〇五
南山	二·六〇〇九一	三五〇〇	六七四五四	七·五五五五三	五三三一九	一一·三八九一[illegible]
潮安	三·五三二六三		四·八五八四六	三三·一六五四二	一六一二四	三一·一六三七[illegible]
德慶	二·二〇三七九	二二七一二五	二〇·八七八八七	四·九五四三九	一·一六三八[illegible]	四〇·四七二〇九
總計	一·七〇〇·六[illegible]	三一九·九七二五二	三九六八〇〇六六八	三〇·四五三·三六七七	一〇·〇三三六八七九七	四六·四六三·五四五八六
備考	一·田賦契稅兩項數字僅係各稅務局一月至六月底之徵起數自七月一日起改由各縣稅捐徵收處徵收後其收數未列入本表 二·專稅等項收入係包括船來物產專稅煤油營業稅屠牛牛皮稅香燭紙賣捐等項在內 三·其他收入係捲菸及桐油管理費並將徵罰及賠償收入官產官租暨其他等項收入合併列入					

附表四（之二）　廣東省各稅務局經徵省稅分類統計表（三十年一月至四月止）

稅局別	營業稅	專稅等項收入	撥於管理費補助	其他收入	未分類收入	合計
寶安	三·五四三二二	三·四四四五七二五五	二·九二六·八七八三八	一四·一五五七		五五〇九·〇九五一
惠陽	七八〇二〇七	五一七八〇二〇二	一·五四〇三〇	一·三六八九三		五八·五四三二
台山	九〇〇三二四	一三三一三七三九	一三四·一二九六九	三六·五八〇八三	一六三八四〇〇	一三六九·二三五一四
三水	七三三三八三三	一六四八六六三五	六九·八〇五六九	二三四六〇四		一·七〇四·三四〇九一
清遠	一三三五三三四〇	一〇八·五一二一七九	四·〇八六一四	三·六七六六三	七五〇〇	二五七·八七一六六
曲江	三八·四〇〇七三	六八八七二一五	一九三三九七五四	七·〇四三七九	四·九九三四一	一·〇三一·五六九七〇
高要	四·五六六四八	五八·六四三六五	一六五〇二	二·三二七〇九	三九·五六七	一九五·一四八三四
電白	一〇·三七五〇八	一五〇六八〇七五	三·〇七七七	一三八五四六	一·三三〇〇	一五五·六一七〇六
遂溪	三三·〇七四七三	七三六三六九九一三	四七三五五	八·一三六八三		七五八四·三七四八三
陽江	三三·一三三一四	一四八·六八四三七	二·四四六四	一·〇八一〇七		一七四·三三〇三三
南雄	六九·九三三三	一〇五·四三七三五	三四〇八三八	一·三三〇三四		二一〇·六七三三八

縣別						
鬱南	二七·五九〇 八三	二五六·九六二 三八	八·八八〇 二九	四·四九二 四八	二六 六〇	三八七·九五四 五八
揭陽	一四·二六一 四三	一四八·六一一 一六	七九〇 一二	五〇〇 一八	—	一六四·二二三 五八
開平	二七·五四一 七九	一一五·二一六 三九	一〇·七一八 三二	九六八 一三	—	一六四·五六五 六二
潮陽	五·五八一 〇一	一四八·九一〇 八七	一六·一二五 九一	四·三九一 一〇	—	一七五·一〇九 〇三
合浦	二·九六八 八〇	二〇·二〇八 二〇	三·八〇九 一五	二六·五四五 〇〇	二·〇五八 九一	五五·六九〇 六六
梅縣	二二·七〇五 一〇	六·三〇〇 〇一	一六·五五五 九一	一二一 四五	一〇〇	一九五·七九二 四八
海豐	四·七〇四 六二	七二五·五九七 六二	一五四·九〇一 〇〇	四·七〇〇 一三		八九五·六九二 六六
興甯	一八九·二六九 四三	一三·八五四 五〇	一四三·四〇三 九一	一五〇 四八		三四六·二一七 三二
吳川	四·五五 三二	六一·六四一 七二	一六五 〇〇	二·二二五 八七		六九·五四七 七〇
惠來	五·七〇二 八〇	四〇八·二二五 一七	一三九·四五〇 〇〇	四四 六	二·六八八 三四	五六五·〇九八 六九
新會	一·一三五 〇二	二·一一六·〇一六 〇六	六一·四九〇 七二	一五·八四八 四八		二·一九六·四九〇 二七
四會	一三·一八九 六七	一二·四四九 四一	一·四三五 一四	七九〇 九八		二七·八二五 二一

縣名						
連縣	六二・五七九〇二	一三五・四六〇二三	六・八五八四四	一・〇九六九七		一九三・九九四六四
茂名	四五・二六五六三	一四・八七六六九	三・三三五五三	二・〇六〇六九		六五・五六八五〇
陸豐	七・八〇八六六	二五・五九四〇三	—	二五八九		三一・四三八五八
廉江	四一・二七二〇三	三六・二五三〇七	一四・一六一四三	二九一四四〇		九五・〇九九三
英德	五五・〇一五三〇	二四・八六一三八	五 五二五〇〇	八五三九二		八六・二五四六〇
樂昌	四三・五六八八〇	五五・七七八三一	九九七六〇	五七九一七		一〇〇・九三九八
東莞	四・七八五六三	七六・四〇四〇一	五四九六七	七八九七七		八一・五三九〇八
饒平	一九・八七二九八	一四三・一二四八	七・三三三三〇	一三・二一五七四		一八三・五三三七三
恩平	六七・〇五三三三	三〇・八一三六七	一二〇〇	二四三三六		九八・一一〇三六
高明	一七・三四九三三	四三・〇四四三四	二五・三三八八三	四九五八二		八六・二二八三二
龍川	五一・五一六四三	六八・二二六一三	二一九・二〇七二三	四・五五〇七九	二・八一三三九六	三四六・三〇四五三
大埔	三八・九六九〇五	七八・七三九一九	四・九九〇〇〇	一九一四六		一二三・八七九七二

羅定	二六·五三二七三四	一七·七八七二六	二·〇四二五一	五四六二		五八·四二一七四
陽春	二三·二九九五〇	一六·五四一六八		三〇三七五		三九·一四四九三
新興	五六·五〇〇八八	一六·六八四九五	八·九六二四二	三〇一四五		八二·四四九七〇
河源	五九·一〇〇八七	二八·五〇七〇三	四·九四八〇〇	二·五八三八八		九五·一三九七八
普甯	四七·七五二一七	一一·七五七七七	八·六七〇一八	一三五二六		六八·四〇四三八
鶴山	三七七九一	九五·九一二八四	四二·九五二〇〇			一三九·二四二七五
信宜	八四·六四二九八	二〇·三八五八一	一七·八八五七〇	一三〇七九		一三三·〇四四二八
開建	一三·四〇四六五	一三·二五六三三	四七·〇四六〇〇	六三二七一	三九一六八	一八三·七二二二五
梅菉	四四·〇四六八〇	二〇·七二三七	五五〇〇	三六五一〇	二二九五〇	六五·四〇八六七
封川	六·一七三五二	二六七·九〇七八九	三四七·一七八三六	九九八三六		七三·二五八〇三
廣寧	五·六九四九二	九·七四〇〇四	三七九六	三七四五五		一五·八四七六
蕉嶺	三五·〇九三三〇	一三·二三八五四	二·三五五六五	六〇八一五		五一·二八五六四

連平	一九・二二六 六四	一二三七七六 六	・七〇一九 二五	三五七六 六		一七二七・九二 三
澄海	二五・〇三八 七五	一九六二六 一五	六・五一五 六七	一・二三八 六七		二八・九一六 一二
平遠	一三一・一二五 七〇	二三五 六九七 九〇	八・三六八 八七	一		二三七・二二四 六七
和平	一七・六三三 九二	二三〇・八二四 一五	三七 一七六 五五	一四二 五二		一五五 七七七 九二
海康	二 五一三 五六	三二 一三 六六	一九 〇〇	一五五 五二		二一・八九五 二三
化縣	二七 四九九 七七	四 八六六 二七	四七 五八八 五〇	一・三八九 四〇		八一・二六二 〇〇
紫金	三一・四五一 一五	八八二二 六	一四六 四五	二八〇 一九		一三・七六一 一〇
防城	四・六七七 〇四	二七・二三〇 二三	三一・二一一 五〇	一・八七四 六二	七〇三 四〇	三七・八五八 七八
徐聞	八・一六六 〇二	一八・九〇〇 六〇		一一		二七 〇九六 六〇
雲浮	五五二一 二六	六八七〇八 六五		六五 九〇	六・〇三八 〇〇	一二 一七三 八一
五華	一三 二五五 五五	二五・〇三二 六	一・二五九 二一	五・〇二八 二〇		三四・七七五 五
豐順	六・五三二 〇	一〇・〇九二 二二	四一四 〇〇	二〇六 九七		一六・九六三 二六

花縣	四九八・九四	古・五九二・八五	一〇五九・八八	六七・五五	一	夫・二二八・六二
陽山	一九・七二四・八四	八・七七七・一〇	二・九八三・〇〇	三七九・〇〇		三一・八三三・八五
總計	二〇二八・五九七・一八二〇	七八九・九〇五・九九	四九九四・八六七・七六	三六二・二九六・二	一八六・二〇二・九四	六・三六二・八九二・二四

備考

一、本表以各稅務局經徵之省稅爲限田賦契稅係自二十九年七月份起改由各縣稅捐徵收處徵收故本表未列此項收入

二、直稅等項收入包括船來物產專稅煤油營業稅香燭紙貨捐在內

三、本年度二三兩月份起公路養路費及船舶牌照費先後改由各稅務局徵收此項收數併列入捲於桐油管理費等欄內

四、其他收入係沙田稅懲罰及賠償收入暨其他各項收入等

附表五　廣東省金庫八個月來支出分類簡表

廿九年八月廿八日至三十年四月三十日止

科目	金額	備考
政權行使支出	五八四・〇八四・〇〇	本表各項數字係根據本廳會計室賬冊編列
行政支出	三・七四九・〇三七・七八	

立法支出	八六・六〇五	一二
司法支出	五五六・五六六	〇三
教育及文化支出	四・一〇〇・〇二四	〇七
經濟及建設支出	三・八四七・〇九一	八四
衛生及治療支出	四四九・九四二	四八
保育及救濟支出	二三六・三七九	二六
保安支出	九・二六五・五九〇	一一
財務支出	三・三〇二・〇一四	一九
軍訓支出	一八九・一九二	〇〇
移殖支出	三・八一六	〇〇
救災準備金支出	九一・九一一	六三
普通補助及協助支出	五・五五六・一六五	八七

公務員退休及撫卹支出	四六二	〇〇
其他支出	九九·二二三	〇〇
預備金	四·三三九·九七四	五三
營業投資及維持支出	五〇·四九四	〇二
債務支出	五·八三九·一二八	八四
以前年度支出	三一〇·八〇六	一二
合計	四二·六五八·五〇八	〇九

附表六　廣東省金庫本任各月積存實數簡表

年度	月日	收入總存款		各特種基金存款		合計	
二十	八月廿七日	二一·五六二·八五七	三八	八七四·八七五	七五	二二·四三七·七三三	一三
	八月底	二一·七一二·六八三	五四	八七四·八七五	七五	二二·五八七·五五九	二九

九年度				三十年度				
九月底	十月底	十一月底	十二月底	一月底	二月底	三月底	四月底	五月十三日
四·八九五·八八四	四·七二〇·九五一	九·三三九·五二三	八·三三四·九九四	一一·七四五·〇七七	九·九四四·八一八	一三·四五三·七七一	一六·五七九·七九八	一四·七〇八·四〇五
八一	四九	二九	二八	二六	三四	六六	三二	三二
九六八·八三七	一·〇二六·九六三	一·一二〇·一六二	三·〇四六·九七七	三·一五三·二八七	二·五七一·七四六	二·九八〇·九五七	七·二三三·五一三	六·四〇七·三六〇
五二	三九	一四	九七	二三	九五	一六	五二	四九
五·八六四·七二二	五·七四七·九一五	一〇·四五九·六八五	一一·三八一·九七四	一四·八九八·三六四	一二·五一六·五六五	一五·四三四·七二八	二三·八一三·三一一	二一·一一五·七六三
一三	八八	四三	三五	五九	二九	九二	八四	八一

備考

一·本表係根據廣東省銀行代理金庫收支彙報總表編列

二·本任係二十九年八月二十八日接事三十年五月十四日卸事

附表七　本任交代前一日各金庫存款統計表

庫名	收入總存款		各特種基金存款		備考
連縣	五二一·二二一	八四	一七·八四一	四四	本表係根據廣東省銀行代理金庫收支彙報總表編列
曲江	二·二三四·四一七	○七	一·二三一·七一一	六三	
南雄	三五六·一六一	四四	八·九三一	四二	
樂昌	二五·八二八	六五	一五·四八六	四五	
清遠	五二六·八○二	九一	四九·七三五	七九	
英德	二○九·○二七	一七	二二·二二八	七五	
乳源	一四·三一四	七七	一八·四一○	五三	
翁源	六○·七四四	五五	六·四六七	一八	
始興	一七·七八四	七五	五·○一○	三四	

仁化	[illegible]五八二	七九	五〇八	七九
陽春	五六・九二〇	七五	六・八〇八	三〇
陽山	七一・五七八	九八	一一・六五〇	一一
三水	三六七・二九四	二七	六・三八七	〇六
連山	一八・四一六	五五	・六〇〇	〇〇
東莞	三六・〇三四	八八	一三・九六〇	五一
博羅	三八・一八四	六九	九・四九七	二九
佛岡	三一・七一五	一三	二・八五〇	七六
從化	一六・一三五	一八	二・九二七	八九
新豐	一五・七四一	三八	三・二一二	八三
中山	四一・六七八	四〇	一・八九七	四四
台山	一・三七九・二三五	一三	四八・〇二二	八八

開平	八九九·九四一	六七	二一·四一九	九九
新會	七八二·二四八	五一	八·五四四	〇六
普寧	一二三·六六八	二四	四·六〇八	九六
鬱南	一二一·五八二	五九	三二五	二一
德慶	二五·八七〇	八七	七·六三四	四五
鶴山	五〇五·七五六	一八	一·四二八	七〇
高要	九九·四三二	七九	一四·八三四	〇五
羅定	八三·二一七	五七	六·二六二	六五
陽江	二九六·九二八	一五	一〇·一〇二	一〇
恩平	二一八·二八九	七三	一五·九〇六	一〇
新興	一三七·六五二	四七	一三·七一六	六二
四會	一〇〇·二八一	七〇	一·三八四	八〇

縣別				
河源	一〇〇・四四〇	一八	一一・二五二	〇三
惠陽	一・五七九・六八四	九〇	一〇三・八四一	五一
興甯	二三三・五〇八	四〇	八・九〇五	四七
梅縣	九三一・四七〇	三六	一六・〇六二	六九
大埔	一八九・一四八	八四	五・二二三	五七
潮安	七・四二七	三七	一八八	五四
澄海	七八・〇三八	六一		
五華	一八・一五五	四六	一・九五九	六三
平遠	二五四・七七六	三四	八四七	七四
海豐	八六四・三九六	八三	三・二七七	四一
南山	八・六五七	〇九	四一八	〇三
紫金	四〇・四九九	八二	五・一〇二	五一

廣甯	六五·三〇二	一四	八·五八九	二四
連平	九·三二四	二三	四四八	四八
蕉嶺	七三·六一〇	四九	四·一二九	一〇
龍川	三六九·一七二	二四	一〇·二四二	一三
豐順	一四·〇八八	九七	四四四	九二
饒平	二二·六四五	七七	一·七六〇	一八
揭陽	二八四·五一二	三四	二一·〇五〇	七六
潮陽	三三一·二八一	四八	一八·一三八	〇三
陸豐	一三七·三六九	七八	一七·二〇三	四六
惠來	七五六·九三〇	九〇	六·三一五	一六
和平	一六六·七三〇	七七	三·二〇六	八五
龍門	三六·三一三	〇一	六·二四四	五七

茂名	七三·四八三	七七	一八·〇五七	四六
梅菉	一四八·三九八	〇二	一·〇〇六	五〇
遂溪	三·七〇三·四八六	九九	二六·三一二	七九
合浦	四二·八六八	五九	一六·八二〇	〇六
海康	四六·四三三	五八	二·六〇〇	九三
封川	六三·八九三	六六	四·六五七	二三
雲浮	二三·六二四	四三	六·〇五五	八六
化縣	一四七·七四七	七六	一〇·二〇二	三二
靈山	七八·五六〇	〇五	六·四五三	二〇
廉江	一一三·六七一	七一	一·五三五	〇一
吳川	六一·五七七	三二	七五	〇〇
防城	四六·四八二	〇〇	四·五五七	五二

徐聞	二三·九一五	七六	九七五	八四
信宜	六〇·四二五	三〇	三·九八〇	八四
赤溪	七·二七五	三四	一三三	四〇
開建	一六·八二三	八一	一·九〇九	三三
高明	八四·三三二	一〇	一一·三三一	七〇
電白	二七一·五六三	二三	三·八二四	二一
瓊山	一三·七七三	〇五	一九	六二
廣州灣特約金庫	三四·七六二	〇五		
香港特約金庫	三九八·一七一	〇一	四·一七七·六七九	〇三
重慶特約金庫	七·六一九	三三		
馬壩支庫	二·八〇〇·六六四	()四	一八·一一二	一五
黃岡支庫	二二八·八八九	七九	一二三·五八六	三九

坪石支庫	一一・四五二	七三		
連平支庫	三五・四〇五	一八	一・一四五	二九
龍川支庫	一九・七四九	三五	二・七八四	一五
鬱南支庫	二五・八七四	三九	一・〇七一	〇五
差額總戶	七八・九一八	五九	一四三・二〇五	五二
新會分庫舊戶	四・三九五	八三		
總計	二四・七〇八・四〇五	三二	六・四〇七・三六〇	四九

附表八　聽款解庫統計表

自廿九年八月廿八日起至三十年四月止

項目	數額	備考
捲菸管理費提成數	八四六・七九一	一、捲菸桐油管理費及各項充公變價罰款係根據解庫款內應提數計算列入
桐油管理費提成數	一七八・七三一	二、契稅告[illegible]費已於廢除聽款案內通飭

充公變價及罰款提扣數	一五・〇三二
契稅告白費	六・一三五
廢除前徵起解庫數	一六四・六六五
合計	一・二二一・三五四

停止徵收表列數字係停止前各稅務局徵起解廳轉解入庫者

三、廢除前徵起解庫數係各稅務局在奉令廢除前徵起已解在途於二十九年八月二十八日後解到廳由廳轉解入庫者

广东省财政厅废除厅款专辑

广东省政府财政厅　编

廣東省財政廳廢除廳欵專輯

中華民國三十年四月

廣東省財政廳廢除廳款專輯目次

一

二

廣東省財政廳廢除廳款專輯

前言

財政爲庶政之母，欲政事之推行盡利，必先自整理財政始。近年來粵省度支，迭經主管長官銳意整頓，頗具成效。自鄒廳長到任迄今，時逾七月，其於粵中財政之整理，進行尤力。語其要綱，即以調整機構考核人事爲治標之方，改革稅制培養稅源爲治本之策。並厲清積弊，以裕庫帑，整頓緝務，以防偷漏，推行計政，以利鈎稽。而以廢除「廳款」一端，尤表大公，爲整理財政興利除弊之最要者。

粵省財廳，向有「廳款」一項，相沿已久，流弊亦多。收入不解公庫，支出不列預算，既與預算法公庫法不符，復易予人口實。尤其主管財政機關，有此特殊出納，實非所宜，亟應澈底廢除，以資倡導。當經由廳擬具廢除廳款實施辦法，提由省府會議通過，自鄒廳長到任之日（即二十九年八月二十八日）起，實行廢除，截至三十年三月份止，計廢除廳款歸公解庫者，數逾九十九萬餘元，其在廢除以前各稅局已解在途廳款，由鄒任代解入庫者，約十二萬八千餘元，兩共計達一百一十二萬餘元之鉅，殊堪驚人。自此以後，所有財廳收支，悉依公庫會計歲計審計諸法之規定，課稅收入，涓滴解庫歸公，財務開支，分文悉列預算，以身作則，切實執行。從此侵挪杜絕，風氣為之轉移，而粵省財政，因亦臻入正軌。謹將廢除廳款案實施經過情形，輯成此册，用供參考。

編者謹識三十年四月二十日於獅岩

一、廢除廳款提案

（一）提案

擬將本廳廳欵廢除所有按照章例解廳留用之欵一律繳庫附列簡表提請公決案

委員兼財政廳廳長 鄒 琳

查財政廳向有各徵收機關直接解廳留備額外開支之款，相沿已久，名目繁多，隨新稅啓徵與舊稅裁廢，以爲增減。大抵於稅額內劃留若干，或於征率外附加幾成，不繳庫而解廳，名爲「廳款」，以區別於庫款，又稱自理費，以示異於經臨費，用爲彌補經費不敷，與額外員薪職工津貼獎金，特務差遣旅費，及捐助恤贈，暨種種機密開支。以粵省地濱海嵎，毗鄰港澳，緝私稽徵，往往牽涉外交，而社會情形，亦最爲複雜，隨事支應，或爲預算所未列，或爲審計所限制，然求妥協機宜，適應環境，實有不可省節之處，存此特例，事出有因。惟以徵解雖有根據，而支用恒未公開，予取予求，動滋誤會。夫以主管度支機關，有此特殊出納，與財政公開之旨，顯不相符，況會計法施行，凡屬經費，應列預算。公庫法頒佈，號稱公款，悉納庫儲。是按之國家法令，亦應即予改革，以示大公。琳到任之始，即飭屬查明，擬案呈請取銷，只以章則分散，冊據無徵，鈎稽彙旬，始綜計如另表，附請

察閱。擬自二十九年八月二十八日到任之日起，所有「應款」，一律廢除，仍將稅捐章則中有解應款目之規定者，分別刪改，另案呈核。此後課稅收入，涓滴必歸公家，財務開支，分文悉列預算，著為定案，永袪陋規。並擬實行辦法於次：

一、本案通過後，即通飭各征收機關，凡屬例由稅額中劃留解應者，毋庸再分，全部繳庫。由征率外附加者，即行明令停止。其八月二十八日以後所收，無論已未解應，一律查明補解入庫。

二、現有應款收入概況表中所列罰金變價及充公三項，已於本廳審查修訂緝獲私貨變價及罰款充獎辦法時，將解應各款廢除，業經九月二十四日一六四次省務會議通過，仍自八月二十八日起照前項規定，將收數補解入庫。

三、現行稅捐章則原有解應款目之規定者，均予刪除修正條文，專案呈核。

四、捲菸桐油提成費，原為充作稽征是項稅費之管理票照新工運輸川旅等開支，現

提成費既行解庫，所有應需經費，擬另編預算，專案呈請追加。

五、本廳主管全省財政，事務繁賾，近來物價高漲，交通困難，原定經臨旅雜各費，本不敷用，端賴廳款彌補。今廳款廢除，亦應酌增經費，以利財務行政之進行。擬另案呈請追加，但以足敷開支爲度。

以上所擬，是否有當，敬候

公決

附廣東財政廳現有及已廢除廳款收入概況表二份

廣東財政廳現有廳欵收入概況表

民國二十九年九月二十四日編

科目	提扣來源根據章則	年收金額（約數）		附記
課稅收入		一、五〇〇元	〇〇	
田賦		一、五〇〇	〇〇	

清佃花息賬款	在花息收入項下提百分之五	修正廣東沙田登記規則	一、五〇〇〇〇	充印刷圖紙及測量員伕出差旅費之用
懲罰及賠償收入			三九、〇一三〇〇	
罰金			一九、一七五〇〇	
營業稅違章罰鍰	在罰鍰收入項下提百分之二十一	修正廣東省營業稅征收章程營業稅違章罰鍰給獎辦法	一、四七四〇〇	
菸酒牌照稅罰款	在罰款收入項下提百分之二十一	菸酒營業牌照稅征收章程規定征收由廳專案將款分配		併入什項罰款內計算
舶來物產專稅罰款	在罰款收入項下提百分之六、三	緝獲私貨沒收變價及罰款充獎辦法	八八八〇〇	
私運捲菸罰金	在罰金收入項下提百分之六・三	廣東省戰時管理捲菸運銷章程同右充獎辦法	二、〇〇〇〇〇	
私運桐油罰金	仝右	同右充獎辦法	七、〇〇〇〇〇	

什項罰款	在罰款收入項下提百分之六、三	同右充獎辦法	七、八一三	○○	包括煤油稅屠牛牛皮稅屠猪捐香燭紙寶捐等罰款在內
變價			一九、六二三	○○	
私貨變價	在變價收入項下提百分之六、三	同右充獎辦法	六、六二三	○○	包括船來物產及煤油牛皮等項
私運捲菸變價	同右	同右	三、○○○	○○	
私運桐油變價	同右	同右	一○、○○○	○○	
充公			二一五	○○	
緝獲銅元白銀	在沒收充公銅元白銀價款內提百分之二十	廣東省財政廳修正取締銅元運輸暫行辦法內地緝獲白銀給獎辦法	二一五	○○	
規費收入			六○九、五二○	○○	

九

行政規費			六〇九、五二〇〇〇	
沙田登記費廳款	在登記稅款收入項下提百分之五	修正廣東省沙田登記規則	四五五〇〇	沙田登記書狀各費包括在內充印刷書狀之用
契稅告白費	在契稅告白費收入項下提百分之八十	辦理契稅須知及歷年成案	八八、八八四〇〇	充刊登公報及公告之用
捲菸管理費提成費	在捲菸管理費收入項下提百分之一十	廣東省戰時管理捲菸實施綱要	二七〇、〇〇〇〇〇	充管理費票照運輸及旅費之用
捲菸通過費提成費	在捲菸通過費收入項下提百分之一十	同右	一五〇、〇〇〇〇〇	同右
桐油管理費提成費	在桐油管理費收入項下提百分之一十	廣東省戰時管理桐油運銷實施綱要	一〇〇、〇〇〇〇〇	同右
典商換證費	各當按押店每年換証一次繳費一元	典商營業稅征收章程	一八一〇〇	
其他收入			一七二〇〇	

沙伕憑證費	全數解廳	廣東財政廳修正取締沙伕章程	一七二〇〇	充印刷憑證之用
官租票價	同	右一官租聯票		此係印刷票紙價欵每張三仙廿七年度迄未有收入
沙骨鴨埠租項	在沙骨鴨埠租項收入項下除發當地警學費外以五成解廳	中順東海十六沙沙骨鴨埠征收章程		此件原案廣州退出時未有帶出亦無收入
合計			六五〇、二〇五〇〇	

說明

一、廳款收入，向無預算，表列數目，係根據二十八年度收入數編列。（內捲菸桐油兩項提成費係估計數）

二、表列各種廳款合計每年收入約六十五萬餘元，其中捲菸桐油管理提成費爲多，緝私罰金及私貨變價次之，契稅告白費一項係前年驗契時徵收，平時稅契畧有收入，但無此鉅額。

廣東財政廳已廢廳欵收入概況表

民國二十九年九月二十四日編

科目	提扣來源	根據章則	年收金額（約數）	廢除時期	附記
稅課收入			二二、三九五〇〇元		
田賦			一六、六九〇〇〇		
沙田錢粮廳款	在沙田錢粮收入項下提百分之三	廣東財政廳征收沙田錢粮暫行簡章	四、五八八〇〇	二十九年一月	充旺征時增加人員及臨時費之用
沙田錢粮處款	提百分之二	仝右	二、二二三〇〇	仝右	補助各屬沙田征收處不敷經費
沙田地稅廳款	在沙田地稅收入項下提百分之三十	廣東省沙田改征地稅試辦章程	三、〇〇〇〇〇	仝右	此欵係充該縣護沙隊經費自本年度起改解入庫
沙捐廳款	在沙捐收入項下提百分之三	廣東財政廳各屬沙田征收處辦事規則	五、九一四〇〇	仝右	印刷聯票表册之用

沙捐處款	提扣百分之二	仝右	九一三〇〇	仝右	補助各屬沙田征收處不敷經費
清佃處款花息	在花息收入項下提百分之五	修正廣東省沙田登記規則	五二〇〇	改爲局款	此款在廣州時本廳辦理直接升科充辦公費現由各稅局辦改爲局款
契稅			五、七〇五〇〇		
契稅辦公費一厘	在契稅收入項下提扣百分之一	各縣稅捐征收處及分處經辦契稅辦法	五、七〇五〇〇	二十八年九月	
規費收入			一一四、三九五〇〇		
行政規費			一一四、三九五〇〇		
沙田護耕費款廳	在護耕費正款項下提扣八厘	廣東財政廳各屬沙田征收處辦事規則	一七、六一一〇〇	二十九年一月	充印刷聯票表册之用
沙田護耕費款處	提扣二厘	同右	一、一四〇〇〇	仝右	補助各屬沙田征收處不敷經費

沙田護耕費補助費	在護耕費專款項下提扣二成	同右	四九、〇六五〇〇	仝右	補助旺征時增加人員及臨時費並各屬沙田征收處不敷經費
沙田登記費處款	在登記稅款收入項下提扣百分之五	修正廣東省沙田登記規則		改爲局款	此款在廣州時本廳直接辦理登記充辦公費現由各稅局辦改爲局款
沙田登記一成廳款	在登記費收入項下提扣百分之一十	廣東全省沙田登記章程	三〇〇	二十六年六月	與廢止登記章程時一併廢除
沙田登記證紙費	全數解廳	同右	一一〇〇〇	同右	同右
驗契稅手續費	同右	驗稅契減征章程	三四、九八五〇〇	二十九年一月	
承商監辦費	全數繳廳	各項捐稅承商開投章程	三、一八一〇〇	分期	自廿九年度起新投承商一律廢除監辦費
煤油檢驗費	在檢驗費收入項下提扣百分之四十	煤油販賣業營業稅章程外銷煤油暫行辦法	八、二〇〇〇〇	二十八年三月	柴油檢驗費併列在內現無收入
其他收入			八、〇八四〇〇		

紙張印刷費			八、〇八四	〇〇		
草契紙費	在草契紙費收入項下提扣百分之二十	廣東財政廳發行草契紙規則	八、〇八四	〇〇	二十七年五月	此係印刷草契紙之價款
合計			一四四、八七四	〇〇		

說明

一、廳款收入，除沙田錢糧沙田地稅契稅三項外，均屬臨時性質，向無預算，表列數目，係根據二十八年度中收入數編列。

二、沙田項下廳款廢除後，其應行開支各款，已列入二十九年度預算。

三、表列各種廳款，合計每年收入一十四萬四千八百七十四元，均已廢除。

(二)決議案

廣東省政府第九屆委員會第一六七次會議決議案交辦單

詔秘一文議字第六九五九號

議案	委員兼財政廳長鄒琳提議擬將本廳廳款廢除所有按照章例解廳留用之欵一律繳庫附列簡表提請公決案
	委員兼財政廳長鄒琳原提議書一件（附表）
決議	照案通過
承辦機關	財政廳

中華民國二十九年十月三日

主席李漢魂

二、廳款停徵解庫令

須發廳款收入分別停徵解庫清表通飭各稅務局各稅捐徵收處遵照代電

廣東省政府財政廳代電　二十九年十月二十二日

各稅務局各縣稅捐征收處均覽：查本廳所屬征收機關向有於稅額或緝獲私貨變價，及罰款提獎暨充公款內劃留若干，或於征率外附加幾成，直接繳廳而不解庫之款，名爲廳款。此項廳款，征解雖有根據，而支用恒未公開。現會計法及公庫法公布施行，凡屬經費，應列預算，號稱公款，悉納庫儲，是按之國家法令，亦應即予改革，以示大公。本廳長到任之始，即決定取銷，茲經將所有私貨變價及罰款提獎充公暨各種廳款，（從前解廳沙田錢糧、沙捐、護耕費等處款，均列入廳款之內）分別現有及已廢簡表，先後提請第一六四次、第一六七次省務會議決議「通過」在案。除將緝獲私貨變價及罰款充賞辦法，各征收機關稅捐留解分配表，另行修正頒發外，合先抄發現有廳款科目表，着各局處自二十九年八月二十八日起，凡舊例由稅額或變價罰款提獎充公款內劃留解廳者一律作為省款，以「普通總基金戶」賬，全部解庫，不必再解「財廳往來存款戶」賬、其由徵率外附加者，如「契稅告白費」「典商換證費」「官租票價」三種，即行停止征收。在未奉電以前所收者，無論已未解廳，一律開列清表繳核。其已解在途者，俟到廳後，隨時代解入庫，未解者，即由該局處補解入庫。仍將奉電日期報查，毋得違延。所有指定停征之款，尤不得私自續征，致干未便。附發現有廳款科目表一紙，仰即恪遵辦理。廳長鄒酉養推印。

廣東財政廳廳欵收入分別停徵解庫清表

科目	提扣數	附註
清佃花息	在花息收入項下提扣百分之五解廳	上項解廳欵自本年八月二十八日起應即以原科目一併解入省庫不必再行解繳財政廳往來存款戶
營業稅違章罰鍰	在罰鍰收入項下提百分之二十一解廳	仝右
菸酒牌照稅罰款	仝右	仝右

船來物產專稅罰款	在罰款收入項下提百分之六、三解廳	仝右
私運捲菸罰金	仝右	仝右
私運桐油罰金	仝右	仝右
什項罰款	仝右	仝右
私貨變價	仝右	仝右
私運捲菸變價	在變價收入項下提百分之六、三解廳	仝右
私運桐油變價	仝右	仝右
緝獲銅元白銀充公	在沒收充公銅元白銀價款項下提百分之二十解廳	仝右

沙田登記費	在登記稅款收入項下提百分之五解廳	仝右
捲菸管理費	在管理費收入項下提百分之十解廳	仝右
捲菸通過費	在通過費收入項下提百分之十解廳	仝右
桐油管理費	在管理費收入項下提百分之十解廳	仝右
沙伕憑證費	全數解廳	仝右
沙骨鴨埠租項	在租項收入項下除發當地警學費外以五成解廳	仝右
契稅告白費	在告白費收入項下提百分之八十解廳	上項契稅告白費自本年八月二十八日起即行停止征收
典商換證費	各當按押店每年換證一次每次繳費一元此款解廳	上項典商換證費自本年八月二十八日起即行停止征收

官租票價	全數解廳	上項官租票價自本年八月二十八日起即停止征收

三、訂正有關廳款章則條文

(一)簽呈

擬訂廢除廳欵後有關稅捐章則條文補註總表請省政府鑒核簽呈

廣東省政府財政廳簽呈 二十九年十一月四日

查本廳廢除廳款一案，業經提請第一六七次省務會議決議通過。依照該案實行辦法第三項之規定，應將現行稅捐章則原有解廳款目之規定者，均予刪除，修正條文專案呈核。惟本廳現爲整頓稅制，對於各項稅捐章則應如何改善，正在分別縝密研究中，其條文擬加修改之處，尚不僅有關解廳款目一項。顧各項章則全部修訂完竣，呈候核定公佈，自尚需相否時日，而現行稅捐章則內原有解廳款目應一律廢除，又亟待詳晰開明，通飭各稅務局遵辦。故擬先將廢除廳款後各項稅捐章則之有關廳款條文，暫加條文補註，彙列總表，分發各局處遵照，仍俟各該章則整個修正時，一併修正，分別專案呈核。理

二三一

合將所擬條文補註總表，簽陳
鈞座，仰祈
鑒核備案，指令祗遵。謹呈
主席李
計呈廣東財政廳廢除廳款後有關稅捐章則條文補註總表一份
財政廳長鄒琳

廣東財政廳廢除廳欵後有關稅捐章則條文補註總表

廳款科目	有關章則	有關條文		條文補註	備考
		條次	原文		
稅課收入					
田賦					
清佃花息廳款	修正廣東省沙田登記規則	第三條	沙田登記收入之稅款一律以九成解庫一成解廳其中以五厘爲辦理沙田登記人員及協助沙田登記人員之奬勵金	本條規定一成解廳之款原以五厘解廳爲廳款五厘留沙田征收處爲處款廿九年度起沙田征收處裁撤併入稅務局辦理即將處款改爲局款廳款部份經財政廳提請廿九年十月一日省政府第九屆委員會第一六〇次會議決議廢除自廿九年八月廿八日起所有沙田登記收入之款除仍以五厘留局爲局款外其餘九成五解庫爲「省款」毋庸解廳	

懲罰及賠償收入	罰金	營業稅違章罰鍰	修正廣東省營業稅征收章程廣東省營業稅違章罰鍰給獎辦法	第四條	凡營業稅之違章罰鍰應以總額百分之三十解庫餘額化作十成充獎金分配比例報告人得四成經辦機關得二成協助機關得一成其餘三成歸督征機關如無協助機關該項獎金併給經辦機關如無報告人該項獎金以二成加給經辦機關其餘二成歸督征機關 前項規定之經辦機關如係稽征所得於督征機關二	本條第一項規定解廳（即督征機關）之款經財政廳提請廿九年十月一日省政府第九屆委員會第一六七次會議決議廢除自廿九年八月廿八日起所有本條第一項規定歸督征機關之三成罰鍰（其中如依第二項規定得提撥主管稅務局或主管局所時仍照提撥）及無報告人時其歸督征機關之二成罰鍰一律改爲「省款」解庫毋庸解廳	營業稅征收章程只規定征收罰鍰而未規定提扣辦法

			成項內提撥一成給該主管稅務局如係稽征站得於同項內提撥一成分給該主管局所其分配比例局得十之七所得十之三		
菸酒牌照稅罰款	修正菸酒營業牌照稅暫行章程				查原章程只規定征收罰款而未規定提扣分配辦法
船來物產專稅罰款	廣東財政廳所屬各級征收及查緝機關緝獲私貨				查各種船來物產專稅章程只規定征收罰款而未規定提扣分配辦法至緝獲私貨

二五

沒收變價及罰款充獎辦法

沒收變價及罰款充獎支配標準經廿九年九月廿四日第一六四次省務會議決議修訂由本廳將修正條文於廿九年十月廿一日頒行自修正辦法頒行之日起所有充獎分配依照修正辦法辦理其自廿九年八月廿八日至起修正辦法頒行之前日止依舊法解廳之款一律改爲一省款一解庫毋庸解廳

私運捲菸罰金	廣東省戰時管理捲菸運銷章程	第十二條	關於違章罰金及充公變價之分配依照財政廳修正緝獲走私貨物變價及罰款充賞章程辦理之	本條所稱修正緝獲走私貨物變價及罰款充賞章程先經改訂為廣東財政廳所屬各級徵收及查緝機關緝獲私貨沒收變價及罰款充獎辦法於廿九年四月廿四日以三緝詔字第二八三六號訓令頒行嗣又經廿九年九月廿四日省政府第九屆委員會第一六四次會議決議修訂由本廳將修正條文於廿九年十月廿一日頒行自修正辦法頒行之日起所有本條規定之罰金及變價之分配依照修正辦法辦理其自廿九年八月廿八日起至修正辦法頒行之前日止依舊辦法解應之款一律改為一省款一解庫毋庸解應
	廣東省戰時管理捲菸運銷章程施行細則	第二五條	凡緝獲私菸罰金作十成分配舉發人充賞四成出力	本條規定之罰金分配辦法經廿九年九月廿四日省政府第九屆委員會第

二七

私運桐油罰金	
廣東財政廳所屬各級征收及查緝機關緝獲私貨	則
	緝獲者一成協助之軍警一成緝獲機關一成管理捲菸機關一成解廳二成除舉發人充賞於收到罰金後隨時支給外其餘按月核發一次
	一六四次會議決議修訂規定先以罰金全額之五成解庫其餘五成化作百份線人百分之五十經緝員警百分之十五經緝機關百分之十協緝軍警機關百分之十稅警總團百分之五緝私處百分之十於廿九年十月廿一日頒行自修正辦法頒行之日起所有本條規定之罰金分配依照修正辦法辦理其自廿九年八月廿八日起至修正辦法頒行之前日止依舊辦法解廳之款一律改爲一省款一解庫毋庸解廳
查廣東省戰時管理桐油運銷實施綱要及廣東省戰時管理桐	

沒收變價及罰款充奬辦法

油運銷章程均只規定征收罰金而未規定提扣分配辦法至緝獲私貨沒收變價及罰款充奬支配標準經廿九年九月廿四日第一六四次省務會議議決修訂由本廳將修正條文於廿九年十月廿一日頒行自修正辦法頒行之日起所有充奬分配依照修正辦法辦理其自廿九年八月八月廿八日起至修正辦法頒行之前

三〇

什項罰款

廣東財政廳所屬各級征收及查緝機關緝獲私貨沒收變價及罰款充獎辦法

日止依舊辦法解廳之款一律改為一省款一解庫毋庸解廳

此項緝獲私貨沒收變價及罰款充獎辦法其支配標準經廿九年九月廿四日第一六四次省務會議決議修訂由本廳將修正條文於廿九年十月廿一日頒行自修正辦法須行之日起所有充獎分配依照修正[illegible]法辦理其自廿九年八月廿八日起至修

					正辦法頒行之前日止依舊辦法解廳之欵一律改爲一省款一解庫毋庸解廳
變價					
私貨變價	廣東財政廳所屬各級征收及查緝機關緝獲私貨沒收變價及罰款充獎辦法				此款情形與什項罰款相同
私運捲菸變價	仝右				仝右
私運桐油變價	仝右				仝右

充公	緝獲銅元白銀	廣東財政廳內地緝獲白銀給獎辦法

查內地緝獲白銀給獎辦法已經廢止所有緝獲白銀給獎分配由本廳所屬征收及查緝機關緝獲者經本廳修正充獎辦法於二十九年十月二十一日頒行自修正辦法頒行之日起依照修正辦法辦理其自二十九年八月二十八日起至修正辦法頒行之前日止依舊辦法解廳之款一律改

三二

	廣東財政廳修正取締銅元運輸暫行辦法
	第五條
	緝獲之銅元判定沒收充公後依照本廳內地緝獲白銀給獎辦法辦理
	本條規定之「內地緝獲白銀給獎辦法」已經廢止所有緝獲銅元給獎分配由本廳所屬征收及查緝機關緝獲者經本廳修正充獎辦法於二十九年十月二十一日頒行自修正辦法頒行之日起依照修正辦法辦理其自二十九年八月二十八日起至修正辦法頒行之前日止依舊辦法解廳之款一律改爲「省款」解
爲「省款」解庫毋庸解廳至由其他軍警團隊機關縣市政府等緝獲者一律以百分之五十解繳省庫百分之五十給獎由緝獲機關自行支配	

三三

三四

1	2	3	4	5	6
				庫毋庸解廳至由其他軍警團隊機關縣市政府等緝獲者一律以百分之五十解繳省庫百分之五十給獎由緝獲機關自行支配	
規費收入					
行政規費					
沙田登記費廳款	修正廣東省沙田登記規則				已於清佃花息廳款欄附註說明
契稅告白費	辦理契稅須知	乙項	告白費征收標準表	本表廢止應即停止征收	
		戊項第三款	稅務局將征起告白費以八成解廳二成留局作爲刊登公報或公告之用	本款全文廢止	
捲菸管理費提成費	廣東省戰時管理捲菸實施綱要	第九條	捲菸管理經費在試辦期間暫用提成辦法在所收管	本條規定提成費經提請二十九年十月一日省政府第九屆委員會第一六	

	捲菸通過費提成費	桐油管理費提成費
		廣東省戰時管理桐油運銷實施綱要
	仝右	第八條
理費及通過費項下提撥一成包含一切俸薪稽查川旅印刷及各項辦公費在內前項提成費由財政廳按照事實需要及各稅務局情形支配之	仝右	桐油運銷管理經費在試辦期間暫用提成辦法在所收管理費項下提撥一成包含一切俸薪稽查川旅印刷及各項辦公費在內
七次會議決議廢除自二十九年八月二十八日起所有捲菸管理費及通過費一律全部作爲一省款一解庫毋庸解廳應需管理經費編列預算在省庫開支	仝右	本條規定提成費經提請二十九年十月一日省政府第九屆委員會第一六七次會議決議廢除自二十九年八月二十八日起所有桐油管理費收入一律全部作爲一省款一解庫毋庸提成解廳應需管理經費編列預算在省庫開支

三五

典商換證費	廣東省典商營業稅征收章程	第九條	各當按押店每年換領營業證一次每次換證手續費毫券一元	本條規定換證手續費向例全數解廳經提請廿九年十月一日省政府第九屆委員會第一六七次會議決議廢除應即停止征收
	廣東省典下則小押章程	第七條	下則小押每年換領營業證一次每次換證手續費毫券一元	本條規定換證手續費向例全數解廳經提請廿九年十月一日省政府第九屆委員會第一六七會議決議廢除應即停止征收
其他收入				
沙佚憑證費	廣東財政廳修正取締沙佚章程			修正取締沙佚章程只規定領證其應繳憑證費另以報告規定向例全部解廳經本廳提請廿九年十月一日省政府第九屆委

三六

員會第一六七次會議議決廢除自二十九年八月廿八日起所有收入沙伕懲證費一律改爲「省款」解庫毋庸解廳

官租粟價

官租粟價只於聯票內規定每張征收大洋三仙並無章則規定征收向例全部解廳經提請廿九年十月一日省政府第九屆委員會第一六七次會議決議廢除應即停止征收並於本廳發票

時在票內加蓋一票價免收一木戳並通令前已領票之各縣政府一律補蓋同樣木戳以免濫收而杜中飽將來續印租票時即將其中征收票價各字刪除

沙骨鴨埠租項

中順東海十六沙沙骨鴨埠租項征收章程

查沙骨鴨埠租項原屬地方款及後乃由本廳加以整理令飭將收入租項除撥沙骨鴨埠租項管理委員會經費及什支外其餘以五成留撥當地弊學各

三九

費五成解廳爲一廳款一經本廳提請廿九年十月一日省政府第九届委員會第一六七次會議決議廢除自廿九年八月廿八日起所有沙胥鴨埠租項廳款改爲一省款一解庫毋庸解廳

（二）指令

省政府准予備案指令

廣東省政府指令　會二普字第一〇〇二四號

民國二十九年十二月五日

本府財政廳

二十九年十一月四日二沙韶字第一三七七號簽呈一件呈送廢除廳款後有關稅捐章則條文補註總表請察核備案由

簽呈及附件均悉。案經報告本府第九屆委員會第一八二次會議，准予備案，仰即知照。此令。附件存。

主席李漢魂

（三）通飭

頒發廢除廳款有關稅捐章則條文補註總表通飭各局處遵照訓令

廣東省政府財政廳訓令　二沙韶字第二一三九號

令

各稅務局
各縣稅捐徵收處

查本廳廢除廳款一案，前經提奉第一六七次省務會議決議通過，並經電令該局處遵照在案。所有現行各項稅捐章則內有關於廳款各條文，自應均予刪除。惟本廳爲整理稅制起見，對於各項稅捐章則應如何改善，正在分別縝密研究中。其條文有應加以修改者，實不限於有關廳款一項，而各項章則全部修訂完竣，呈候核定施行，尚須相當時日。當經呈奉

省政府核准，先將廢除廳款後各項稅捐章則內之有關廳款條文，暫加補註，彙列總表，令發各局處遵照。合將該總表連同廢除廳款原提案一併抄發該局處，仰即遵照辦理，仍將奉文日期報查。此令

計抄發廣東財政廳廢除廳款後有關稅捐章則條文補註總表一份本廳廢除廳款原提案一份（見前冡）

中華民國二十九年十二月　十　九　日

廳長　鄒琳

四一

四、蔣委員長電

財政廳鄒廳長鑒，冬日函呈及附件均悉。兄抵任後，首除積弊，昭示大公，表現革命精神，聿新各方觀感，清廉自矢，見義勇為，良堪嘉慰。本此努力、必能轉移風氣，以昭政績，使粵省財政踏登正軌也。中正酉篠侍秘渝印

五、行政院電

廣東省政府，酉虞代電悉。鄒廳長銳意改革積習，廢除廳款，殊堪嘉尚。仰即轉知，並仍將廢除名目具報。行政院敬計二印

六、財政部指令

財政部指令　渝秘字第三〇四九三號
二十九年十月二十三日

令廣東財政廳廳長鄒琳

二十九年十月二日函呈一件據呈報該廳提請省府會議決議將廳款一項所有按照章例

解廳留用之款一律解庫其由徵率外附加之款一律廢除之經過情形並附提案及簡表呈乞鑒察由

呈及附件均悉。該廳長到任伊始，即將舊例廳款，分別解庫或停徵，確係具有政治經驗之辦法，不負信託，深堪嘉慰。仍仰督飭所屬，積極整頓，俾樹風範。此令。

部長　孔祥熙

七、廣東省臨時參議會公函

東字第二七二號
民國二十九年十月九日

廣東省臨時參議會公函

查本年十月三日
貴廳長出席本會第三屆駐會委員會第十五次會議；報告本省今後財政之措施，暨取銷廳款涓滴解庫經過情形，至爲詳晰。卷查廢除各機關在原有經費外復自行附加征收，及收入或盈利項下提成自由支配之積習，並應將提成欵全數解庫，以裕庫收一案。經去年本會第二次大會提付討論，決議照原案通過，並於同年月二十三日以秘字第三一八號公函，將原案送請省府辦理，並經省政府函復轉飭照辦各在案。惟各機關之擅自附加或提成

自利等事，積弊滯深，一時未易劃除，故歷時已久，迄未見諸實行。茲者
貴廳長履新伊始，毅然取銷「廳款」，涓滴解庫，一洗歷年積弊，具見廉明方正，公爾忘私，風聲所樹，闔省同欽。鼎新等逖聽之餘，無任欣慰，用特函達，謹致佩忱，即希
查照爲荷

此致

廣東省政府財政廳長鄒

議　長　吳鼎新

副議長　黃枯桐

附錄

廳欵解庫統計表（單位元）

自二十九年八月二十八日起至三十年三月份止

項目	數額	備註
捲菸管理費提成數	八〇八、四一二	
桐油管理費提成數	一六四、一七〇	
各項充公變價及罰款提扣數	一二、七一二	
契稅告白費	六、一三五	
廢除前各稅局征解廳款由鄒任代解入庫者	一二八、七六九	
合計	一、一二〇、一九八	

四六

广东直接税局三十一年度工作报告

广东直接税局 编

廣東直接稅局
三十一年度工作報告

張兆符

廣東直接稅局卅一年度工作報告

目次

廣東直接稅局卅一年度工作報告

一、前言

卅年度，粵省直接稅局之機構配備，尚偏促於若干據點，實不足以應當前業務開展之需要，是年十一月，兆符奉命接長粵局之時，積極爲謀全面開展之計，適中樞改進財政收支系統，粵省營業稅劃由本局接管，業務益形繁重，且值太平洋戰事爆發，海運梗阻，省內工商事業頓挫，稅源大受影响，而本年度歲入預算由二百萬增至五千二百餘萬，其任務之艱鉅不難想像，惟是一年以還，上承層峰之指導，本省當軸之匡助，所賴人民之擁護，與夫全體同仁兢兢業業，戮力以赴，稅基漸臻奠定，納庫數字突飛猛晉，卒能超過預算二千餘萬元，回首檢討，彌感興奮，爰述一年來概況，記其經過云爾。

二、業務範圍擴大全貌

溯粵省直接稅於廿五年開辦以來，因時局多故，開展匪易，迄三十年底，全省經征機關祇有六處，故未遑普遍稽征，且以人力缺乏，各類稅務亦未能平衡發展，卅年末，總處召開全國直接稅業務會議，本局曾提議擴充機構全面開展之計劃，嗣奉令接管營業稅後，此項計劃之實施，尤感迫切，查營業稅開辦已逾十載，歷年納稅單位，普遍於各縣鄉鎮，其業務之繁重與所利得稅相埒，一月份起，本局掌管稅務，計有所得稅，非常時期過分利得稅，遺產稅，印花稅，及營業稅等五種，均須加以整頓，至於機構之調整，人力之充實，稅信稅譽之樹立，稅政稅基之健全，千頭萬緒，百端待理。

但一年來之慘淡經營，稽征機構業由六個單位增至八十八個單位，從業人員由一百一十九人增至一千一百餘人，稅收由三百萬增至七千七百萬。若傳達政令之公文，接管舊卷總數僅一千四百餘件，而一年來收發文件計有三萬五千七百餘件之多，進展情形，可見一斑。

三、厲行攷訓整飭稅風

本局業務既漸擴展，對于業務計劃之確立，與乎人事之整飭，實爲急要，乃於年初改訂業務計劃，仍以原計劃爲骨幹，擴而大之，於時間則分全年爲四期，每期定若干項爲中心工作，而以嚴密稽征，厲行考訓，充實人力，列爲首務，檢討考核，隨時督促推動，於空間，則劃全省爲十四區，擇每區之重要據點設置分局，指揮監督附近各縣市之查征所，分層負責，普遍稽征，以收臂指之效。

業務計劃既立，首應實施者爲厲行本稅考訓制度，其目標有二：一在充實人力，一在整飭稅風，蓋經考訓之人員始切合於本稅工作，經本稅稅訓之陶冶，方克根本澄清稅風，粵省過去，考訓人員無多，截至卅年底止，全省祇有高級稅務員十五人，初級卅六人，自接管營業稅後，財廳及其所屬之稅務局所移交全部原辦營業稅之人員全部七八百人，酌其能力，分配任務，一面呈請總處遴派，併分調東南及西南講習班，大量遣送結業學員來粵服務外，仍感不敷分配，乃呈准在粵分批考訓，一年間計先後舉辦四次，由局訓練者三次，並甄取保舉高級人員及由韶慶分局就地招考初級人員各數名，綜計本年度增加高級人員一〇二人（計增八倍强），初級人員一二一人（計增四倍强），全省從業人員共有一〇六六人，經考訓者佔百分之廿七强，所有考訓人員，均派以實際稽征工作，全省各分局所之各稅務股長，組長及貨運登記主任，以考訓人員充任者佔百分之九十左右。

本稅素以廉能勤毅四字爲訓，尤以廉字居稅訓之首，平日誥誡同人不遺餘力，一經發覺不肖員司，貪污瀆職情事，無不盡法以繩；不稍寬假。統計一年來由省局受理之控案共四十三起，（內計查辦中者十九宗，誣告者十六宗，免職者三宗，送軍法者三宗，送法院者二宗，）（查誣告案件竟佔十之六七，唯有隨時隨地激勵各級服務同人，奉公守法，束身自愛，恪遵稅訓，發揚稅聲而已。

附表一、廣東直接稅局從業人員學歷統計表

附表二、廣東直接稅局考訓人員班級別統計表

廣東直接稅局從業人員學歷統計表

附表一

機關名稱	總數	男	女	大學	專門	中學	其他	備攷
省局	111	92	19	31	19	61		
韶關分局	138	115	23	28	25	75	10	
興寧分局	98	96	2	13	11	63	11	
羅定分局	76	6	9	6	9	17	44	該分局人員無學歷可考者概列入其他欄
遂溪分局	70	62	8	8	19	34	9	
嶺南分局	49	42	7	7	7	29	6	
龍川分局	50	48	4	11	7	26	6	
河源分局	66	63	3	7	11	29	19	
揭陽分局	78	78		16	12	16	34	
開平分局	62	56	6	15	4	36	7	
合浦分局	45	44	1	8	9	22	6	
茂名分局	58	54	4	9	9	31	9	
陽江分局	40	35	5	10	10	15	5	

[illegible]來分局	53	50	3	7	9	24	18	
[illegible]遂分局	74	66	8	17	15	22	40	
合計	1068	968	102	193	176	220	489	

廣東直接稅局考訓人員班級別統計表

附表二

班別 / 名額 / 人數 / 年別	總處		東南班		西南班		廣東班		本局甄試		保薦及其他		合計
	高	初	高	初	高	初	高	初	高	初	高	初	
一	1		2	8	20	4	26	22	13		8	17	121
二	2		5	13				19					39
三	1	4	1	11									17
四			7	59									66
五	7		24										31
總計	11	4	39	91	20	4	26	41	13		8	17	274

四、調整各級征收機構

粵省面積約二一六、八一五方公里，地方行政機關單位為九十九縣市局，除兩路區外，亦設七八十縣市之廣。上年度本局設計設置之初，設省局於省會所在地之廣州，其分局五，計粵東分局設興寧，粵北分局設韶關，粵西分局設肇慶，粵南分局設茂名，粵中分局設開平，此外有梅縣一所，以此少數稽征機關，自不足以控制稅源。至省局內部，設置總務、稅務、計核三課，組織亦屬單簡。

本局內部組織，年初加以調整，計第一課主辦所利得稅及營業稅，第二課主辦遺產稅，第三課主辦總務，並改計核課為會計室，嗣以營業稅事務繁劇，爰以第三課主辦之，加設第四課主辦總務，其餘秘書室綜核文稿，辦理機要，管理人事，資料室搜集經濟資料，為學術之研究，編行廣東直稅導報，督察室以加強督征，及國發事宜，年終省局共有四課四室十五股。

接管營業稅時，就財廳所轄各稅務局所，分別改為本局各縣分局及查征所，均兼辦營業稅，至四月間始將若干稅收較淡之分局改為查征所，以節開支，是時全省分支機關達九十四單位，此為年初過度時期之機構配備情形。

七月間為通盤調整機構，於全省設十四分局十四查征所，計算單位所轄地域，平均在二千方公里，而以其政區域言，則每分局略為轄在數縣之上，查征所以縣為單位者多。各分局所內部組織，悉照規定組織辦法，惟因實際需要，呈准於各分局加設貨運稽查室，自此次調整之後，除因稅局之轉移及貨運路線之變更，而稍有增設或裁減者外，本省稽征網已規模粗具，茲將本省分支機構列表並附圖如左

附表三、廣東直接稅局所屬各分局所名稱等級表

附圖一　廣東直接稅局各分局所配置圖

财政部廣東直接税局所屬分局所一覽表

附表三

分局名稱	地點	等級	所轄查徵所名稱	所轄查徵所等級	備考
韶關分局	韶關	一	南雄	一	共十所
			始興	三	
			翁源	四	設在龍仙墟
			仁化	四	
			樂昌	二	
			坪石	四	樂昌坪石
			乳源	四	
			連縣	一	
			連山	四	
			陽山	三	設在青蓮墟
興寧分局	興寧	二	梅縣	一	共六所
			松口	四	梅縣松口
			畬坑	四	梅縣畬坑
			蕉嶺	三	
			平遠	二	
			五華	三	
揭陽分局	揭陽	三	棉湖	[illegible]	共八所 揭陽棉湖
			澄海	四	設在東隴市
			饒平	二	
			豐順	二	設在湯坑
			留隍	四	豐順留隍
			[illegible]增	二	
			潮陽	三	設在陳店
			潮安	四	設在[illegible]湖
惠來分局	惠來	四	普寧	三	共五所
			海[illegible]	二	

分局	所在地	所數	縣	所數	備考
惠來分局			陸豐	三	
			南山	四	設在陳英墟
			流沙	四	普寧流沙
龍川分局	老隆	三	和平	三	共三所
			連平	三	設在忠信墟
			新豐	四	設在錫場
河源分局	河源	四	博羅	四	共六所
			龍門	四	設在沐頭墟
			增城	四	設在東洲
			東莞	三	設在石龍
			紫金	三	設在南嶺
			惠陽	一	
清遠分局	清遠	四	英德	一	共六所
			三水		設在蘆苞
			四會		
			廣寧		
			佛岡		
			花縣	三	設在國泰
肇慶分局	高要	二	高明	三	共四所
			新興	二	
			雲浮	三	
			鶴山	二	
開平分局	開平	三	公益	四	共五所 台山新昌
			新會	四	設在上浚冲
			台山	一	
			恩平	二	
			赤坎	四	開平赤坎
鬱南分局	都城	四	德慶	四	共四所
			封川	三	設在江口
			開建	三	

陽江分局	陽江	四	陽春	三	共九所
			羅定	二	
			電白	二	設在陂洞墟
茂名分局	茂名	四	化縣	三	共八所
			梅菉	二	
			信宜	三	
			東鎮	四	信宜東鎮
遂溪分局	寸金橋	二	廉江	三	共四所
			海康	四	
			徐聞	四	
			吳川	三	設在黃坡
合浦分局	合浦	四	靈山	四	共三所
			欽縣	四	
			防城	三	設在東興

財政部廣東直接稅局卅一年度各種稅收比較圖

（單位元）

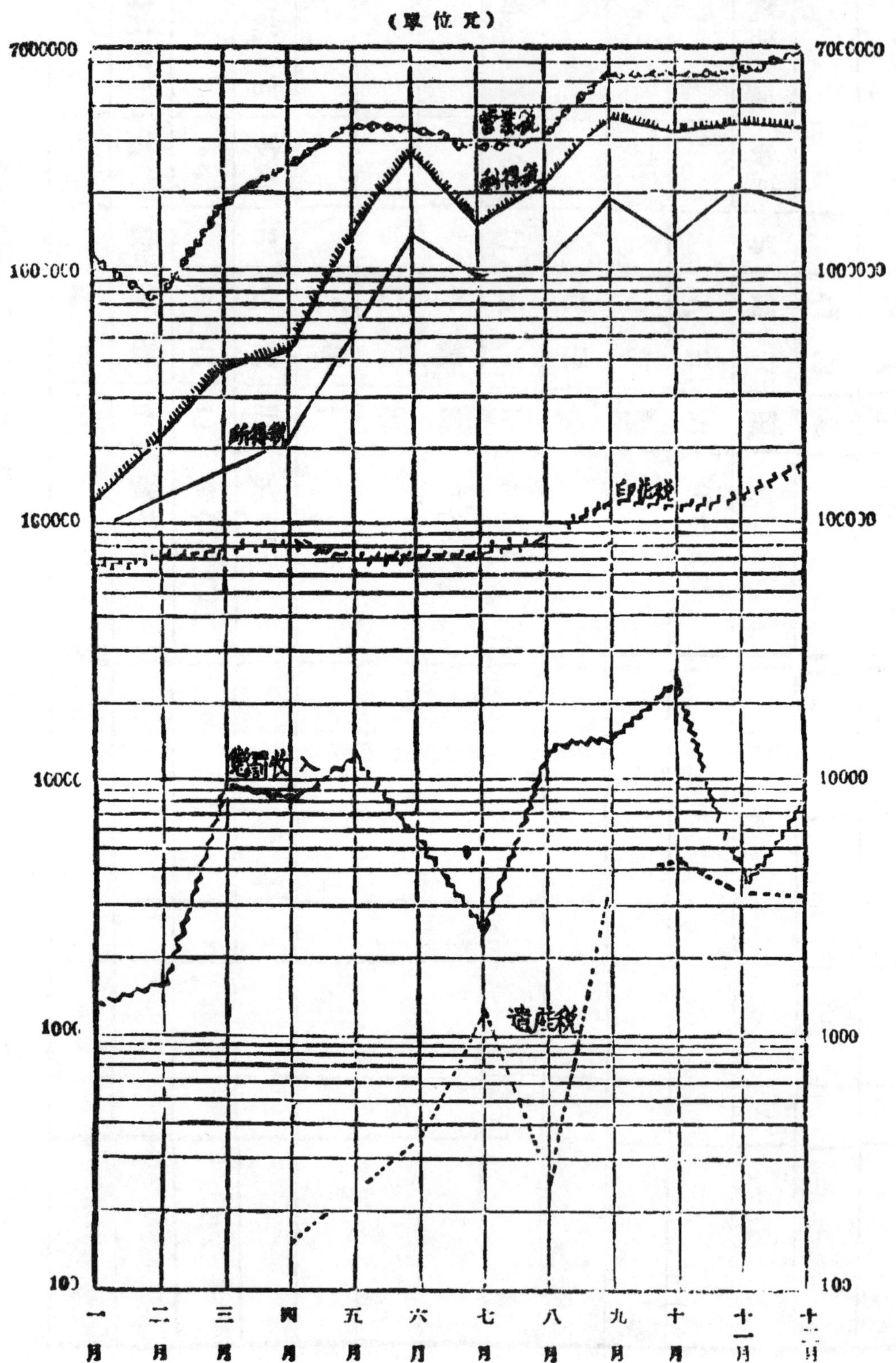

五、普遍稽征所利得税

所利得税之稽征計劃，實爲本年度之中心工作。當年初人力缺乏之時，首先推動原有五分局稽征所利得税。凡催繳滯納，普查納税單位，督催申報，辦理住商登記，調查住商資本等，悉照本税稽征程序依次進行。七月以後動員全省十四分局及二等以上查征所概行辦理所利得税，三四等查征所則以人力未充，暫僅祇負催徵繳之責，其調查計核仍由該管分局統籌辦理。

戰時「一類」營利事業稽征，稽征人員多注意於此，以致其他各類税務未能齊頭並進，形成畸重畸輕之象。爲使各類税務平衡發展，以臻公平負担之旨，特飭各分局指定專責人員辦理二三類稽征事宜，以免偏廢。一面經常催促各機關銀行依法扣繳。

粵省爲西南屏藩，外臨南海，港汊分歧。淪陷區與自由區間犬牙交錯，南路復與越南接壤，水上交通有粵西北江、韓江與海運，陸上交通則出有公路一千五百餘公里，而粵漢路則接通湘桂，形勢衝要。年來經濟重心移於東區，舶來品集運於南路遂溪，東江之老隆，龍川，北江之清遠，中區之三埠及沙坪，亦爲內外貨物之必經路線。本税爲把握税源，管制物資，上年乃有商貨運銷登記辦法之頒行，粵省首於韶關實施，嗣興寧，老隆，都城相繼舉辦。本年復再推行於其他各重要貨運集散地點。並於厲行登記之中，仍力求便利貨運，以暢其流。其各分局貨運登記主任必遴選高級税務員充任，以提高工作效能。年終時辦理貨運登記者十四分局及十四查征所，共廿八據點，平均每六千五百方公里之內有一貨運登記之設置。

綜觀一年來各類税之稽征，致力於一類所利得税者爲多，其税收亦最鉅，納庫數超出歲入預算。其所以著此成效者由於厲行貨運登記有以致之也。

六、加强稽征遺印二税

遺産印花兩税一則實施較遲，一則創辦未久，均尚待努力推動。本年度初期，先飭各分局所指定專責人員，分別上項遺印二稅附征事宜。七月間於各分局設遺印股，以專責成。自添設股之後，頗著成效。全年遺產二稅征額數，合定額稅共約三千餘元，約增數為一萬七千餘元，較上年增四十餘倍。新增各稅中增加最大之倍數。惟其未列歲入預算數亦最鉅。當前遺產稅之推動工作，除實際稽征外，尚應作研究宣傳工作，如財產調查，業務研究，新聞，派員赴三縣辦理一部份五萬元以上財產調查，遺產評價委員會，則按縣設置，已成立者有三十三單位，至於中縣候補縣定後再行正式成立者有廿五單位，業經聘任委員一七九人，候聘中者一二九人。此外對大衆宣傳方面，一年來所用宣傳方式，計有經常發表新聞，張貼標語，電影院放映幻燈，無線電台廣播，議員社會行政及財政幹部訓練班講演，舉辦中學生論文比賽等。

印花稅之檢查為促進稅收之有效工作。本年經一再加強，計全省檢查人員共增為四六六人，抽查戶數共二十四萬六千五百餘戶，違反案件四〇二件。檢查戶數四萬九千三百戶，違反案件六十一件。並舉行發獎競賽四期，共收獎票一千二百張，此亦為促進稅收之一端也。至印花稅宣傳工作，并經配合遺產稅之擴大宣傳同時進行。由省局發獎獎款一千五百餘元辦理之。數目無多，亦不無裨補。全年印花稅收為一百一十餘萬元，雖未達預算，惟較上年度已增一倍以上。

考遺印二稅未達預算之原因，茲究當係社會條件尚未具備，本身之人力物力不足，後者則以預算與均，而稅率頗較加舊，遺二稅之工作進程曾，業務依照原定計劃逐步實施，各項改進均有成效也。

七、營業稅之整理改進

接管營業稅後之工作，一在整理，使對象之稅制健全，一在改進，使稽征嚴密，配合原管各稅，互相爲用，以期推進之順利。

三十年底始奉明令接管，時間迫促，頭緒紛繁，幸承粵省府令飭粵財廳轉飭廳長之協助，得以順利進行，全面接管設立。事局當奉部令嘉獎。當接管之初，為貫徹修正營業稅法之始，各項暫行章則，亟待整理擬訂，頒發擬訂廣東省營業稅征收規程草案，介紹代辦處及營業牌照征收補充辦法等，呈請財政部備案，並令以全國統一之施行細則，尚在擬訂中等因，故在未奉頒施行細則以前，目因地制宜之計，仍照事實成案辦理。

舍事省之採納販賣菸酒稅　實爲貨物通過稅之一，自應加以改善，乃擬具理由及辦法，呈部處核准改征。此外營業稅之征免問題　向以營業稅法，富於彈性，自免界限類多糾紛，本年經調查實際情形，根據稅法，呈請部署核定爲征應免之標準者，有工業合作社，菸酒公賣利事業　屠宰業，各種專賣之承銷分銷業，新征統稅後之茶葉業等，以是征免糾紛，逐漸弭息，亦爲整理工作之一端也。

改進營業稅之目的，一在除弊，一在嚴密稽征，除弊工作，爲嚴禁各地商業團體之包攬，根除過去分行攤派之惡習，而實推行公庫法，推行雖不遺餘力，惟因全省代理國庫機關，僅有七十二間，而代庫機關之人力不足，及辦公時間短促，均尚不足以應實際經收之需要也！

年初對於營業稅人員之勉勵，除以潔身自愛外，前曾請求稽征技術之改進，調查須詳，必須注意計征，儘量減少估計方法，以便稽征嚴密，合理公平，並訂臨時營業稅稽征辦法　與一內所利得稅妥爲配合征收，施行以來，頗著成效。

以前對於牙行經紀業及水上運輸業，尚少注意　本年迺經切實稽征，俾各業負担公平，藉示觀感，亦由城市儘量推廣至於鄉鎮，蓋鄉間時有不少工商營業，爲避免影響於鄉間者，並訂鄉鎮營業稅稽徵辦法，呈准施行，以利稽征。

八、樹立超然計政基礎

本局會計業務，前由計核課主辦，各分局則尚無會計室之設置，或會計人員之配備，故關於計政一項，尚待推行，年初改計核課爲會計室，先置設計會計二股，嗣加設統計稽核股，七月調整機構，復於一二等分局各設會計室，三四等分局配備主辦會計人員，並於各查征所設會計助理員一人，各項會計設計之規劃，概秉承部處會計長及會計主任之指示，依照主計法規與本稅會計制度進行。

一年來爲充實會計幹部，曾經考取會計統計助理員　先後兩次共四十五人，並送請東南及西南講習班／設遴高級會計員來省服務，一面羅致熟練人才，以利會計工作，並着確立會計程序，曾先後擬訂省局會計室組織規程，省局會計室辦事細則，各分局會計處理程序及應行注意事項，各分局會計室辦事細則，經費領銷辦法等項，使各級會計人員，循序以赴，並予會計助理員以統計理論及技術之訓練，使嫻統計事項，本年來統計工作多屬于本稅業務方面，至經濟財政之統計，正在着手中，經一年來之策劃推進，本局之會計組織業經完整，計政基礎於焉確立。

九、歲入超收歲出節約

本年度歲入預算為五千二百餘萬元，營業稅較多，所利得稅次之，自經年初之積極籌備，四月發動稽征之後，稅收漸旺，七至九月參與全國征收競賽，結果幸列亞軍，僅次於陝西，各種稅收超過，以時間言，九月份最旺，以地域言，韶關為首，興寧、遂溪次之，以稅類言，一時營利事業之所利得及營業稅最鉅，總計本年度稅收當在二千五百萬以上，較上年度約增廿倍，而以上年度本稅稅收三百餘萬，及財廳辦理時之營業稅稅收七百餘萬，合共為一千一百餘萬，兩相比較亦增七倍左右。

本稅征收經費，最合經濟原則，粵省本年度之歲出亦本此原則而編配，本局暨所屬分支機關經費預算數，經常部份，初核定直接稅經費為七十萬零八千九百元　營業稅經費六十萬元，合此二數，平均每月祇得十萬餘元，以機關單位計，平均每單位每月祇得千元，以人數計，每人祇得百元，其窘絀情形，可以想見，故年初數月以業務開展，因應漸繁，張羅籌措，煞費苦心，所幸稅收激增，至六月間呈奉部處核准追加經費數一、一一九、一九一元，又直接稅臨時經費原定一七、〇〇〇元，亦奉准追加二〇〇、〇〇〇元，經臨費總計二、六五五、〇九一元，經費之分配，辦公費類與俸給數相埒，足見值此時物價高漲，使成辦公費之大量支出，省局辦公費內有二十萬元為旅費，此為考訓人員旅費及加強督察之用，因此省局經費甚屬短絀，而物價日高，雖極力撙節，亦常感不敷支應。

本年粵省各地物價波動甚大，同仁生計頗感痛苦，各局所對于造報平米代金，手續未能及時辦妥，以致部款迄未發下，本局爲維持同仁生活起見，墊發過去之款，常在百數十萬元，最近結帳尚墊支五六十萬元，至於分支機關之經費，則逐月清發；俾資維持。此外就職員宿舍，向財政局借撥平米房，均分配職員、盡皆爲謀同人福利之工作，[illegible]以致華令班平米代金未准撥發以前，准將一兩保証金或官收税款項下暫先挪墊，俟部款准到再行歸墊，同人生活，藉得安定。

由上述歲入歲出各款以觀，則全年歲出經費佔歲入百分之三點，如歲出經費，生活補助費及平米代金三項合計約五百萬，亦僅佔歲入百分之六點，在此物價指數猛晋之際，本省征收經費，尚能本一貫之經濟原則進行，未嘗非本税奏徵之一耳！

四、

附表 五、

六、

七、

財政部廣東直接税局卅一年度歲入預算與實收數比較表 附表(一)

税別	預算數	實收數	比較增減
所得税	7·000·000	12·012·058	增 5·012·058
利得税	11·800·000	22·408·717	增 10·608·717
遺產税	1·000·000	1·1 17·380	減 1·3298·261

[illegible]　　一四

印花稅	2·500·000	1·115·036	減 1·384·964
營業稅	30·000·000	41·759·204	增 11·759·204
懲罰及其他收入	12·500	108·194	增 95·694

財政部廣東直接稅局卅一年度各種稅收統計表

附表五

（單位元）

稅別／金額／月份	所得稅	利得稅	遺產稅	印花稅	營業稅	懲罰收入	合計
一月	93 127	126·629		(7·697	1·053·235	1·383	1·348·071
二月	130·924	231·966		70 564	752·355	1·718	1·187·527
三月	186·295	397·974		79·843	1·978·581	9·027	2·652·526
四月	223·576	422·461	150	81·824	2·453·704	8·662	3·190·377
五月	557·446	1·409·986		70·086	3 373·281	12·800	5·423·500
六月	1·466·120	2·773·440	348	72·716	3·293·281	2·205	7·611·110
七月	934·629	1·584·120	1·350	71·733	2·970·995	2·520	5·566·347
八月	1·097·514	2·092·724	250	87·614	3 054·057	14·224	6·346·383

九　月	1·031·499	3·637·416	3·943	110·670	5·408·930	15·001	11·127·617
十　月	1·456·048	3·070·797	4·178	109·440	5·264·298	21·038	9·928·790
十一月	2·030·462	3·456·582	3·688	120·278	5·512·320	3·722	11·127·052
十二月	1·884·418	3·201·622	3·484	172·571	6·644·145	9·001	11·742·669
總　計	12·012·058	22·406·717	17·390	1·115·036	41·759·204	108·194	77·418·599

附表六

財政部廣東直接稅局卅一年度各分局所稅收統計表

（單位元）

名　稱	合　計	所得稅	利得稅	遺產稅	印花稅	營業稅	懲　罰
總　計	77·418·599	12·012·058	22·406·717	17·390	942·463	41·759·20	108·194
韶　關	18·174·953	3·271·761	5·854·166	750	942·465	7·929·148	4·089
興　寧	13·551·081	2·759·717	5·228·840	1·713		5·560·607	201
揭　陽	3·516·888	626·149	974·130	850		1·914·123	1·636
[illegible]　來	977·439	28·750	14·115	2·580		931·994	
龍　川	3·463·305	440·331	1·316·409	7·157		1·697·429	1·675

[illegible]

河源	4·456·440	601·415	1·861·846	850		1·989·510	2·819
清遠	2·910·666	301·640	320·275	870		2·267·330	20·521
肇慶	4·558·752	537·324	578·704			3·437·376	5·3·8
開平	3·939·144	530·006	816·363	1·415		2·571·181	20·179
[illegible]	6·640·711	941·545	2·571·161	362		3·120·657	6·996
陽江	1·837·575	78·878	101·528	330		1·630·931	26·238
茂名	2·092·332	418·169	504·306			1·165·014	4·843
遂溪	9·786·606	1·190·727	1·769·450			6·818·157	13·272
合浦	1·5[illegible]·707	285·653	493·424			730·717	3 0

財政部廣東直接稅局卅一年度歲出預算及分配表

附表七　（單位元）　說明：省局辦公費內包括旅費200,021

科目／機關	總計	俸給費	辦公費	特別費	購置費	查徵費	所屬查徵所經費
合計	2·344·041	[illegible]·692·980	5[illegible]0·641	101·500	67·300	82·360	0·[illegible]58·760
省局	591·401	[illegible]	[illegible]	78·100	100·000		

韶關	249·080	69·980	33·600	3·600	4·800	10·420	126·680
興寧	187·860	52·880	23·340	3·600	4·800	9·200	94·020
肇慶	175·700	50·000	23·340	3·600	4·800	8·820	85·140
茂名	125·360	38·360	17·880	2·400	2·400	5·900	58·420
開平	139·540	37·010	17·940	2·400	2·400	6·700	73·090
河源	115·750	36·970	13·200	1·350	1·800	5·100	[illegible]·330
合浦	78·940	24·300	9·850	1·350	1·800	4·300	37·340
揭陽	143·510	23·520	11·500	600	600	4·800	102·490
惠來	84·420	12·600	7·000	600	600	2·800	60·820
龍川	76·740	23·270	11·500	600	600	4·600	39·170
瀧南	77·140	16·800	6·000	600	600	3·000	50·140
陽江	71·650	20·960	8·750	600	600	4·300	36·440
遂溪	109·680	34·320	16·200	1·500	900	7·800	48·960
清遠	114·370	21·050	8·300	600	[illegible]	[illegible]	78·720

十、結語

綜觀營業稅務，以過去與未來之概況及進行步驟，已略如上述。至于營業稅基已漸就奠定，穩固基礎。惟吾人并不因此遂引為滿足。本省營業同人，對此欣欣向榮之新興事業，自當倍加愛護，竭其精力，發揚而光大之，使成為中國進步之基石，亦即是站定效忠國家之崗位，完成所負之使命云爾。

勘誤表

頁次	行次	誤	正
目錄	八	附圖：廣東直接稅局稽征網階備圖	
一	十五	但一年來	經一年來
二	七	粵省過去	過去粵省
二	八	人員全部七八百人	人員七八百人
五	三	小數	少數
五	七	直稅漸漲	直接稅漸漲
五	十三	計算單位	計征單位
九	九	交通則出行	交通則尚有
一〇	十三	莂者	前者
一一	七	推行	一年來推行
一一	一〇	以便	以使
十三	一	籌撥墊發	籌墊
十三	九	附表四五六七	（略）

广东省政府财政厅工作报告书

广东省政府财政厅　编

三十五年十月至三十六年四月

廣東省政府財政廳工作報告書

附省銀行

廣東省政府財政廳工作報告書 卅五年十月至三十六年四月

前次

貴會於卅五年十月間舉行第一次大會時梅和曾將財政廳三十五年四月至九月工作情形提出書面報告有案茲値

貴會舉行第二次大會謹將本廳自卅五年十月起至卅六年四月底止各項工作情形分別報告於次

甲、省縣財政收支

一、省財政

(一)卅五年下半年度收支情形

自三十五年七月份財政收支系統改制省級財政恢復全省政費昔由中央撥款者今改爲自籌自給惟系統法規定指撥爲省收入者僅得土地稅(包括田賦)之二成營業稅之五成財源短絀度支困難於斯可見且改制之初接辦新稅一時未能如期收入所恃爲挹注占全收入百分之八十之田賦徵實又以開徵較遲緩不應急七八九三個月政費尚可藉中央撥借一屆十月中央撥借停止而庫收無多百計張羅難期因應於是梅和遄赴南京請求解決蒙財部特別核准以本省庫實作抵由財部担保向四聯總借十月份政費二十六億元並以本省下半年度收入預算所列賦谷折價每市石一萬八千餘元爲太高即收入數字增大無異使中央對與補助核定額減少經向財糧兩部請求核減爲每市石折價一萬五千餘元因此得增加補助十二億餘元奉行政院核准交財部照辦另以糧部爲籌糧源向本省價購賦谷二十萬市石得預付定購款十八億元三數合計五十六億餘元均由行庫照撥而十月以後稅課續有收入於是下半年財政在萬分艱困中差可解決查奉核定卅五年下半年度預

算原列支出收入數各爲一六、六八五、五三二、〇〇〇元收入預算以課税收入九、五七三、五八八、〇〇〇元爲主體中央補助收入六、九八二、九四四、〇〇〇元次之其他各項收入爲一二九、〇〇〇、〇〇〇元但實際收入税課一項僅得田賦及公糧售價五、七二六、七八二、四五八·五一元營業税四六二、〇九二、六一四·三七元地價税六二七、二〇八、七一一元連其他各項收入一六六、五三六·六四元合計不過爲六、一八九、六六八、八一八·二三元故收支比對相去甚遠苟非一面設法向中央請借增補預售一面加緊督促經征機關擴征解庫殊未可渡過此難關也

（二）卅六年全年度預算及一至三月收支情形

本省卅六年度預算歲入歲出各爲八一，一六一，三三六，〇〇〇元收入方面計田賦部分一百二十億元帶征公糧變價部分九十億元營業税八十億元地價税（包含土地增值税）十四億元中央補助田賦征收經費七十六億元各縣協助田賦征收經費十七億元各縣田賦及營業税提解協助款三十一億元其他收入（包括罰款及賠償收入規費收入省有財產孳息收入省有財產售價收入省有營業盈餘及事業收入）三十一億元以上合計共四百六十億元不敷三百五十二億元有待於中央補助現已將預算書呈送中央尚未奉准在新預算未核定前仍暫照卅五年下半年度預算撥支本廳因應庫存儘速答撥目前庫收除催收卅五年度各項税款田賦舊欠暨加緊催征卅六年度各項税款外其餘則賴中央撥發一至三月份補助款三，四九一，四六〇，〇〇〇元暨卅五年十二月份至卅六年三月份生活費增加數一，六四六，四五二，〇〇〇元連同卅六年一至三月份各項税賦已解庫數三，〇七一，四六三，六〇一·〇〇元總計一至三月份收入實數爲八，二〇九，三七五，六〇一元一至三月份之經常支出已籌措應付此後更應加緊督征預期各項税收數字能超過比額惟整個預算收支不敷仍鉅尚有待於加倍努力與中央之補助也

二、縣財政

（一）卅五年下半年收支情形

卅五年度全省各縣市收入預算共計爲一百三十八億〇三百九十二萬一千六百元半年度即爲六十九億〇一百九十六萬〇八百元下半年奉令將營業稅五成土地稅（包括田賦）五成契稅全部撥歸縣市後下半年收入預算即增至一百九十八億九千七百二十七萬七千元此外尚有遺產稅之三成各縣市卅五年度收支可望平衡公務員役薪工已漸趨改善

（二）卅六年度核定預算情形

卅六年度各縣市收入預算稅課收入預算約佔八百八十七億八千二百八十萬元其餘各種收入預算約佔三百五十六億七千八百九十五萬元合計歲入爲一千二百四十四億六千一百七十五萬元支出預算以生活補助費爲最多約佔八百五十九億七千八百三十九萬二千元其餘各種支出約佔三百八十四億八千三百三十五萬八千元合計歲出亦爲一千二百四十四億六千一百七十五萬元

三、調劑盈虛補助貧瘠縣份

本省原定計劃對於貧瘠縣份請求中央撥款補助嗣奉中央頒布統籌調劑各縣市財政盈虛辦法即由本府將卅六年度收入特多之廣州中山等十七市縣營業稅田賦土地稅留縣部份提解協助款百分之二十全年預算可提得協助款三十餘億元至享受補助款縣份除連南保亭樂會白沙四縣全部經費由協助款補助外其特貧縣份有乳源連山等七縣每縣全年補助四千五百萬元至貧瘠縣份有平遠封川等十七縣份每縣全年補助三千三百萬元以上合計補助一十二億九千萬元外尚餘

二十餘億元留爲荒歉救濟及農田水利道路暨年終後體察各縣短收情形再行補助

乙、整理稅捐欵產

一、營業稅

營業稅自卅五年十月底接收完竣十一月份普遍開征惟直接稅各經征機關因職權既經確定移轉對於七至九月份應征稅欵皆擱置未辦本廳接辦後祇有兩月即屆年度終結以兩月時間辦理半年度稅收爲期未免過促且照中央核定本省卅五年下半年度營稅收入預算一十九億元較之卅五年上半年度實收數僅六五五，八五六，五七五元距離亦復過遠乃一面督飭稽征並力求簡化手續暨責成與各當地稅務機關切取聯繫積極控制稅源一面將卅五年下半年度營業稅一律展限至卅六年三月底全部征竣計由去年十一月起截至本年三月底止五個月期間合計征起上年度下半年稅欵一、九八四、六一〇、四九九元除仍有一部正在積極催收外其征起數已超過原定預算即較諸卅五年上半年收入六五五，八五六，五七五元亦增至三倍以上

二、土地稅

査本省城鎭宅地地籍前經整理完竣依法應行開征土地稅者有台山等六十五縣市局惟過去評定地價過低尚須重估造冊方能移交稅捐處開征而各縣對於地價重估及編造地價册工作或因縣庫支絀經費不能支應或因前存地籍册於淪陷時失去致未能依期辦竣截至現在止已開征地價稅者有廣州河源紫金翁源饒平普寧陽江樂昌五華新興博羅雲浮汕頭（該市地籍於卅五年末整理完成）等十三縣市已開征土地增值稅者有河源恩平清遠英德翁源高要開建雲浮新興四會惠

陽博維陸豐紫金饒平曾寧大埔九華連平陽江陽春廉江電白靈山連縣南雄始興樂昌廣州汕頭等三十縣市至其餘各縣迭經嚴催延速辦理其確屬財政特別困難無法支付重估經費之縣份亦經簽請省府准由省銀行先行墊借並着將原有地價冊改編應用以資節省其地價冊已編竣而尚未開征之縣份並經限期於四月或五月開征又各縣編造總歸戶地價冊經費業已分別撥發估計本年度各縣城鎮宅地繼續加以整理後土地稅收入約可達七十餘億元

三、契稅

本省整理契稅期間自奉財政部核准由三十五年度十二月一日起繼續展限至三十六年六月底止延長七個月即經通飭各縣市局布告週知至本省三十五年下半年度契稅配額奉財政部核定為一二五，〇〇〇，〇〇〇元本省縣市局計共一百〇三個單位除南雄樂昌曲江仁化始興乳源連縣連山陽山等九縣經舉辦土地登記應依法停征契稅及樂東保亭白沙三縣係屬黎境連南縣係屬徭境情形特殊暫緩配額外其餘南海等九十縣市即照上項核定總額就各縣地產價格及過去征收情形酌量勻配查各縣接辦後於三十五年下半年度開征者計有新會廣州等六十四縣市共征起正稅一七六，〇九三，三二七元五三分契稅附加二九，五八八，〇三四元八三分核與原定總額超征五千一百餘萬元三十六年度開始後本廳為使業戶澈底明瞭稅契意義以利稽征起見經通飭各縣總征機關將政府征收契稅要旨及在整理期間雖陳年白契亦准補稅免罰以口頭文字兩種擴大宣傳又本年度各地產價不無變動並經通飭各縣切實調查如原評價格與現實相差在百分之五十以上者即應從新開會評定公告實施現已據各縣陸續重評至本年度各縣征收契稅配額因與各縣評定產價有關一俟報齊即可核定計三十六年度開始後截至現在（四月廿三日）止據各縣報告征起契稅二七八，五二九，四二三元八六分附加六九，六〇八，四二〇元五三分關於契稅附加一項本年三月間奉財政部代電經行政院核定改爲省有現仍照原定附加率按正稅百分之二十五繼續征收

四、地方稅捐

（一）縝密核定比額督促加緊稽征

本廳核定各縣市稅收比額除分別淡旺月辦理外并根據各縣市人口富力及經濟情形縝密釐定同時督促加緊稽征厲行獎懲查全省一百〇三縣市局三十五年全年度稅捐收入預算數爲一百〇三億九千〇三十二萬九千二百元本廳核定各縣市全年度稅收比額共爲一百五十六億〇一百七十　萬元至全年各縣市實收稅款合計爲一百五十七億八千一百八十三萬元比預算數超收百分之五十以上比核定比額數溢收一億八千〇〇五萬元

三十六年度開始後核定第一期一、二、三月份稅收比額月各三十四億八千四百九十萬元第二期內之四月份則爲四十二億二千五百萬元統計一至四月份稅收比額爲一百四十六億七千八百五十萬元至一月份全省各縣市征起稅款有三十一億二千八百八十四萬元二月份除花縣等十縣尚未據報外其餘各縣市征起有三十一億四千六百六十四萬元均達到比額九成以上至三四月份實收數因鄉遠及時間關係多未報齊未能統計

（二）改善征收手續及嚴禁攤派勒征

本廳爲利商便民對於各種地方稅之征收手續力求簡便妥善故於本年三月間將各種地方稅之征收細則改訂時已將征收手續分別改善同時製定各種地方稅征收手續表於本年四月十二日訓令各縣市及稅捐稽征處遵照至抽收苛什及攤

派勸捐向在厲禁之列本廳恐各縣日久玩生特重申禁令於本年二月廿八日通飭遵辦如違究處

五、清理公有款產

（一）國有財產

迭經督飭各縣市依照院頒調查表式編造擬報調查完竣或並無國有財產者均經分別彙轉財政部核辦其餘未報各縣仍在督飭查報中至本省沙田據已往調查測量統計面積連近年淤積漲生約共有五萬頃其中不少屬於國有土地其收益經呈奉財政部核定六成解繳國庫四成補助本省財政之不足並訂定「廣東省國有沙田放租放領辦法」「廣東省國有沙田補償換証辦法」「廣東省國有沙田獎勵舉報辦法」三種公佈施行惟因本年度辦理此項事務之收支預算尚未奉中央核定全部工作未能即時展開至人民陸續申請承領補償事項已在審核辦理中

（二）省有財產

前於抗戰時期機關播遷原有官產檔案多處散失清查不易經實行獎勵舉報陸續清理除權源尚未確定各案外已清查收回管理者計本市萬福路房屋四間及八旗大馬路廣東中央銀行舊址長堤建設大廈東較場公共運動場大沙頭公田等處

（三）縣市公有款產

前經一度清理分別組織縣市公有款產管理委員會鄉鎮財產保管委員會分層負責管理其未清理完竣者并迭經督飭各縣市限期辦竣茲至本年四月份止據各縣市查報公產收益合計房屋六五六間田地五七·〇四六，四畝水塘一三，八〇二，二一畝全年收益現款一一，一五一，五〇五元實物二一·七〇二，九二市石另水塘魚六六〇斤仍在繼續督飭清理中

丙、健全財政機構

一、改組稅捐征收處爲稅捐稽征處

查本省自三十五年九月間奉院令頒縣市稅捐稽征處組織規程經遵令因應實際需要先行訂定各縣市稅捐稽征處編制經費等級等表於三十五年十二月廿日頒行各縣市飭由本年一月一日起將原設之稅捐征收處一律改組成立稅捐稽征處有案其辦理經過情形如次

（一）訂定編制等級

依照原草案第三條之規定各稅捐稽征處按其稅收多寡及事務繁簡分爲五等現全省各縣市處除廣州市範圍較大另擬編制呈部核示外計經定爲一等者有汕頭等十四處編制員額各共七十五人二等者有梅縣等十處編制員額各共六十一人三等者有河源等廿四處編制員額各共四十二人四等者有化縣等廿三處編制員額各共三十一人五等者有豐順等十處編制員額各共廿六人另有萬寧等廿一縣局因係貧瘠縣份爲減輕地方政費負担暫不設置稅捐處由各該縣局兼辦

（二）改組情形

各縣市奉令改組後除有少數縣份因奉令過遲籌備不及請准改期二月實行外其餘多已呈報遵令於本年一月一日起改組完竣依照院頒組織規程已無主任秘書巡察員課員等職稱此次改組除將原任主任改派爲處長外原任秘書者酌改派爲課長原任巡察員課員者令飭依照新編制分別妥予改派相當職務

二、限期裁撤財政整理委員會

限令各縣市至遲於本年四月底將各縣市財政整理委員會裁撤改設公有欵產管理委員會至該會辦事細則亦經訂定令發遵行

丁、金融公債

一、金融緊急措施

查本年二月間本市金融市場因受上海金融漲風所波及發生劇烈變動刺激物價狂漲市場騷然本廳爲維持社會秩序安定民生起見當經酌察實情擬具金融緊急措施對策三項徵詢本市金融界及有關機關意見後簽奉省政府核准施行一面會同市政府市警察局分別派員分組赴市內各區嚴密禁止黃金外幣買賣一面洽商海關加派人員前往各機場碼頭車站公路嚴密檢查金銀鈔票進出口並佈告獎勵舉報違法買賣暨禁止各銀錢庄號簽發銀單本票同時根據案冊及調查結果先將違法設立之銀錢庄號分別勒令停業經旬日之努力黃金外幣均已停市一般物價回跌人心安定嗣因中央頒佈經濟緊急措施方案遂將本省所訂金融緊急措施佈告廢止遵照中央方案加緊執行

二、管理銀錢業庄號

查向當金融機構係由中央直接管理本廳僅處於協助地位玆將自去年十月至本年四月底半年來廣州市銀錢業店號之設立及本廳協助管理情形概述如后

本市銀錢業店號設立家數計由去年十月至本年二月初旬止根據本廳歷次派員調查結果共有一百八十八家內有八十一家查係卅六年六月以後設立者業於本年二月間本市金融發生波動時由廳會同警察局執行勒令停業又另有兼營找

換貨幣之其他商號卅二家亦經勒令停止兼營找換業務至現存者除有十二家已奉財部核准復業者外其餘尚未奉核准者仍有九十五家再查本廳前奉財部電以廣州市找換店飭由本廳會同中央銀行查明各店戰前營業性質及現在業務狀況報部核辦當經於本年二月中旬和會同央行派員檢查各該店號業務現經檢查完畢正會同央行嚴密審核中

三、推設縣銀行

查本省推設縣銀行係依照卅五年度施政計劃辦理截至去年九月底止已成立開業者除韶關南雄鬱南三縣因戰事停業已另案監督清理外計有高要等拾二縣已成立縣銀行籌備會者有新會等廿一縣市去年拾月至本年四月底繼續推設計先後據報已成立籌備會者又有寶安等拾三縣但縣銀行法規定縣銀行須股本募足二分之一以上始得向財部申請登記領照開業現已募達法定數額辦理註冊手續並經成立開業者僅有台山東莞兩縣連前共拾四縣又廣州市銀行最近已奉部頒執照准予開設

四、清理汕頭市商庫證

查汕頭市於民國廿三年間因調劑市面金融發行之商庫証除前經收回一部外計尚存市面之商庫証六，四四六，四三〇元未贖回押產之領戶三七五戶復員後經本廳派員會同該市各機關法團組織汕頭市商庫証清理委員會負責接管押產清理庫証事宜并由該會分別擬具各項清理辦法規定庫券照原額每元比對國幣八三三申算加四十倍收兌贖產照原押戶領庫券額每元比對國幣八三三申算加一百倍贖回兌券期間由卅五年拾月二拾日起至十二月十九日止爲限贖產則據九月十六日起至十月十五日爲申請期間（隨展至拾一月拾五日）案經省府核准後飭令遵照辦理計截至本年二月底止由報巳贖回押產者三二五戶收回商庫證額五，一三五，九六三元收起贖產價欵國幣四〇五，八六九，七九一元七九分未贖者五〇戶商庫証額一，三一〇、四六七元上項未贖押產除一部份因業權糾紛須候法院判决一部份有關逆產經查封須候主管機關處理後始可取贖外其因不服贖產辦法觀望不贖者並向法院訴請假處分惟所持理由不充份巳經汕頭地方法院駁回本廳爲維持清理原案及政府威信經擬擬辦法簽呈省府令飭赶速清理限期結束以了懸案至清理商庫証所得盈餘經據汕頭市各機關法團電報得有四億元擬照案規定撥作地方經濟建設及教育之用計分配一億五千萬元爲中心小學校舍及中山紀念堂建築費二億五千萬元爲東南堤碼頭等貨倉建築費當經提付省務會議通過在案此事隔拾餘年相沿數任糾葛不清之積案經已設法調理徵詢各方意見及顧慮多面權益訂定妥善對策加以解决矣

五、結報卅三年盟債

查本省奉令籌募卅三年同盟勝利公債配額國幣三億元經於去年分配各縣市局飭依規定籌募由廳督促辦理計截至本年四月二十日止據各市縣局電報募起債欵共二二四，九四一，八九八元經達配額七成五計其中經照額募足省有開平等四十三縣巳辦結報者有花縣等廿五縣現正嚴飭各縣加緊募繳結報中

戊、推行庫政

一、設置省庫

本廳自改訂財政收支系統實施後即積極籌設省庫委託省銀行代理於卅五年十月一日正式成立除省總庫外計省分庫九十三所省支庫九所幷隨時體察情形陸續排設

二、訂定省庫規章

自改訂財政收支系統實施後即訂有省庫組織規程省庫收支處理辦法省庫派員收款辦法及保管品處理辦法四種嗣以公營事業機關收支處理及查核辦法收入退還支出收回處理辦法公庫主管機關稽核各機關庫款收支辦法雖經中央訂定頒行惟省級財政恢復自不適應乃再訂定廣東省營業機關收支處理及查核辦法廣東省庫收入退還支出收回處理辦法省庫主管機關稽核各機關庫款收支辦法提經省務會議通過公佈施行並轉報行政院備案

三、推設縣分庫

本廳爲期早日完成本省公庫網迭經督飭各縣市推設縣分庫惟各縣市以限於經費且各鄉鎮多無銀行或郵局設置推設頗感困難截至現在止共成立縣分庫五十四所

己、辦理稅收人員考核

本廳爲加强稽征效率厲行考核制度對於各縣稅收人員按其成績優劣分別予以獎懲查卅五年度各稅捐處長總考最優者爲海豐處長黃競經晉升爲南海處長優良者有廣寧四會清遠等處長擬分別獎勵其較劣者有南海縣湛江市等處長已予更調

庚、辦理各縣稅收人員控案

自卅五年十月至本年三月止共受理被控案件共三十八宗其中卅五年十月至十二月共廿一宗本年一月至三月共十七宗經辦結束者共十八宗其中查有實據經懲辦者八宗查無實據經予免議者十宗在偵查中者共廿宗總懲辦之稅收人員

九人其中經扣送法院依法辦理者有瓊山稅處處長定安稅處課長等三人撤職查辦者有從化稅處處長一人經由縣會同該縣法院查封家產者有普寧稅處征收員方聲英一人予以記大過處分者有廉江稅處長茂名稅處長信宜稅處長連平稅處長等四人

辛、縣市交代積案

一、清理交代積案

查本省各卸任縣市局長已往恒多不能依限清結所有清理情形前次業經向　貴會報告近經積極清理分別登報公告及轉行原籍縣政府查傳勒限回縣清辦其情節較重者並依照交代條例予以懲處

二、辦理年度假交代

本府爲督促各縣按年舉行業務整理起見於去年十一月訂定各縣市局辦理年度假交代辦法通飭於每年度終了後二個月內辦理假交代一次並定爲工作成績考核之一使各縣按年實施業務檢查便利將來交代至卅五年度各縣假交代案業經先後由各縣呈繳核辦中

壬、出巡中區各縣經過

梅和於本年三月廿五日至四月十四日止曾先後出巡中區番禺中山順德南海三水等五縣此次出巡除對一般縣政作普遍檢討外對財務行政尤注意督導

前述各節爲本廳最近半年來工作大概情形自去年下半年實行改訂財政收支系統後各縣市財政確已漸趨充裕惟省級財政以稅源短絀支出浩繁且以物價影響收支預算尚難平衡此後自當嚴密稽征加强督導並請中央儘量補助以增庫收仍祈

貴會諸公多賜協導以匡不逮爲幸

廣東省銀行工作報告書

卅五年十月至卅六年四月

本行去年一至九月份工作概況前經貴會第一次大會報告有案本年度一切措施仍繼續去年度計劃益求進展以活躍地方金融配合省政建設爲鵠的佐人受事以來深感暢通僑匯以摛取建設資金發展省際貿易以調節各地物資實爲當務之急惟因海外省外機構迭經陳請增設不特未獲邀准且復奉 財部令飭將原已設立機構結束觀察情形斷非文電往還可收成果乃於去年底親行赴京詳陳本省特殊情形據理力請卒獲邀准本行海外原設機構繼續營業並蒙特許爲辦理僑匯銀行至滬漢津三地通滙機構亦奉核准設立此於本省經濟與金融之發展裨助殊多茲將去年十月至最近止之工作情形摘要分述如次

甲、組織方面

一、擴展省內外金融機構

本行爲活動地方金融溝通省際匯兌及物資流通經體察省內外各地需要逐步密佈金融網以利業務省外滬漢津等地通匯處業經呈奉財部核准設立除滬漢兩處已成立外現正派員前赴天津調查計劃設處一俟籌備完竣當可成立省內機構計增設者有本市石榴崗及海豐縣城兩收支處暨恢復南山專庫改組爲收支處者有開平之長沙及湛江之西營兩處暨新會專庫改組爲專庫者有平遠龍門蕉嶺陽山仁化開建德慶等七處今後仍當針對環境需要隨時調整以資適應至各專庫職掌除辦理庫款收支外仍兼辦匯兌業務其原由本行辦理農貸之縣份各該專庫亦仍賡續辦理對於地方金融及農村經濟均能

額及現計分支行處庫共有一百二十四單位

二、增設國外機構

查粵人旅居海外爲數之衆甲於全國每年滙回之欵殊鉅本省經濟金融固賴此以活躍抑且足以減少國際收支之入超本行與各地粵僑言語相通鄉誼密切且省內各縣遍設機構並於偏僻鄉村廣覓代理店平日解付滙欵向稱便利僑胞咸樂託滙故本行吸收僑滙逐年均有增加確具有優越條件現香港澳門星加坡三行業奉　財部核准繼續營業越南海防暹羅曼谷之僑匯機構對於本省僑滙溝通關係極大現呈請財部正式核准設立中其他華僑密集商埠亦已積極分別調查擬分別訂立通滙辦法

三、恢復經濟研究室及籌設僑滙部

本行爲研究本省金融經濟促進業務推展并協助本省經濟建設起見經將經濟研究室恢復於去年十一月十一日成立又本行奉　財部指定爲辦理僑匯銀行爲加强溝通僑滙業務起見特籌設僑滙部以專責成現已指派人員加緊籌備不日當可成立

四、整理中山中正兩林場

本行於抗戰期間在連山及曲江所經營之中山中正兩林場面積甚廣規模宏偉但銀行經營林場受現行法令限制未便繼續辦理經將中正林場於去年　主席蔣公六旬誕辰時獻呈祝壽並呈奉　省府飭農林處派員接辦在案惟農林處以工作繁重該項經費尚未列入預算故迄未接辦現經與中國植物油料廠洽妥將該場租與經營仍聲明該場已呈獻俟飭令林場承

租期內不得變更名稱並將洽辦情形呈奉　省府核准備案至中山林場現亦經決定先將一部桐林出租爲鄉有林或與連山各鄉公所合作經營

乙、人事方面

一、訓練人材

本行爲造就優秀業務人員加强服務能力及提高工作效率起見特在總行設立行員講習班延聘經濟金融專家担任講授抽調職員參加講習去年已舉辦五期本年繼續辦理第六期最近業已結業現正將全行人員施以衆能訓練務使各員能辦理數種業務而使一人可作數人之用以利業務推展

二、加强人事管理

本行人事管理去年經將各項章則修訂施行加强考核由各層級分別負責務使嚴密健全而達信賞必罰之目的其成績操行惡劣人員年終考績時均予裁汰以資整飭至在職十年以上年逾六十而身體衰弱不勝任職經核定退休及申請退休者去年計共十八人本年適合退休者現經分別辦理又行員資歷優良而成績卓異者爲扶掖成才裨助業務推展起見現正擬訂行員進修及考察選送辦法俟提董事會通過後即可施行

丙、業務方面

一、吸收存欵

本行推行各種存儲以吸集社會游資輔助經建事業經隨時因應需要提高利率優待存戶簡化手續便利提存由各行處

積極吸收計普通存款去年總餘額爲八十七億餘元本年截至三月底止則爲一四，五九〇，〇〇〇，〇〇〇元與去年底比較增加五十八億餘元儲蓄存款去年總餘額爲一，三二五，五七六、三二二、四一一元本年截至三月底止爲一，七九五，一八四·〇六六元八一分較去年底約增加五億餘元（四月底數字因各行處表報尚未到齊未能統計故截至三月底止以下同）

二、舉辦放款

本行放款向以扶助地方生產建設事業爲主本年自中央實施經濟緊急措施方案後更力謀配合去年放款總餘額爲三拾七億餘元本年截至三月底止則爲四，三四三，三〇〇，〇〇〇元（農貸未計入另列在本節第四項）內工礦業一，三一七，二〇〇，〇〇〇元特產貸款一，一〇二，九〇〇，〇〇〇元交通事業一，一三六，六〇〇，〇〇〇元政府機關五二六，二〇〇，〇〇〇元商業及文化事業七三八，九〇〇，〇〇〇元修建房屋五二一，二〇〇，〇〇〇元比較去年底約增加六億餘元此外尚有押滙及買滙放款共五十八億餘元對於輔翊經濟建設協助省政推行及融通工礦商等業資金以扶掖其發展已盡最大之努力

三、推展滙兌

本行滙兌手續日益簡化接匯與解款亦日臻敏捷去年匯款總額約九百餘億元本年截至三月底止總額已達五百八十三億六千四百一十餘萬元較之去年同期（照去年匯款總額平均計算）增加三百五十億餘元又華僑匯款爲五十億〇七千八百萬元較之去年同期增加廿五億餘萬元僑滙業務關係地方經濟甚鉅經呈奉　財政部核准本行已設立之海外機構

繼續營業爲配合擴展業務計現正籌設儲蓄部使責有專司以期益加進展

四、推行農村貸款

本行去年辦理農貸地區計有曲江等卅九縣貸款總額爲一億二千萬元另代中國農民銀行辦理曲江等十一縣緊急救濟農貸五千萬元嗣又增辦冬耕貸款一億元全年放出貸款除收回外結餘一億九千三百五十餘萬元本年度在農行未全部接辦以前仍在貸區內加强各種貸款以調劑農村金融增加農業生產計農貸總額原定五億四千萬元嗣因曲江鶴山合浦陽江等四縣農貸農行尚未接辦乃增加二千三百一十萬元辦理該四縣生產貸款合計實爲五億六千三百一十萬元貸款目的側重扶助農業特產（如甘蔗菸葉漁鹽蠶絲等）及小型農田水利工程以因應增產需要截至三月底止放出貸款除收回外結餘二億七千二百六十餘萬元最近財部復催促將本省全部農貸移交農行辦理以符專業化之旨正在洽商中

五、推廣信託

本行信託業務仍於不抵觸現行法令之下，本服務社會主旨銳意推進其重要工作如下（一）吸收信託存款截至本年三月底止餘額爲一六九，二一七，四〇九，七五元（二）加强倉庫業務加求手續簡捷以便顧客提存貨物除已恢復廣州韶關及九龍倉庫外其餘省內重要地方亦正覓址籌設（三）繼續與中央信託局簽訂新約除代理本市水火保險外另再代理江門南雄惠陽肇慶石岐佛山市橋海口湛江興寧梅縣清遠恩平沙坪開平之長沙等十五處保險業務復與穩安保險公司簽訂合約代理火險並代客保險（四）舉辦保管業務將接收僞省行保管箱一百五十個修理完妥於去年十一月開始經營經已全部租出而請求租用者尚多現正設法增加保管箱以應顧客需要

六、代理公庫

本行代理國庫支庫事務係受中央銀行委託辦理截至最近止已成立者計有惠陽等七十一支庫暨隘隆等六收支處合共七十七單位收付庫款由去年九月至本年四月份止共收入八，五三一，六八二、三九二元九三分付出三，〇三八，九三一，三三一元一七分代理省庫事務自去年改訂財政收支系統後即與財廳訂立合約於十月一日開始辦理現有省庫分庫一〇二所庫款之收付截至本年四月底止共收六，四四三，三二五，九八三元六八分付出五，〇一三，一二九，〇八七元代理縣市局庫事務係受各縣市局委託辦理除一部份移交各該縣銀行辦理外現由本行代理者仍有七拾單位

丁、事務方面

一、改訂本行會計制度

本行會計規則訂頒日久亟待修訂經遵照國府主計處財政部合頒暫行銀行統一會計制度規定暨參酌本行事實上需要修訂完竣呈奉　省府核准試辦並經頒發各行處由卅六年一月一日起實行

二、籌編三十五年度廣東經濟年鑑

本行前爲推進本省經濟研究曾先後編印民國廿九年度卅年度廣東經濟年鑑兩種嗣因戰事緊張交通多阻蒐集資料備感困難未克賡續辦理自復員以來百廢待興爲使各方人士明瞭本省經濟情況共策經濟建設起見乃籌編卅五年度廣東

經濟年鑑以供研究及參考現經成立編纂委員會以董其事而專責成

綜上所述均爲本行去年拾月至最近工作推進情形今後仍當致力奉行國家金融政策調劑地方金融配合省政建設扶助農工礦商業發展及協助吸收僑滙以完成地方銀行之使命敬祈貴會諸公多賜指導藉匡不逮至深企禱

广东省财政概述

广东省政府财政厅 编

三十五年度

廣東省財政概述

杜梅和署

杜梅和

廣東省三十五年度財政概述目錄

甲、前言

本省地區富庶財源素豐而負担之重亦爲各省冠北伐時期曾以一省財力支持全部軍費雖籌措備極困難而供應不致缺乏抗戰軍興敵寇南犯省區淪陷最久地方受創最深財政狀況遂感困厄迴至卅一年中央改訂財政收支系統將省級預算納入國家範圍歷時四載省級政費悉由中央統籌撥付無盈絀可言迫卅五年上半年適當復員未久百廢待興中央所撥之欵僅能應付用人經費難有餘力從事建設下半年收支系統再改恢復省級財政驟覩之省級支應似較活動而事實上劃歸省級之稅課衹有兩種或與中央共有或與縣市均分並無獨立稅源以有限之收入應付多方之開支其拮据情形不言而喻玆就卅五年本省財政之大概分述如次：

乙、三十五年度省縣(市)收支預算之分析

(一)省收支預算之分析

三十五年度本省預算因納入國家財政系統故衹有歲出而無歲入其歲出單位預算經行政院核定如左：

科目	預算數	百分比
行政支出	八三·六一八·〇〇〇	一·二〇
財務支出	六·七二七·〇〇〇	〇·〇九
教育文化支出	四七七·四八五·〇〇〇	六·八八
經濟及建設支出	三一·五八六·〇〇〇	〇·四五
衛生支出	九·七一九·〇〇〇	〇·一四
社會及救濟支出	六三·八一三·〇〇〇	〇·九一
保警支出	一·七三六·四〇五·〇〇〇	二五·一九
公務員退休及撫卹支出	七〇九·〇〇〇	〇·〇一

補助支出	五·七九三·〇〇〇	〇·〇八
第一預備金	二七·〇七五·〇〇〇	〇·三九
特別預備金	二五·〇〇〇·〇〇〇	〇·三〇
生活補助費支出	四·四四七·九四四·〇〇〇	六四·一六
新興事業費	一五·〇〇〇·〇〇〇	〇·二〇
總計	六·九三〇·八七四·〇〇〇	一〇〇·〇〇

由上表觀察其中以生活補助費佔歲出總額六四·一六保警支出佔歲出總額二五·一九教育文化支出佔歲出總額六·八八爲最大除此三欵之外其餘各欵最多不過佔歲出總額百分之一强即將「行政」「財務」建設「衛生「社會及救濟」連同「預備金」……等彙合計算亦不過共佔歲出總額百分之三·七七故將全部預算分析研究則整個歲出中「生活補助費」與「保警」兩欵已共佔歲出總額百分之八九·三五即約佔九成而「教育」一欵僅佔百分之六·八八連同全省一般政務並包括預備金等欵亦祇佔百分之三·七七即合計約佔歲出總額之一成。

若就佔歲出首位之生活補助費內容分析則各部門人員所占生活補助費之比率如后：

一·教育文化支出佔總額　二三·七〇
二·行政支出佔總額　二二·六三
三·保警支出佔總額　二〇·〇三
四·經濟及建設支出佔總額　一九·八三
五·社會及救濟支出佔總額　六·一五
六·衛生支出佔總額　四·八一
七·財務支出佔總額　二·八〇
八·補助支出佔總額　〇·〇五

若將教育文化支出一欵連同教育人員所佔生活補助費計算在整個歲出預算中佔歲出總額百分之二二·〇〇（超過歲出總額九分之一不及四分之一）

此外三十伍年上半年度預算因物價變動及事實需要尙有呈准增加者分析之如左表

科目	普通歲出		總計	說明
	經常門	臨時門		
行政支出	九三・八三六・〇〇〇		九三・八三五・〇〇〇	
財務支出	一〇・〇九二・〇〇〇		一〇・〇九二・〇〇〇	
教育文化支出	六二・二一七・〇〇〇		六二・二一七・〇〇〇	
經濟及建設支出	三七・三五三・〇〇〇		三七・三五三・〇〇〇	
衛生支出	一一・二四八・〇〇〇		一一・二四八・〇〇〇	
社會及救濟支出	八・〇六七・〇〇〇		八・〇六七・〇〇〇	
保警支出	一四六・八四一・〇〇〇		一四六・八四一・〇〇〇	省警察隊在內
特別預備金		三四六・〇〇〇	三四六・〇〇〇	
總計	三六九・六五四・〇〇〇	三四六・〇〇〇	三七〇・〇〇〇・〇〇〇	

（二）縣市收支預算之分析

本省各縣市三十五年度地方歲入歲出預算總額各爲一百三十八億零三百九十二萬一千六百元其分配如左：

歲入			歲出		
科目	預算數	百分比	科門	預算數	百分比
稅課收入	一〇・三九〇・一七九・二〇〇	七五・二七	行政支出	一・〇六五・九八八・七〇〇	二一・七六

分配縣市國稅收入	八八二·七八一·九〇〇	六·三九	教育文化支出	七八九·四〇一·三〇〇	一六·一一
國稅附加收入	三六·六〇九·一〇〇	〇·二七	經濟及建設支出	六八六·五一二·二〇〇	一四·〇一
工程收益費收入	一七·六二五·七〇〇	〇·一三	衛生支出	四〇一·六二五·〇〇〇	八·二〇
懲罰及賠償收入	二八·四一〇·八〇〇	〇·二一	社會及救濟支出	一九八·七〇〇·九〇〇	四·〇六
規費收入	二二六·四七五·七〇〇	一·六四	保安支出	七六六·〇三六·六〇〇	一五·六四
財產及權利之孳息收入	一·四〇二·二一五·九〇〇	一〇·一六	財務支出	一六三·七三五·五〇〇	三·三四
公有營業之盈餘收入	四八·六五五·〇〇〇	〇·三五	債務支出	二·五〇〇	
公有事業收入	一七·三三六·二〇〇	〇·一三	公務員退休及撫卹支出	二〇·三七〇·三〇〇	〇·四二
地方性之捐獻及贈與收入	七四八·一八五·五〇〇	五·四二	補助及協助支出	七九·四二六·三〇〇	一·六二
其他收入	五·四四六·三〇〇	〇·〇三	其他支出	二〇·八五五·四〇〇	〇·四三
			鄉鎮臨時事業支出	一九一·八三九·七〇〇	三·九二
			預備金	一九二·五八五·四〇〇	三·九三
			有永久性財產購置支出	二·〇〇〇·〇〇〇	〇·〇四
			建設基金支出	三一四·七〇五·五〇〇	六·四二

			合計	總計
			一三・八〇三・九二一・六〇〇	一三・八〇三・九二一・六〇〇
			一〇〇・〇〇	

營業基金支出	其他基金支出	合計	生活補助費	總計
三・〇〇〇・〇〇〇	二・三〇〇・〇〇〇	四・八九九・三八五・三〇〇	八・九〇四・五三六・三〇〇	一三・八〇三・九二一・六〇〇
〇・〇六	〇・〇四	一〇〇・〇〇		

由上表觀察各縣歲出以行政支出百分之二一・七六為最多教育文化支出百分之一六・一一次之保安支出百分之一五・六四又次之而經濟及建設支出百分之一四・〇一已佔第四位其餘衛生社會及救濟等項則佔出較少尚未能達到平發發展之希望

丙、三十五年下半年度收支預算之變更

(一)省預算之編造

三十五年下半年度財政收支系統變更恢復省級財政故須另行編造預算此項預算經奉行政院核定歲入歲出各為一六・六八五，五三二一，〇〇〇元在核定總額內因應實際需要統籌分配列表如左：

歲入總預算總計表

科目	經常門	合計	百分比
稅課收入	九・五七三・五八八・〇〇〇	九・五七三・五八八・〇〇〇	五七・三八
罰款及賠償收入	弍・〇〇〇・〇〇〇	二・〇〇〇・〇〇〇	〇・〇一
規費收入	二・〇〇〇・〇〇〇	二・〇〇〇・〇〇〇	〇・〇一
財產孳息收入	二・〇〇〇・〇〇〇	二・〇〇〇・〇〇〇	

財產售價收入	二·〇〇〇·〇〇〇	二·〇〇〇·〇〇〇	〇·〇一
營業盈餘及事業收入	五五·〇〇〇·〇〇〇	五五·〇〇〇·〇〇〇	〇·三三
補助收入	六·九八二·九四四·〇〇〇	六·九八二·九四四·〇〇〇	四一·八五
其他收入	六六·〇〇〇·〇〇〇	六六·〇〇〇·〇〇〇	〇·四〇
合計	一六·六八五·五三二·〇〇〇	一六·六八五·五三二·〇〇〇	一〇〇·〇〇

歲出總預算事業別總計表

科目	經常門	臨時門	事業歲出	總計	百分比
行政支出	一五五·八八七·〇〇〇	三二八·六八六·〇〇〇		四八四·五七三·〇〇〇	二·九〇
教育文化支出	八四·九九一·〇〇〇	六六三·四一〇·〇〇〇	一·〇〇〇·〇〇〇	七四九·四〇一·〇〇〇	四·四九
經濟及建設支出	四九·〇三二·〇〇〇	八·三五七·〇〇〇	一五·〇〇〇·〇〇〇	七二·三八九·〇〇〇	〇·四四
衛生支出	一五·一九七·〇〇〇	二·七七六·〇〇〇		一七·九七三·〇〇〇	〇·一一
社會及救濟支出	一〇·八〇六·〇〇〇	二一三·三四二·〇〇〇		二二四·一四八·〇〇〇	一·三五
保安及警察支出	一·二八四·九九六·〇〇〇	三·二三一·二四三·〇〇〇		四·五一六·二三九·〇〇〇	二七·〇五

財務支出	一三·四五五·〇〇〇			一三·四五五·〇〇〇	〇·〇八
債務支出		一五七·九五〇·〇〇〇		一五七·九五〇·〇〇〇	〇·九五
公務員退休及撫卹支出	一·二四四·〇〇〇	一〇八·〇〇〇		一·三五二·〇〇〇	〇·〇一
信託管理支出		九五·七九四·〇〇〇		九五·七九四·〇〇〇	〇·五七
補助支出	一一·三七〇·〇〇〇			一一·三七〇·〇〇〇	〇·〇七
第一預備金	六〇·〇〇〇·〇〇〇			六〇·〇〇〇·〇〇〇	〇·三六
特別預備金		六〇三·八〇五·〇〇〇		六〇三·八〇五·〇〇〇	三·六二
生活補助支出		九·六七七·〇八三·〇〇〇		九·六七七·〇八三·〇〇〇	五八·〇〇
合計	一·六八六·九七八·〇〇〇	一四·九八二·五五四·〇〇〇	一六·〇〇〇·〇〇〇·〇〇〇	一六·六八五·五三二·〇〇〇	一〇〇·〇〇

（二）縣市預算之增加

三十五年度下半年收支系統改制後縣市歲入增加營業稅撥縣數九億五千萬元土地稅十億元田賦征實撥縣折價七十四億三千九百三十萬元契稅一億二千六百六十五萬元公糧折價三十九億二千八百二十萬元此項增加收入多指定爲改善公教團警待遇及教育建設之需對於縣政之推行裨益甚大

丁、收支系統改制後省財政前後之比較

本年七月一日起恢復省級財政而收支系統法所指定爲省收入財源者祇土地稅（包括田賦）之二成營業稅之五成與二十九年時之省級財政收入相去懸殊茲列表比較如下：

廿五年省級稅捐收入	應得數量	卅五年七月改訂收支系統復奉撥省級稅收	應得數量
臨時地稅收入	百分之五十	土地稅（包括田賦）收入	百分之二十

營業稅收入	全部	營業稅收入	百分之五十
契稅收入	〃		
典稅收入	〃		
船來農產什項專稅收入	〃		
煤油販賣稅收入	〃		
菸酒牌照稅收入	〃		
捲烟管理費收入	〃		
屠牛牛皮稅	〃		
屠宰稅	〃		
香燭紙寶捐收入	〃		
沙田稅收入	〃		

由上表觀察則以前省級財政收入計共十一種現在祇得二種而二種之中或佔二成或佔五成爲數無多與中央或縣市共有非省級之獨立稅源更難切實控制其因應上之困難可以想見

戊、收支系統改制後之設施

（一）營業稅之接征

三十五年七月改訂收支系統後營業稅原定七月一日交接嗣以各項法案核定遞遲延至九月十六日始行奉令接收截至十月初旬方接收完竣而在七月以後應征稅款內直稅方面以業務將屆移轉多未核發通知遂至商民欠稅過鉅積重難返保征工作不無困難業經迭飭各縣市政府加緊督促所屬。

(二) 土地稅之接征

本省土地稅原由廣東田賦糧食管理處及廣東區直接稅局辦理本年七月間省政府准財政部電以財政收支系統改訂該項業務應由地方征稅機關接辦隨核定由本廳主管各縣市局由稅捐征收處接收辦理其未設處縣份由縣政府辦理于八月上旬經本廳向田糧處及廣東區直接稅局分別接收並擬訂廣東省營業稅土地稅契稅交接注意事項通飭各縣市局稅捐征收處依照接收具報。

(三) 契稅之接征

本年七月間省府准財政部代電關於契稅亦定由本年七月一日起一律劃歸地方收入並由地方機關自行辦理除經省府核定此項業務亦由本廳接收主管各縣(市局)由當地稅捐征收處接辦其不設置稅捐征收處者由縣(市局)政府接辦當經本廳向廣東區直接稅局將有關契稅案卷票照等接收完竣並通飭各稅捐征收處遵案接收造冊備報。

(四) 田賦征實額之確定

田賦恢復征實根據收支系統法規定中央占三成省占二成縣占五成本省以征額大則收入多而人民負担重征額小則收入少而人民負担輕在此復員未久瘡痍滿目寧可庫收稍減不願加重民負故本省田賦征額原定爲征實四百二十萬市石征借二百一十萬市石經迭向中央請減始核減爲征實三百萬市石征借一百五十萬市石至帶征省縣公糧爲一百五十萬市石積谷五十萬市石共賦額之分配則爲原納糧串一元者應改納賦谷計征實三斗征借一斗半帶征省縣公糧一斗半積谷五升。

(五) 省庫之設置

省級財政恢復後省庫自應積極籌設經由本廳呈奉省府核准指定省銀行代理省總庫及廣州分庫各分支行處代理省分支庫均於本年十月一日成立計成立省分庫九十二所省支庫九所其無省行分支行處地方由省行轉託當地銀行或郵政局代理陸續推設同時并擬定廣東省庫組織規程廣東省庫收支處理辦法省庫派員收款辦法省庫保管品處理辦法提請省政府委員會議決通過公佈施行。

(六) 各縣市征收機構之擴大

收支系統改制後，中央將營業稅，土地稅，契稅劃歸省縣(市)．其稅收由地方征收機關征收，以是本省各縣市稅捐征收處經征業務擴大，原有編制，自不適合需要，經斟酌過去稅收及今後業務情形，重新釐訂各縣市稅捐征收處及分處組織規程，暨等級編制經費表等，通飭各縣市稅捐處，於三十五年十月份起實行，至收入特少之佛岡，新豐等廿一個縣份爲節省經費，均核定不設稅捐處，其業務由縣政府兼辦之。

己、一般業務之處理

(一) 國家財務部份(財部授權處置)

一、國庫行政之處理

關於經辦國庫行政事務．其較重要者，厥有數項：一、劃撥經費：本省在三十五年上半年度財政收支改制前，各機關經費均由國庫撥付，迭與國庫洽定聯撥辦法．簡化手續，力求撥發迅捷。二、催解庫款　遵照公庫法規定．秉承財政部之命，執行公庫法令，迭次嚴限各有收入機關，將所有收入悉數解庫，以裕庫收，并派員往各有收入機關稽核帳目。三、稽核收支　爲明瞭各支用經費機關收支是否悉依公庫法辦理，依照院頒國庫主管機關稽核各機關收支庫款辦法，派員往各機關稽核庫款收支，并與代庫銀行查對其往來賬目。四、洽商國庫推設支庫　爲利便庫款收支，推行公庫制度起見，迭電財政部國庫署，中央銀行，國庫局，及洽商廣東分庫，推設國庫支庫，計卅五年本行增設及恢復國庫支庫凡十餘所．

二、國有財產之清理

關於清理國有財產前經依照院頒「清查國有財產暫行辦法」，將各種調查表式，印發各縣市查報，惟據復多未詳盡，且迄未報齊，尚在督促填報中，現正遵奉　行政院頒佈「公有土地管理辦法」及「廣東省國有沙田放租放領辦法」嚴密清查依法管理，一切均在積極推進行中。

三、國稅稽征之協助

國稅稽征之協助，工作至爲廣泛，依照財政部授權各省財政廳長處理國家財務辦法隨時辦理，第　部頒辦法，尚乏具體指示，應如何協助方能達到理想，有待於中央在省各國稅機關提供意見，以便遵飭辦理，並廣爲宣導，始克收效。

四、金融管理之協助

本省地瀕海洋，商業繁盛，尤以廣州一地毗鄰港澳，進出口貿易特繁，海外華僑匯款返國者，亦以廣州爲最多，故市區銀錢業店號之設立，有如星羅棋佈，該項店號苟能予以嚴密之監督管理，對於地方金融之靈活，裨益甚大，惟關於金融管理，財廳僅居於協助地位，對於政令推行，似不無扞格之處，茲將一年來本項工作概述於后：

（子）銀錢業之管理

1．取締廣州違法設立莊號　戰前廣州市原有銀錢業店號三百餘家，而勝利後，返市復員及新設戰時在淪陷時期開設者，僅二百家左右，自財政部粵桂閩區財政金融特派員辦公處結束後，本廳爲協助整理金融，切實取締違法設立莊號起見，即經派員普遍調查，調查結果，計有新開設者寶成等四十九家，其他商號兼營找換業者十三家，及曾領僞照者卅八家，業經呈奉財部核示，其新開設及曾領僞照者，應即依法勒令停業，別業兼營找換者，應取締其兼營業部份，經函市警察局照案執行。

2．監督應行停業莊號之清理　奉財部抄發前經財部飭令停業清理尚未依法清理之莊號八十七家名單，飭就近監督清理報核，當分別通知各該號限期依法清理，惟僅志成等十四家，已遵照依法清理完竣，當將監督情形報部核，其餘三興等七十三家，逾限仍未清理，業經列送廣州地方法院及市府警察局，分別依法究辦或執行查閉。

3．找換店請求與銀號同一待遇之處理　查依法設立之銀錢業號，固應嚴行取締，然對於合法設立之莊號，亦應予以扶植，俾利地方金融，至找換店一項，部令限制甚嚴，不准復業，迭據錢銀業同業公會申述事實理由，請准找換店與銀號同一待遇，俾各同業得從復業及補行註冊，業由本廳詳陳本省過去銀錢業實況及現在環境需要，轉請財部變通辦理，最近已奉核復，飭會同中央銀行查明各找換店戰前營業性質如何，有無設立需要，及須設若干家，報部核辦現在洽辦中。

4．各縣市銀錢業之監理　各縣市遵令將轄境內銀錢業設立情形呈報者有汕頭，湛江，南海，中山，順德等五縣市，其中申請復業，呈由本廳轉部核辦者，計南海縣有六家，(內兩家已奉准復業)中山縣有十二家，其他如新會，增城，興寧，梅縣，恩平等縣所呈報者，或以證件不全，或係屬新設，經分別飭令補繳證件，再行核轉，或勒令停業。

（丑）典押當業之管理

本省典押當業，向稱發達，惟因受戰事之影響，各典押當業多已紛紛停歇，復員以後，爲明瞭典押當實況，乃製發調查表式，通飭各縣市政府查報，經據填復者，有湛江市、中山、東莞等縣市，其未依法申請復業及補領執照者，均飭分別勒令先行停業，關後典押當業之開設，必須依法申請核准給照，始得營業。

（寅）僑匯之溝通

本省旅外華僑，年中匯款返國，或作僑眷之接濟，或作事業之投資，爲數至鉅，抗戰時期，各地交通梗塞，僑匯幾瀕斷絕，以致僑眷生活無法接濟，極其艱苦，雖經極力設法溝通然延滯付款之事，仍所不免，迨光復後，各地交通漸次恢復，經與中國銀行洽商，迅速在收復區各地恢復分支行處，以資接駁，並將戰時積壓僑款，限期清付，僑匯始告暢通，惟自本年度起，僑匯數量激增，中國銀行在省內所設行數過少，委託代理之銀行亦不多，應付不暇延付之事，又復發生以致僑匯逃避，多有轉向外國銀行匯往香港各銀行轉駁者，對於政府損失甚大，當經函請中行設法補救。

五、縣市銀行之監督

籌設縣銀行爲中央重要金融政策，旨在調劑地方金融，扶植經濟建設，發展合作事業，本省自奉令籌設以來，向列爲重要施政之一，早經切實推行，截至抗戰勝利止，先後籌設成立者有，合浦等十五縣市，其中已領執照者有合浦等三縣，已辦申請登記手續尚未領到執照者有興寧等十縣，尚未完辦申請手續者，有遂平等二縣，其因戰事影響，或其他原因停業，有韶關等三縣市，至各銀行營業狀況，除已停業者外，在管理監督下，一般尚稱良好，本年來關於縣銀行之籌設及其管理事宜，仍本過去辦理成效，及因應地方情形辦理，積極督導，其已成立縣銀行籌備處縣份，飭赶速籌設成立開業，并通飭各未設縣份，即組織籌備會，負責辦理一切籌設成立事宜，除一部份縣市，因受戰禍及災害之侵害，地方財力奇困，一時無法籌設外，其餘均經開始籌設，截至卅五年年底止，據報經成立縣銀行籌備會者，合計有三十一縣市，其中廿一縣，經擬具縣銀行章程及招股章程呈核，并開始募股，可能於短期內即辦理登記手續，成立開業，其餘十縣市，有已開始募股，而章程仍未繳核者，有祗繳招股章程者，經飭依照規定辦理，茲將已成立縣銀行及已成立籌備會者表列如左。

已成立開業之縣市銀行表（附表一）

縣別	已否申請登記	已否奉頒執照	備考
高要	已	已	
合浦	已	已	
河源	已	已	
平遠	已	未	
開平	已	未	
梅縣	已	未	
興寧	已	未	
五華	已	未	
連縣	已	未	
饒平	已	未	
連平	未	未	
揭陽	未	未	
南雄	已	未	因戰事影响停業
韶關市	已	未	：：
廣州市	未	未	復員後規復
鬱南	已	未	因戰事影响停業
台山	未	未	復員後籌設成立
東莞	未	未	：：

成立縣銀行籌備會縣份表（附表二）

縣別	已否擬具章程呈核	縣別	已否擬具章程呈核	縣別	已否擬具章程呈核

新會	已	龍川	已	大埔	已
潮安	已	定安	已	儋縣	已
順德	已	汕頭	已	樂昌	未
豐順	已	惠來	已	博羅	已
電白	已	開建	已	德慶	未
紫金	已	陽江	已	靈山	銀行章程尚未呈核
湛江	銀行章程尚未呈核	新興	已	潮陽	未
南海	已	恩平	已	陸豐	未
文昌	已	昌江	已	高明	未
鶴山	已	惠陽	已	英德	未
寶安	未				

至關於已開業縣銀行業務，均積極施以監督管理，并派員督導及檢查，其在戰時設立因資本過少以致未能盡量開展業務者，並飭設法增募股本加緊擴充。

（二）省財政部份

一、各單位費款之簽撥

簽發各單位經臨各費，均係依照分配預算分別依法簽開直字或撥字支付書，按月簽發，其在邊遠地區者則因應實際情形改用電撥，以期迅捷計全年度撥出經臨費，計國庫部份爲一九·五六二·八五五·六三〇·五七元省庫部份爲七·二〇二·二一三·五六七·〇〇元

(二)省庫與稅收之聯繫

舍省稅之征收，係採征收分立制度，所以減少弊端及防止稅款之移用挪留，除規定凡設有省庫地點，應由征收機關填發繳款書交由商民直接納庫外，一面考核其他商業較盛之區，體察稅收情形普設支庫，俾利商民，除已設南海番禺等分庫九十一所，老隆松口等支庫九所外，最近復擬設大良寶安等支庫十餘所，用期普遍，而利稽征，一面飭令各征收機關務與當地公庫切取聯係。

(三)貧瘠縣份之補助與統籌

本省各縣市局地方之肥瘠不同，財政之豐嗇亦異，各貧瘠縣份地瘠民貧，雖積極整頓財政，究屬收入有限，其中如惠來，和平，徐聞，翁源，始興，佛岡，陽山，從化，豐順，平遠，紫金，蕉嶺，封川，開建，十四縣均屬貧瘠縣份，仁化，新豐，乳源，連山，南山，赤溪，南澳，八縣局均屬特貧瘠縣份，又如連南，白沙，保亭，樂東，四縣則全無收入縣份，均由省政府在本年度國稅補助款項下統籌補助，查本省三十五年度奉到中央全年度撥發田賦補助款一十五億三千零八十九萬六千元，地價稅及土地增值稅補助款三億五千三百二十七萬二千元，營業稅，印花稅，遺產稅，財產貸租所得稅，財產出賣所得稅，五項補助款七億七千八百九十萬零零五百元，合共撥劃補助款二十六億六千二百六十六萬八千五百元，由省政府依照規定斟酌各縣市財力盈虛，將田賦補助款全部統籌分配各縣市將地價稅及土地增值稅補助款，以七成撥回原縣市，三成由省統籌分配貧瘠縣份，又將營業稅等五項補助款以百分之五十撥回原縣市，百分之四十五由省統籌分配各貧瘠縣份，再以百分之五留待年終結算後體察各縣市局短收情形予以補助，又下半年度起將田賦收入較多之縣份提取實物一部份以為補助貧瘠縣份之需，如此截長補短，調節各縣市財政，故貧瘠縣份，亦冀可收支平衡。

四、省稅之督征

子、營業稅為省級中心收入，業務繁細，關係省政特鉅，過去因限於經費問題，原定督徵工作，尚未普遍，為考查各征收機關業務成績督執行營業稅抽查工作起見，經擬定派員分區出發切實加緊督征，同時並協導欠稅之清收，工作之聯繫，稽征之改進，冊籍之編撤，藉以加強征課效能。

丑、依照中央規定凡地籍已整理完成者，應征收土地稅，而農地部份，仍折征實物，本省城鎮宅地，其地籍前經整理完成者，計有台山，高要，曲江，惠陽，陽江，揭陽，茂名，清遠，合浦，開平，廣州等六十五縣市局，其地價係於廿八年至三十二年先後評定與本年地價懸殊，統計稅收僅三千餘萬元，與財政部核定本省稅額四十億元，相差甚鉅，不能作為征收標準，故接辦之始，即依照部令，由地政局舉辦地價重估，一面通飭各縣稅捐征收處，先行征收土地增值稅，並準備地價稅開征手續，編造總歸戶地價冊，印製土地稅繳款書據，於十二月一日開征地價稅，(廣州市於十一月開征)復通飭各縣市政府(管理局)對地價重估工作，應於地價稅開征前辦理完竣，編造地價冊，移送稅捐處，以憑編造總歸戶地價冊，從事征稅，並轉飭所屬鄉鎮保甲長切實協助，發動各機關團體學校普遍宣傳，使人民明瞭納稅意義踴躍輸將，惟各縣地價重估工作，事屬創舉，且因縣庫支絀，重估經費不能支應，致不能依限完成，以致各縣多不能依期開征，據報於十一月及十二月開征地價稅者，僅河源，信宜，廣州等三縣市，已開征土地增值稅者，僅有開建等十五縣市，征起數額僅三·二八一·一四四元，其餘各縣因地價重估，尚未辦竣，未能開征，業經電飭各縣縣政府，趕速將地價重估工作，辦理完竣，編造地價冊，移送稅捐處征稅，其財政特別困難之縣份，對重估經費，無法支應者，亦經簽由省府令省銀行先行墊借，并將原有地價冊改正，無庸另行編造，以節經費，而利工作。

(三)縣市財政部份

一、征收機構之調整

三十五年七月間，因應財政收支系統改制，訂定各縣市稅捐征收處組織規程，實施未久，旋又奉行政院卅五年九月廿七日京節字第一三九五八號訓令，頒發縣市稅捐稽征處組織規程草案，飭訂入縣(市)政府組織規程之內，並准先行設置，以利稅收，本應即行遵照改組，惟以本省各縣市征收機構，改制未久，復值營業土地契等稅，正由直稅局移交稅捐處接辦，若遽行改組，誠恐編制更改，影響工作效率，為顧及事實起見，經決定各縣稅捐征收處自三十六年一月一日起，始遵令一律改組為稅捐稽征處，並根據各縣稅收之多寡，分為五等。

二、稅收之整頓

整理稅收，首重培養稅源，而稅源之培養，以廢除苛雜爲第一要議，自卅四年田賦停征實物，各縣財源驟減，收支不能平衡，間有藉口維持公教人員生活，巧立名目，抽收附加，但一經據報立予嚴行查禁，并於本年九月，將合法稅捐種類名稱征率列表公佈，規定各縣市除照表列各種稅捐而擬征收外，其餘不合法定收入，概行裁廢，以蘇民困，俾裕稅源，至源有稅捐之整理，如屠宰稅爲縣稅之最大宗者，特規定公佈簽證辦法，以示公開，而杜弊資，次如筵席稅，則飭各縣得因應當地物價擬訂起征標準，報核征收，并爲符合實際情形，將屠場使用費及碼頭租等徵率，酌予提高，又自本年七月財政收支系統改訂，契稅業務劃歸地方徵收，爲適應事實需要，經請財部核准將驗契稅期限自本年十二月一日起延長七個月，並訂定「辦理契稅要點及手續」通飭認眞辦理查征，至於本年各縣市稅收實況，乃依據各該縣市人口，面積，財力，並參酌鄰縣徵收情形，分別核定應徵比額，嚴密督飭稽徵，據報各月份征起稅款，逐有遞增，統計全年徵起稅捐總數約爲一百五十七億二千零七十二萬元，（尙有少數縣份報表未齊）比較原列預算一百零六億一千六百六十五萬四千九百元，實在超征五十一億零肆百餘萬元，若與三十四年度全年各縣稅捐實收數一十一億七千三百卅一萬零八百一十二元比較，則三十五年度增加稅收數目，在十三倍以上，整理成效，尙屬可觀。

三、人員之監督考核

關於各縣市稅務人員之監督考核，尤爲注意，蓋稅人之良窳，關係稅收至大，除訂頒甄選辦法，及調訓人員派用外，并訂頒各縣市稅捐處人員考成辦法，及漏送報表手續及延誤處分辦法，前者爲稅捐徵績之考核，規定每三個月舉行一次，年終舉行總考成，根據考成結果，嚴厲執行賞罰，後者爲規定造送報表期限，每月考核一次，蓋稅收數字，端賴表報爲之表示，兩者關係至爲密切，實施以來，收效頗大。

四、公有款產之整理

查關於本省各縣市，公有款產之整理●迭經本廳督飭各縣市依法成立財政整理委員會，並於[illegible]理[illegible]議時，即照規定組織縣市公有款產管理委員會以同分別負責，切實調查整理，綜核截至卅五年度止，本省各縣市公有款產整理之結果，計（一）房屋九九五間，全年收益現金七·三六三·七一九元，實物三四市石（二）田地五四·六四〇·七三畝全年收益現金二·一一一·三四八元，實物二一·七〇二·九二市石，（三）水塘一三·八〇二·二一畝全年收益一·六七六·四三八元，實物八·四市石，另魚六六〇斤，合計本省各縣市全年收益現款一一·一五一·五〇九元實物二一·七四五·三二市石另永塘魚六六〇斤

庚，展望

（一）省財政之展星

一、調整收入之陳請

三十五年七月改訂財政收支系統，恢復省級財政，對於各級政府收入，係兼採稅源劃分制，收入分配制，及補助金協助金制度三種，在中樞旰衡全局，謀切時需，而在省級稅源，僅奉撥營業稅及土地稅兩項，其收入之分配，則祇佔營業稅百分之五十，土地稅（包括田賦）五分之一，公糧二分之一，及中央補助一部，就以本省目前三十六年度預算，歲入全部而言，僅列三三，九二〇·〇〇〇·〇〇〇元（補助協助款未列入）而支出雖儘量緊縮，仍爲八一·一六一·二三六·〇〇〇元，收支比對，已屬極感懸殊，展望將來艱難倍甚，爰將改善本省財政之建議分述如下：

子、中央應撥田賦三成請予歸省

田賦向爲省庫正供，民國十七年，國府建都南京，所頒布之國地收支標準，已加明定，本省田賦，以前收入之分配，八成歸省，二成撥縣，迄民國二十三年改徵臨時地稅。改爲省縣各佔五成，當時歲徵預算總額爲一千四百萬元，五成爲七百萬元，實爲省庫收入中心，迨三十年改徵實物，爲統籌戰時軍民糧食，始改由中央接管，此次改訂財政收支系統，恢復省級財政，前爲本省中心收入之田賦，現既劃還省級，則其收入之分配，自應回復舊觀，以五成歸省，五成撥縣俾得維持而符前例，倘中央需用軍糧，隨時可向各省借撥，當屬不成問題，而於本省度支，裨益匪淺。

丑、三十六年度起，調整公教人員生活補助費，由中央補助，

公教人員待遇，中央不斷明令調整，若各省政府不隨之辦理，則員司生活時難維持，對於工作效能，影響至巨，但若隨之不斷調整，則省級財

力已感支絀萬分，負荷困難，抑無彈性之收入，足以因應，此項不斷之增支，爲使省政工作順利推行，嗣後所有調整，其差額擬請由中央撥補，俾資救濟。

寅，積極整理省縣共有稅收

國家征稅，首重公平，人民負担，允宜均等，現營業稅本省接辦開征，業已次第完竣，爲使工作開展，普遍推行，經規定一律城鄉幷進，積極査征，務使冊無漏戶，戶無漏稅，稅無積欠，同時復鑒於本省密邇洋界，臨時營業，倍形興盛，惟自取銷貨運登記，改辦行商登記而後，此項收入頓呈銳減，營稅推行，側重住商租稅，負担難昭平允，爲廣闢稅源，幷擬積極推征一時營利事業營業稅，有効辦法，已完密擬議中，至土地稅之征收，除商請地政局從速繼續整理地籍，預計三十六年度可征收土地稅者，約八十七縣市局，稅額可增至八十億元。

二，調整支出之陳議

理財之道，一曰開源，一曰節流，兼輔併施，庶乎有豸，開源之方，固如前述，然亦僅可應付政費之需，以言建設，仍感未逮，爲適應當前需要，玆將節流辦法，分列如次：

子，裁減不經濟支出，

提請省政府召集省級各機關研討，各單位如有屬於不急要之支出，儘量裁減。

丑，省保警支出由縣市負担

現地方治安仍待綏靖，爲鞏固地方安寧，不得不維持相當團警，惟此項支出，至爲浩繁，佔全省歲出百分之二五，一九，省之財力有限，實感無力負荷，顧此項組織，原爲警衛縣市地方，且各地需要組隊之多寡，亦有不同，則其經費缺額之懸殊，尤由各縣市財政自行負担。

（二）縣市財政之展望

縣市自治財政自卅五年下半年度改訂收支系統後，增撥稅源計有田賦五成，帶征公粮五成，土地稅五成，契稅全部，營業稅五成，收入較前增加數倍，地方財力漸見充裕，此後縣市財政，當可循序推進，納登正軌，玆將今後督促計劃，分述於后：

一，調整公教團警待遇

縣市公教團警，待遇微薄，地方政府因而無法羅致人材，影响自治工作，至形鉅大，過去本省曾規定縣市公教團警人員待遇最低限度不得少過省級半數，現爲謀更進一步之調整，擬按各縣市實際收入，督促妥予分配，爲合理之增加。

二稅捐征率提請中央准予由省斟酌實情妥爲核定

最近中央爲資籌地方自治經費，核定屠宰稅等六項稅捐，其征率准由縣市政府，擬交參議會審定，呈轉財部核准施行，惟深恐有因需要之不同，其征率不無懸殊，互異，負担難獲其平，毗連地區，固有避重就輕，相率逃稅之虞，即揆之租稅平均負担之旨，深恐難昭公允，現經呈請中央准予由省普遍核定以昭一律。

三擴大筵席稅征課範圍並改稱爲奢侈飲食消費稅

筵席稅過去征課範圍並及奢侈飲食，惟査新頒筵席稅法征課對象，僅爲筵席菜肴一項，而其他飲食之含有奢侈性質，遠較筵席爲甚者，所在多有，當此厲行節約，倘不予征稅，似仍未遑取締奢侈本旨經請求中央對於課稅範圍，准仍舊貫辦理，並爲使名實相符，擬改爲奢侈飲食消費稅。

中華民國卅六年二月廣東省政府財政廳編印